www.ingramcontent.com/pod-product-compliance
Lightning Source LLC
Chambersburg PA
CBHW072046110526
44590CB00018B/3063
9781912699728

خدمت به نوجوانان

راهنمای شخصی و عملی
برای آغازی درست

ISBN 978-1-912699-72-8
90000
9 781912 699728

خدمت به نوجوانان
راهنمای شخصی و عملی برای آغازی درست

داگ فیلدز

ترجمه: رامین بسطامی
ویراستاری: نادر فرد
طرح جلد: اندی ساوتن
حروفچینی و صفحه‌آرایی: نادر فرد

انتشارات پارس، ۲۰۲۴
کلیهٔ حقوق برای ناشر محفوظ است

شابک جلد کاغذی: ۸-۷۲-۹۱۲۶۹۹-۱-۹۷۸
شابک ای‌بوک: ۲-۹۰-۹۱۲۶۹۹-۱-۹۷۸

Your First Two Years in Youth Ministry

A Personal and Practical Guide to Starting Right

Doug Field

Published by arrangement with HarperCollins Christian Publishing, Inc

All rights reserved.

Persian Translation © 2024 Pars Publications

Translated into Persian by: Ramin Bastami
Edited by: Nader Fard
Cover by: Andy Southan
Typesetting and Layout: Nader Fard

Persian Translation Published by:
Multimedia Theological Training Limited
P. O. Box 66099, London, W4 9FE, UK

publications@parstheology.com
www.parsonlineshop.com

Paperback ISBN 978-1-912699-72-8
Ebook ISBN 978-1-912699-90-2

فهرست مطالب

پیش از ورود به بحث (پیش‌گفتار).. ۹

فصل ۱: از کجا شروع کنم؟.. ۱۵

فصل ۲: چرا چنین احساسی دارم؟.. ۳۷

فصل ۳: چگونه نشاط روحانی‌ام را حفظ کنم؟.. ۶۱

فصل ۴: برای شاگردان چه چیزی از همه مهمتر است؟.. ۷۹

فصل ۵: چگونه با والدین کار کنم؟.. ۱۰۱

فصل ۶: چرا این‌همه نزاع و درگیری؟.. ۱۲۷

فصل ۷: چه کسی رهبر است؟.. ۱۴۹

فصل ۸: از کجا کمک بگیرم؟.. ۱۷۳

فصل ۹: آیا دانش‌آموزان می‌توانند از عهدهٔ مسئولیت برآیند؟.. ۱۹۹

فصل ۱۰: آیا دارید کار درست را انجام می‌دهید؟.. ۲۱۹

فصل ۱۱: چگونه تغییر ایجاد کنم؟.. ۲۴۱

فصل ۱۲: حالا چه‌کار کنم؟.. ۲۵۹

مؤخره.. ۲۸۱

پیوست الف.. ۲۸۳

پیوست ب.. ۲۸۵

پیش از ورود به بحث
(پیش‌گفتار)

زمانی که سرگرم نگارش این کتاب بودم، دوستی از من پرسید: «داگ، اصلاً خودت می‌توانی دو سال اول خدمتت در میان نوجوانان را به خاطر بیاوری؟» با لبخندی در جوابش گفتم: «راست می‌گویی، اما خوشبختانه این کتاب به کارهایی که خودم در دو سال آغازین خدمتم انجام دادم، هیچ ربطی ندارد. اگر این‌طور می‌بود، نتیجهٔ کار کتابی کوچک، دلسردکننده و بی‌فایده از آب درمی‌آمد.»

کتاب خدمت به نوجوانان، به‌هیچ‌وجه تأسی به دو سال آغازین خدمتم محسوب نمی‌شود؛ موضوع انتخاب از میان گزینه‌های درستی است که در حین خدمت، صرف‌نظر از اینکه چه نقشی را بر عهده دارید- چه داوطلب چه رهبر نوجوانان- شما را سرپا نگاه می‌دارد و در درازمدت از شما خادمی سالم و شایسته می‌سازد.

من خدمت به نوجوانان و خادمان این حوزه را خوب می‌شناسم- اما قطعاً ادعا نمی‌کنم که پاسخ همهٔ پرسش‌ها را در اختیار دارم. با این‌همه، به اندازهٔ کافی در زمینهٔ خدمت به نوجوانان تجربه اندوخته‌ام و آنقدر با مسائل آن درگیر بوده‌ام که بتوانم برای حل آنها به شما- در هر موقعیت و مسئولیتی که هستید- کمک کنم. من این کتاب را هم برای خادمان داوطلب و هم رهبران نوجوانان (یعنی خادمان تمام‌وقت یا تحت استخدام) نوشته‌ام. کوشیده‌ام لحن کتاب به مکالمات احتمالی میان من و شما نزدیک و بازتابی از آن باشد، گویی هر دو طرف در رستورانی نشسته‌ایم و داریم پیرامون موضوع خدمت به نوجوانان با هم گفت‌وگو می‌کنیم.

خوب متوجه هستم که هیچ کتابی نمی‌تواند پاسخگوی همهٔ سؤالات باشد، ولی از آنجایی که بیشتر عمرم را پای این خدمت گذاشته‌ام و حاصل سالیان دراز تجربه‌ام را پای این کتاب و کمک به ثبات و پیشرفت خادمان این حوزه ریخته‌ام، اطمینان دارم که کتاب حاضر می‌تواند راه را برای شما هموارتر سازد و مسیر درست هدایت نوجوانان به‌سوی عیسی را نشان‌تان بدهد.

اما پیش از اینکه به‌طور جدی وارد گود شویم، باید چند نکتهٔ مهم را با شما در میان بگذارم:

• اگر درکی واضح و روشن از تصویر بزرگ خدمت به نوجوانان در ذهن نداشته باشید، اقدامات و تلاش‌های‌تان چیزی جز حرکاتی مذبوحانه نخواهند بود، و به آسانی طعم شکست را خواهید چشید. فصل‌های کتاب حاضر برای این نوشته شده‌اند که در فهم و درک برخی از حقایق، ثابت‌ها و متغیرهای کلیدی خدمت به نوجوانان، کمک‌تان کنند و برای یافتن شیوه‌های موفقیت در دعوتی که دارید، به شما ایده‌هایی کاربردی بدهند.

• این کتاب را سرسری و با عجله مطالعه نکنید. برایش وقت بگذارید و با فصل‌های متعدد آن وارد تعامل شوید، و آن را به یکی از دوستان و مؤاخذ خودتان در زمینهٔ خدمت به نوجوانان تبدیل کنید. هنگام مطالعهٔ این کتاب، با یکی از دوستان هم‌خدمت پیرامون موضوعات و مباحث مطرح‌شده در کتاب و پرسش‌های انتهای هر فصل، به بحث و گفت‌وگو بنشینید. سپس به وب‌سایت من بروید و نظرات خود را در مورد هر فصل بیان کنید و نظرات، واکنش‌ها و پرسش‌های مطرح‌شده از سوی دیگران را هم بخوانید.
(www.dougfields.com)

• من بیشتر تجربیات و اندوخته‌هایم را طی سالیان به‌واسطهٔ شکست‌هایم به‌دست آورده‌ام. آری، من شکست‌های زیادی خورده‌ام! اما همین شکست‌ها بوده که بر غنای آموخته‌های من افزوده‌اند. من در برگ برگ این کتاب کوشیده‌ام نگذارم شما هم این شکست‌های بالقوه را تجربه کنید، ولی می‌دانم که شما هم فراتر از حدس و گمان‌های من با ناکامی‌های زیادی مواجه خواهید شد. (فقط به یاد داشته باشید که از شکست‌های‌تان درس بگیرید!)

• اگر خادم داوطلب هستید و رهبر نوجوانان نسخه‌ای از این کتاب را به شما داده، خودتان را رهبری برکت‌یافته بدانید- چون کسی هست که خواهان پیروزی شماست! اگر رهبر نوجوانان هستید، سعی کنید این کتاب را به‌دست خادمان داوطلب خودتان برسانید، زیرا پیروزی آنها به منزلهٔ پیروزی خود شماست. حالت مطلوب آن است که پیش از قرار دادن این کتاب در اختیار خادمان رسمی یا داوطلب، اول خودتان آن را خوانده باشید. ولی حتی اگر همین حالا هم وارد «بازی» شده‌اید، باز کتاب حاضر می‌تواند به شما کمک شایانی کند.

• این کتاب با کتاب قبلی من خدمت نوجوانان به روش هدفمند[1] تفاوت زیادی دارد.

---

1. Purpose-Driven Youth Ministry (PDYM)

هنگام نگارش این کتاب، دوستان زیادی دربارهٔ تفاوت‌های آن با کتاب پیشینم سؤال کرده بودند. کتابی که اکنون در دست دارید (خدمت به نوجوانان) قصد دارد از شما خادم بهتری برای خدمت به نوجوانان بسازد، در صورتی که کتاب قبلی ارائهٔ خدمت بهتر به نوجوانان را سرلوحهٔ کار خود قرار داده است (خادمِ بهتر بودن در برابر بهتر خدمت‌کردن). خدمت نوجوانان به روش هدفمند در نحوهٔ تفکر پیرامون سازماندهی خدمت به نوجوانان به شما کمک می‌کند. با وجودی که بسیاری از عناصر کلیدی کتاب خدمت نوجوانان به روش هدفمند را خلاصه‌وار در فصل دهم همین کتاب گنجانده‌ام، اما در اینجا سعی دارم پیش از پرداختن به بحث سازماندهی خدمت، بیاموزید که چطور به‌لحاظ روانی-عاطفی سر پا بمانید. اگر قصد دارید انتخاب کنید که اول کدام کتاب را بخوانید، من خواندن این کتاب را به شما پیشنهاد می‌کنم؛ بعد از خواندن این کتاب می‌توانید سراغ خدمت نوجوانان به روش هدفمند بروید.

- این کتاب با اکثر کتاب‌های دیگری که در زمینهٔ خدمت به نوجوانان به رشتهٔ نگارش درآمده‌اند، تفاوت‌های بسیاری دارد. کتاب حاضر راهنمای شیوهٔ خدمت نیست، بلکه بیشتر درد دل نویسنده با خوانندگان است. من سعی کرده‌ام داستانم را با شما در میان بگذارم و به بازگویی حقیقت بپردازم. برای انجام این کار، در جای‌جای این کتاب نه تنها من، بلکه دیگران، درِ قلب‌های‌مان را گشوده‌ایم و سفرهٔ دل‌مان را پیش شما خالی کرده‌ایم. در هر فصل این کتاب، به دفعات پای درد دل افراد متعددی- برخی شناخته‌شده و برخی دیگر هم ناشناخته- می‌نشینیم. هدف از آوردن تجارب و درد دل‌های افراد این بوده که طی دو سال اول خدمت به نوجوانان، این کتاب برای شما همراه و همنشینی بهتر و کامل‌تر باشد.
- آموزش خدمت در میان نوجوانان، به آن سادگی که برخی می‌پندارند، نیست. پس طی مسیر یادگیری، از فراز و نشیب‌های آن لذت ببرید، و همگی به خدا اجازه دهیم تا جلال خود را برای بهره‌گیری از افرادی نظیر ما به منظور هدایت نوجوانان به‌سوی عیسی، به‌کار ببرد.

داستان من

من تصور نمی‌کنم که زندگی‌ام برای خوانندگان خیلی اهمیت داشته باشد، اما ویراستاران بر این باورند که در سیر دوران خدمت من در میان نوجوانان نکاتی نهفته است که می‌تواند به درک هرچه بهتر مطالب این کتاب و پرکردن شکاف میان زندگی حرفه‌ای و شخصی من، به خوانندگان کمک کند.

من خدمت به نوجوانان را در سال ۱۹۷۹، یعنی در خلال ایامی که در دبیرستان بودم و از کلیسای خانگی مشایخی خودم در اورنج[1] (کالیفرنیا) آغاز کردم. جیم برنز[2]، شبان نوجوانان کلیسا در وجودم قابلیت و پتانسیلی را دیده بود که خودم از آن غافل بودم- توانایی رهبری.

1. Orange, CA; 2. Jim Burns

از این‌رو، وی فرصت رهبری گروه کوچکی از دانش‌آموزان دورهٔ راهنمایی کلیسای‌مان را در اختیارم گذاشـــت. بعد از آن چند مسئولیت تعلیمی هم به من سپرده شد و در نهایت به یکی از نقش‌آفرینان اصلی تیم رهبری نوجوانان (دورهٔ راهنمایی) کلیسا تبدیل شدم و این وضع تا زمانی که در سال ۱۹۸۱ از دبیرستان فارغ‌التحصیل شدم، ادامه داشت. در خلال این دو سال، استادانم از هیچ تأیید و حمایتی فروگذار نکردند، و خودم هم احساس کردم که خدا مرا برای خدمت در میان نوجوانان فرا خوانده اســـت. در آن هنـــگام هرگز تصورش را هم نمی‌کردم که ســـفری که به‌عنوان جوانکی ۱۷ ســـاله آغاز کرده بودم، زمانی طولانی ادامه پیدا کند و به نگارش کتابی در زمینهٔ نحوهٔ آغاز خدمت رهبری نوجوانان بینجامد!

من هیچ آموزشـــی ندیده بودم. ولی خدا را دوســـت داشـــتم و چند نفری از بزرگانی که زندگی‌شان را سرمشق خودم قرار داده بودم، تجربیات خودشان را در اختیارم قرار داده و مرا به‌سوی عیسی رهنمون شده بودند. من هم دلم می‌خواست مثل آنها باشم.

چند ســـال بعدی را به‌عنوان کارورز، پیش جیم ماندم و در کلیســـای نوبنیادی موســـوم به کلیســـای محلهٔ ساوت‌کوست[1] (کلیســـای مارینرز[2] امروزی) در جنوب کالیفرنیا مشغول خدمت شـــدم. در همین دوره بود که تحصیل در کالج (کارشناســـی از دانشگاه ونگارد[3]) و مدرسهٔ الاهیات (کارشناسی ارشد از دانشکدهٔ الاهیات فولر[4]) را به اتمام رساندم تا تحصیل، مکملی برای تجربیات عملی‌ام باشـــد. سپس در ســـال ۱۹۸۵ جیم وارد سازمان ملی خدمت به نوجوانان شـــد و سکان هدایت خدمت نوجوانان کلیســـا را تمام و کمال به من سپرد. در عین‌حال که اشـــتیاق زیادی برای رهبری داشتم، هیچ نمی‌دانستم که چطور باید از این مسیر پرپیچ‌وخم عبور کرد! قبلاً همیشـــه کسی بود که از من محافظت کند، و حالا دیگر از محافظ خبری نبود؛ از چپ و راست با ناکامی‌ها روبه‌رو شدم (و البته خیلی چیزها یاد گرفتم).

عمدهٔ فلســـفه‌ها و تجارب من در زمینهٔ خدمت به نوجوانان، ثمرهٔ همین سال‌ها است. با رهبران و خادمان داوطلب بی‌نظیری همـــکاری کردم و تجربیاتی اندوختم که برخی از آنها اکنون بهترین خاطرات عمرم را تشکیل می‌دهند. زمانی که در کلیسای ساوت کوست بودم، شـــبانم تیم تیمونز[5] مرا به نگارش و سخنرانی تشـــویق کرد. او هم مانند جیم متوجه چیزی در وجودم شـــده بود که خودم متوجه‌اش نشـــده بودم- توانایی ایجـــاد ارتباط با مخاطب و خلق منابع ســـودمند برای دانش‌آموزان و داوطلبان. او همیشه می‌گفت: «داگ، تو از ابزارهای خلاقیـــت برخورداری. مردم به این ابزارها نیاز دارند. اگر غیر از این باشـــد، کاری که تو در اینجا انجام می‌دهی، چگونه می‌تواند برای کلیســـاهای دیگر هم مفید واقع شـــود؟» او به من آموخت که به فکر دیگر خادمان نوجوانان هم باشـــم. در همان ســـال ۱۹۸۵ بود که "سازمان مســـیحی خدمت به نوجوانان"[6] فرصت تعلیم به خادمان حیطـــهٔ خدمت به نوجوانان را در سطح کل کشـــور در اختیارم قرار داد. من به خودم به چشم معلم نگاه نکرده بودم- آنها این تشـــخیص را داده بودند. (یکبار دیگر، ســـایرین چیزی را در من دیده بودند که خودم از آن

1. .South Coast Community Church; 2. Mariners Church; 3. BA, Vanguard University; 4. M.Div., Fuller Seminary; 5. Tim Timmons; 6. Youth Specialties

غافل بودم.) هنوز باورم نمی‌شـــود که آنان به جوانی بیست‌وچهار ساله اجازه داده بودند در زمینهٔ خدمت به نوجوانان، به دیگر خادمان تعلیم بدهد!

قـــرار گرفتن در برابر دیگـــر خادمان فعال در زمینهٔ خدمت به نوجوانان، باعث شـــد که واقعـــاً در آراء و دیدگاه‌هـــای صاحب‌نظران این حوزه کندوکاو کنـــم و این آراء و دیدگاه‌ها را به زبانی ملموس و قابل‌فهم برای مخاطبانـــم برگردانم. دیدگاه‌های مزبور همهٔ حیطه‌های مختلـــف خدمت به نوجوانان را در بر می‌گرفت. همین حالا که این ســـطور را می‌نویســـم، هنوز به همکاری‌ام با "ســـازمان مسیحیِ خدمت به نوجوانان "هم ادامه می‌دهم- رابطه‌ای که به‌خاطرش بسیار شکرگزارم.

در ســـال ۱۹۹۲ شبان موقت دانش‌آموزان کلیسای ســـدلبک[1] در لیک فارست[2] کالیفرنیا شـــدم. تصمیم داشـــتم تنها تا زمانی که آنها بتوانند شـــبان نوجوانان تمام‌وقتی پیدا کنند، در کلیســـای ســـدلبک بمانم، و بعد از آن دوباره روی برنامه‌هایی که برای نگارش و سخنرانی داشتم، متمرکز شـــوم. دربارهٔ کلیسای ســـدلبک چیزهای خیلی خوبی شنیده بودم (چونکه این کلیســـا تنها ۱۵ مایل از کلیسای دیگر فاصله داشت)، و می‌دانستم برای هر کسی که خدا برای خدمت تمام‌وقت در این کلیســـا انتخاب کنـــد، مکانی عالی و بی‌نظیر خواهد بود. خبر نداشـــتم که این فرد منتخب قرار است خودِ من باشم. تنها ظرف چند ماه عاشق این کلیسا و دانش‌آموزانش شـــدم- و خیلی زود سودای کوچ‌نشینی (یا اصطلاحاً «زندگی در سفر») را از سر بیرون کردم و ماندگار شدم! عنوان «موقت» حذف شد و من از آن به بعد در همین کلیسا ماندم. باز، اگر در ســـال ۱۹۹۲ از من می‌پرســـیدید: «آیا فکر می‌کنـــی آنچه را که در دههٔ ۸۰ در خدمت به نوجوانان در کلیســـای ســـاوت کوســـت تجربه کردی دوباره تجربه خواهی کـــرد؟» می‌گفتم: «به‌هیچ‌وجه! حتی در هیجان‌انگیزترین خیالاتم هم نمی‌توانم تصور کنم که تجربیاتی بهتر از آنچه که در ساوت کوست به‌دست آورده بودم دوباره به‌دست بیاورم!»

خب، از آن موقع یاد گرفتم که در ســـطح وســـیع‌تری خیال‌پـــردازی کنم- زیرا خدمت نوجوانانی که اکنون ســـرگرمش هستم، بسیار نیرومندتر از آنی است که آن سال‌ها مشغولش بودم. در سدلبک این فرصت را یافتم که از نو شروع کنم و دست به بازسازی خدمت نوجوانان بزنم. اندوخته‌های ده-دوازده ســـال اول خدمتم را با تجارب، عقل و سلامت روحانی بیشتر آمیختـــم و خدمتی تازه بنا کردم. نمی‌توانم تصورش را هم بکنم که اگر در جایی دیگر بودم، هرگز می‌توانســـتم به چنین دستاوردهایی برسم. من کلیسا، محیط زندگی، رهبران داوطلب، دانش‌آموزان، خانواده‌ها و همکارانم را دوست دارم. با کمال مطلوب فاصلهٔ زیادی دارد، ولی اینجا همان جایی است که در آن خدا رهبری، عطایا و ایمانم را برکت داده است.

اکنون که مشـــغول نگارش این سطور هستم، متقاعد شده‌ام که بهترین سال‌های عمرم در زمینهٔ خدمت به نوجوانان، هنوز از راه نرســـیده‌اند، و من چشـــم‌انتظار فرصت‌های بیشتری برای آموزش و بالندگی هســـتم. از این گذشته، شبان و دوستم ریک وارن[3] آنقدر به من باور دارد که اجازه داده به‌واســـطهٔ آنچه که نامش را "همایش‌های کلیســـایی هدفمند" گذاشته‌ام،

1. Saddleback Church; 2. Lake Forest, CA; 3. Rick Warren

به رهبران کلیسا در سراسر جهان تعلیم بدهم؛ ما در این همایش‌ها پیرامون راه‌های تحقق اهداف کتاب‌مقدسی بشارت، پرستش، شاگردی، خدمت و مشارکت، بحث می‌کنیم.

همهٔ این صحبت‌ها مرا به اینجا و این واژگانی می‌رساند که شما در حال خواندنشان هستید (البته اگر از آن دسته افراد کنجکاو باشید که هنوز به خواندن این سطور ادامه می‌دهید!). لطفاً در جریان باشید که من برای‌تان دعا می‌کنم- من برای دل‌های تک‌تک کسانی که قرار است این کتاب را بخوانند، دعا کرده‌ام. دعای ویژهٔ من برای شما این است که در سفر شگفت‌انگیز خدمت به نوجوانان که در پیش دارید، این کتاب بتواند شما را یاری، دلگرم و تقویت کند. برای شروع، فصل ۱ را بخوانید و بعد الزامات و تعهدات خدمت سالم را که مشخص کرده‌ام، با دعا مورد تعمق قرار دهید. بیایید به‌خاطر اینکه خدا نیکو است و نیز به‌خاطر اینکه توانایی دوام‌آوردن در این خدمت را برای بیش از دو سال به شما ارزانی داشته، شادمان باشیم!

دوست و همقطار شما در خدمت به جوانان
داگ فیلدز

فصل ۱

از کجا شروع کنم؟

تعهد به اصول و مبانی

در سـال ۱۹۷۹ من خادمی تازه‌کار در حیطهٔ خدمت به نوجوانان بودم و هیچ نمی‌دانستم باید چه‌کار کنم. نوجوانان را به تماشـای فیلم‌های مناسب برای تماشاگران زیر ۱۷ سال[1] بردم؛ در حوض غسل تعمید کلیسا، جکوزی پارتی ترتیب دادم (چونکه از نگاه یک نوجوان جکوزی پارتی خیلی باحال است!)؛ سر گروهی از والدین فریاد کشیدم؛ با خودروی کلیسا به نوجوانی ۱۵ سـاله، رانندگی یاد دادم، و نزدیک بود به‌خاطر بردن دانش‌آموزان زیر سن مجاز به کلوپ ویژهٔ ۲۱ سـال به بالا، دستگیر شوم. خدا را شکر که از آن زمان تا حالا، خیلی چیزها تغییر کرده، ولی روزگار پرفراز و نشیبی را پشت سر گذاشته‌ام.

الآن که این کلمات را می‌نویسـم، هنوز در کلیسا با دانش‌آموزان کار می‌کنم، و دوست دارم در مورد خدمت به نوجوانان، و به‌ویژه خطاب به خادمان تازه‌کار حرف بزنم! هر روزی که روی این کتاب کار کردم، به‌طور خاص در فکر شـما بـوده‌ام و برای‌تان دعا کرده‌ام. اگر کارتان را تازه شروع کرده‌اید، از همان دسته خادمان مورد علاقهٔ من هستید! (اگر چند سالی از خدمت‌تان در این حوزه می‌گذرد، شـما را هم دوست دارم، و اطمینان دارم که از لابه‌لای خطوط این کتاب کمک و دلگرمی لازم را به‌دست خواهید آورد.) از اینکه در سفر خدمتی

---

1. R-rated movies

شـــما به نوجوانان نقشی داشته باشم، هیجان‌زده می‌شوم. چه شما خادم رسمی (استخدامی) باشید چه خادم داوطلب، اصول و ایده‌های این کتاب برای یاری‌رسانی به شما نوشته شده‌اند، تا در خدمت به نوجوانان استوار بمانید و در آن پیشرفت کنید.

شباهت خدمت نوجوانان به ماراتن

یکی از اهداف من در زندگی (که هنوز به آن نرســیده‌ام) این است که روزی در مسابقهٔ دو ماراتن شــرکت کنم. در مســابقه‌های کوتاه‌تر زیادی شرکت کرده‌ام، ولی هر بار ماراتن- این هیولای ۲/ ۲۶ مایلی- از دســتم در رفته است. در تلویزیون به تماشای مسابقات ماراتن می‌نشینم و مشتاقانه روزی را انتظار می‌کشم که خودم هم در یکی از آنها شرکت داشته باشم.

هنوز باورم نمی‌شود که به تماشای مسابقات ماراتن از تلویزیون اعتراف کردم!

تا حالا مسابقهٔ ماراتنی را تماشــا کرده‌اید؟ این مسابقات به‌راستی الهام‌بخشند؟ وقتی به چشـــمان دوندگان نگاه می‌کنم، متوجه دو حالت می‌شوم. حالت اول مال دوندگان آماده‌ای است که پشت خط آغاز مسابقه ایستاده‌اند، همگی متمرکزند و برای کاری که پیش رو دارند، از آمادگی روانی لازم برخوردادند. آنها خوب می‌دانند که به انجام رســاندن مسابقه‌ای با این بُعد مســافت، چقدر دشوار اســت، پس با انجام نرمش‌های کششی ماهیچه‌های بدن‌شان را آماده می‌ســازند، درجا می‌دوند تا بدن‌شــان را گرم کنند و چشمان خود را می‌بندند تا مسیر پرپیچ‌وخم مســابقه و تابلوهای مسافت طی‌شــده را در ذهن تجسم کنند. کسانی که در این رشــته کهنه‌کارند، می‌دانند که چه چیزهایی در انتظارشان است. ماراتن، شرکت در ضیافت نیست؛ یک‌جور سوءاستفادهٔ خشونت‌آمیز اســت. و از آنجایی که قرار است دوندگان برای چندین ساعت آتی متحمل درد و رنج شوند، باید وظیفهٔ دوندگی را به شیوه‌ای کارآمد انجام دهند. حتی بدن‌شــان به چهرهٔ آنها فرمان می‌دهد که لبخند نزنند یا هیچ حالتی از شادمانی را از خود بروز ندهند. دوندگان باتجربه خوب می‌دانند چه‌کار می‌کنند.

حالت دوم مخصوص دوندگان تازه‌کار اســت. تماشــای این گروه مایهٔ سرگرمی بیننده اســت. معمولاً دور هم جمع می‌شــوند، به همه چیز سرک می‌کشند و از دستفروشان خرید می‌کنند و روی نقشــه دنبال توالت‌های ســیار می‌گردند. تازه‌کارها هیجان‌زده‌اند، احساس خوبی دارند، لبخند می‌زنند، دیگران را دســت می‌اندازند، از هیاهوی پیش از مســابقه لذت می‌برند. اصلاً نمی‌دانند به آدرنالین ارزشــمندی که اکنون دارند هدرش می‌دهند، تا پیش از رســیدن به تابلوی «۱ مایل آخر»، نیاز پیدا خواهند کرد. حرکات‌شــان قابل‌پیش‌بینی است؛ هرچه باشد، روز مسابقه اوقات پرهیجانی است، اما در عین‌حال فریبنده هم هست.

از چه لحاظ؟

از زاویهٔ دید بالا مسابقه را تماشا کنید. در خط شروع مسابقه، انبوهی از انسان‌ها مشغول جنب‌وجوش هســتند، همگی به‌صورت گروهی به‌سوی جلو حرکت می‌کنند، تقریباً به هم

چسبیده می‌دوند، گویی جدایی‌ناپذیرند، و این وضع تا مایل دوم یا سوم ادامه دارد. از اینجا به بعد گروه دوندگان کوچکتر و کوچکتر می‌شود. تا مایل ۱۰ عده‌ای تصمیم می‌گیرند به‌جای دویدن راه بروند، یا حتی وسوسه می‌شوند بی‌خیال مسابقه شده، به تماشای یکی از جشن‌های بعد از ظهر بروند. تا مایل ۱۵ خیلی از شرکت‌کنندگان مسابقه را رها کرده مشغول صرف ناهار هستند. از مایل ۲۰ به بعد، در واقع، تنها آنانی که از بیشترین میزان آمادگی برخوردارند، شانس به پایان رساندن مسابقه را دارند. رسیدن به خط پایان، نه تنها مستلزم آمادگی بدنی، بلکه نیازمند آمادگی روانی و ذهنی است.

دو ماراتن مثالی است که به‌راستی با تصویر خدمت به نوجوانان جور درمی‌آید. خدمت به نوجوانان در کلیسا، کار ساده‌ای نیست. اگر کار ساده‌ای بود، تعداد خادمان نوجوانان از شمار انتظامات کلیسا بیشتر می‌بود. خدمت نوجوانان تجربه‌ای طولانی و خسته‌کننده و اغلب بی‌اجر و پاداش است که در عین‌حال پیچیده، منحصربه‌فرد، پرتنش، خنده‌دار، سرشار از شادی و البته گاه دردناک است. در بدن مسیح، خیلی‌ها وارد ماراتن خدمت به نوجوانان می‌شوند، ولی بیشترشان خیلی زود از مسابقه کناره‌گیری می‌کنند، چون این خدمت تازگی و طراوتش را برای آنها از دست می‌دهد و دیگر ارضای‌شان نمی‌کند. زخم‌خورده و بیزار، دست از خدمت می‌کشند.

مسابقهٔ پیش روی ما

من با همهٔ وجودم از شما می‌خواهم که به خدمت به نوجوانان ادامه بدهید. ماندگاری در این حیطهٔ به‌خصوص از خدمت، امری نه چندان متداول است. ترک خدمت نوجوانان هم مایهٔ نگونبختی خادمان است و هم به سلامت کلیسا زیان می‌زند. هرچه بیشتر در خدمت نوجوانان ماندگار شوید، این خدمت برای‌تان آسان‌تر و کیفیت خدمتی که به دانش‌آموزان ارائه می‌دهید، بهتر و مطلوب‌ترخواهد شد. ترک سریع خدمت، از دو چیز حکایت دارد: عدم آمادگی کافی و داشتن انتظارات بلندپروازانه. ولی در اینجا هم مانند مسابقهٔ دو ماراتن، اگر با برنامه‌ریزی حرکت کنید، در بلندمدت نتایج خوبی به‌دست خواهید آورد و توانایی رسیدن به خط پایان را پیدا خواهید کرد.

همین حالا که مشغول نگارش این کتاب هستم، دو آیه‌ای را که بنیان نوشته‌هایم را تشکیل می‌دهند، روی کاغذ نوشته و به کامپیوترم چسبانده‌ام. می‌خواهم آنها را با شما در میان بگذارم. اولی می‌گوید:

> بیایید... با استقامت در مسابقه‌ای که برای ما مقرر شده است، بدویم. (عبرانیان ۱:۱۲)

خدمت نوجوانان– همانند خودِ زندگی مسیحی– مسابقه‌ای است که شرکت در آن مستلزم آموزش و بردباری است. خوشبختانه هرچه بیشتر با خدا راه برویم و از او پیروی کنیم، بر بردباری و توان‌مان نیز افزوده می‌شود. موفقیت ما در مسابقهٔ خدمت به نوجوانان، تا

اندازهٔ زیادی منوط به ارتقای چشم‌اندازی است که از این خدمت مد نظر داریم. به آیهٔ دوم نگاه کنید:

> از این‌رو ماتم و شیون خواهم کرد، و پای برهنه و عریان راه خواهم رفت. مانند شغال‌ها ماتم خواهم کرد و همچون شترمرغان (جغدان- م.) نوحه‌گری خواهم نمود. (میکاه ۱:۸)

آه، صبر کنید... آن آیه نبود. این یکی درست است:

> اما ایشان را یک ساله بیرون نخواهم راند، مبادا زمین متروک شود و حیوانات وحشی بر تو بس فزونی گیرند. ایشان را اندک اندک از پیش رویت خواهم راند، تا آنگاه که شمار تو آنقدر افزون شود که بتوانی این سرزمین را به تصرف آوری. (خروج ۲۳:۲۹-۳۰)

منظورم از حیوانات وحشی مورد اشاره در آیات بالا، نوجوانان گروه شما نیست، بلکه این آیه به‌درستی دنیای خادمی را به تصویر می‌کشد که برای نوجوانان کار می‌کند. عبارت مندرج در کتاب خروج، از برنامه‌ای که خدا برای فتح *تدریجی* کنعان در نظر داشت، پرده برمی‌دارد. خدا نمی‌خواست با یک‌شبه تقدیم‌کردن سرزمین موعود به قوم اسرائیل، آنان را دستپاچه کند. وانگهی، او که می‌دانست قوم اسرائیل از آمادگی کامل برخوردار نیست، ترتیب سفری را داد که طی آنها ایمان و توکل به خدا را در خود پرورش دهند و توکل به او را بیاموزند.

این اصل کتاب‌مقدسی در مورد خدمت شما به نوجوانان نیز صادق است. خدا همه چیز را یک‌جا به شما نمی‌دهد. همچنان که در ایمان رشد می‌کنید و بر مهارت‌ها، رهبری، تجربه، شخصیت، انضباط و اشتیاق‌تان افزوده می‌شود، شالودهٔ خدمت‌تان هم استوارتر می‌گردد.

از کجا شروع کنم؟

هرزمان که این کتاب را از قفسه بیرون می‌کشید تا فصلی از آن را بخوانید، دوست دارم این تصویر را در ذهن‌تان مجسم کنید که من و شما به‌صورت غیررسمی در رستوران مورد علاقه‌تان نشسته‌ایم و داریم با هم دربارهٔ خدمت به نوجوانان گفت‌وگو می‌کنیم. برای من هدف از این دیدار دوستانه آن است که شما را در دو سال آغازین خدمت‌تان به نوجوانان، راهنمایی کنم. ذهن و وجود شما آکنده از پرسش‌ها، شور و شوق، ایده‌ها، امیدها، ترس‌ها، رؤیاها و دعاهایی است که حول و حوش خدمت جدیدتان شکل گرفته‌اند. من هم آنجا هستم، چون شنیدم که چه اشتیاقی برای خدا، چه دلی فروتن، چه محبتی نسبت به نوجوانان و چه شوری برای یادگیری دارید، و- آها، بیایید با هم روراست باشیم- و اینکه قرار است میز را شما حساب کنید. اما واقعاً خوراک چه اهمیت دارد؟ این نشستی برای نزدیک‌شدن دل‌ها به یکدیگر و بحث‌کردن دربارهٔ موضوع خدمت به نوجوانان است!

پرسش‌هایی که شما در طول دیدارمان مطرح می‌کنید، طی سالیان از سوی دیگر خادمان فعال در حیطهٔ نوجوانان مطرح شده‌اند. هر بار پس از اتمام سمینار تعلیمی یا پس از آنکه کسی کتابم *خدمت نوجوانان به روش هدفمند* را تا آخر می‌خواند، با اولین پرسشی که روبه‌رو می‌شوم، این است: «از کجا شروع کنم؟»

با وجودی که بسیاری از خادمان مبتدیِ نوجوانان دوست دارند که من فهرست بازبینیِ[1] دقیقی از مراحل کار در اختیارشان بگذارم، اما این کار نشدنی است. از آنجایی که هر کلیسا برای خود ویژگی‌های منحصربه‌فردی دارد، و خادمان و شاگردان هم با هم فرق دارند، گام‌ها و مراحل کار هم متفاوتند.

با وجودی که طیف متنوعی از خادمان نوجوانان این کتاب را می‌خوانند، اما برخی الزامات وجود دارد که ورای تفاوت‌هایی همچون فرقه، بزرگی یا کوچکی کلیسا، و کشور محل سکونت، در همه جا مشترک است. من برای شما خادمان تازه‌کار نوجوانان، ۱۰ ضرورت را شناسایی کرده‌ام، و امیدوارم که همراه با دعا آنها را مورد ملاحظه و تعمق قرار دهید. این الزامات می‌توانند مبانی خدمت مؤثر، سالم و شاد به نوجوانان را تشکیل دهند. از خلاصهٔ صفحات ۲۱ و ۲۲ کپی‌برداری کنید و آن را در محلی مناسب و قابل‌دیدن نصب کنید، و بگذارید در ظرف چند ماه آینده که مشغول خدمت هستید، این الزامات در وجودتان نفوذ کنند.

الزامات ده‌گانهٔ خدمت به نوجوانان از نگاه داگ

// ۱. من به آهستگی پیش خواهم رفت

سرعت، اغلب به درد و رنج منتهی می‌شود. وقتی برای اولین بار به خانهٔ خودمان اسباب‌کشی کردیم، من سر این موضوع که همسرم تا چه اندازه با احتیاط اتومبیلش را پارک می‌کند، سر به سرش می‌گذاشتم. با اینکه در گاراژ خانه‌مان برای پارک‌کردن هر دو اتومبیل جای کافی بود، اما ظاهراً همسرم زمان زیادی را بیهوده صرف پارک‌کردن اتومبیلش می‌کرد. یکروز هنگامی که داشتم اتومبیل او را پارک می‌کردم، با اعتمادبه‌نفْس و مغرورانه و با سرعتی بیش از سرعت همیشگی او وارد گاراژ شدم (کاملاً مطمئنم که ۱۰- ۱۵ ثانیه‌ای زودتر از او پارک کردم)، اما در حین صرفه‌جویی در زمان، یک خسارت ۲۵۰ دلاری هم برای اتومبیل به بار آوردم. موقع پارک‌کردن آینهٔ بغل را شکستم. از همان لحظه دست از شوخی و سر به سر گذاشتن کشیدم، و همین تجربه باعث شد که اصلی را یاد بگیرم و آن را به فرزندانم هم بیاموزم: به چیزی که ممکن است سریع و آسان به‌نظر برسد، باید به آهستگی و با دقت نزدیک شد. این اصل در مورد خدمت نوجوانان هم صدق می‌کند.

تصور اینکه بخواهید در دو سال آغازین خدمت در میان نوجوانان کلیسای‌تان، تغییراتی ایجاد کنید، کاملاً منطقی است. بسیار عالی! ولی احتمالاً هیچ لزومی ندارد که این تغییرات

1. Checklist

به‌صورت ناگهانی اِعمال شوند. می‌توانم با اطمینان تضمین کنم که همیشه کسانی هستند که حتی از تغییرات ساده و بدیهی هم آزار می‌بینند. اگر خادم داوطلب هستید، پیشنهاد تغییرات آنی می‌تواند نگرش و رویکرد شما را به‌شدت زیر سؤال ببرد و از سوی رهبری نوجوانان مورد انتقاد قرار بگیرید. اگر رهبر نوجوانان هستید، تغییرات سریع می‌توانند این برداشت را در ذهن بیننده تداعی کنند که شما فردی مغرورید یا شخصیتی تک‌رو دارید.

به‌جای ایجاد تغییرات ناگهانی، هر تغییر بالقوه‌ای را که به نظرتان ضروری می‌رسد، در جایی یادداشت کنید. این به شما اجازه می‌دهد که در مورد تغییرات لازم اندیشه و دعای بیشتری بکنید. پیوسته به فهرست تغییرات لازم سری بزنید. هیچ‌وقت از داشتن دید و تفکر انتقادی در حیطه‌ای که خدا شما را برای خدمت فرا خوانده، منصرف نشوید، اما متوجه این نکته هم باشید که هیچ لزومی ندارد حتماً هر ایده‌ای را که به ذهن‌تان خطور می‌کند، فوراً عملی سازید. از سرعت خود بکاهید. اگر برای مدتی طولانی وضع به همین منوال بوده، دیگر چه نیازی به شتاب‌کردن هست؟ تغییرات عجولانه اغلب از تصمیماتی ناشی می‌شوند که حول و حوش آنها فکر نشده است. (من یک فصل کامل را به فرایند موفقیت‌آمیز ایجاد تغییر اختصاص داده‌ام. نک. فصل ۱۱.)

در سال ۱۹۹۲، زمانی که برای نخستین بار وارد کلیسای سدلبک شدم، به شبان کلیسا گفتم که دستِ‌کم پنج *سال* طول خواهد کشید تا به خدمتی سالم، متعادل، داوطلب-محور و درخشان دست پیدا کنیم. عدد پنج را بیخودی نپرانده بودم. من موقعی وارد کلیسای سدلبک شدم که پیش از آن یازده سال از عمرم را در کلیسایی دیگر صرف خدمت به نوجوانان کرده بودم. خوب می‌دانستم که کار با رویکرد «حالا آب غذا را زیاد کن» پیش نمی‌رود.

به یاد داشته باشید، خدا یک‌شبه قوم اسرائیل را وارد سرزمین موعود نکرد، و از شما هم انتظار ندارد که ظرف دو سال اول خدمت، کلیسای‌تان را دستخوش دگرگونی کنید. آرام باشید. پیش از انجام هر تغییری در کلیسا، نخست دل‌های خودتان را آماده کنید. یادتان نرود، عیسی ۳۰ سال از زندگی‌اش را صرف آماده‌شدن برای ۳ سال خدمت کرد (و این چیزی بود که وی از خدا آموخته بود).

///۲. مرتباً انگیزه‌هایم را بازبینی و دلم را ارزیابی خواهم کرد

خدا انگیزه‌های پاک را ارج می‌نهد، و هرچه بیشتر انگیزه‌های‌تان را مورد بازبینی قرار دهید، نیروی رهبری و تصمیم‌گیری‌تان هم بیشتر خواهد شد. اگر انگیزه‌های پاک و خالصی داشته باشید، پشتکار پیدا خواهید کرد، خدمت‌تان به نوجوانان مؤثرتر و سازنده‌تر خواهد بود، و در کنار همهٔ اینها از کارتان هم لذت خواهید برد. بیشتر اختلافات از وجود انگیزه‌های مشکوک، ناپاک و درهم‌آمیخته ناشی می‌شوند. اگر شخصاً انگیزه‌های خود را مورد ارزیابی قرار ندهید، دیگران این کار را انجام خواهند داد- و اگر در انگیزه‌های‌تان ناخالصی وجود داشته باشد، قطعاً برملا خواهد شد.

من یاد گرفته‌ام که انگیزه‌هایم را مرتباً مورد بازبینی قرار دهم. باید مدام برای خودم این پرسش‌ها را مطرح کنم:

- چرا می‌خواهم رهبری این خدمت را بر عهده بگیرم؟
- چرا می‌خواهم این موضوع را تعلیم دهم؟
- انگیزهٔ من از اجابت این درخواست چیست؟
- به‌راستی چرا می‌خواهم این برنامه را عوض کنم؟
- چه زمانی به مردم خواهم گفت که برای کاری که می‌کنم، هیچ دلیل موجهی ندارم؟

شاید شما هم بخواهید چیزهای دیگری از خودتان بپرسید. خوب است که انگیزه‌هایتان را ارزیابی کنید، تا بتوانید در نهایت صداقت نوجوانان را رهبری کنید.

در سال‌های اولیهٔ خدمتم، تصمیم گرفتم یکی از جلسات پرستشی شبانه را لغو کنم. برنامه هیچ ایرادی نداشت، و خیلی‌ها هم انصافاً این جلسهٔ پرستشی نوجوانان را موفقیت‌آمیز تلقی می‌کردند. به اعضای کلیسا گفتم که دلیل تصمیمم برای لغو جلسه این است که رشد کافی در آن نمی‌بینم و جلسهٔ مزبور تنها فرصتی است که نوجوانان یک شب در هفته بیشتر بیرون از خانه باشند (هر دو دلایلی خوب بودند). وقتی انگیزه‌هایم را در بوتهٔ آزمایش گذاشتم، متوجه شدم که انگیزه‌ام جلب توجه بوده و خواسته‌ام برای خودم اعتبار بیشتری کسب کنم و مهارت‌های خودم در سخنوری را به رخ دیگران بکشم (چراکه نوجوانان به‌خاطر شرکت‌کردن در برنامهٔ مزبور نتوانسته بودند به این مهارت‌ها پی ببرند). با عذر و بهانه‌های گوناگون کوشیده بودم انگیزهٔ واقعی‌ام را از نگاه ناظران پنهان کنم. از کل نقشه‌ام بوی گند انگیزه‌های بد به مشام می‌رسید. خدا را شکر که برنامه را لغو نکردم، ولی از همین رهگذر با چهرهٔ کریه و نیمهٔ تاریک وجودم روبه‌رو شدم- چهره‌ای که نزدیک بود بر همگان آشکار شود.

(ندایی از درون سنگرها)

مرد ۲۵ سالهٔ متأهلی بودم با یک فرزند و تازه از مدرسهٔ الاهیات فارغ‌التحصیل شده بودم. نخستین شغل تمام‌وقتم به‌عنوان خادم نوجوانان کلیسایی نه چندان بزرگ را به‌تازگی آغاز کرده بودم.

گمان می‌کردم که مدرسهٔ الاهیات به‌خوبی مرا برای آنچه پیش رو داشتم، آماده کرده است. سال‌ها از عمرم را به‌صورت پاره‌وقت صرف خدمت به نوجوانان کرده بودم و احساس می‌کردم برای مقابله با چالش پیش رو آماده‌ام. من و شبان کلیسا تنها خادمان تمام‌وقت و رسمی کلیسا بودیم. یکبار شبان برای گذراندن تعطیلات یک‌هفته‌ای از شهر خارج شد. باید برنامهٔ رادیویی، موعظه و سایر وظایف محوله را به تنهایی تهیه و اجرا می‌کردم.

یکی از اعضای کلیسای‌مان خودکشی کرده بود. او مردی ۴۰ و چند ساله بود و همسر و پسری هشت ساله داشت. از من خواستند برای خدمت به خانه‌اش بروم. باید اعتراف کنم که یکی از معدود دفعات در کل زندگی‌ام بود که اصلاً نمی‌دانستم چه‌کار باید بکنم- یا حتی چه بگویم.

در راه خانهٔ وی دعا کردم و از خدا خواستم راهنمایی‌ام کند. راستش نمی‌خواستم اوضاع را از آنچه هست بدتر کنم. صحنه‌ای که با آن مواجه شدم، توصیف‌ناپذیر بود؛ هرگز در موقعیتی مشابه قرار نگرفته بودم. با همسرش دعا کردم، فرازهایی از کلام خدا را نقل‌قول کردم- اما به‌نظر می‌رسید این کارها کافی نیست. پس کاری را کردم که از توانم ساخته بود. ظرف‌ها را شستم، غذا پختم و با پسر هشت ساله بازی کردم.

آن روز درس ارزشمندی یاد گرفتم: خادم، خادم است و باید در هر شرایطی و برای انجام هر کاری آماده باشد. همهٔ مسائل مربوط به نوجوانان را می‌دانستم، و همهٔ موضوعات را تجربه کرده بودم، با این‌همه، بلد نبودم خارج از چارچوبی که در آن قرار گرفته بودم، عمل کنم. آن روز متوجه شدم که *خادم* نوجوانان‌بودن چیزی فراتر از کارکردن با نوجوانان است. برای اینکه در صورت مواجههٔ دوباره با موقعیتی مشابه بتوانم خوب خدمت کنم، دوره‌های مشاوره را گذراندم و حتی یک سال تمام با یک مشاور کار کردم.

لری دارنل، دستیار شبان کلیسای باپتیست ادونچر، تالاهاسی، فلوریدا[1]

برای حفظ انگیزه‌های درست، باید خودتان را صمیمانه وقف ارزیابی مرتب و تفتیش دل کنید، چون دل و انگیزه‌های درونی، منشاء رشد روحانی و رهبری شما هستند. (من یک فصل کامل را به این موضوع اختصاص داده‌ام. نک. فصل ۳)

من با خودم پیمان بسته‌ام که هرگز تعلیمی ندهم، مگر آنکه در آن تعلیم پیرامون زندگی روحانی یک رهبر مسیحی حرف بزنم. متأسفانه چند سال اول خدمتم در میان نوجوانان را صرف برنامه‌های خیالی، ابداع بازی‌های هیجانی و بالابردن آمار و ارقام فریبنده کردم، و همهٔ اینها را با قدرت خودم انجام دادم. من دقیقاً نقطهٔ مقابل یوحنا ۱۵ بودم که می‌نویسد به فرمودهٔ عیسای مسیح، برای میوه‌آوردن باید به پدر متصل باشیم. من به‌جای کلام خدا، به کتاب‌ها و مجلات مربوط به خدمت به نوجوانان وصل بودم. باور کنید، من امروز فردی کاملاً متفاوت و خادمی به‌مراتب بهترم، و این فقط به‌خاطر ارتباط قلبی‌ام با کلام خداست. دیگر انرژی سال ۱۹۷۹ را ندارم، ولی در عوض کلیسایم نیز آن رهبرِ «نابالغ» روحانی را ندارد- خوب یاد گرفته‌ام که مرتباً انگیزه‌های درونی‌ام را بازبینی کنم.

//۳. خودم را از بازی با آمار و ارقام به‌کلی کنار خواهم کشید

برای شنیدن این پرسش معروف، لازم نیست مدت زیادی در کار خدمت به نوجوانان باشید: «چند تا بچه تو گروهت داری؟» من این پرسش را به اندازهٔ موهای سرم شنیده‌ام.

1. Larry Darnell, associate pastor, youth and college, Adventure Baptist Church, Tallahassee, Florida

حالا دیگر من به‌جای سؤال‌کننده خجالت‌زده می‌شوم. پرسش مزبور از باور نادرست «هرچه بزرگتر، بهتر» سرچشمه گرفته است. مردم تصور می‌کنند ارزش و اعتبار رهبری شما بسته به تعداد نوجوانانی است که در گروه‌تان دارید. پاسخی که من برای این پرسش دارم، این است: «چه اهمیتی دارد؟»

لطفاً در خلال سال‌های نخستین خدمت به نوجوانان، خودتان را به هیچ وجه درگیر بازی آمار و ارقام نکنید. به خیل آن دسته از خادمان نپیوندید که به اشتباه ارزش و اعتبار خودشان را با تعداد شاگردانی که در گروه دارند، می‌سنجند. عدد و رقم اصلاً ملاک ارزشگذاری مناسبی نیست.

گرول[1] یکی از خادمان داوطلب بی‌نظیر نوجوانان بود که به دلیل «خستگی» خدمت به نوجوانان را رها کرد. بعدها در حین مصاحبه‌ای که من به دلیل ترک خدمتش با وی داشتم، گرول اعتراف کرد که دلیل اصلی ترک خدمتش، بی‌ثمربودن است. او در گروه کوچکش تنها سه دختر نوجوان داشت، در صورتی که سایر رهبران زن، دستِ‌کم دو برابر این تعداد را در گروه‌شان داشتند. او با وجودی که خادم داوطلب گروهی کوچک بود، ولی باز برای رشد گروهش احساس فشار می‌کرد.

در حقیقت گرول رهبر بسیار خوبی برای گروه کوچکش بود، و اگر تعداد بیشتری نوجوان در گروهش می‌داشت، حتی وقت سر خاراندن هم پیدا نمی‌کرد و نمی‌توانست به‌خوبی به تک‌تک اعضا رسیدگی کند. او درگیر بازی آمار و ارقام شد، و در نهایت بازی را باخت، و ترک خدمت کرد؛ هم گرول باخت و هم آن سه دختر نوجوان. کسی که با آمار و ارقام بازی می‌کند، همیشه بازنده است! هرگز گول این بازی را نخورید تا نبازید!

عددپرانی بسته به اینکه مخاطب‌تان چه کسی است، هم می‌تواند هیجان‌انگیز باشد و هم تضعیف‌کننده. همیشه بزرگتر، بهتر نیست؛ همیشه سالمتر بهتر است. از کلیساها و خادمانی که انگیزه‌شان آمار و ارقام است، دوری کنید و خودتان را به آنهایی نزدیک کنید که انگیزه‌شان خدمت وفادارانه به خدا و هدف‌شان سلامت خدمت به نوجوانان است.

اگر برای مافوق یا ناظرم، آمار و ارقام اهمیت داشته باشد، چطور؟

پیش از هر چیز، مایلم بگویم: «از این بابت متأسفم». من متوجه فشار وارده از جانب آمار و ارقام هستم، و از آن بیزارم. خدا را شکر که برخی کلیساها از آمار و ارقام صرفاً به‌عنوان ابزار استفاده می‌کنند– یعنی ابزاری برای برنامه‌ریزی و بودجه‌بندی– ولی بیش از اندازه روی آنها حساسیت به خرج نمی‌دهند. آنها بیش از آنکه نگران حضور و غیاب اعضا باشند، در پی سلامت آنان هستند. اما می‌دانم که همهٔ کلیساها بدین منوال عمل نمی‌کنند، و شاید شما هم احساس کنید که زیر فشار باور نادرستِ «هرچه بیشتر/ بزرگتر، بهتر» هستید. کارکردن در چنین فرهنگی اصلاً آسان نیست.

1. Carol

باید صادقانه عرض کنم که در کوتاه‌مدت به‌سختی می‌توان فرهنگ تعداد-مدار را تغییر داد. با اینکه آدم‌ها و کلیساها دستخوش دگرگونی می‌شوند، اما این دگرگونی سریع صورت نمی‌گیرد. پس چه می‌توانید بکنید؟ در اینجا چند نکته را پیشنهاد می‌کنم:

۱. منشاء فشار آمار و ارقام را کشف کنید

در بسیاری از کلیساها تصمیم‌گیری بر اساس محاسبهٔ سود و زیان انجام می‌شود. خیلی از رهبران کلیساها از بازار کار جذب خدمت شده‌اند، و در مورد هر اقدامی می‌خواهند بدانند که آیا «مقرون به صرفه است» یا نه. این طرز فکر به درون کلیسا هم سرایت کرده و اداره‌کنندگان کلیسا می‌خواهند بدانند «آیا فلان خادم به اندازه‌ای که حقوق می‌گیرد، به نوجوانان خدمت هم می‌کند یا نه؟» همیشه نمی‌توان به این پرسش پاسخی عینی و ملموس داد، و همین‌جاست که قضیه چهره‌ای زشت به خود می‌گیرد. آمار حضور یا غیاب اعضا تنها یکی از فاکتورهای ارزیابی است، نه تنها فاکتور آن.

در مقایسه با نمونه‌های کتاب‌مقدسی، فشار آمار و ارقام در اندیشهٔ سکولار (غیردینی-م.) پیشینهٔ بیشتری دارد. ولی از آنجایی که کلیسا از افراد تشکیل شده و این افراد احتمال خطا دارند، دیگر هیچ‌کس از فکر سکولارِ فشار آمار و ارقام جا نمی‌خورد. چه موافق این فکر باشید چه مخالف، بهتر است بدانید ایده‌های مزبور از کجا نشأت گرفته‌اند.

۲. مافوق یا ناظر خودتان را درک کنید.

با ناظر خود جلسه‌ای بگذارید و در آن جلسه، انتظاراتش را جویا شوید. (بهتر است جلسهٔ مزبور پیش از آغاز کار تشکیل شود. نک. فصل ۱۲.) پس از اینکه از انتظارات وی آگاه شدید، سه گام زیر را به شما پیشنهاد می‌کنم:

- از انتظارات مزبور یادداشت بردارید. آن‌ها را با مافوق‌تان مرور کنید، تا مطمئن شوید که آن‌ها را درست فهمیده‌اید.
- اگر این انتظارات شامل آمار و ارقام نمی‌شوند (که احتمالاً هم نخواهند شد)، خودتان این پرسش را مطرح کنید که آیا آمار و ارقام مربوط به حضور اعضا به انتظارات وی ربطی پیدا خواهند کرد یا نه، و اگر ربط پیدا می‌کنند، ناظر چه عدد و رقمی را از شما انتظار دارد؟
- اگر انتظارات عددی مطرح است، بپرسید: «اگر به حد نصاب مورد انتظار نرسیم چه خواهد شد؟»

۳. نحوهٔ گفت‌وگو در چارچوب «سلامت»، به‌جای آمار و ارقام را یاد بگیرید.

با ارائهٔ آمار و ارقام («دیشب نوجوانان زیادی در جلسه شرکت کرده بودند»)، اشتهای دیگران را تحریک نکنید. به‌جایش از عباراتی استفاده کنید که نمایانگر سلامت جلسه هستند

(«از اینکه نوجوانان با آوردن دوستان‌شـــان به جلسه، به موضوع بررسی کتاب‌مقدس واکنش مثبت نشان داده‌اند؛ خیلی هیجان‌زده‌ام.») اقدامات دیگری نیز می‌توانید انجام دهید.

- داستان کسانی را که زندگی‌شـــان متحول شده، تعریف کنید. عملکرد نیکوی خدا در زندگی این افراد را شرح بدهید.
- به‌جای اصطلاحات کمّی (رشد)، از واژه‌های کیفی (سلامت) استفاده کنید.
- با بهره‌گیری از اصطلاحاتی نظیر رسـیدگی، بنا، افزایش، دیــد و دگرگونی، جنبه‌ای فکری به گفت‌وگوی‌تان بدهید.
- به ســایر رهبران نوجوانان بیاموزید که بیش از آمار و ارقام نگران ســلامت اعضای گروه‌شان باشند. مردم هرچه بیشتر در پی سلامت باشند، بهتر است.

خواهش می‌کنم گرفتار این وسوســه نشــوید که برای جلب نظر مافوق‌تان، آمار و ارقام را بالا ببرید. این کار به بهای ازدســت‌رفتن صداقت و روراســتی شما تمام خواهد شد. اگر خدمت شما در دستان خدا است، اگر در کارتان جویای راهنمایی او هستید، اگر دارید نهایت تلاش خود را می‌کنید، پس این تمام کاری اســت که می‌توانیــد انجام دهید. باید روی این تمرکز کنید که به بهترین شــکل ممکن از دانسته‌های‌تان بهره بگیرید و آنچه را که خارج از کنترل شماست، به خدا بسپارید.

// ۴. در مورگذشته انتقاد نخواهم کرد.

انسان مدام وسوسه می‌شــود که هنگام حرف‌زدن از گذشته، آن را تحقیر کند تا در زمان کنونی بهتر جلوه نماید یا بهانه‌ای برای توجیه تغییراتش بتراشــد. این کار را نکنید! حرمت کســانی را که پیش از شما وارد این خدمت شده‌اند نگه دارید. بعضی از نوجوانان هستند که آرزو می‌کنند ای کاش شــما هم مثل خادم قبلی‌شــان بودید. اما خدا شما را مثل خادم قبلی نیافریده است. وقتش که برسد، شاگردان این را خواهند دریافت.

شــاید تصور کنید که انتقاد از گذشته، به اعتبارتان کمک خواهد کرد. ولی اگر کسانی که با آنها کار می‌کنید- اعم از نوجوان و بزرگســال- انسان‌های بی‌غل‌وغشی باشند، متوجه این موضوع خواهند شــد. تنها آنانی که شخصیتی ضعیف دارند، مغلوب ذهنیت منفی می‌شوند. در نگاه انسان‌های درست و بی‌آلایش، همهٔ تلاش‌هایی که برای کسب اعتبار می‌کنید، چیزی جز نشانه‌های عدم بلوغ نیستند.

هرگــز به این وسوســه تن ندهید که با بزرگ‌نمایی مشــکلات گذشــته، خادم پیش از خودتان را بد جلوه دهید و همهٔ نارسایی‌ها را به گردن او بیندازید. ضمن رعایت سکوت، از چیزهایی که در گذشــته برای مردم ارزش به‌شمار می‌آمده، یادداشت بردارید و از کسانی که در کلیسای‌تان از شــما قدیمی‌ترند، بیاموزید. بدین‌ترتیب از نیش منتقدتان در امان خواهید ماند، شخصیت خود را رشد خواهید داد، و برای شاگردان‌تان الگوی صداقت خواهید شد.

انتقادکردن آســـان است، اما انسان باشخصیت دنبال خصایل نیکو می‌گردد و به آنها توجه می‌کند. با دیدن خوبی‌های دیگران، به رشد شخصیت خودتان کمک کنید.

اگر اشتباه نکرده باشم، این وینس لمباردی[1]، الاهیدان بزرگ و مربی تیم گرین بی پکرز[2] بود که می‌گفت: «وقتی از اصول ومبانی منحرف شوی، تا شکست فاصلهٔ زیادی نخواهی داشت.»

داگ با یـــادآوری رعایت اصول به خادمان تازه‌کار و کهنـــه‌کار فعال در حیطهٔ خدمت نوجوان، خوب عمل می‌کند. اصول و مبانی خدمت نوجوانان درســـت شـــبیه مبانی دو ماراتن اســـت که داگ آرزو دارد روزی در آن شـــرکت کند- زیرا خود زندگی به مسابقهٔ ماراتن می‌ماند. آنچه من از گفته‌ها (و کرده‌ها)ی داگ شـــنیده‌ام این اســـت که موفقیت ما در خدمت به نوجوانان، در گرو آمادگی، تمرکز، پایمردی و تعهد به اصول خدمت است.

عیســـی در انتهای موعظهٔ بالای کوه (متی ۲۴:۷ به بعد) به ما یادآوری می‌کند که زندگی و خدمت همهٔ ما قطعاً دســـتخوش باد، باران و توفان‌های متعدد خواهد شـــد. کسانی که خانهٔ خود را بر ســـنگ بنا کنند، دوام خواهند آورد، و آنانی که خانه‌شـــان را روی شـــن بســـازند، خانه‌خراب خواهند شد. این مثالی بسیار ســـاده و گویا است؛ اما یادآوری‌اش بـــه خودمان اهمیت زیادی دارد؛ اینکه برای داشـــتن خدمتی مؤثر که زندگی نوجوانان و خانواده‌های‌شان را متحول سازد، نیازمند بنیان و شالوده‌ای استوار هستیم.

چند سال پیش، من و داگ در یکی از همایش‌های خدمت به نوجوانان کنار هم نشسته بودیم. او به من رو کرد و پرسید: «چی به سر فلانی آمد؟» و نام یکی از خادمان نوجوانان را برد که در دورهٔ نوجوانی‌اش تحت شبانی داگ بود. با اندوه گفتم: «ویران شد و سوخت.» سپس، سراغ یکی دیگر را گرفت. جواب دادم: «او هم رفت.» بدبختانه بسیاری از افرادی که آنروز نام‌شـــان میان من و داگ رد و بدل شـــد، ســـوخته و تباه و در گذشته محو شده بودند. ایشان هم رهبران بی‌نظیری به‌شمار می‌آمدند، و از بسیاری جهات روی نوجوانان و خانواده‌های‌شـــان تأثیرات خوبی گذاشته بودند، اما زندگی خودشان را روی صخره بنا نکرده بودند.

لازم بود این اشـــخاص مطالب فصل اول این کتاب را بخوانند، زیرا آتش کوچکی که غیرعمدی روشـــن شده، به‌سرعت می‌تواند به دوزخی سوزان تبدیل شود و پشت سرش تلی از خاکستر بر جای بگذارد.

من از زمانی که داگ ســـال آخر دورهٔ راهنمایی را سپری می‌کرد تا دوم دبیرستان، شبان او بودم (متأســـفم داگ که در مراســـم گرفتن دیپلم حضور نداشتم). داگ از ابتدای ورود به کالج و طی ســـال‌های تحصیلش در دانشـــکدهٔ الاهیات، کارآموز من بود. *آیا شما فکر می‌کنید که با همکاران‌تان مشـــکل دارید!؟!* جدی عرض می‌کنم! در آن ســـال‌ها یکی از متداول‌ترین مضامینی که مدام می‌شـــنیدیم، این بود: «خدا اغلب شما را زمانی به بهترین

---

1. Vince Lombardi

۲. Green Bay Packers– تیم فوتبال آمریکایی شهر گرین بی در ایالت ویسکانسین– م.

شـــکل ممکن به‌کار می‌گیرد که در سنین بالای ۴۰ سالگی هستید- البته اگر تا آن زمان به دعوت خود وفادار مانده باشید.»

آن روزها، برای من رسـیدن به سن ۴۰ سالگی امری بسـیار دور به‌نظر می‌رسید! پس خوب می‌توانید درک کنید که چرا حتی نمی‌توانستم تصور کنم که روزی داگ از مرز ۳۰ سـالگی هم عبور کند! ولی امروز، این کتاب را در دست دارید، زیرا داگ به دعوتی که از وی شده بود، وفادار ماند- این کتاب از شمش‌های حقیقت آکنده است و اگر این شمش‌ها را به کار ببندیـد، می‌توانید به نوجوانان کمک کنید، خانواده‌ها را تقویت نمایید و زندگی آنها را برای همیشه متحول سازید.

جیم برنز

// ۵. در دام مقایسه نخواهم افتاد

این الزام نیز نتیجه‌ای مشـابه بازی آمار و ارقام در پی دارد، یعنی از آن نتیجهٔ خوبی عاید نمی‌شود. مقایسه‌کننده همیشه بازنده اسـت. چه مست غرور باشید و خودتان را از دیگری بهتر بدانید، چه خودتان را تحقیر کنید، در هر دو صورت بازنده‌اید. هر دو نگرش اشتباهاتی ویران‌کننده‌اند. مقایسـه یعنی مقابل هم قرار دادن آنچه که دربـارهٔ خودتان (یا خدمت‌تان) می‌دانید و آنچه که دربارهٔ خادم دیگر (یا خدمتش) نمی‌دانید. این ارزیابیِ منصفانه‌ای نیست.

در خلال دو سال اول خدمت، بارها وسوسه می‌شوید خودتان را با دیگران مقایسه کنید؛ چون مثل فلان همکارتان نیسـتید، از خود می‌پرسید که آیا اصلاً از عهدهٔ کار برخواهید آمد یا نه. هر بار که خودم را با کسِ دیگری مقایسـه کرده‌ام، اضطراب گرفته‌ام و در مورد عطایا و فرصت‌های خدمتی‌ام دچار تردید شـده‌ام. واقعاً که قرار گرفتن در چنین موقعیتی، چقدر افسـرده‌کننده است. دعا می‌کنم که شـما از همان ابتدا و تا همیشه از وسوسهٔ مقایسه‌کردن خودتان با دیگران دور بمانید.

در کار خدمت به نوجوانان به‌سادگی می‌توان در دام افتاد- و به‌سختی می‌توان از دام رها شـد. ما در دنیایی زندگی می‌کنیم که به‌طور پیوسـته در حال سبک‌سنگین‌کردن ماست؟ آیا به اندازهٔ کافی اسـتعداد دارد؟ آیا گروه به اندازهٔ کافی بزرگ هسـت؟ آیا از انرژی لازم برخوردار است؟ ای کاش خدمت به نوجوانان ما را از افتادن در دام مقایسه حفظ می‌کرد، ولی این دام در همه جا گسـترده است- حتی در خودِ کلیسـا. و اغلب خودم را در حال پا گذاردن در آن می‌یابم- و از آنچه می‌بینم بیزارم. خوشـبختانه، دوستانی مانند داگ دارم که مرا دوست دارند و به من یادآوری می‌کنند که محبت خدا نسبت به من هیچ ربطی به مقایسـه‌های دیگران (و حتی مقایسه‌های خودم) ندارد- و این خیلی تسکین‌دهنده است.

کرت جانستن[1]

1. Kurt Johnston

ما در خدمت خودمان داوطلبی بی‌نظیر داریم به نام لی[1] که حتی پیش از پیوستن به تیم خادمان داوطلب نوجوانان، گرفتار بازی مقایسه شده بود. او مادر یک دانش‌آموز بود و هر چهارشنبه شب درِ خانه‌اش را به روی چندین گروه کوچک از نوجوانان می‌گشود و از آنان پذیرایی می‌کرد. وقتی به یک رهبر گروه نوجوانان نیاز پیدا کردیم، اول دعا کردم و بعد سراغ لی رفتم و از او خواستم قبول مسئولیت کند. به من گفت که وقتی خودش را با دیگر خادمان نوجوانان که همگی بیست‌وچند ساله یا سی‌وچند ساله بودند مقایسه می‌کند، آنقدرها هم احساس جوانی نمی‌کند که بتواند از عهدهٔ این کار برآید. او از این می‌ترسید که نوجوانان حاضر نباشند رهبر جوان‌تر را رها کنند و وارد گروه زنی شوند که پنجاه و اندی از عمرش می‌گذشت.

لی تصمیم گرفت در مورد فرصتی که به وی پیشنهاد شده بود، دعا کند. چند تایی از نوجوانان نزدش رفتند و گفتند: «ما دوست داریم در گروهی باشیم که رهبرش زنی بالغ باشد و عملاً تجربهٔ مادری یک نوجوان را داشته باشد. ما برای درک والدین‌مان نیازمند درک و حکمت بیشتری هستیم.»

لی که شگفت‌زده شده بود، فرصت را غنیمت شمرد و مسئولیت رهبری گروه را پذیرفت تا بتواند بر این دختران نوجوان تأثیری مثبت بگذارد. وی بعدها به من گفت: «باورم نمی‌شود که به‌خاطر مقایسهٔ خودم با خادمان جوان‌تر، داشتم این فرصت عالی برای خدمت را از دست می‌دادم. درس بزرگی گرفتم.»

بر اساس تجربهٔ شخصی خودم می‌توانم به شما بگویم که همه چیز از دور خوب به‌نظر می‌رسد. از فضا که به زمین نگاه می‌کنیم، سیاره‌ای آرام و عاری از فشار و استرس می‌بینیم، اما همین سیاره از نزدیک پرآشوب و خطرناک است. وقتی حس می‌کنید که وسوسه شده‌اید خودتان را با داوطلب، معلم کتاب‌مقدس یا رهبری دیگر مقایسه کنید، بازایستید و روی محبتی که خدا در همان لحظه نسبت به شما دارد، متمرکز شوید. محبت خدا بر پایهٔ سنجش‌ها و اندازه‌گیری ما استوار نیست. او ما را به‌خاطر وجود خودمان، و همان‌طور که هستیم دوست دارد، نه به‌خاطر آن کسی که فکر می‌کنیم باید باشیم. ارزش شما به‌عنوان خادم نوجوانان باید ناشی از محبت *بی‌قید و شرط* خدا نسبت به شما باشد، وگرنه به خود آمده متوجه می‌شوید که در پی جلب تأیید دیگران هستید و سخت می‌کوشید تا چیزی را از دیگران گدایی کنید که خدا به رایگان به شما بخشیده است.

خودِ من هم در زیر پا گذاشتن این تعهد دستِ‌کمی از خادمین نوپا ندارم!

// ۶. روی اولویت‌ها تمرکز خواهم کرد.

در خدمت به نوجوانان نیازها و خواسته‌های زیادی وجود دارد که شما را همیشه مشغول به خود نگاه خواهند داشت. اما فشار کار که زیاد شود، در نهایت از پا خواهید افتاد. برای

1. Li

طی مسیر، باید خود را به مدیریت زمان محدودی که در اختیار دارید، ملزم سازید. برای این کار باید درک سالمی از اولویت‌های خودتان داشته باشید. این اولویت‌ها بر مبنای ارزش‌ها و انتظارات کلیسا شکل گرفته‌اند. (در فصل ۱۲ کتاب مفصلاً به این مقوله خواهیم پرداخت.)

برای کارکردن بر اساس اولویت‌ها، باید خیلی زود یاد بگیرید که چگونه و کی «نه» بگویید. بدون اولویت‌بندی، به چیزهایی آری خواهید گفت که سزاوار چیزی جز یک «نه» ساده نیستند، و بدین‌ترتیب زمان لازم برای انجام کارهای مهم را از دست خواهید داد. (پیرامون نظرات مربوط به مدیریت زمان، به صفحهٔ ۳۰ مراجعه کنید.)

در خدمت به نوجوانان چیزی که خیلی سریع یاد خواهید گرفت، این است که خدمت به نوجوانان تمامی ندارد. همیشه کاری برای انجام‌دادن هست، و همیشه شما مشتاق انجام کارهای بیشتر هستید. دشوارترین تصمیماتی که ممکن است با آنها روبه‌رو شوید، تصمیماتی است که باید به آنها نه گفت، چون انجام دادن‌شان مستلزم کارهای بیشتر، برگزاری مناسبت‌های بیشتر، و دیدار با افرادی بیشتر است.

در خدمت به نوجوانان، زیاد کار کردن، لزوماً به معنای خوب خدمت‌کردن نیست. درست کارکردن بر مبنای اولویت‌ها، آن خدمت مطلوبی است که صرف‌نظر از زمانی که در اختیار دارید، به انجام می‌رسانید. من شخصاً ترجیح می‌دهم با یکی از خادمان نوجوانان که اولویت‌هایش را درست می‌شناسد و درطول هفته ۳۰ دقیقه از وقتش را به‌طور مفید کار می‌کند، همکاری کنم؛ نه با دو خادمی که ساعت‌ها سرگردان دور خود می‌چرخند. تأثیرگذارترین خادمان نوجوانان آنهایی هستند که می‌دانند چطور روی چیزهایی تمرکز کنند که از آنان انتظار می‌رود. اشخاصی که به هر نیازی پاسخ مثبت می‌دهند، برای خود مشغلهٔ زیادی می‌تراشند، ولی پرمشغله‌بودن به معنای تأثیرگذاربودن نیست.

«نه، نه، نه!» این واژه را تمرین کنید!

مهارت‌های خود را برای مدیریت کردن زمان ارتقا بخشید

برای فراگیری مدیریت زمان، از همین حالا هر کاری لازم است انجام دهید. کسب مهارت در این حیطه، نقش به‌سزایی در موفقیت شما دارد، و اگر در فراگیری مدیریت زمان شکست بخورید، تا سال‌ها زمینگیر خواهید شد.

در اینجا به چند واقعیت اشاره می‌کنم که هر خادم نوجوانانی که تا به‌حال دیده‌ام، با آنها دست به گریبان بوده است:

- پرمشغله خواهید بود!
- هر روز تنها ۸۶/ ۴۰۰ ثانیه برای زندگی‌کردن در اختیار دارید.
- اگر زمان خود را مدیریت نکنید، در خدمت به نوجوانان دچار مشکل خواهید شد.
- اگر زمان خود را برنامه‌ریزی نکنید، دیگران آن را برای‌تان برنامه‌ریزی خواهند کرد.

شما نمی‌توانید به وقت خودتان چیزی بیفزایید، پس باید زمانی را که دارید، تحت کنترل بگیرید. اگر رهبر گروه نوجوانان هستید و به‌صورت پاره‌وقت یا تمام‌وقت کار می‌کنید، هر روزِ خودتان را به سه بخش (یعنی ۲۱ بخش در هر هفته) تقسیم کنید. برای مثال، می‌توانید زمان پیش رو را این‌گونه تقسیم‌بندی کنید:

۹ بامداد	تا	۱ بعد از ظهر
۱ بعد از ظهر	تا	۵ عصر
۵ عصر	تا	۹ شب

نحوهٔ مدیریت این بخش‌ها، تأثیری مستقیم بر موفقیت شما در خدمت به نوجوانان دارد. چه زمانی در بهترین حالت روحانی، روانی، عاطفی و جسمانی هستید؟ چه زمانی در پایین‌ترین سطح بهره‌وری قرار دارید؟ مهمترین کارهای‌تان را به زمان‌هایی موکول کنید که از بالاترین میزان بهره‌وری برخوردارید.

من در بخش بامدادی بیشترین کارآیی را دارم، پس همیشه ساعت‌های ۹ بامداد تا ۱ بعد از ظهر را به اندیشیدن و آماده‌شدن برای کارهای حساس اختصاص می‌دهم. از ساعات بعد از ظهرم برای دیدار با مردم و شرکت در جلسات استفاده می‌کنم، چون هنگامی که خسته‌تر هستم، تعامل با دیگران مرا هوشیار نگه می‌دارد.

چنانکه ملاحظه می‌کنید، یک هفته از ۲۱ بخش تشکیل می‌شود. حتماً از این بخش‌ها، تعدادی را هم به خود، خانواده و امور مهم زندگی‌تان که بیرون از حیطهٔ خدمت قرار دارند، اختصاص دهید. اگر خادم تمام‌وقت نوجوانان هستید، نباید در هر سه بخش زمانیِ هر روزتان کار کنید. برای مثال، اگر چهارشنبه‌ها در بخش‌های دوم و سوم روز کار می‌کنید، یکی از بخش‌های روز پنجشنبه را برای خودتان کنار بگذارید. وقتی به واحدبندیِ اوقات روزانهٔ خودتان عادت کنید، می‌توانید اوقات کاری هفتگی را به‌خوبی ارزیابی کنید و دریابید که در کدام واحد زمانی کارایی بهتری داشته‌اید.

پیرامون مدیریت زمان کتاب‌ها و سمینارهای سودمندی در دسترس همگان است. از اعضای کلیسا که در حوزهٔ کسب و کار فعالیت دارند بخواهید کتاب‌ها و سمینارهای مورد پسندشان را به شما معرفی کنند.

// ۷. حساب گام‌هایم را خواهم داشت.

امیدوارم که متوجه باشید که در کار خدمت به نوجوانان، در مسابقهٔ دو ماراتن شرکت دارید، نه دو سرعت. پس باید یاد بگیرید که چطور وضعیت بدنی مناسب را حفظ کنید. از آنجایی که خدمت به نوجوانان هرگز پایان نمی‌پذیرد و همیشه کارهای بیشتری برای انجام

دادن هست، تمرین‌های کششی روزانه را یاد بگیرید- در طول روز و تمامی هفته، نفس‌های عمیق بکشید و از این طریق نشاط و طراوت خود را حفظ کنید. در محدودهٔ خدمت نوجوانان مکان‌ها، زمان‌ها و افرادی را کشف کنید که حال و هوایی تازه به شما می‌بخشند و برای مدتی حواس شما را از کارهایی که باید انجام دهید، به چیز دیگری معطوف می‌کنند.

چون خودِ من به خدمت تمام‌وقت نوجوانان اشتغال دارم، سعی می‌کنم برای پاک‌کردن ذهنم از دغدغه‌های کاری، هر روز تمرین‌های کششی را انجام دهم. لزومی ندارد این تمرین‌ها طولانی باشند، آنچه مهم است، حس طراوت و تازگی است که از تمرین‌ها به‌دست می‌آورید. من از فرصت‌های زیر برای تمرین استفاده می‌کنم:

- مربیگری تیم‌های ورزشی بچه‌ها
- نوشیدن آب‌میوه و خواندن روزنامه در تاکوبل[1]
- راکتبال بازی کردن
- پیاده‌روی با یکی از دوستان
- وزنه‌برداری
- نشستن در جکوزی (یا حوض تعمید کلیسا... شوخی می‌کنم!) با همسرم

این فعالیت‌ها ضرب‌آهنگ زندگی را برایم کُند می‌کنند. وقتی از کنترل خارج می‌شوم و فکر می‌کنم در طول شبانه روز به زمان بیشتری نیاز دارم، حس می‌کنم بیرون از ارادهٔ خدا قرار دارم. خوب می‌دانم که خدا بیش از آنچه که زمانش را در اختیارم گذاشته، برایم برنامهٔ دیگری ندارد. این حقیقت در مورد شما هم صدق می‌کند. از کارهایی که انجام‌شان سرحال‌تان می‌آورد، فهرستی تهیه کنید. (من نوشیدن قهوه را حتماً توصیه می‌کنم!)

// ۸. خدمت خواهم کرد.

شاید این الزام نصیحتی نباشد که در کار خدمت به نوجوانان توجه شما را جلب کند، ولی در درازمدت و برای آن‌دسته از شما که برای مدتی طولانی رهبری نوجوانان را بر عهده دارید، یادآوری‌اش بسیار حائز اهمیت است. هرچه زمان بیشتری را صرف خدمت به نوجوانان بکنید، بیشتر احساس می‌کنید که شما رهبرید و دیگران دنباله‌رو. این احساس خیلی هم خوب و جالب و حتی جذاب است. اما عیسی از رهبری، الگویی دیگر به کلیسا ارائه کرد؛ رهبری مستلزم خدمت‌کردن است. اگر می‌خواهید به خادمی برجسته در خدمت به نوجوانان تبدیل شوید، پس خدمت کنید. اگر می‌خواهید اولین باشید، آخرین شوید. اگر نمی‌توانید خدمت کنید، پس توان رهبری هم ندارید، یا دستِ‌کم نمی‌توانید رهبر دلخواه مسیح باشید. وقتی خدمت می‌کنید، برای سایر رهبران، اعضا و شاگردان کلیسای‌تان، نمونه‌ای از خودِ مسیح هستید.

---

۱. Taco Bell- نام رستورانی زنجیره‌ای با خوراک‌های مکزیکی- م.

در واقع، زمانی بیش از هر وقت دیگری به مسیح شبیه می‌شوید که در حال انجام خدمت هستید.

این جزو خدمت به نوجوانان است، که انسان‌ها متوجه خدمت شما نمی‌شوند، اما خدا شما را برکت می‌دهد. منظورم همین زحماتی است که بعد از جلسهٔ کانون شادی برای جمع‌کردن آشغال‌های روی زمین می‌کشید، یا در دفتر کلیسا به همکارتان کمک می‌کنید، منشی کلیسا را در حمل جعبه‌ها به اتومبیلش یاری می‌رسانید، یا یک ساعت از وقت‌تان را صرف تاکردن بولتن‌های کلیسا می‌کنید، یا با اتومبیل‌تان یکی از اعضای سالمند کلیسا را به خانه‌اش می‌رسانید.

اینها کارهایی هستند که احتمالاً در شرح وظایف شغلی شما نوشته نشده‌اند، ولی باید بر دل‌تان نگاشته باشند. برای انجام هر خدمت کوچک و پیش‌پاافتاده‌ای آماده باشید و این شخصیت شما را خواهد ساخت و در نهایت به سود خدمت شما به نوجوانان تمام خواهد شد. وقتی خدمت می‌کنید، هیچ چیزی را از دست نمی‌دهید.

// ۹. از آموختن باز نخواهم ایستاد.

من با یک اصل اولیه زندگی می‌کنم که برای اعضای کلیسایم نیز شناخته‌شده است: «همهٔ رهبران شاگرد هستند. رهبری که از آموختن دست بشوید، از رهبری‌کردن دست شسته است.» اگرچه نگرش مزبور مستلزم سرمایه‌گذاری و فداکاری همیشگی در وقت است، و نباید از جنبهٔ فروتن‌سازی آن هم غافل شد، لیکن در عین‌حال به بهبود و ارتقای مهارت‌های رهبری خادم نوجوانان کمک‌های شایانی می‌کند. من تنها می‌توانم آنچه را که می‌دانم به دیگران آموزش بدهم، و این حقیقت مستلزم آن است که مدام در حال رشد باشم. این عادت به‌ویژه زمانی اهمیت پیدا می‌کند که من به‌طرزی مطلوب حرمت‌نَفْس خودم را حفظ کنم، چراکه در کلیسایم نوجوانان بسیاری هستند که می‌پندارند من هیچ نمی‌دانم.

هر سال که در مجامع خدمت به نوجوانان شرکت می‌کنم، وقتی متوجه می‌شوم که خادمان کهنه‌کار از شرکت در کارگاه‌های برگزارشده خودداری می‌کنند، اندوهگین می‌شوم. دلیل عدم شرکت آنها در کارگاه‌های مزبور این است که مطالب ارائه‌شده در کارگاه‌ها توسط خادمان بی‌نام و نشان بازگو می‌شوند. این تجربهٔ شخصی خودم است که می‌گویم؛ بعضی از رهبران جوان و بی‌نام و نشان چنان افراد بی‌نظیری هستند و چنان ایده‌های ناب و تازه‌ای دارند که هیچ‌یک از ما قدیمی‌ترها حتی به گرد پای‌شان هم نمی‌رسیم!

همین امروز با خودتان عهد ببندید که تا آخر عمر شاگردی (آموزنده‌ای) مشتاق باشید. بخوانید. به نوارهای صوتی گوش بدهید. با کسانی که مخالف ایده‌های‌شان هستید، بحث کنید. پای درس معلمانی که از شما جوان‌تر یا پیرترند، بنشینید. شکی نیست که همه از اشتباهات خود درس می‌گیرند، اما رهبری خردمند است که با پویایی تشنهٔ آموختن از دیگران هم باشد. این واقعیت که شما اکنون در حال خواندن کتاب حاضر هستید، نشان می‌دهد که برای این اصل ارزش قایلید.

// ۱۰. قناعت پیشه خواهم کرد.

یکی از خصوصیات رایـج در میان خادمان تازه‌کار نوجوانان این اسـت که به کم قانع نیسـتند. آنان معمولاً می‌خواهند از تلاش خود ثمرات بیشـتری ببینـند و در اندک زمان به این ثمرات برسـند. خواهان نتایج بزرگتر و پاداش‌های فوری هستند و وقتی به این اهداف نمی‌رسند، احساس طردشدگی می‌کنند.

من آموخته‌ام که هروقت از موقعیت خدمتی خودم احساس نارضایتی می‌کنم، گزینه‌های بیرون از کلیسا بیشتر به چشمم می‌آیند. کلیسای پایین خیابان به من چشمک می‌زند و فرصتی که یک ماه پیش به آن پاسـخ منفی داده بودم، اکنون در نظرم ارزش پیدا می‌کند. همهٔ اینها از نشانه‌های عدم قناعت است.

خدمت کار آسانی نیست. دو سـال آغازین خدمت می‌تواند دشوارترین سال‌های کاری شما باشد، و دشـمن ما در کمین نشسته و دوسـت دارد ببیند که بی‌اثر شده‌ایم و در بیابان نارضایتی سرگردانیم. یکی از نتایج همیشگی عدم قناعت، ترک خدمت است. وقتی در اوان خدمت نوجوانان، آن را ترک می‌کنید به کلیسا آسیب می‌زنید. وقتی بزرگترها در زندگی‌شان مرددند و دور خودشـان می‌چرخند، نوجوانان هم احسـاس ناامنی می‌کنند و قلب‌شان را باز نخواهند کرد. رهبر بعدی باید با این مصائب نیز سروکله بزند.

من همسـایه‌ای دارم به نام آنیکا[1] که دانش‌آموز سال آخر دبیرستان است و گروه کوچک نوجوانان کلیسـایش تا کنون پنج بار رهبر عوض کرده. آنیکا به من می‌گفت که دیگر دوست ندارد با رهبران گروهش حرف بزند. او اصلاً اطمینان ندارد که رهبر کنونی در منصبش باقی بماند. سـعی کردم او را برای شرکت در یکی از گروه‌های کوچک نوجوانان خودمان دعوت کنم، ولی آنیکا مطمئن نیست که اینجا فرق چندانی با جاهای دیگر داشته باشد.

تعهدات کوتاه‌مدت شاید به سود بزرگسالان باشد، اما به نوجوانان آسیب وارد می‌کند.

اگر می‌خواهید دوام بیاورید، قناعت پیشـه کنید و به آنچه خدا به شما داده و هدایایی که به شـما بخشیده، رضایت بدهید. دست از هم‌چشمی و رقابت با همکاران بردارید و خدا را شکر کنید که در همان جایی که هستید، شما را به‌کار گرفته است. آیا تا حالا این ضرب‌المَثَل را شنیده‌اید که می‌گویند: «مرغ همسایه غاز است»؟ عین حقیقت است. مرغ جایی به درشتیِ غاز می‌شود که خوب پرورش داده شود. پس شروع کنید به پرورش‌دادن مرغ‌های خودتان.

> وقتی مرتباً خدمت‌تان را عوض می‌کنید، اغلب تنها مجموعه معضلات خودتان را تغییر می‌دهید.

عدم قناعت و دلسـردی، برادران خونی یکدیگرند. وقتـی میهمانی ناخوانده را به خانه راه می‌دهیـد، میهمان دیگری را هم با خود به همراه مـی‌آورد. از آنجایی که عدم قناعت و

1. Anika

دلسردی به کرات با هم مشاهده شده‌اند، من کل فصل بعدی کتابم را به رویارویی با این مشکل اختصاص داده‌ام. و اگر شما و کلیسای‌تان هنوز در ماه عسل به‌سر می‌برید، می‌توانید بعداً سراغ این موضوع بروید.

تسویه حساب

این الزامات و تعهدات دیگری که شاید به ذهن‌تان خطور کرده باشند، شالوده‌ای را تشکیل می‌دهند که خدمت سالم به نوجوانان باید بر پایهٔ آنها بنا شود. وقتی ما خادمان نوجوانان به این الزامات متوسل می‌شویم، در واقع، به خداوند، کلیسا و شاگردان‌مان احترام می‌گذاریم. خواهش من این است که این الزامات را همراه با دعا مورد تعمق قرار دهید و بگذارید در وجودتان نفوذ کنند و در حین خدمت به نوجوانان، والدین، کلیسا، همکاران و سایر داوطلبان، تأثیر خود را بگذارند.

از اینکه کتاب حاضر را برای مطالعه برگزیده‌اید، خوشنودم. امیدوارم که کتاب مزبور برای شما و هزاران مرد و زن دیگری که خدا و نوجوانان را دوست دارند و حاضرند پیرامون خدمت به نوجوانان اطلاعاتی کسب کنند، مفید باشد. از اینکه با روی و قلبی گشوده به یکی از خادمان کهنه‌کار نوجوانان– که هنوز در مسیر ماراتن مشغول دویدن است– اجازه دادید راهکارهایش را با شما در میان بگذارد، سپاسگزارم. من شما را نیز تشویق می‌کنم که به این ماراتن ملحق شوید. از آنجایی که اندکی بیشتر در این مسابقه شرکت کرده‌ام، می‌خواهم شما هم بدانید که چشم‌انداز مسابقه از جایی که من اکنون قرار دارم بهتر دیده می‌شود، چون اکنون از بالا به مسیر مسابقه نگاه می‌کنم و شرکت‌کنندگان بی‌نظیری را می‌بینم. با این الزامات ده‌گانه زندگی کنید، از دویدن باز نایستید و شما هم همین منظره را تجربه خواهید کرد.

۱. به آهستگی پیش خواهم رفت.

ساده‌لوح همه چیز را باور می‌کند، اما عاقل قدم‌های خود را می‌سنجد. حکیم می‌ترسد و از بدی اجتناب می‌کند، اما نادان، آسوده خیال پیش می‌رود! (امثال ۱۴:۱۵–۱۶)

۲. مرتباً انگیزه‌هایم را مورد بازبینی و قلبم را مورد ارزیابی قرار خواهم داد.

شاه که بر مسند داوری نشیند، به نگاه خود شرارت‌ها را یکسره غربال کند. کیست که تواند گوید: «من دل خود را طاهر ساخته‌ام؛ من از گناه خویش پاک شده‌ام»؟ وزنه‌های متفاوت و پیمانه‌های مختلف، خداوند از هر دو کراهت دارد. جوان را از کارهایش براستی می‌توان شناخت، که آیا رفتارش پاک و درست است، یا نه.گوش شنوا و چشم بینا، هر دو آفریدهٔ خداوند است. (امثال ۲۰:۸–۱۲)

۳. خودم را از بازی با آمار و ارقام به‌کلی کنار خواهم کشید

اگر مردی صد گوسفند داشته باشد و یکی از آنها گم شود، آیا آن نود و نه گوسفند را در کوهسار نمی‌گذارد و به جستجوی آن گمشده نمی‌رود؟ (متی ۱۲:۱۸)

۴. از گذشته انتقاد نخواهم کرد.

برادران، گمان نمی‌کنم هنوز آن را به‌دست آورده باشم؛ اما یک کار می‌کنم، و آن اینکه آنچه در عقب است به فراموشی می‌سپارم و به‌سوی آنچه در پیش است خود را به جلو کشانده، برای رسیدن به خط پایان می‌کوشم. (فیلیپیان ۱۳:۳)

۵. در دام مقایسه نخواهم افتاد

هر کس باید اعمال خود را بیازماید. در آن صورت فخر او به خودش خواهد بود، بی‌آنکه خود را با دیگران مقایسه کند. (غلاطیان ۴:۶)

۶. روی اولویت‌ها تمرکز خواهم کرد.

«ای استاد، بزرگترین حکم شریعت کدام است؟» عیسی پاسخ داد: «"خداوندْ خدای خود را با تمامی دل و با تمامی جان و با تمامی فکر خود محبت نما." این نخستین و بزرگترین حکم است. دومین حکم نیز همچون حکم نخستین، مهم است: "همسایه‌ات را همچون خویشتن محبت نما." این دو حکم، اساس تمامی شریعت موسی و نوشته‌های پیامبران است.» (متی ۲۲:۳۶-۴۰)

۷. حساب گام‌هایم را خواهم داشت.

چون لازم است پایداری کنید تا آنگاه که ارادهٔ خدا را به انجام رساندید، وعده را بیابید. (عبرانیان ۱۰:۳۶)

۸. خدمت خواهم کرد.

اما در میان شما چنین نباشد. هر که می‌خواهد در میان شما بزرگ باشد، باید خادم شما شود. و هر که می‌خواهد در میان شما اول باشد، باید غلام شما گردد. چنانکه پسر انسان نیز نیامد تا خدمتش کنند، بلکه آمد تا خدمت کند و جانش را چون بهای رهایی به عوض بسیاری بدهد.» (متی ۲۰:۲۶-۲۸)

۹. از آموختن باز نخواهم ایستاد.

حکمت را کسب کن و فهم را به دست آور؛ کلمات دهانم را از یاد مبر و از آنها انحراف مورز. همنشینِ حکیمان حکیم گردد، اما رفیق جاهلان زیان بیند. (امثال ۴:۵؛ ۱۳:۲۰)

۱۰. قناعت پیشه خواهم کرد.

این را از سر نیاز نمی‌گویم، زیرا آموخته‌ام که در هر حال قانع باشم. معنی نیازمند بودن را می‌دانم، نیز معنی زندگی در وفور نعمت را. در هر وضع و حالی، رمز زیستن در سیری و گرسنگی، و بی‌نیازی و نیازمندی را فراگرفته‌ام. (فیلیپیان ۴:۱۱-۱۲)

پرسش‌های پایان فصل

// *برای بحث در گروه*

- پایبندی به کدام الزام برای شما از همه سخت‌تر است؟
- کدام الزام بیش از بقیه شما را دلگرم می‌سازد؟

// *برای تأملات شخصی*

- وقتی پای خدمت به نوجوانان در میان است، آیا من روحیهٔ شرکت در مسابقهٔ دو سرعت را دارم یا ذهنیتم منطبق بر دو ماراتن است؟
- اگر زود از خدمت کناره‌گیری کنم، اقدامم چه تأثیری می‌تواند بر کلیسا و/ یا خدمت نوجوانان بگذارد؟
- برای ارزیابی انگیزه‌های شخصی‌ام چه برنامه‌ای در نظر دارم؟
- پیرامون «بازی آمار و ارقام» چگونه می‌توانم سر صحبتی صادقانه را با مافوقم باز کنم؟
- برای پیشرفت در الزامی که بیش از همه در آن مشکل دارم، چه می‌توانم بکنم؟

// *اقدامات لازم برای ملاحظات بیشتر*

- از صفحات ۲۱ و ۲۲ کتاب فتوکپی بگیرید و آنها را جایی نصب کنید که طی ماه آینده، هر روز بتوانید آنها را ببینید.
- در تیم خودتان کسی را که در خصوص الزامی که بیش از بقیه در آن مشکل دارید، نمونه است شناسایی کنید و برایش نامه‌ای تشویق‌آمیز بنویسید، و به او بگویید که در آن مورد به‌خصوص الگوی شماست.
- اگر تیم خدمتی شما به‌صورت گروهی مشغول خواندن این کتاب نیست، در تیم‌تان کسی را پیدا کنید تا هر فصل را با وی مرور کرده، پیرامون مطالبش با هم بحث کنید.

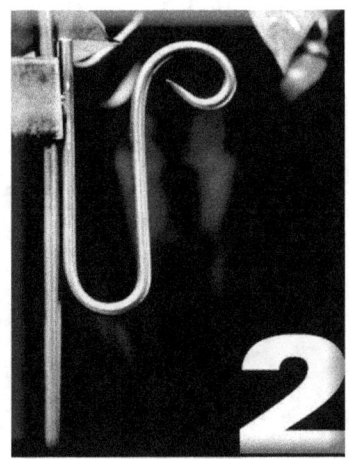

فصل ۲

چرا چنین احساسی دارم؟

رویارویی با نومیدی

شـــاید نومیدی قدرتمندترین احساسی باشد که مردان و زنان بزرگ را وسوسه می‌کند تا پیش از آنکه در خدمت به نوجوانان به بلوغ کامل برسند، از این خدمت کناره‌گیری کنند. اگر بتوانید هدایت کشتی زندگی‌تان را در دریای توفانی و پرتلاطم نومیدی به‌خوبی یاد بگیرید، می‌توانید خدمت مؤثر به نوجوانان طی سالیان متمادی را به رزومهٔ خودتان اضافه کنید.

برخی از دوســـتانم که در حیطهٔ خدمت به نوجوانـــان کار می‌کنند و پیش‌نویس‌های این کتـــاب را خوانده‌اند، به من گفته‌اند: «بعد از خواندن فصل ۱ کتاب چنان هیجان‌زده هســـتم که اصلاً نمی‌خواهم به نومیدی فکر بکنـــم. آدم اصلاً انتظارش را ندارد.» دقیقاً! این طبیعت نومیدی است. تنها یک هفته زمان کافی است تا حس موفق‌ترین و کارآمدترین خادم نوجوانان روی زمین، در وجودتان به حس انصراف از خدمت و نوشتن استعفانامه تبدیل شود. تازه در کمال حیرت از خودتان هم می‌پرســـید: «چرا چنین احساسی دارم؟» پرسش «از کجا شروع کنم؟» می‌تواند به‌سرعت جای خود را به پرسش «آیا همیشه اوضاع این‌قدر بد است؟» بدهد.

اگر شما خوانندهٔ گرامی روبه‌رویم نشسته بودید، می‌توانستم هنگام ورودتان به رستوران این حس را از روی حالت بدن‌تان بخوانم: شـــانه‌های فرو افتاده، شـــخصیتی تسلیم‌شـــده، لب‌های ورچیده، و چشمانی که به زمین دوخته شده‌اند. (به‌عبارت دیگر، از من انتظار دارید

که همین را برداشت کنم.) نگران نباشید، من قبلاً از این چهره‌ها زیاد دیده‌ام، هم در آینه و هم در سیمای بسیاری از همکارانم در خدمت به نوجوانان. وقتی سروکارتان با نوجوانان است، هنوز چیزی نگذشته این احساسات را در وجود خودتان کشف و چنین ظاهری پیدا می‌کنید.

بیایید قبول کنیم که خدمت به نوجوانان کار دشواری است، ساعت‌های کاری طولانی و دلگرمی در پایین‌ترین سطح ممکن است. هر یک از موارد زیر می‌توانند دلایل نومیدی یا دلسردی باشند:

- نبود احترام
- فراخوان‌ها و ایمیل‌های زیادی که باید به آنها جواب داد
- پس‌مانده‌های شکلات روی موکت کلیسا
- عدم برقراری ارتباط صحیح و سوءتفاهم‌ها
- بدخوابی ناشی از حضور نوزادی که در خانه دارید
- ناسازگاری
- برگرداندن ماشین کلیسا با بدنهٔ خط افتاده... به دلیل آنکه ماشین را با سرعت زیاد در گاراژ خانه‌تان پارک کرده‌اید.
- برگرداندن ماشین کلیسا با بدنهٔ خط افتاده... به دلیل آنکه به نوجوانی ۱۵ ساله اجازه داده‌اید پشت فرمانش بنشیند.
- انتقادها
- انتظارات ضدونقیض
- عدم پشتیبانی شبان کلیسا
- حداقل حمایت از سوی والدین، همکاران و داوطلبان
- ناکامی در راضی نگاه داشتن همه
- ناکامی به‌خاطر نارضایتی همه
- پراکنده‌بودن لوازم در گوشه و کنار اتاق نوجوانان («چه کسی قرار است این زباله‌دانی را تمیز کند؟»)
- توهین لفظی
- شاگردانی که به سختی می‌توان دوست‌شان داشت
- گرفتاری‌های مالی
- همسری که از شما حمایت نمی‌کند
- برنامه‌ای شکست‌خورده
- درآمد پایین
- اولین روز هفته
- ۲۴ ساعته مقیدبودن به برنامه‌های از پیش تعیین شده
- ارج و اعتبار نداشتن خدمت نوجوانان به اندازهٔ سایر خدمات کلیسایی

از مواردی که ذکر کردم، کدام‌یک وصف حال شماست؟ من همهٔ اینها را تجربه کرده‌ام. جای زخم بعضی از آنها هنوز بر جان و وجودم هست و جای نیش بعضی دیگر هنوز می‌سوزد. اگر همهٔ این موارد را با هم جمع کنیم، می‌توانیم به‌خوبی دریابیم که خادم نوجوانان چه حسی می‌تواند نسبت به شاگردان، خدمت، کلیسا و حتی خدا داشته باشد. ناگاه خود را در حالی می‌یابید که دارید فکر می‌کنید: «خدایا اگر تو مرا دوست داری، پس چرا این بچه را به گروه کوچک من فرستادی؟»

چیزی که مایهٔ نومیدی و دلسردی شما شده، شاید با آنچه که مرا سرخورده کرده فرق داشته باشد. وقتی نیازهای شخصی دست به دست تجربهٔ منحصربه‌فرد شما از خدمت و بافت کلیسا و مردمان پیرامون‌تان بدهند، معجونی از نومیدی درست می‌کنند که با معجون نومیدی سایر خادمان فعال در حوزهٔ نوجوانان متفاوت است. اگر برای نومیدی تنها یک علت واحد و جهان‌شمول وجود داشت، شناسایی و کشف اقدامات عملی برای درمان آن هم آسان می‌بود. ولی از آنجایی که همهٔ ما به‌طرزی شگفت‌آور موجوداتی پیچیده و متفاوتیم، نمی‌توانم هیچ راه علاج جهان‌شمولی تجویز کنم. منشاء نومیدی هر خادم با خادم دیگر فرق می‌کند و اساساً تک‌تک ما به‌طرزی منحصربه‌فرد گرفتاریم. (صبر کنید. امید در راه است!)

سه حسی که در طی سفر روحانی‌تان موجب نومیدی شما می‌شوند

- **من ارزشمند نیستم**: از مقایسه‌کردن روحانیت خودتان با روحانیت اشخاص دیگر، هیچ چیزی عایدتان نمی‌شود. قضاوت‌کردن دیگری و نابالغ تشخیص‌دادن وی، باعث فوران غرور در وجودتان می‌شود. اندیشیدن به اینکه فلانی از شما بالغ‌تر است، باعث سرخوردگی‌تان می‌شود و حس می‌کنید که ارزش محبت و توجه خدا را ندارید. چیزی که اهمیت دارد، حرکت‌کردن به‌سوی خداست، نه موضع‌گیری در ارتباط با دیگران. در این یک مورد خاص، «خودخواه» باشید و فقط روی سفر روحانی خودتان تمرکز کنید و مقایسه‌کردن خود با دیگران را به باد فراموشی بسپارید.

- **من احساس گناه می‌کنم**: احساس گناه‌کردن به‌خاطر نداشتن وقت دعا و تأمل، امری عادی و متداول است. مقصود از حس گناه و تقصیر این است که شما توبه کنید و به خدا نزدیک‌تر شوید، با این‌حال حس گناهی که درست هدایت نشده باشد، اغلب فاصلهٔ میان شما و خدا را زیادتر می‌کند. هر فرد مسیحی خراب‌کاری می‌کند، و حس تقصیر آن نجوای آرامی است که روح‌القدس در گوش ایماندار زمزمه می‌کند و او را به بازگشتن به راه صلیب و طهارت در فیض خدا فرا می‌خواند. زمانی که در اجرای برنامهٔ رشد روحانی خودتان کوتاهی می‌کنید، دچار اضطراب نشوید و سعی نکنید بلافاصله جبرانش کنید. فقط پیش بروید، در حضور خدا آرام بگیرید، و بدانید که حتی هنگامی که به قول‌های‌تان به وی وفا نمی‌کنید، او باز شما را دوست دارد. محبت خدا بی‌همتاست.

- **من احساس تنهایی می‌کنم**: هیچ مسیحی بالغ و زنده‌ای نیست که در زندگی‌اش، یکنواختی روحانی را تجربه نکرده باشد. همهٔ خادمان برجستهٔ حوزهٔ خدمت به نوجوانان،

در مقطعی از زمان دچار خستگی و فرسودگی می‌شوند و احساس می‌کنند ارتباط‌شان با خدا قطع شده است. تمام مسیحیانی که می‌شناسید و همهٔ قهرمانان روحانی‌ای که تحسین‌شان می‌کنید، زمانی در چنین ورطهٔ روحانی‌ای غوطه‌ور بوده‌اند. مشکل به افرادی که می‌شناسید و تحسین می‌کنید، محدود نمی‌شود؛ از ازل چنین بوده و تا ابد نیز چنین خواهد بود. به معنای دقیق کلمه، تنها نیستید. نگذارید حس تنهایی شما را بیش از حد پایین بکشد. با پیشنهادهای این فصل کتاب، به مقابله با حس تنهایی بروید.

سفر نومیدی خودم

وقتی نوجوان بودم، خودم را به نوشتن خاطرات روزانه عادت دادم. طبیعتاً، در دفتر خاطراتم، دعاها و احساساتم را هم می‌نویسم. نوشتهٔ زیر، یکی از مطالبی است که در خلال نخستین سال خدمتم در میان نوجوانان نوشتم:

۱۵ سپتامبر ۱۹۷۹

احساس تنهایی می‌کنم. همه چیز دارد خوب پیش می‌رود، جز این حس که هر روز... حتی روزی چند بار از خودم می‌پرسم آیا واقعاً برای این خدمت خوانده شده‌ام یا نه. آیا نباید کار دیگری بکنم؟ یا وقتی عرصه بر من تنگ می‌شود، نباید به دنبال گریزگاهی دیگر بگردم؟ جیم می‌گوید که تجربه کردن این قبیل سردرگمی‌ها و تردیدها در سال‌های آغازین خدمت، امری کاملاً طبیعی است. ولی آیا این کار ارزش سرمایه‌گذاری را دارد؟ آیا می‌خواهم همهٔ عمرم را به پای این دانش‌آموزان نوجوان بریزم؟ آیا خواهان چنین چیزی هستم؟ آیا اصلاً عاقلانه است؟ آیا از پس این کار برخواهم آمد؟ اگر خواست خدا باشد، من هم می‌خواهم همین جا باشم، اما، ای وای!... اصلاً نمی‌دانستم که همه چیز قرار است به این زودی تیره و تار شود. خسته، تنها، سردرگم و زخم‌خورده‌ام و نیازمند چیزی از جانب خدا هستم که یا نمی‌توانم تشخیصش دهم و یا خسته‌تر از آنم که به آن توجه کنم.

اذعان به مطالب بالا، ناراحتم می‌کند، ولی خاطرات روزانهٔ زیر که ۲۳ سال بعد نوشته شده، فرق چندانی با اولی ندارد:

۴ فوریهٔ ۲۰۰۲

امروز حس بهتری دارم، ولی به‌نظر می‌رسد که انگار چند هفته‌ای را در سیاه چال سپری کرده‌ام. هنوز با این پرسش دست به گریبانم که آیا هنوز هم فرد مناسبی برای این شغل هستم؟ آیا هنوز صاحب دعوت هستم؟ آیا کلیسای‌مان به شخص دیگری نیاز ندارد؟ فردی متفاوت؟ بهتر؟ جوان‌تر؟ با انرژی بیشتر؟ کسی که برای نوجوانان بیشتر شبیه دوست باشد تا پدر؟ آیا هنوز می‌توانم از عهده‌اش برآیم؟ با گذشت زمان، به‌جای

آنکه صبر و حوصله‌ام زیادتر شود، انگار کمتر شده. چیزهایی که باید نادیده‌شان بگیرم، هنوز آزارم می‌دهند، و ظاهراً هنوز به اندازهٔ کافی پوست‌کلفت نشده‌ام. این هفته باعث شد به این فکر کنم که اصلاً چرا هنوز دارم خدمت می‌کنم؟ دعوت خدا؟ امیدوارم. اکنون نیازمند پاسخ و تأییدی از جانب خدا هستم.

فکر کردم شاید ورق زدن دفتر خاطرات قدیمی‌ام، کار جالبی باشد. با این امید سراغ خاطرات قدیمی رفتم تا شاید از لابه‌لای صفحاتی که لکهٔ نوشابه روی‌شان نشسته، چیزی دندان‌گیر پیدا کنم. من در این خاطرات بیشتر اینها را نوشته‌ام: وزنم، شرح جلسات گروهی برای یافتن ایده‌های ناب، دعاهای مکتوب خطاب به خدا، و نام دانش‌آموزانی که یادآوری‌شان خاطراتی مثبت را به ذهنم می‌آورد، و البته شاگردانی که با به یاد آوردن‌شان می‌خواهم خفه‌شان کنم (البته فقط در فکرم!). هرآنچه می‌خواستم، یافتم، ولی در کنارش جملات دردآلودی هم پیدا کردم که مکنونات قلبی‌ام را آشکار می‌سازند.

خواندن برگ برگ خاطرات روزانهٔ گذشته‌ام، باعث شد که یک‌بار دیگر آن روزها را زندگی کنم. راستش را بخواهید، هولناک بود. دور نگه داشتن بعضی از خاطرات قدیم، آسان‌تر است- یا شاید چنین به‌نظر می‌رسد. برخی از این زمان‌های گذشته، دشوار، مملو از تنهایی و البته هول‌انگیز بودند. وقتی شروع کردم- جوانی ساده و بی‌تجربه بود و به‌راحتی شکست می‌خوردم- خاطراتم داغ و تازه و حتی بزرگتر از خودِ زندگی بودند.

به‌جای آنکه با احساساتم روبه‌رو شوم، خودم را مخفی کردم. در جمع نقاب به چهره می‌زدم و وانمود می‌کردم که همان رهبر دیندار، خوش‌مشرب و انعطاف‌پذیری هستم که همه انتظارش را دارند. در خلوت تنهایی اما، از سکوت می‌ترسیدم، توانایی‌هایم را زیر سؤال می‌بردم، و در پی یافتن جواب‌هایم بودم. حتی جسته‌گریخته سراغ آگهی‌های استخدامی طبقه‌بندی‌شده هم می‌رفتم. قطعاً برای من شغل دیگری هم پیدا می‌شد، شغلی آسان‌تر، کم‌دردسرتر و عاری از کشمکش و جنجال (مثلاً شبانی ارشد کلیسا).

امروز هم، مثل هر انسان دیگری با احساسات و عواطف منفی خودم دست به گریبانم، ولی جدال و درگیری با آنها به دفعات کمتر شده است- گرچه هنوز این احساسات منفی نیرومند و استوار در وجودم به حیات‌شان ادامه می‌دهند. کلید برنده‌شدن در نبردها، بهره‌گیری از هوش است، پس بیایید به حقایقی عینی پیرامون موضوع نومیدی، نگاهی بیندازیم.

صبر کنید، امید در راه است!

در ارتباط با نومیدی، چه چیزی حقیقت دارد؟

نومیدی، نه تنها در حوزهٔ خدمت به نوجوانان، که در همهٔ حیطه‌های خدمت مسیحی، امری بدیهی است. هر جا که انسانی زندگی می‌کند، گناه هم وجود دارد. هر جا گناه هست، مشکل هم فراوان است. هر جا مشکل زیاد باشد، سروکلهٔ نومیدی هم از پی‌اش آشکار

می‌شود. روی این حرفم حساب کنید! زمانی که به دعوت برای خدمت پاسخ مثبت می‌دهید، در واقـــع، به دوره‌های متعدد نومیدی هم لبیک می‌گوییـــد. هر کس که وجود این دوره‌های نومیدی را منکر اســـت، در واقع، در دنیایی خیالی زندگـــی می‌کند. در اینجا با چند واقعیت ناگوار روبه‌رو هستیم.

// نومیدی دردناک است.

مســـیحیان در پنهان‌کردن احساسات‌شـــان اســـتادند. آیا تاکنون به این پرسش و پاسخ برخورده‌اید:

«حالت چطوره؟»

«عالی. خدا رو شکر. از این بهتر نمیشه!»

بی‌خیال! واقعاً؟ یا اینکه جواب بالا جمله‌ای کلیشـــه‌ای است که برای مواجهٔ اجتماعی آماده کرده‌ایم؟ وقتی یکی از شاگردانت بهتازگی انگشت وسطش را به تو حواله کرده و یکی از آن فحش‌هـــای آبدار را نثار خواهر و مادرت کرده، چطور می‌توانی «عالی» باشـــی؟ نه، تو عالی نیستی.

بسیاری از کلیســـاها به مکان‌هایی تبدیل شده‌اند که وقتی آسیب می‌بینید، نمی‌توانید باطن حقیقی خودتان را در آنها آشکار کنید- به‌ویژه اگر در سمت رهبری باشید. اما اینکه دیگر رهبران به اندازهٔ کافی شفاف نیستند، دلیل نمی‌شود که درد هم نداشته باشند. نومیدی آزاردهنده است. می‌تواند خلق‌وخوی شما را افسرده و دل‌تان را ریش کند، کاری کند که از دست خدا عصبانی شوید، بر بی‌طرفی‌تان تأثیر بگذارد و مانعی در برابر روابط شما با دیگران شود.

خوب به یاد دارم که بعد از ملاقات با یکی از خادمان داوطلب چنان یأسی بر من مستولی شـــد که تا یک هفته مریض بودم. واقعاً از لحاظ جسمانی بیمار شدم و تمام تنم درد می‌کرد. نمی‌توانســـتم هیچ‌یک از رهبران را متقاعد به انجام کاری کنم، و از ظاهر امر چنین برمی‌آمد که بی‌حس و علاقه‌بودن آنها ناشـــی از سوءرهبری من است. من این عدم پذیرش آنها را به خود گرفتم، تا جایی که احســـاس می‌کردم تک‌تک‌شان با زبان بی‌زبانی می‌خواهند بگویند: «داگ، تو یک بازنده‌ای، نه یک رهبر!» و بعد مشـــتی را حوالهٔ شکمم کنند. انگار این موضوع نومیدکننده بس نبود، که وقتی پس از یک هفته ســـر کار برگشتم، فهمیدم که هیچ‌کس حتی متوجه غیبتم هم نشده!

// نومیدی وقت‌نشناس است

طی خدمت به نوجوانان آموخته‌ام که نومیدی تحقیرآمیزترین و دشوارترین حقیقتی است که به دفعات ســـراغ خادم می‌آید. بنا به تجربهٔ شـــخصی خودم می‌گویم که همیشـــه در پی موفقیتی بزرگ، رویدادی پویا و پیش‌برنـــده، و مأموریتی دگرگون‌کننده در زندگی روحانی، سروکلهٔ نومیدی پیدا می‌شود و شـــما را به عقب می‌راند. همواره به‌دنبال فرازهای روحانی، نوبت به فرودهای یأس‌آور می‌رسد.

به‌خاطر همین زنجیرهٔ قابل پیش‌بینی از رویدادها است که من مطالعهٔ زندگی ایلیای نبی را خیلی دوست دارم. با ایلیا همذات‌پنداری می‌کنم. او پس از نبردی رودررو با دشمن و چشیدن طعم پیروزی خدا بر ۴۵۰ تن از انبیای بعل، گرفتار دورهٔ فترتی شد که روحیه‌اش را حسابی ضعیف کرد و او را عقب راند. ایلیا که مرعوب ملکه ایزابل شده بود، از ترس جانش فرار را بر قرار ترجیح داد. چنان نومید شده بود که آرزوی مرگ می‌کرد!

به نظر شما آیا ایلیا نمی‌بایست در اوج اقتدار روحانی باشد؟ من که این‌طور فکر می‌کردم! اگر من جای او بودم شمشیرم را که به خون انبیای بعل رنگین شده بود، در خیابان‌های شهر می‌گرداندم و دست‌افشان و پای‌کوبان در وصف زمان‌بندی معرکهٔ خدا می‌سرودم. ولی به دلایلی قدرت ایزابل چنان مانع دید ایلیا شده بود که نمی‌توانست از پس تهدید وی، قدرت خدا را ببیند. قدرت خدا در برابر قدرت ملکه؟ اصلاً با هم قابل قیاس نیستند. ولی نومیدی بلایی بر سر ایلیا آورد که به‌کلی خلع سلاح شده بود و نمی‌توانست منطقی فکر کند.

خب... ایزابل زندگی شما کیست؟

// نومیدی خودخواه است

دشوارترین حقیقت در مورد نومیدی این است که نومیدی پدیده‌ای خود-محور است. من به‌خاطر موقعیت خودم است که نومید می‌شوم. به‌خاطر آنچه که دیگری به من گفته، به سبب رفتاری که فلان نوجوان با من داشته، به دلیل برخورد معذب‌کننده‌ای که فلان پدر یا مادر با من داشته، چون تیم رهبری به من اعتماد نکرده، چون شبان کلیسا رهبری *مرا* زیر سؤال برده و... . نومیدی پدیده‌ای خود-محور، زشت و نادرست است.

انسان‌های نومید دوست دارند در نومیدی خودشان غوطه بخورند. می‌گویند: «من نومیدم. نومید هم خواهم ماند. و هیچ‌کس قرار نیست این حس و حال مرا تغییر دهد. دست از سرم بردارید.» آخ. مادامی که روی «خودم» متمرکز باشم، نومیدی دست از سرم برنخواهد داشت. بیایید بیش از این موضوع را کش ندهیم و جلوتر برویم.

// نومیدی تنها است.

به‌نظرم، روزها (و شاید هفته‌ها و ماه‌ها)ی نومیدی ایامی تیره و تارند. نومیدی سرخوردگی و پژمردگی و افسردگی بار می‌آورد. همهٔ اینها وزنه‌هایی بر پای من و شما هستند که ما را پایین می‌کشند. این احساسات نمی‌گذارند با دیگران تعامل داشته باشیم و از اینکه در میان جمع هستیم، لذت ببریم.

وقتی نومیدی بر شما چیره شده، بیشتر ترجیح می‌دهید از دیگران فاصله بگیرید، تا اینکه درد خود را با آنها سهیم شوید. ما خودمان را با دروغ‌هایی از این دست فریب می‌دهیم: «نمی‌خواهم مردم مرا این‌طوری ببینند»، «مردم دوست ندارند مرا این‌جوری ببینند»، و «خودم می‌توانم از پس خودم برآیم». تنها هستم، چونکه از برادران و خواهرانم در مسیح- یعنی

آنانی که بیش از همه بدیشان نیاز دارم و بیشترین توانایی را برای کمک به من دارند- دوری می‌کنم. درست از همان چیزی دوری می‌کنم که بیش از همه بدان محتاجم.

آیا شما اکنون افسرده‌اید؟ پیش از آنکه به فکر خودکشی خدمتی یا چیزی بدتر از آن (مثلاً کنار گذاشتن این کتاب) بیفتید، بیایید روزنه‌های امیدی را که در این تیرگیِ یأس‌آور به چشم می‌خورند، با هم بررسی کنیم.

تفاوت‌قائل‌شدن میان نومیدی و افسردگی

توجه داشته باشید که افسردگی می‌تواند چهرهٔ نومیدی به خود بگیرد. برخی از نشانه‌های افسردگی عبارتند از زودرنجی، اندوه، خستگی، خود-کم‌پنداری، انتقاد غیرسازنده از خود، شرم، حس تقصیر، و عدم احساس لذت و کامیابی. اگر هر کدام از نشانه‌های مزبور را بیش از چند ماه است که با خود همراه دارید، حتماً با مشاور متخصص در روان‌درمانی مشورت کنید.- استیو گرالی[1]

«اگر خدمت این است، پس من آن را نمی‌خواهم... دیگر نیستم!»

من جملهٔ بالا را زمانی که شبان تازه‌کار نوجوانان بودم و تازه از کالج فارق‌التحصیل شده بودم، به مرشد و راهنمایم در خدمت نوجوانان گفتم. زمانی که هنوز در کالج درس می‌خواندم، از نومیدی در حین خدمت چیزهایی شنیده بودم- و می‌دانستم که می‌توانم از عهدهٔ نومیدی برآیم- ولی فکر نمی‌کردم که این‌قدر سخت باشد. آمادهٔ پذیرش شکست بودم. دعوتم، توانایی‌هایم و حتی روحانیتم (زیر سؤال بردن روحانیت کلیسا که دیگر جای خود دارد)، و خیلی چیزهای دیگر را زیر سؤال بردم. در میان افکاری که به مغزم هجوم آورده بودند، این فکر هم خودنمایی می‌کرد: «می‌توانم از شغل دیگری که تازه کمتر هم نومیدم می‌کند، پول بیشتری دربیاورم.»

دوستم به درددل‌هایم خوب گوش کرد، و بعد پاسخی ساده داد. او گفت: «خدا تو را برای خدمت خوانده و تجهیزت کرده- همان جایی که هستی، بمان!»

پس از گذشت ۲۵ سال نومیدی را قدری بهتر می‌فهمم و با آن مقابله می‌کنم- و نیز زندگی‌ام را وقف گوش‌سپردن به شبانان جوانی می‌کنم که با احساساتی مشابه دست به گریبانند. در اینجا می‌خواهم چهار حقیقت اساسی را که در غلبه بر نومیدی می‌توانند مددکار خادمان نوجوانان باشند، با شما در میان بگذارم:

۱. رنج‌های مسیح را پاس بدارید.

من دعا می‌کنم که مانند عیسی باشم... اگر ایمان دارم که بزرگترین هدف خدمت به نوجوانان این است که مسیح را بازتاب دهم... اگر حقیقتاً باور دارم که خدمت به نوجوانان

1. Steve Gerali

«تبلوربخشــیدن» عیسی است، پس باید در رنج‌های مســیح نیز شریک باشم. نمی‌توانم تنها شــادی، آرامش، حکمت و قدرت او را تجربه کنم و تازه انتظار داشــته باشم که شبیه عیسی بشــوم. او اجازه می‌دهد که نومیدی، ســرخوردگی، اندوه و دلشکستگی را هم تجربه کنم- درست همان‌طور که خودش تجربه کرد.

۲. هیچ اشکالی ندارد اگر دعوت خدا را در زندگی‌تان زیر سؤال ببرید.

من قبلاً بر این باور بودم که- به ویژه پس از ســال‌ها خدمت- اگر خدا را زیر سؤال ببرم، واقعاً وضعم خراب اســت. ولی اکنون یاد گرفته‌ام که خدا از همین زیرســؤال‌بردن‌ها برای پالایش و تزکیهٔ من اســتفاده می‌کند. کلام خدا به‌روشــنی تصریح می‌کند که او برای تکمیل کار عظیمی که در زندگی تک‌تک ما شــروع کرده، فرایندی تدریجی را به اجرا می‌گذارد. ما در گفتن این حرف‌ها به بچه‌ها استادیم، ولی آیا به‌راستی در مورد خودمان هم به این سخنان اعتقاد داریم؟ نومیدی شخصیت ما را شکل می‌دهد و بزرگ‌مان می‌کند. نومیدی از ما افرادی سرسپرده‌تر- و وابسته‌تر- به عیسی می‌سازد.

۳. نومیدی لزوماً نشانهٔ عدم صلاحیت روحانی نیست.

داگ به‌درســتی خاطرنشان می‌سازد که آن عده از ما که در کادر رهبری کلیسا مشغول به خدمتیم، اغلب باور داریم که باید همه چیز را با هم و همزمان داشــته باشیم. اما هنگامی که مورد حملهٔ شیطان قرار می‌گیریم، زمزمه‌ها از هر سو به گوش می‌رسند که نومیدی نشانهٔ عدم صلاحیت روحانی است. این حرف درست نیست! من از بعضی از نومیدترین شخصیت‌های کلام خــدا درس‌های روحانی بزرگی گرفته‌ام. ایلیا به‌شــدت نومید بود و احســاس تنهایی می‌کرد، حتی آماده بود به زندگی خود پایان دهد (اول پادشــاهان ۱۸)؛ ارمیا سالیان دراز به خدا وفادار بــود و هرگز از خدمتش نتیجهٔ مثبتی دریافت نکرد. (بیخود نیســت که نام نبیِ گریان را بر وی گذاشته‌اند!) این فهرست ادامه دارد: یوسف، داوود، استر، پولس. انسان‌های خداترس نومید می‌شــوند! این دروغ شیطان را باور نکنید که اگر نومید هستید، پس کفایت روحانی لازم را ندارید. برعکس، مســیر سلوک‌تان با خدا را مشخص کنید و هر کاری لازم است انجام دهید تا مطمئن شوید که وی شما را در این مسیر نیرو خواهد بخشید، و به یاری ضعف‌های‌تان خواهد آمد.

۴. با مشکلات به ترتیب اولویت، برخورد کنید.

وقتــی پای موضوع خدمت به نوجوانان به میان می‌آیــد، تنها انتظاری که خدا از ما دارد این است که به او وفادار بمانیم. و در ازای این وفاداری چه نتیجه‌ای حاصل می‌شود؟ ازدیاد شمار نوجوانان؟ «ثمره»؟ این دیگر کار روح‌القدس است. عجیب نیست که نومید می‌شویم! پس اغلب ســعی می‌کنیم کسی باشیم که نیســتیم (یعنی خدا) و می‌کوشیم نتایجی را که از دست ما خارج‌اند (یعنی رشد روحانی بچه‌ها) تحت کنترل خودمان درآوریم. اخذ دیدگاه‌ها

و معیارهای دنیوی «موفقیت» و از یاد بردن این واقعیت که خدا برای تحقق اهدافش لَنگِ ما نمی‌ماند، کار آسانی است. این خداست که در ما عمل می‌کند- و بر نتایج تسلط کامل دارد، پس جلالش تماماً متعلق به اوست. تنها کاری که ما باید انجام دهیم این است که در برابر تسلط کامل او بر اوضاع سر خم کنیم و خودمان را در اختیارش قرار دهیم و برایش افرادی سودمند و وفادار باشیم.

استیو گرالی

در نومیدی بسی امید است

جای امیدواری است و از آنجایی که خدای هستی در امور جهان مداخله دارد، امید بسیار هم وجود دارد. آن بیرون روشنایی برای شما سوسو می‌زند. نگاه‌تان را از آن روزنهٔ ابدی، که در میانهٔ تاریکیِ گذرا به شما چشمک می‌زند، برندارید. زمانی که نومیدی سراغ‌تان می‌آید، روی خدا حساب باز کنید و مطمئن باشید که خدا از این فصل تیرهٔ زندگی‌تان، برای تأثیرگذارترشدن خدمت‌تان استفاده خواهد کرد.

مرور دفتر خاطرات روزانه‌ام، اگرچه حس خوبی در من برنمی‌انگیخت، اما بسیار الهام‌بخش، احساس‌برانگیز و در نهایت دلگرم‌کننده بود. دلگرمی زمانی پدیدار شد که متوجه شدم در خلال سه دههٔ گذشته که سرگرم خدمت به نوجوانان بوده‌ام، خدا همواره وفادار بوده و پیوسته شخصیت خود را به ثبوت رسانده و ضمن آن شخصیت مرا هم شکل داده است. بی‌تردید، من هم در پالایش شخصیت و ارتقای مهارت‌هایم نقش داشته‌ام، اما این خدا است که مرا پرورش و آنچه را که هستم شکل داده است. من دیگر آن کسی که خدمت به نوجوانان را آغاز کرده بود، نیستم. (و شکرگزارم که دیگر لازم نیست کت و شلوارهای مد دههٔ ۷۰ را به تن کنم.)

شخصاً آرزو داشتم که ای کاش خدا شیوه‌ای آسان‌تر برای رساندن ما به بلوغ و پختگی به‌کار می‌گرفت، اما بنا به برخی دلایل روحانی به‌نظر می‌رسد که نومیدی بر سایر روش‌ها ارجحیت دارد. ممکن است خدا از چندین دورهٔ نومیدی استفاده کند تا زندگی و خدمت شما را به جایگاهی ژرف‌تر برساند.

گام‌هایی عملی برای پیکار با نومیدی

از مرور دفتر خاطراتم چنین برمی‌آید که در نخستین ماه‌های خدمت، بسیار کلافه و سرخورده بوده‌ام. دلم می‌خواست به شما بگویم که در اولین مبارزه با نومیدی، چه پایداری و استقامتی از خودم نشان دادم... و بیست‌وچند سال بعد را بدون هیچ درد و رنجی صرف خدمت به نوجوانان کردم. نوشتن چنین چیزی به‌دور از صداقت و راستی است. چه در زندگی چه در خدمت، هنوز افکار نومیدکننده گاه و بیگاه سراغم می‌آیند، ولی امروز بهتر از گذشته برای مقابله با آن لحظات، روزها و حتی هفته‌های نومیدی تجهیز شده‌ام.

در اینجا می‌خواهم حقایقی را که آموخته‌ام، با شما در میان بگذارم. طی سفر در وادی نومیدی، این حقایق را با دعا مورد ملاحظه و تعمق قرار دهید.

// یقین داشته باشید که تنها نیستید.

همه تا اندازه‌ای با موضوع یا مشکلاتی دست به گریبانند و تا حدی دستخوش سراسیمگی و ناهمواری می‌شوند. پس ابتدا آن موضوعی را که گریبانگیرتان شده،- یا دستِ‌کم ۱۰۰ مشکل عمدهٔ خودتان را- مشخص کنید و این را هم در نظر داشته باشید که شما هم عضوی از اعضای بنی‌آدم هستید! شما تنها کسی نیستید که با مشکل خود- هرچه که هست- دست به گریبان است. مشکل، در عین‌حال که می‌تواند دردناک باشد، ولی صرفاً به کلیسای شما یا خدمت نوجوانان محدود و منحصر نمی‌شود. زمانی که درمی‌یابیم در مشکلات‌مان تنها نیستیم، قدری دلگرم می‌شویم.

در نظر دارم نشانی وب‌سایتم را از www.dougfields.com به www.anotherdougdisaster.com تغییر دهم.

هر ماه که از طریق وب‌سایتم برای مشترکان پیام کوتاهی از کتاب‌مقدس می‌فرستم، قدرت این حقیقت برایم یادآوری می‌شود. به‌طور معمول، در پیامم دربارهٔ مشکل، تنش یا ترسی که طی ماه گذشته با آن دست و پنجه نرم کرده‌ام، می‌نویسم. بدون استثناء هر بار که تجربهٔ دردناکم را با مخاطبان در میان می‌گذارم، بلافاصله زیر آواری از پاسخ‌های خادمان همقطارم در خدمت به نوجوانان مدفون می‌شوم که می‌گویند از اینکه دردی را می‌کشم که آنان نیز کشیده‌اند، سخت شگفت‌زده‌اند. از آنجا که بدبختی دنبال همراه می‌گردد، امروز جمع خادمانِ نوجوانان باید بسیار پررونق باشد!

// برای خود راهنمایی باتجربه، اما بی‌طرف پیدا کنید.

پولس در باب دوم نامهٔ خود به تیتوس مردان و زنان سالمند را تشویق می‌کند که یاور و راهنما و آموزگار مردان و زنان جوان باشند.

آیا راهنمایی را پیدا کرده‌اید که دوست‌تان داشته باشد و دلگرم‌تان کند؟ راهنمای مطلوب کسی است که تجربهٔ خدمت در حیطهٔ نوجوانان را داشته باشد و دنیایی را که در آن زندگی می‌کنید، خوب بفهمد. دنبال شخصی جاافتاده و خردمند بگردید، کسی که به شما اهمیت می‌دهد و می‌خواهد موفقیت‌تان را شاهد باشد. حتماً لازم نیست که این فرد از اعضای کلیسای خودتان باشد. در این‌صورت با آزادی بیشتری می‌توانید دربارهٔ تجربیات و احساسات خودتان با وی حرف بزنید. برای ریشه‌دارترشدن این رابطه وقت صرف کنید.

چگونه راهنمایی مناسب پیدا کنیم

ای کاش پنج پیشنهاد زیر که برای کمک به یافتن راهنمایی «شایسته» ارائه می‌دهم، در هر شرایطی مفید و کارآمد بودند. ولی چنین نیست. شرایط لازم برای پیداکردن یک راهنمای مناسب را نمی‌توان به پنج گام ساده محدود کرد. این پیشنهادها صرفاً به شما کمک خواهند کرد تا در مسیر درست گام بردارید. ظاهراً اینها متداول‌ترین اقداماتی هستند که همکارانم برای یافتن راهنمای شایسته برمی‌دارند.

دعا کنید

قدرت دعا و هدایت روح‌القدس را دستِ‌کم نگیرید. از خدا بخواهید شما را در یافتن راهنمایی شایسته یاری دهد. وقتی راهنمای خود را پیدا کردید، حتماً به او بگویید که «من دعا کرده بودم که خدا تو را سر راهم بگذارد.» اما اول بگذارید وی راهنمایی شما را بپذیرد و بعد به او بگویید که وی همان شخص برگزیدهٔ خدا برای شماست.

زیر نظر بگیرید

افراد درون و بیرون کلیسا را زیر نظر بگیرید. از خودتان بپرسید:

- چه کسی به‌خاطر بلوغ روحانی‌اش مرا تحت تأثیر قرار می‌دهد؟
- چه کسی برایم الهام‌بخش است؟
- چه کسی تشویق و دلگرمم می‌کند؟
- چه کسی با محبت با من برخورد می‌کند؟
- چه کسی مرا باور دارد؟
- چه کسی مرا به چالش می‌کشد؟
- چه کسی مرا برمی‌انگیزاند؟
- برای چه کسی احترام قائل هستم؟
- چه کسی قسمتی از اهدافی را که برای خودم تعیین کرده‌ام، تحقق بخشیده است؟
- دیگران از چه کسی تعریف و تمجید می‌کنند؟
- مردم برای پند و مشورت گرفتن سراغ چه کسی می‌روند؟

وقتی فهرست کوتاهی از افراد واجد شرایط پیدا کردید، زندگی‌شان را زیر نظر بگیرید و به این فکر کنید که کدامیک می‌توانند راهنمای شما باشند. در حین مشاهده، فهرست خودتان را هم اولویت‌بندی کنید: گزینهٔ اول، گزینهٔ دوم...

درخواست کنید

پس از اینکه در دعا جویای کمک خدا شدید و زندگی نامزدهای شایسته را زیر نظر گرفتید، زمان درخواست‌کردن فرا می‌رسد. طبق تجربهٔ شخصی خودم اعتراف می‌کنم که این

مرحله می‌تواند بسیار ترسناک باشد. اما اگر قرار است رشد کنید و به چالش کشیده شوید، خوب است که پا پیش بگذارید. شاید همین درخواست مسیر زندگی شما را دگرگون سازد. برای مخاطب شما افتخار بزرگی است که از او بخواهید راهنمای‌تان شود؛ از او درخواست می‌کنید، چونکه برای او و زندگی‌اش احترام زیادی قائل هستید. کسی را که نامش را در صدر فهرست خود نوشته‌اید، انتخاب کنید و سراغش بروید.

ممکن است کسی که برگزیده‌اید، راهنمای مطلوب شما باشد، ولی به دلیل مشغلهٔ زیاد فرصت ایجاد چنین رابطه‌ای را نداشته باشد. هنگام طرح درخواست خود، آگاه باشید که ممکن است وی درخواست شما را- به هر دلیلی- رد کند. (اما نگذارید رد درخواست، مانع راه‌تان شود. اخذ تصمیم را به راهنما واگذار کنید.) شاید شخص راهنما، با شنیدن درخواست شما احساس کند که با مسئولیتی فراتر از توان و طاقتش روبه‌رو است. اگر دقیقاً بدانید دنبال چه هستید، شاید بتوانید از حجم و فشار این مسئولیت قدری بکاهید. (نک. نکتهٔ بعدی.)

شفاف‌سازی کنید

وقتی از کسی می‌خواهید که روی شما سرمایه‌گذاری کند، حتماً مطمئن شوید که در مورد درخواست‌تان خوب فکر کرده‌اید. برای زمانی که قرار است با هم بگذرانید، چه خیالاتی در سر پرورانده‌اید؟ آیا می‌خواهید هفته‌ای یک‌بار با هم دیدار داشته باشید، یا ماهی یک‌بار؟ آیا می‌خواهید از او سؤال کنید، یا قصد دارید راهنما به شما تعلیم دهد؟ آیا می‌خواهید با هم کتابی را بخوانید و پیرامونش بحث کنید؟ خواسته‌های‌تان هرچه دقیق‌تر و روشن‌تر باشند، واکنش واقع‌گرایانه‌تری هم دریافت خواهید کرد. مطلب مشخصی را درخواست کنید و ببینید چه اتفاقی خواهد افتاد.

احترام بگذارید

هنگام دیدار با راهنمای‌تان، زمان گرانبهایی را که در اختیار شما قرار داده، محترم بشمارید.

- **دیر نکنید.**
- **اگر دیدار شما با خوردن و نوشیدن چیزی در رستوران همراه است، شما میز را حساب کنید.**
- **هرازگاه، برایش نامه‌ای تشکرآمیز بفرستید.**

مردم اگر بدانند که مخاطب قدرشان را می‌داند، بیشتر برایش مایه خواهند گذاشت.

// در بیرون از محیط خدمت به نوجوانان، دوستی بشاش پیدا کنید.

به همان اندازه که تعامل با خادمان هم‌قطار در خدمت به نوجوانان اهمیت حیاتی دارد، داشتن دوستانی بیرون از محیط خدمت نیز مهم است. با دوستی که خنده به لب‌های‌تان می‌نشاند، شما را به اندیشیدن وامی‌دارد و به چالش می‌کشد، وقت بگذرانید. کسی که شما را با ایده‌هایش تغذیه کند. این وقت‌گذراندن می‌تواند طی ورزش در باشگاه، بحث‌کردن دربارهٔ

کتابی که هر دو خوانده‌اید یا فیلمی که تماشا کرده‌اید و ضمن صرف فنجانی قهوه، یا انجام سرگرمی مشترک، صورت گیرد- یعنی هر کاری غیر از خدمت به نوجوانان. چرا؟ چون همان‌قدر که خودتان برای استراحت به روز شبّات نیاز دارید، رابطهٔ کاری‌تان هم نیازمند شبّات است و باید زمانی را به‌دور از وظایف خدمتی سپری کنید.

«می‌شود دوستی را انتخاب کنم که نوجوان نباشد؟»- یکی از خادمان نومید نوجوانان

در زندگی خودم، وقتی تمام دنیایم می‌شود خدمت به نوجوانان، نه تنها بیشتر نومید می‌شوم، بلکه متوجه می‌شوم که دیگر اصلاً مراقب خودم نیستم. به زبان نمی‌گویم: «مراقب نیستم»، ولی اعمالم به روشنی این پیام را به بیننده منتقل می‌سازند. مثلاً، یک‌بار شاگردی به دفترم زنگ زد و فریادکنان خواست که با من صحبت کند، ولی از منشی خواستم پیغامش را بگیرد تا بعداً به او زنگ بزنم. (این کارم واقعاً احساسات دخترم را جریحه‌دار کرد.) یک‌بار دیگر یکی از والدین سراسیمه به دفترم آمد تا دربارهٔ مشکل پسرش که مواد مخدر مصرف می‌کرد با من گفت‌وگو کند، و من برای اینکه از بحث‌کردن با او شانه خالی کنم، خودم را مخفی کردم. (این یکی هم احساسات همسرم را سخت جریحه‌دار ساخت.) در طی جلسات ذهنم آشفته بود، در عالم خیال سیر می‌کردم و فکرم مشغول نقشهٔ رنگ‌کردن ماشین کلیسا بود، چونکه مراقب خودم نبودم.

اگرچه این اعمال ممکن است به‌نظرتان نامناسب جلوه کنند، اما به‌راستی آشکارکنندهٔ تصویری حقیقی از آن چیزی بود که از قلب انسانی نومید بیرون می‌تراوید. هرازگاه از همهٔ ما چنین اعمالی سر می‌زند. بی‌علاقگی واکنشی است که یک رهبر نومید برای حفاظت از خود، بروز می‌دهد.

وقتی با آن دسته از دوستانم که در کار خدمت به نوجوانان نیستند بیرون می‌روم، بازی می‌کنم، گپ می‌زنم، مسافرت می‌روم، قمار می‌کنم (شوخی کردم- در عجبم که هنوز دارید به خواندن ادامه می‌دهید- راستش اهل سفر هم نیستم) یا معاشرت می‌کنم، دوباره حواسم به خودم جلب می‌شود و از خودم مراقبت می‌کنم. خیلی جالب است که تنها معاشرتی کوتاه با دوستی بیرون از محیط خدمت به نوجوانان تا این اندازه بتواند برای روح انسان حیاتی باشد.

// *توجه داشته باشید که هرکسی شما و خدمت‌تان را درک نمی‌کند.*

فهرست‌بندی‌کردن کسانی که می‌توانند در زمرهٔ گلایه‌مندان بالقوهٔ شما قرار گیرند، زیاد وقت می‌برد: والدین، شاگردان، رهبران کلیسا، مدیر، سرایدار کلیسا، کسانی که به کلیسای‌تان پا نمی‌گذارند، همسر شبان کلیسا... هر کسی حرفی برای زدن، نظری برای ارائه کردن، انتقادی برای گفتن، و ایده‌ای برای شنیده‌شدن دارد. گرچه شنونده و آموزندهٔ خوبی بودن اهمیت به‌سزایی دارد، ولی *گاهی* لازم است چیزی فراتر از شنیدن را متحمل شوید. مبادی آداب باشید. لبخند بزنید. سر تکان بدهید. بدون پشیمانی پیش بروید. اساساً برای دیگران

سخت است که دنیای خدمت به نوجوانان را به‌طور کامل درک کنند، مگر اینکه خودشان در این دنیا زندگی کرده باشند.

لیشا[1] بانوی بی‌نظیری از اعضای کلیسای ماست که در این دنیا «زندگی کرده است.» او سال‌ها مرا به‌خاطر مهارت‌های حسابداری افتضاحم و رعایت‌نکردن رویه‌های مالی، مؤاخذه و تحمل کرده است. او وظیفهٔ دشوار جمع‌آوری رسید هزینه‌ها از افراد نامرتب و شلخته‌ای مانند من را بر عهده دارد، (خودش صد بار این را به من گفته است.) می‌دانم که باید رسید همهٔ مخارجم را نگه دارم، اما مگر می‌شود در خلال جمع‌کردن نوجوانان در اردو و رسیدگی به خرده‌بحران‌های همیشگی، به فکر درخواست رسید از فروشندگان و نگهداشتن و گم نکردن‌شان هم بود. پس از بازگشت به کلیسا، وقتی در جلسه حاضر می‌شوم، یک‌بار دیگر با آن چهرهٔ ملامت‌گری روبه‌رو می‌شوم که با زبان بی‌زبانی بی‌مسئولیت بودنم را به رخم می‌کشد و می‌گوید: خجالت بکش!

این اواخر لیشا همراه ما به سفری کاری آمد. مسئولیت هزینهٔ سفر با او بود و تقریباً نیمی از رسیدهای هزینه‌ها را گم کرد، (البته دارم کمی اغراق می‌کنم). همین باعث شد که لیشا تغییر عقیده بدهد. می‌دانم که نباید ته دلم به این تغییر عقیده بخندم، اما فعلاً تا زمانی که لیشا ایراد دیگری برای سرزنش‌کردن من پیدا کند، از نیش و کنایه‌هایش در امانم. حالا دیگر لیشا به یکی از مدافعان سرسخت من تبدیل شده، چون به‌خوبی فهمیده که در آشفته‌بازار سفر چه‌ها که روی نمی‌دهد. حالا او برای کارهایی که می‌کنم- یا نمی‌کنم- ظرفیت پذیرش بیشتری دارد، چراکه اکنون *درک می‌کند*.

همه مثل لیشا نیستند. بعضی‌ها اصلاً درک نمی‌کنند. تنها کاری که می‌توانید بکنید این است که برای فرضاً یک سال، بار مسئولیتی را که بر دوش دارید، روی شانه‌های‌شان بگذارید و رنج‌شان را نظاره کنید. از آنجایی که احتمال چنین چیزی خیلی کم است، پس برای هر عدم درکی آماده باشید.

// یک روز مرخصی بگیرید.

نه، کار امروز- یا هفتهٔ پیش- یا ماه پیشتان هنوز به اتمام نرسیده. و به‌راستی و *به معنای دقیق کلمه* عقب هستید. اشکالی ندارد! پیداست که اگر در نتیجهٔ هفته‌ها غیبت از کار عقب باشید، اشکال به‌وجود خواهد آمد. ولی اگر از اینکه بعضی جزئیات از قلم افتاده‌اند، خون‌تان به جوش آمده، پس به خدمت خوش آمدید! هیچ‌وقت نمی‌توانید همه چیز را تمام و کمال انجام دهید. و زمانی که تصور می‌کنید انجام داده‌اید، در واقع، چیزهایی هستند که از قلم افتاده‌اند. پس حس تقصیر را از وجودتان بزدایید و بدانید که همهٔ ما در کارمان از برنامه عقب هستیم! اگر می‌خواهید در خدمت به نوجوانان بیشتر از ۶ تا ۱۸ ماه دوام بیاورید، باید اهمیت فرمان خدا مبنی بر رعایت روز شبّات را جدی بگیرید.

---

1. Lisha

من بعضی روزها با همین مشکل دست‌وپنجه نرم می‌کردم و در روز استراحتم چند دقیقه‌ای را به پاسخ‌دادن به ایمیل‌ها یا پیام‌های صوتی اختصاص می‌دادم. برای نیم‌ساعت به دفتر کارم می‌رفتم، و وقتی به خودم می‌آمدم، می‌دیدم که سه ساعت به‌سرعت باد سپری شده است. بعضی روزها بادی به غبغب انداخته، می‌گفتم: «من مشغول‌تر از آن هستم که روز تعطیل داشته باشم.»

شکرگزارم که می‌توانم بگویم آن روزها دیگر گذشته‌اند. با کمک همسرم توانستم بفهمم خدمتی که در آن شبّات نباشد، هیچ ارزشی ندارد. در نهایت چه فرقی می‌کند که به‌جای دوشنبه، سه‌شنبه برای یکی از والدین نامه بنویسید؟ حتماً آن‌قدر عاقل هستید که دوستی پیدا کنید که وادارتان کند بی‌چون‌وچرا روزی را برای استراحت اختصاص دهید. از زیر این یکی شانه خالی نکنید! بدون داشتن روزهای مرخصی و فراغت، چندان دوام نخواهید آورد و تسلیم نومیدی خواهید شد.

بله... این در مورد خادمان داوطلب هم صدق می‌کند.

// در برنامهٔ کاری‌تان زمانی را برای خلوت و تنهایی در نظر بگیرید.

روز تعطیلی اغلب صرف مسئولیت‌های غیرخدمتی نظیر شستن رخت و لباس، رفتن به مطب دکتر، تمیزکردن خانه، وقت گذراندن با خانواده، دید و بازدید دوستان و کم‌کردن فشار کاری می‌شود. از سوی دیگر، روز خلوت و تنهایی، روز خدمت است، که در آن روی دل و ذهن خودتان تمرکز می‌کنید. اگر از کلیسا حقوق می‌گیرید، یک روز کاری در ماه را به دور از دفتر کارتان به تفکر و مراقبه و تجدید قوا اختصاص دهید. اگر خادم داوطلب هستید، هر ازگاه یکی از برنامه‌های خدمت به نوجوانان را حذف کنید و زمانش را صرف تفکر و مراقبه و تجدید قوا نمایید (برنامه را برای تماشای تلویزیون یا شستشوی رخت و لباس حذف نکنید).

عیسی در خلال ایام خدمتش، هر جا که می‌رفت بسته به فراز و نشیب‌های زندگی، زمانی را به خلوت و انزوا اختصاص می‌داد. با در نظر گرفتن اینکه او برای رفتن از نقطه‌ای به نقطهٔ دیگر و انجام خدمت در مقصد جدید، ناگزیر بود یک روز تمام سفر کند، این زمان کم‌وبیش فرصت لازم برای تنهابودن را به وی می‌داد تا دربارهٔ آینده بیندیشد، مأموریتش را ارزیابی کند و از زیبایی طبیعت لذت ببرد. حتماً پیاده‌روی مجال خوبی برای تجدید قوای جسمانی عیسی بوده است.

در بین ما کمتر کسی برای رفتن به مقصدش، پیاده‌روی می‌کند؛ رفت و آمد معمول ما با خودرو است. اگر تا زمان رسیدن به چراغ قرمز بعدی، مشغول سبقت گرفتن از همدیگر نباشیم، یا سرگرم صحبت‌کردن با تلفن همراه‌مان هستیم، داریم به یک برنامهٔ گفت‌وگوی رادیویی مهیج گوش می‌کنیم، در حال تراشیدن ریشمان هستیم، داریم برای درس کلاس کانون شادی آماده می‌شویم، و یا دیرتر از موعد مقرر مشغول صرف ناهاریم. امروزه

سفرکردن فرصت چندانی برای تفکر در اختیارمان نمی‌گذارد- پس باید هر چند وقت یک‌بار زمان خلوت را در برنامه‌مان بگنجانیم.

در حالی که می‌کوشم به کتاب شوهرم ایده‌هایی بیفزایم، احساس کلافگی، بیهودگی و نومیدی می‌کنم. بعد از سپری‌کردن یک روز بسیار پرمشغله، حسابی خسته‌ام و هنوز از برنامه عقبم! اغلب احساس می‌کنم که دارم در کارم کوتاهی می‌کنم. به‌عنوان یک زن خانه‌دار، مدام فکر می‌کنم که در خانه‌ام بمبی ترکیده و ماندن در این خانه، واقعاً خسته‌کننده است! زمانی که در خانه نیستم، زندگی‌ام در رساندن بچه‌ها با اتومبیل و گفتن «دوستت دارم» به آنها، زمانی که دارند از اتومبیل دور می‌شوند، خلاصه می‌شود. و به‌عنوان خادم داوطلب نوجوانان، معمولاً احساس می‌کنم برای خدمت آمادگی ندارم و فردی بی‌فایده‌ام. قرار است به‌زودی تعدادی از نوجوانان را به مکزیک ببرم، و اصلاً آماده نیستم. برای این سفر مأموریتی، چنانکه باید بچه‌ها را زیر پروبالم نگرفته‌ام. از نظر روحانی هم احساس عدم آمادگی می‌کنم. با همهٔ اینها، می‌دانم که باید به پیشروی ادامه داد؛ هیچ‌یک از این شرایط- دست‌ِکم فعلاً - قرار نیست تغییر کنند. بله، من قبلاً هم در چنین وضعیتی بوده‌ام. من و داگ سالیان دراز با هم خدمت کرده‌ایم. خوشحالم از اینکه می‌بینم داگ اصولی را که در این کتاب مطرح کرده، شخصاً رعایت می‌کند. داگ هر انتقادی را با روی باز می‌پذیرد- خیلی بیشتر از من انتقادپذیر است. پس زمانی را از کار پرمشغله‌اش کناره می‌گیرد تا در سکوت وقتش را صرف تفکر و نوشتن خاطرات روزانه‌اش کند، و به کاری که خدا دارد در ایام نومیدکنندهٔ خدمت در وجود او به انجام می‌رساند، بیندیشد. این کار داگ واقعاً مایهٔ دلگرمی من است! بنابراین، خوب می‌دانم که همین حالا باید دست نگه دارم. در حالی که از فرط نومیدی به‌سوی خدا فریاد برمی‌آورم، یادم می‌افتد که او مراقب من است- نه فقط در انجام تمیزکاری خانه و اجرای مأموریت «شوفری بچه‌ها»، بلکه حتی در نحوهٔ ارائهٔ خدمتی شایسته به نوجوانان. او ناله‌هایم را به شکرگزاری مبدل می‌سازد. این حقیقت به من امید و نیرو می‌بخشد تا راهم را ادامه دهم و برای او نهایت تلاشم را بکنم.

کتی فیلدز

// *توده‌های تلنبار شده را تمیز کنید.*

دست‌ِکم سه بار در سال چند عدد کیسهٔ زباله بخرید و اطراف‌تان را تمیز کنید. از شرّ توده‌های کاغذ، که روی هم تلنبار شده‌اند و تصمیم دارید زمانی آنها را بخوانید، برچسب‌های رنگارنگی که میز کارتان را تزئین کرده‌اند، نامه‌های ماه گذشته، و شش فنجان نیمه‌خالی قهوهٔ روی میزتان خلاص شوید. بیش از احتمال یافتن چکی وصول‌نشده، محتمل است که قبضی پرداخت‌نشده از ماه گذشته را پیدا کنید. اگر این کار برای‌تان خیلی دشوار است، به کسی اجازه بدهید در روزی که خودتان در محل کار حضور ندارید، وظیفهٔ پاکسازی را انجام دهد. (کاملاً

متوجه هستم که دست‌کشیدن از این کاغذها کار آسانی نیست. پس بهتر است یکی از کارکنان کلیسا این مأموریت را برای‌تان انجام دهد. حتماً با اصطلاح *آشغال‌جمع‌کن*[1] آشنا هستید.)

اگرچــه برخی با کارکردن در دفتری به‌هم‌ریخته مشــکلی ندارند، اما اکثر ما می‌دانیم که محیط کار درهم‌وبرهم، به آشفتگی فکری منتهی می‌شود. خادمان نومید، با کوچکترین چیزی که مانع رفت‌وآمدشــان می‌شود، احساس کلافگی می‌کنند و سریعاً به این نتیجه می‌رسند که افرادی بی‌ارزش هستند و زحمات‌شان حاصلی ندارد.

نحمیای نبی از طرف خدا مأموریت داشت رهبری قوم اسرائیل را در بازسازی حصارهای اورشلیم بر عهده بگیرد. در گرماگرم اجرای این مأموریت خطیر، بسیاری از بنی‌اسرائیل دچار خستگی مفرط و نومیدی شدند. در نحمیا ۴:۱۰ چنین می‌خوانیم:

> و اما مردمان یهودا گفتند: «قوّت باربران رو به کاســتی و آوار بســیار است، چندان که نمی‌توانیم حصار را بنا کنیم.»

وقتی عده‌ای از بنی‌اســرائیلیان تصویر بزرگ هدف‌شان را از یاد بردند، مشتی آوار آنان را کلافه کرد. برای رهایی از احساس کلافگی، کافی است قدری از آوار را از سر راه‌تان بردارید.

// *قدری بخوابید.*

به تختخواب بروید و ســاعتی را صرف مطالعه، تفکر، و یادداشت خاطرات روزانه کنید و بعد بخوابید! اگر احســاس می‌کنید که باید حتماً برنامه‌های آخر شــب تلویزیون را تماشا کنید، برنامهٔ مزبور را ضبط کنید. بگذارید دســتگاه ضبط روشن بماند تا برنامهٔ محبوب‌تان را که در ساعت همیشگی پخش می‌شود، از دست ندهید. نظرتان در مورد قطع‌کردن زنگ تلفن چیست؟ ساده، ولی مؤثر است.

> البته خودِ یادگیری نحوهٔ ضبط برنامه‌های تلویزیونی هم می‌تواند نومیدکننده باشد!

مزمور ۱۲۷:۲ همین را می‌گوید: « بیهوده اســت که زود برمی‌خیزید و تا دیر وقت بیدار می‌مانید.» خوب می‌دانید چه بلایی بر ســر شــمعی می‌آید که از هر دو سر می‌سوزد- ولی همین بلا بر ســر شمعی که مدام از یک سر روشــن بوده هم خواهد آمد. پس شعلهٔ شمع را دمی خاموش کنید و به تختخواب بروید!

// *شرح ناامیدی روزانهٔ خودتان را ثبت کنید.*

همهٔ سرخوردگی‌ها، نومیدی‌ها، گلایه‌ها، عصبانیت‌ها و حتی نام شاگردانی را که دیوانه‌تان کرده‌اند، به زبان بیاورید و صدای‌تان را ضبط کنید. و از آنجایی که موضوع خاطرات روزانه‌تان

---

۱. Pack rat- منظور نگارنده کســانی اســت که دوست ندارند هیچ چیزشان را دور بریزند و حتی چیزهایی را هم که به دردشان نمی‌خورد نگه‌می‌دارند- م.

افسرده‌کننده است، در موردش قدری خلاقیت به خرج دهید- نام شاگردانی را که روانی‌تان کرده‌اند به ترتیب حروف الفبا ذکر کنید، به والدینی که دل‌تان می‌خواهد با اُردنگی از کلیسا (یا هر جای دیگر) بیرون‌شان بیندازید، نمره بدهید. ممکن است راهنمای‌تان به بسیاری از این گلایه‌ها گوش بدهد، ولی اگر قرار باشد که همه چیز را روی سر او خراب کنید، به‌زودی خواهید فهمید که راهنمای‌تان برای همیشه بی‌خیال شما شده است.

شاید بعضی‌ها چنین استدلال کنند که خادم باید پوست‌کلفت باشد و هرچه به مرور پوست‌کلفت‌تر شود، گلایه‌ها و اظهارنظرهای منفی هم بی‌اثر خواهد شد. موافقم، اما واقعیت این است که این رویه همیشه جواب نمی‌دهد. به محض اینکه احساس خستگی یا افسردگی کنید، دوباره سروکلهٔ اظهارنظرهای منفی پیدا می‌شود. بد نیست که آنها را بنویسید تا چیزی ملموس و عینی برای تأمل داشته باشید. این به شما کمک می‌کند پیشرفت‌های خودتان را از درس‌هایی که در رویارویی با نومیدی گرفته‌اید، ببینید. هرگز موفق به خلاصی کامل از چنگال نومیدی نخواهید شد- نومیدی مانند جذر و مد اقیانوس دوباره سراغ‌تان خواهد آمد. دفتر خاطرات روزانهٔ شما به مثابه نمودار ثبت جذر و مد عمل می‌کند: به شما کمک می‌کند که بدانید با بالا آمدن دوبارهٔ آب، چه تدابیری باید اتخاذ کنید. (اطمینان حاصل کنید که این دفتر به دست کسی دیگر نخواهد افتاد، وگرنه تلاطمی دیگر بر جذر و مد همیشگی افزوده خواهد شد.)

(ندایی از درون سنگرها)

هرگز اولین باری را که نومید شدم، فراموش نخواهم کرد- مثل یکی از کشته مرده‌های خدمت به نوجوانان از خودم واکنش نشان دادم. خوب *می‌دانم* که شبان نوجوانان کلیسا هرگز چنین احساسی نداشت. او همیشه خودش را جمع و جور می‌کرد. همیشه زیر فشار از خودش خونسردی نشان می‌داد، همیشه حاضر جواب بود و هیچ‌وقت دعوتش را زیر سؤال نمی‌برد- چه کسی می‌داند؟ شاید هم می‌برد؟

حالا من در چنین مقطعی قرار داشتم. *چطور ممکن است نوجوانان به حرف من نومید گوش بدهند؟* از من انتظار می‌رفت «صخرهٔ» آنها باشم، ولی به‌جای صخره مثل ژله لرزان و متزلزل بودم. لبخندهایم ساختگی و خنده‌هایم مصنوعی بودند و هنوز سرم را بالا می‌گرفتم. تنها مشکل این بود که می‌دانستم کجای کار می‌لنگد. در حالی‌که همه تلاش‌های مرا می‌ستودند، و به نشانهٔ تأیید روی شانه‌ام می‌زدند، دلم می‌خواست یقه‌شان را بگیرم و فریاد کنم: «من خوشحال نیستم. هیجان‌زده نیستم. من یک ابله به تمام معنا هستم! لطفاً دیگر شاگردان‌تان را به من نسپارید!»

نومید بودم چون هرچه سخت‌تر تلاش می‌کردم، نمی‌توانستم از پس همهٔ بچه‌ها برآیم. پاسخ‌های کتابچهٔ راهنما را از بَر بودم، ولی با کتابچهٔ راهنما نمی‌توان کار چندانی پیش برد. اینها نوجوانان واقعی بودند. رفتارکردن با آنها از روی کتابچهٔ راهنما، شدنی نبود. (وانگهی، آنها که کتابچهٔ راهنما را نخوانده بودند و نمی‌دانستند که از آنان انتظار چگونه رفتاری می‌رود.)

نومید بودم چون صرف‌نظر از تلاش‌های خستگی‌ناپذیرم، والدین هنوز مرا به چشم پرستار بچه‌های نوجوان‌شان می‌دیدند. با خوشحالی پول می‌دادند تا من فرزندان‌شان را آخر هفته‌ها بیرون ببرم، ولی زمانی که از ایشان می‌خواستم در خانهٔ خودشان میزبان جلسهٔ مطالعهٔ کتاب‌مقدس باشند، طوری نگاهم می‌کردند که گویی شاخ و دم دارم.

نومید بودم چون خودم را آن‌طور که خدا می‌دید- آفریده شده به‌صورت و شباهت خودش- نمی‌دیدم. من خودم را خادمی افتضاح برای نوجوانان می‌دیدم- حال آنکه او مرا ساختهٔ دست خودش می‌دید. دلم می‌خواست بهترین خادم نوجوانان شهر باشم- و او فقط می‌خواست که من مطیع باشم.

مایک ویلسن[1] ، خادم دانش‌آموزان مقطع دبیرستان، کلیسای باپتیست تو ریورز[2]، نشویل تنسی.

// پوشه‌ای از تأییدها و تشویق‌ها برای خودتان درست کنید.

زمانی که یادداشتی تشکرآمیز یا هر نوع قدردانی به پاس خدمتی شایسته دریافت می‌کنید (جملهٔ قبلی را بارها بخوانید- بالاخره... اتفاق خواهد افتاد)، آن را نگاه دارید. انسان وسوسه می‌شود که این قبیل چیزها را دور بیندازد، ولی این کار را نکنید! برعکس برای اینکه ماندگار شوند، آنها را در پوشه یا جعبه‌ای گذاشته، حفظ‌شان کنید. بعد از یک سال شاید چند یادداشت یا نامهٔ تشکرآمیز برای خواندن داشته باشید. پس از سه سال، کم‌کم پوشهٔ مزبور ضخیم‌تر می‌شود و پس از ۱۰ سال برای جابه‌جا کردنش نیاز به جرثقیل خواهید داشت.

بعد از سال‌ها که این یادداشت‌های تشویق‌آمیز را دور می‌انداختم، به همسرم قول دادم که از آن پس همه را نگهدارم. راستش را بخواهید، یادم نیست آخرین باری که کل فایل یادداشت‌های تشویق‌آمیز را خواندم، کِی بوده. هر وقت که بود، پس از خواندن‌شان گریستم و تصمیم گرفتم برای مدتی اصلاً سراغ‌شان نروم. ولی فایل مزبور همچنان کار خودش را می‌کند، چون هر بار که چشمم به پوشهٔ ضخیم کمد بایگانی‌ام می‌افتد، ناخودآگاه لبخندی بر لبانم نقش می‌بندد و از همسرم به‌خاطر این ایدهٔ محشرش، سپاسگزاری می‌کنم.

// با خودتان عهد ببندید که در خدمت نوجوانان دوام بیاورید.

این واپسین و تأثیرگذارترین تصمیم است. زمانی که به دعوت خدا پاسخ مثبت می‌دهید و متعهد می‌شوید که هر جا شما را رهنمون شد، از پی‌اش بروید و هرچه خواست انجام دهید، خدا هم به روش خودش و در زمانی که مقرر فرموده، از شما استفاده می‌کند. تا زمانی که خود را متعهد به انجام مواردی نکنید که در فصل ۱ کتاب برشمردم، سنگینی سایهٔ نومیدی را بالای سرتان احساس خواهید کرد. اگر تصمیم بگیرید و خود را ملزم سازید که هرگز خودتان را با دیگران مقایسه نکنید، خار نومیدی را از پای‌تان بیرون کشیده‌اید و دیگر

1. Mike Wilson; 2. Two Rivers Baptist Church

به‌خاطر مقایسه‌کردن خودتان با سایر همکاران‌تان در خدمت به نوجوانان، آزار نخواهید دید.

زمانی که نوجوان بودم، شبان نوجوانانم چنان تأثیر مثبتی روی من گذاشته بود که تلاش می‌کردم مثل او باشم، ولی هیچ‌وقت به معیارهایی که تصور می‌کردم او پیش پایم گذاشته، نرسیدم. بارها به‌خاطر اینکه به خوبی او نبودم، در خلوتم تصمیم گرفتم از خدمت به نوجوانان کناره‌گیری کنم. در نهایت به یاری خدا توانستم بفهمم که خواست او از من این است که به‌جای پیروی از آمال و آرزوهایم، وفادارانه خدمتش کنم. همین درک ارادهٔ خدا و در میان گذاشتنش با دیگران، چنان دلگرم‌کننده بود که پس از آن برکات بسیاری در زندگی تجربه کردم.

وقتی با خودتان عهد می‌بندید که دوام بیاورید، دیگر هربار که نومید می‌شوید، وسوسهٔ ترک خدمت نوجوانان به جان‌تان نمی‌افتد. اجازه بدهید نامه‌ای را که دوستم برایان[1] برایم نوشته، با شما در میان بگذارم.

داگ،

من دیروز از خدمت نوجوانان استعفا دادم.

خسته شدم از اینکه مدام بشنوم نوجوانان باید در خلال جلسهٔ پرستشی کلیسا چگونه رفتار کنند. مگر من انتظامات کلیسا هستم؟

خسته شدم از اینکه پدر و مادرهایی که سبک زندگی‌شان مسیحی نیست، از من توقع دارند با چند ساعت در هفته وقت گذراندن با فرزندان‌شان، از آنها مسیحیانی تمام‌عیار بسازم و وقتی بچه‌ها خرابکاری می‌کنند، همهٔ تقصیرها را بر گردن خدمت نوجوانان می‌اندازند و آن را نتیجهٔ کم‌کاری ما می‌دانند.

خسته شدم از اینکه بچه‌ها نقش افراد روحانی را بازی می‌کنند، ولی طوری زندگی می‌کنند که انگار هرگز دربارهٔ عیسی چیزی نشنیده‌اند.

خسته شدم از دست بزرگسالانی که از خدمت به نوجوانان هیچ نمی‌دانند، اما برایم خط‌مشی تعیین می‌کنند و به من می‌گویند که باید چطور کارم را انجام دهم.

خسته شدم از اینکه مردم به تقویم خدمت به نوجوانان احترام نمی‌گذارند و امکانات آنها را در مواقعی که نوجوانان نیازمندش هستند، برای انجام برنامه‌های خود می‌برند و بچه‌ها دست خالی می‌مانند.

خسته شدم از کسانی که معتقدند باید امروز کلیسا را همان‌طوری اداره کنیم که در سال ۱۹۴۸ اداره می‌کردیم. آنها فکر می‌کنند که چون روش قدیمی در آن زمان موفق بوده، امروز هم می‌تواند جوابگوی نیازهای نوجوانان باشد.

خسته شدم از آنهایی که یک‌بند لب به گله و شکایت باز می‌کنند، ولی به‌جای آنکه مستقیماً سراغ کسی بروند که با او مشکل دارند، گوشی تلفن را برمی‌دارند و به یک دوجین اعضای کلیسا زنگ می‌زنند و غیبت می‌کنند.

1. Brian

خسته شدم از آدم‌هایی که (به اعتراف خودشان) شخصاً با خداوند وقت نمی‌گذرانند، ولی فکر می‌کنند که باید در مدیریت کلیسا نقش داشته باشند.
خسته شدم از مردمی که تصور می‌کنند همسر من هم در استخدام کلیسا است و باید هر وقت از شبانه روز در دسترس ایشان باشد.
خسته شدم از کسانی که مدام می‌پرسند پس کِی کلیسای خودم را شبانی خواهم کرد و یک خادم «واقعی» خواهم شد.
خسته شدم از کسانی که فکر می‌کنند به خادمان نوجوانان نمی‌توان اعتماد کرد و آنها باید مرتباً زیر نظر باشند.
خسته شدم از کارکردن تا دیروقت و تردیدداشتن از اینکه آیا این همان کاری است که باید بکنم، یا نه.
خسته شدم از اینکه مردم می‌پرسند: «تمام روز که بچه‌ها در مدرسه هستند، تو چه‌کار می‌کنی؟»
خسته شدم از تمام دفعاتی که طعم شکست را چشیدم و احساس کردم برای این کار صلاحیت لازم را ندارم.
سرت را درد نمی‌آورم... خسته شدم از اینکه تمام مدت خسته باشم!
با همهٔ اینها، آن‌قدر زرنگ بودم که به هیچ‌کس نگویم از خدمت استعفا داده‌ام. به خانه رفتم، زمانی را با خانواده‌ام گذراندم (و البته با خبر کناره‌گیری‌ام هم باری روی دوش‌شان نگذاشتم)، زمانی را هم صرف دعا کردم، و شب هم خوب خوابیدم. امروز سر کارم برگشته‌ام. افسسیان ۶:۱۳ را خواندم و حالا عزمم را برای ماندن در خدمت (و ترک نکردن آن) جزم کرده‌ام.
همان آدم‌هایی که دیروز از دست‌شان خسته بودم، همچنان در زندگی‌ام حضور دارند، اما خدا به طریقی به من فیض بخشیده تا امروز دوست‌شان بدارم. از اینکه بهترین شغل دنیا را دارم، و این فرصت در اختیارم قرار گرفته که تا به کمک خدا همچون مجرایی برای انتقال فیض الاهی و رساندن این فیض به نوجوانان به‌کار گرفته شوم، شکرگزارم.
خوشحالم از اینکه وقتی دیروز استعفایم را به خدا اعلام کردم، خدا استعفایم را رد کرد.
امروز با خودم عهد بسته‌ام که تا آخر ماندگار باشم، زیرا خدمتی که خدا مرا برای انجامش فرا خوانده، مهمتر از چیزی است که بشود از آن کناره‌گیری کرد.
دوست و (هنوز) همقطار تو در خدمت به نوجوانان
برایان

سخنان و افکار نومیدکننده می‌آیند و می‌روند، اما پدر پرمحبت آسمانی از فرزندانش می‌خواهد که زاویهٔ دید خود را تغییر دهند و از چشم‌انداز وی به زندگی نگاه کند. به او توکل کنید و به یاد داشته باشید که در این سفر تنها نیستید و خدا با شما است.

> خداوند شبان من است؛ محتاج به هیچ چیز نخواهم بود. در چراگاه‌های سرسبز مرا می‌خواباند؛ نزد آبهای آرام‌بخش رهبری‌ام می‌کند. جان مرا تازه می‌سازد، و به‌خاطر نام خویش، به راه‌های درست هدایتم می‌فرماید. حتی اگر از تاریک‌ترین وادی نیز بگذرم، از بدی نخواهم ترسید، زیرا تو با منی؛ عصا و چوبدستی تو قوت قلبم می‌بخشند.
> (مزمور ۲۳:۱- ۴)

ضمن مطالعهٔ فصل بعدی کتاب متوجه خواهید شد که هرچه به زندگی روحانی‌تان عمق بیشتری بدهید، از عمق نومیدی‌تان کاسته خواهد شد. وقتی زندگی روحانی سالمی داشته باشید، تیرهای نومیدی به‌جای آنکه در روح‌تان فرو بروند، فقط خراش‌هایی جزیی و سطحی بر جای خواهند گذاشت.

فصل بعدی را از دست ندهید، وگرنه مرا نومید خواهید کرد. (می‌بینید چه آسان ممکن است نومید شوم؟)

پرسش‌های پایان فصل

// برای بحث در گروه

- در خدمت به نوجوانان، کجا آسان‌تر از جاهای دیگر خودتان را نومید می‌یابید؟
- کدامیک از پیشنهادهای ارائه‌شده در این فصل می‌تواند به شما کمک کند تا در مواقع نومیدی بهترین واکنش را از خود نشان دهید؟

// برای تأملات شخصی

- آیا برای مقابله با نومیدی نقشهٔ اندیشمندانه‌ای دارم؟
- آیا طی سال گذشته، نومیدی من به مرحلهٔ نومیدی دردناک، وقت‌نشناس، خودخواه و تنها رسیده؟
- آیا دوست یا راهنمایی دارم که بیرون از حیطهٔ خدمت به نوجوانان، به من اهمیت بدهد؟ اگر ندارم، کِی و چگونه می‌توانم یکی برای خود پیدا کنم؟
- آیا در طول هفته برای خودم اوقات تفکر در نظر گرفته‌ام که طی آن آگاهانه به خلوت بروم و قدری تجدید قوا کنم؟ اگر ندارم، چگونه می‌توانم این اوقات را به‌عنوان اولویت در برنامه‌هایم بگنجانم؟

// اقدامات لازم برای ملاحظات بیشتر

- شروع به نوشتن خاطرات روزانهٔ خود کنید.
- راهنمایی برای خودتان پیدا کنید. فهرستی از انتظاراتی که توقع دارید شخص راهنما برای‌تان برآورده کند، تهیه کنید.

- نگاهی طولانی و دقیق به تقویم هفتگی خود بیندازید و حتماً زمانی برای خلوت و تنهایی در آن بگنجانید.

فصل ۳

چگونه نشاط روحانی‌ام را حفظ کنم؟

پی‌ریزی شالوده‌ای قلبی

من در لیگ خردسالان، مربی تیم بیسبال پسرم هستم. (شاید در کانال ورزشی ESPN دربارهٔ کودی[1] شنیده باشید. تیم او امسال در جایگاه نخست قرار گرفت.) تِیت[2]، مربی دیگر تیم هم کوچک‌ترین پسرش را برای تمرین می‌آورد، و ما هم تشویقش می‌کنیم که با بچه‌های تیم که همگی از او بزرگ‌ترند، بازی کند. او بچهٔ خوبی است و اصلاً مانع کار ما نمی‌شود. در واقع، شاید بشود گفت که وی به اندازهٔ بعضی از اعضای تیم خوب است و در حد و اندازه‌های آنان ظاهر می‌شود.

تِیت در تمام تمرین‌ها، از گرفتن توپ بعد از ضربه، ضربه‌زدن به توپ، و حتی گرفتن و انداختن توپ با دست شرکت دارد و اگر از بیرون شاهد تمرین‌های ما باشید، اصلاً متوجه نمی‌شوید که تِیت سرپرست تیم است. از نگاه بیننده، تِیت زمانی به چشم می‌آید که مسابقه داریم و او یونیفرم ورزشی را درآورده و روی نیمکت مربیان نشسته است. در خلال تمرین، او حقیقتاً احساس می‌کند که یکی از اعضای تیم است، ولی طی مسابقه هیچ نقش خاصی را بر عهده نمی‌گیرد. شش روز هفته در کسوت یکی از بازیکنان ظاهر می‌شود و در مهم‌ترین روز- یعنی روز مسابقه- لباس تیم را از تن به‌در می‌آورد و از زمین بیرون می‌آید.

---

1. Cody; 2. Tate

به این خاطر دربارهٔ تِیت می‌نویسم که او همهٔ کارها را درست انجام می‌دهد، اما هیچ تأثیر مفیدی بر نتیجهٔ کار تیم در فصل کنونی ندارد. تِیت شبیه بعضی از رهبران در خدمت به نوجوانان است، مردان و زنانی که در رابطه با کار تیمی خدمت به نوجوانان ظاهراً همهٔ کارها را درست انجام می‌دهند، ولی به دلیل زندگی روحانی‌شان هیچ تأثیر مفیدی از خود به‌جا نمی‌گذارند. وقتی خادمان نوجوانان برای زندگی روحانی‌شان هیچ ارزشی قائل نمی‌شوند، سهم‌شان از تلاشی که می‌کنند به حاشیه رانده می‌شود. دل‌هایی که به عیسی وصل نیستند، نمی‌توانند به تیم خدمت به نوجوانان کمکی بکنند. من با خادمان نوجوانان زیادی ملاقات داشته‌ام که ساده‌لوحانه معتقدند اگر به رشد روحانی دیگران کمک می‌کنند، دیگر لازم نیست به فکر رشد روحانی خودشان هم باشند.

اگر یک خادم معمولی نوجوانان قرار بود یکی از فصل‌های این کتاب را انتخاب و آن را نخوانده رها کند، این همان فصل است. تفتیش درون و ارزیابی وضعیت زندگی روحانی، اصلاً با خدمت سرگرم‌کنندهٔ نوجوانان قابل‌مقایسه نیست. لطفاً برای چند لحظه نقشه‌ها، برنامه‌ها و مسئولیت‌های خدمت به نوجوانان را کنار بگذارید تا بتوانید وضعیت روحانی خودتان را به‌طور جدی بررسی کنید. چرا؟ چون برای کسانی که مشغول خدمت به خدا هستند، غفلت و خستگی روحانی امری کاملاً طبیعی است.

«آیا می‌توانیم این فصل از کتاب را نادیده بگیریم و به‌جایش با استفاده از بادکنک‌های آبی و غیره مفهوم تثلیث را به بچه‌ها آموزش بدهیم؟» – خادم عادی نوجوانان

بدون داشتن سلامت روحانی، نمی‌توانید در خدمت به نوجوانان دوام بیاورید. خواهش می‌کنم دچار سوءتفاهم نشوید: لازم نیست به اندازهٔ یک راهب مسیحی از دانش کتاب‌مقدس یا انضباط‌های روحانی برخوردار باشید، بلکه تنها کافی است قلبی متمایل به خدا داشته باشید و دریچهٔ قلب‌تان را به روی راهنمایی‌های خدا بگشایید. باید عاشق عیسی باشید.

روحانیت همهٔ رهبران کلیسا با هم، در تقویت خدمت تغییری بنیادین ایجاد می‌کند. برخی از خادمان نوجوانان تنها تظاهر به سلامت روحانی می‌کنند و فقط می‌توانند برای یک فصل دوام بیاورند. از دور قوی به‌نظر می‌رسند، مورد ستایش قرار می‌گیرند، تعداد زیادی از نوجوانان را به خود جذب می‌کنند و برنامه‌های پرزرق و برق و دهن‌پرکن می‌ریزند، ولی از نزدیک هیچ نتیجهٔ قابل‌توجهی نمی‌گیرند. در این قبیل خدمت‌ها، رهبران آن‌قدر سرگرم *انجام‌دادن* کار خدا هستند که اهمیت قوم‌خدابودن را به‌کل فراموش می‌کنند. نومیدی و یأسی که در فصل پیش درباره‌اش صحبت کردیم، در نبود روحانیتی ژرف آسان‌تر سراغ خادمان می‌آید. دلی که از لحاظ روحانی سالم است، برای دفع‌کردن تیرهای نومیدی آمادگی بیشتری دارد.

داشتن رابطهٔ هر روزه با خدا مهمتر از شرکت در سمینار خدمت به نوجوانان یا خواندن همین کتابی است که در دست دارید. «در من بمانید و من در شما، زیرا جدای از من هیچ نمی‌توانید بکنید.» دلم می‌خواهد روی تصویری که در باب ۱۵ انجیل یوحنا از داشتن رابطه

با خدا ترسیم شده، تمرکز کنید. برای اینکه بتوانید در ماراتن خدمت به نوجوانان دوام بیاورید، باید برای زندگی روحانی‌تان ارزش قائل شوید!

روحانیت... انجام‌دادن در برابربودن

خدا ما را چنان طراحی کرده که با وی در ارتباط دائمی باشیم و با گذر سالیان بر صمیمیت این رابطه افزوده شود. نگذارید افزایش مشغله‌های خدمتی از صمیمیت رابطهٔ شما با خدا بکاهد، و نگذارید خدمت از پرستش پیشی بگیرد. اینها باعث قطع ارتباط روحانی می‌شوند. خدمت‌کردن بدون داشتن رابطهٔ قلبی درست با خدا، امری رایج در میان خادمان است. شدیداللحن‌ترین سخنان عیسی در مورد رهبرانی است که اولویت‌دادن به دنیای درون‌شان را یا از یاد برده‌اند و یا نسبت به آن غافلند. عیسی به‌روشنی نشان داد که کجا باید به دنبال روحانیت گشت– در درون.

> ای فَریسی کور، نخست درون پیاله و بشقاب را پاک کن که بیرونش نیز پاک خواهد شد. (متی ۲۳:۲۶)

این رهبران دینی، از روحانیت تعبیری وارونه داشتند. تعلیم می‌دادند که چطور باید در انظار مردم خوب جلوه کرد، بدون اینکه درون وجود و زندگی‌ات را از زشتی و پلشتی بزدایی. این استادان حفظ ظاهر، مبانی روحانیت را از بُن نادیده گرفته بودند.

> زیرا محبت را می‌پسندم، نه قربانی را، و معرفت خدا را، بیش از قربانی‌های تمام‌سوز. (هوشع ۶:۶)

خود من بارها در دام این فکر افتاده‌ام که خدا از من می‌خواهد به‌جای اقرار ایمان و ستایش او و تلاش برای صمیمی‌ترکردن رابطه‌ام با او، قربانی زمان و سختکوشی را به او تقدیم کنیم. بارها به اشتباه سلامت روحانی‌ام را همسنگ و همطراز با *انجام* کار خدا تلقی کرده‌ام. آیا شما تاکنون در این دام افتاده‌اید؟

اگر ضمن صرف ناهار، از شما در مورد وضعیت روحانی‌تان سؤال کنم، به من چه جوابی خواهید داد؟ بی‌درنگ چه افکاری به ذهن‌تان هجوم خواهند آورد؟ از اقرار به این مطلب شرمگینم، ولی خودم بیشتر تمایل دارم ارتباط روحانی را با اقدامات بیرونی ربط بدهم. می‌گویم: «وضعیتم خوب است! در جلسات کلیسا حاضر می‌شوم، گروه کوچک اما مسئولیت‌پذیری دارم، و در طول هفته زمان قابل‌ملاحظه‌ای را در خلوت سپری می‌کنم.»

با وجودی که اقدامات بیرونی قابل‌اندازه‌گیری هستند، ولی به‌هیچ‌وجه برای تعیین وضعیت روحانی انسان ملاک‌هایی مناسب به‌شمار نمی‌آیند. بیایید خلاصه‌وار به سه مورد از شرایط بیرونی اشاره کنیم.

- *شرکت در جلسات کلیسا:* خادمان نوجوانان ممکن است در جلسات کلیسایی شرکت کنند اما قلب‌شان سخت شده باشد. اگرچه ممکن است به‌نظر برسد که

حضور در جلسات کلیسایی با انگیزهٔ رشد روحانی است، اما تنها هدفش پیداکردن غلط املایی در خبرنامهٔ کلیسا، نقد موعظه و دیده شدن توسط جماعت است.

• *حضور در گروهی کوچک:* دور هم جمع‌شدن و بحث‌کردن پیرامون اسرار ژرف ایمان، بدون آشکارکردن مکنونات قلبی، ترس‌ها، گناهان، ناخرسندی و سردرگمی، کار آسانی است. چرا در مورد زندگی‌تان حرف بزنید- و رازهایش را برملا کنید- وقتی می‌توانید دربارهٔ کتاب‌مقدس و الاهیات بحث کنید و در حاشیهٔ امن خود بمانید؟

• *داشتن اوقات خلوت:* اگر کسی از شما در مورد اوقات خلوت‌تان سؤال کند، احتمالاً از عباراتی نظیر این استفاده می‌کنید: «عالی و حکمت‌آموز بود، خیلی چیزها یاد گرفتم.» ولی نظرتان در مورد این عبارت چیست: «از اوقات خلوت چیزی جز سردرگمی عایدم نشد. پرسش‌هایی که در ذهنم می‌چرخند بیشتر شده‌اند و احساس وحشت می‌کنم»؟ چندان روحانی به‌نظر نمی‌رسد، اما شاید رازآمیزبودن خدا و نبود پاسخ‌های مناسب برای پرسش‌های‌تان، بر عمق ایمان‌تان بیفزاید.

// بزرگترین حکم

من متوجه شده‌ام که روحانیت راستین را می‌توان از لابه‌لای فعالیت‌های مشهود مانند رفتن به کلیسا، مشارکت داوطلبانه در گروهی کوچک، و داشتن اوقات خلوتی مفید مشاهده کرد. ولی سلامت روحانی و رفتار مسیحی همواره در رابطه‌ای دوطرفه قرار دارند. خدا به‌دنبال کسانی نیست که در بیرون اعمال صالح انجام می‌دهند، اما از درون ناصالح‌اند. دغدغهٔ اصلی خدا هویت ماست، نه آن چیزهایی که *انجام* می‌دهیم. بیایید به سخنان شاخص عیسی نگاهی بیندازیم و از این طریق قدری در مورد مفهوم جملهٔ پیشینم فکر کنیم.

عیسی به‌وضوح اهمیت محبت‌کردن خدا را توضیح می‌دهد:

> «ای استاد، بزرگترین حکم شریعت کدام است؟» عیسی پاسخ داد: «"خداوند خدای خود را با تمامی دل و با تمامی جان و با تمامی فکر خود محبت نما." این نخستین و بزرگترین حکم است. دومین حکم نیز همچون حکم نخستین، مهم است: "همسایه‌ات را همچون خویشتن محبت نما."» (متی ۲۲:۳۶-۳۹)

وجه تمایز میان این دو حکم آن است که یکی بزرگترین فرمان است و دیگری دومین فرمان بزرگ. ناتوانی در درک تفاوت مذکور، می‌تواند اثرات مهلکی بر زندگی روحانی ما بگذارد، چونکه خدمت و محبت‌کردن به دیگران ممکن است به عذر و بهانه‌ای برای محبت‌نکردن خدا به‌معنای واقعی، تبدیل شود.

آیا تابه‌حال چیزی شبیه به این را گفته یا شنیده‌اید-

• دیگر می‌توانم دست از مطالعهٔ کتاب‌مقدس بردارم. برای پیغام امشب به اندازهٔ کافی مطلب دارم.

- لازم نیســـت برای دعا وقت صرف کنم. امشب در گروه نوجوانان به اندازهٔ کافی دعا خواهیم کرد.
- خسته‌تر از آنم که در خلوت با خدا وقت بگذرانم. تا دیروقت مشغول خدمت بوده‌ام.
- هفتهٔ کاری سختی را سپری کرده‌ام. این آخر هفته به کلیسا نخواهم رفت.

نتیجهٔ ناکامی در مشـــاهدهٔ تفاوت میان محبت‌کردن خـــدا و محبت‌کردن دیگران (انجام خدمت) می‌تواند این باشـــد کـــه به‌جای زندگی خدا-محور، زندگی خدمت-محور پیشـــه کنید. آیا این تمایز در محوریت زندگی، برای شما هیچ معنایی ندارد؟ خدمت شما در حیطهٔ نوجوانان هرگز نباید به بهای فداکردن روحانیت شخصی‌تان تمام شود.

پیشـــنهاد نمی‌کنم که باید حتماً در خلال انجام رویدادهای نوجوانان، انضباط‌های روحانی خود را مراعات کنید. کیست که بتواند در هنگامهٔ سفر مأموریتی[1] یا پس از برنامه‌ای که در تمام طول شب جریان داشته، اوقات خلوت مفیدی داشته باشد؟ سفرهای مأموریتی بسیار دشوارند و غلبه بر اثرات برنامه‌هایی که تمام شب شما را گرفته‌اند، مستلزم روان‌درمانی شدید و مصرف داروهای قوی اســـت. در خلال این دوره دچار عذاب وجدان نشوید. روحانیت شخصی شما چیزی بزرگتر از انضباط‌های روحانی اســـت. ولی رابطه با خدا مهمتر از انضباط‌های روحانی است و آن را نمی‌توان صرفاً با میزان اوقات خلوتی که در طول هفتهٔ گذشته داشته‌اید، سنجید.

«پس می‌گویی اشکالی ندارد که برنامهٔ اوقات خلوتم را از قلم بیندازیم؟»
– خادم نوجوانانی که عذاب وجدان گرفته

// دومین حکم بزرگ

فرمانـــی از فرمان دیگر بزرگتر اســـت، با این‌حال نمی‌توان آنهـــا را از یکدیگر جدا کرد. وفاداری به حکم نخست (محبت‌کردنِ خدا) به اطاعت از او و اجرای حکم دوم (محبت‌کردنِ دیگران) منجر می‌شـــود. با همهٔ اینها، وفاداری به فرمـــان دوم لزوماً به پایبندی به فرمان اول نمی‌انجامـــد. محبت‌کردنِ خدا بـــه محبت‌کردنِ دیگران منتهی می‌گـــردد، اما «محبت‌کردنِ» دیگران ضرورتاً به محبت‌کردنِ خدا منجر نمی‌شود. اگر محبت‌کردنِ خدا در اولویت نباشد، زحمت خادمان نوجوانان بی‌ثمر خواهد بود.

// یا این یا آن؟

تعبیر ضمنی دیگری که می‌توان از ارتباط این دو فرمان برداشـــت کرد این است: خدایی که شما را به‌سوی خود فرا خوانده، همان خدایی است که شما را برای خدمت دعوت کرده است. ممکن است با تنش زندگی کنید، اما مجبور نیستید میان داشتن زندگی روحانی سالم و پرثمر و خدمت سالم و پرثمر، دست به انتخاب بزنید. *یا این یا آن* نداریم. هم *این* و هم *آن*.

1. Mission Trip

مدیریت‌کردن صحیح این موضوع، سنگ محک خوبی است که به‌واسطهٔ آن می‌توانید بفهمید آیا باید در این خدمت بمانید یا از آن کناره‌گیری کنید. اگر نمی‌توانید به‌طور همزمان هم خدمت کنید و هم سلامت روحانی خود را حفظ نمایید، شاید لازم باشد که برای مدتی از انجام خدمت دست بشویید. شما اول فرزند خدا هستید و بعد خادم نوجوانان، پس باید بتوانید به پرسش زیر پاسخی قاطع و مؤثر بدهید: «چطور می‌توانم در عین‌حال که به نوجوانان خدمت می‌کنم، سلامت روحانی‌ام را هم حفظ کنم؟»

چطور می‌توانم به رشد روحانی خود ادامه بدهم؟

تنها پاسخی که برای این پرسش دارم این است که تجربیاتم را با شما در میان بگذارم. بنابراین، چند علامت هشداردهنده را که نشان می‌دهند از لحاظ روحانی در خطر قطع ارتباط با خدا هستم، با شما خوانندگان به اشتراک می‌گذارم. هر وقت این علایم را نادیده می‌گیرم، خیلی زود چراغ خطر روشن می‌شود که می‌گوید باتری‌ام خالی شده است.

مثال: من از اتومبیل چیزی سر در نمی‌آورم. دوستانی دارم که همه چیز دربارهٔ اتومبیل می‌دانند. نگاهی به خودرو می‌اندازند و می‌گویند: «این تویوتا کمری است. این شورولت است. عجب سِیبِل[1] سرپایی.» (راستش من اصلاً نمی‌توانم تصورش را هم بکنم که کسی این حرف‌ها را بزند.) ولی خودم تنها چیزی که می‌توانم بگویم این است که این یک اتومبیل است، ولی از نوع و مدلش هیچ چیز نمی‌دانم، مگر اینکه من را زیر بگیرد و آرم خودرو روی پیشانی‌ام حک شود.

من کلاً به اتومبیل اهمیت نمی‌دهم و به همین‌خاطر با به‌هم‌ریختگی داخل اتومبیلم هم مشکل چندانی ندارم. همیشه اتومبیل من آشفته و به‌هم‌ریخته است: توپ فوتبال، کیف دستی، قوطی‌های نوشابه. اغلب، داخل ماشین من بازتاب روال زندگی‌ام است. زمانی که خیلی کارها برای انجام دارم، اصلاً به اتومبیلم نمی‌رسم. ماشینم از رخت چرک، کتاب، آشغال، ساک ورزشی، آشغال، قوطی‌های باز نشدهٔ نوشابه، نوارهای کاست، تنقلات بچه‌ها و غیره انباشته می‌شود. این درهم‌ریختگی یک نشانه است! به خانواده‌ام، دوستانم و خودم هشدار می‌دهد که رشتهٔ زندگی از دستم در رفته است. سرم خیلی شلوغ است و محدوده‌هایی از زندگی را که به‌طور معمول مورد توجه‌ام هستند، نادیده می‌گیرم.

در مورد علایم هشداردهندهٔ کیفیت زندگی روحانی‌مان چطور؟ بر اساس ارزیابی‌هایی که از زندگی خودم و بحث و گفت‌وگوهای دیگر همکارانم در حوزهٔ خدمت به نوجوانان کرده‌ام، توانسته‌ام چند علامتی را که عدم اشتیاق، سختدلی، نبود رشد روحانی و حرکت به‌سوی قطع ارتباط روحانی را نشان می‌دهند، شناسایی کنم. بیایید به چند تایی از آنها اشاره‌ای داشته باشیم:

- *عدم اشتیاق:* دیگر از امور مربوط به خدا، کلام خدا یا خدمت‌تان به هیجان نمی‌آیید. گویی دیگر هیچ چیز به شما انگیزه نمی‌دهد. زندگی دیگر هیجان‌انگیز نیست.

1. Sable

• *خستگی مفرط جسمانی:* در طول روز احساس خستگی می‌کنید و هر شب هنوز سرتان به بالش نرسیده، خواب‌تان می‌برد. آن‌قدر خسته‌اید که نمی‌توانید کمی بیدار بمانید و برای چند دقیقه در سکوت به روزی که پشت سر گذاشتید، فکر کنید.

• *خلاء دعا:* از آخرین باری که یک دعای پرمعنا را تجربه کرده‌اید، زمان زیادی می‌گذرد. از اینکه بدون صحبت‌کردن با خدا می‌توانید از خانه پا بیرون بگذارید و تمام روز مشغول کار باشید، خجالت‌زده‌اید. و وقتی دعا می‌کنید، حس بیگانه بودن، هول و هراس یا اجبار دارید.

• *زندگی زیادی آسان است:* سفر روحانی ما معمولاً با تنش و وسوسه همراه است. تقلاکردن جزو جدایی‌ناپذیر زندگی سالم روحانی است، اما وقتی زندگی زیادی آسان می‌شود، شاید این آسانی گواه آن باشد که در مورد مبانی ایمان دچار غفلت شده‌ایم، یا به‌جای آنکه برای تأمین نیازها و توان لازم به خدا روی بیاوریم، روی توانایی‌ها و استعدادهای خودمان حساب باز کرده‌ایم.

• *زندگی زیادی سخت می‌گذرد:* بدون تشویق و دلگرمی، هدایت و حکمت از جانب خدا، خودتان را در حال دست‌وپنجه نرم‌کردن با مشکلات زندگی می‌یابید- کاری که اصلاً قرار نبوده انجامش بدهید.

• *سطحی‌نگری روحانی:* وقتی روحانیت شخصی شما و خدمت‌تان در حوزهٔ تعلیم به نوجوانان، هم‌عمق هستند، احتمالاً دچار سطحی‌نگری روحانی شده‌اید و تجارب روحانی را چندان جدی نمی‌گیرید. وقتی تعالیم شما عمیق‌تر از روحانیت خودتان است، در حال واردشدن به حیطهٔ فریسی‌گری هستید.

• *کشمکش در روابط:* در روابط خود با دیگران تنش دارید. کشمکش‌های جزیی، حل‌نشده باقی می‌مانند و تلخی در وجودتان ریشه می‌دوانند. تمرکزتان به‌جای آن که روی خدا باشد، روی مردم است.

(ندایی از درون سنگرها)

من هم مانند اکثر شبانان نوجوانان که به‌تازگی از کالج یا دانشکدهٔ الاهیات فارغ‌التحصیل شده‌اند، اشتیاق و رؤیا و هیجان بسیار... شاید بیش از آنچه باید، داشتم. در واقع، تشنهٔ موفقیت بودم و می‌خواستم برنامه‌ای تأثیرگذار را به مرحلهٔ اجرا درآورم. در ظرف دو یا سه هفته، تمرکزم را از دست دادم و احساس فرسودگی کردم. متوجه شدم که به‌هیچ‌وجه توان آن را ندارم که با همان سرعتی که شروع کرده بودم، به راهم ادامه دهم. سپس یک شب، موقعی که بی‌خوابی به سرم زده بود، این کلمات را نوشتم:

دیگر بس است!!! لازم نیست خودم را اثبات کنم!!! راستی، سعی دارم چه چیزی را اثبات کنم؟ هرچه هست، با خودِ واقعی‌ام کاملاً فرق دارد. من همیشه به‌واسطهٔ رابطه‌ام با خدا و ربط دادنش به دیگران، از وجود خدا بهره برده بودم. ولی از حالا به بعد، از

ســرگرم‌کردن بچه‌ها خودداری خواهم کرد. دیگر نمی‌گذارم شــریر مرا با مشغلهٔ زیادی فریب بدهد. دیگر نمی‌گذارم غرورم بر من مســلط شــود. دیگر از تحت تأثیر قراردادن دیگران دست خواهم کشید.

اخیراً رفتارم عاری از فروتنی بوده، به موجودی متکبر و نفرت‌انگیز تبدیل شده‌ام. سراغ خدا را نگرفته‌ام و از او اســتمداد نطلبیده‌ام. بــرای برقرارکردن تعادل در زندگی‌ام قدمی برنداشــته‌ام. خداوندا، واقعاً متأســفم. ترجیح می‌دهم از خدمت اخراج شوم، ولی دیگر بــه این رویهٔ غلط ادامه ندهم. ترجیح می‌دهم همین جــوری با بچه‌ها وقت بگذرانم، اما آنچه می‌کنم مقبول خدا باشد. ترجیح می‌دهم همین حالا استعفا بدهم. من خادم کلیسای ترینیتی بایبل نیســتم- من خادم خدا در کلیســای ترینیتی بایبل هستم. اکنون زمان تغییر است؛ خیلی چیزها باید عوض شود!!

من یقین دارم که به‌خاطر آن کســی که هســتم به این کلیســا آورده شده‌ام، نه به‌خاطر آنچه می‌توانم انجام بدهم. باید رهبری باشم که مطابق با شخصیت خودش عمل می‌کند. باید این بچه‌ها را بر مبنای شــخصیت خودم رهبری کنــم. می‌دانم که تعادل وجود دارد. خداوندا، دعا می‌کنم که این تعادل را نشــانم دهی. باید بــه حرف‌های این بچه‌ها گوش بدهم. باید از ته دل دوست‌شان داشته باشم. باید با چنتهٔ پُر رهبری‌شان کنم.

ســید کوپ[1]، مدیر ســازمان Truth Matters Ministries، کنمور (آلبرتا، کانادا)، کلیسای ترینیتی بایبل

• *از دست رفتن هیبت:* همه چیز در زندگی شما قابل توجیه و قابل درک است. در زندگی‌تان دست خدا را خیلی تمیز و مرتب جمع کرده و در جعبه‌ای گذاشته‌اید، و همه چیز به‌طور کامل برای‌تان مفهوم است.

آیا اینها برای‌تان آشنا هستند؟ آیا علایم هشداردهندهٔ دیگری را دیده‌اید؟ به محض اینکه علایم هشداردهنده را شناسایی کردید، باید بی‌درنگ دست به گزینش بزنید: یا آنها را نادیده می‌گیرید یا در صدد رفع‌شان برمی‌آیید.

نادیده‌گرفتن آسان‌ترین واکنش است؛ به‌راحتی می‌شود علامت هشداردهنده را به‌عنوان مســئله‌ای که «چندان هم وخیم نیست» توجیه کرد. اگر مقایسهٔ خودتان با دیگران (من که به بدی فلانی نیستم) را هم به این معادله بیفزایید، زور نادیده‌گرفتن از قبل هم زیادتر می‌شود.

از آنجایی که پیشاپیش اعتراف کرده‌ام که از اتومبیل سر درنمی‌آورم، پس احتمالاً تعجب نخواهید کرد اگر بگویم که خیلی به چراغ‌های جلوی داشبورد ماشینم وابسته‌ام. این چراغ‌ها به من می‌گویند که دمای موتور چقدر اســت، چقدر بنزیــن دارم، کِی وقت تعویض روغن موتور اســت، و کِی قرار است یکی از سرنشینان به دلیل بازماندن در، به بیرون پرتاب شود! قبلاً امتحان کرده‌ام که تا چه مدت می‌توانم علایم هشــداردهندهٔ جلوی داشــبورد را نادیده

1. Sid Koop

بگیرم. واکنش کند من باعث شد که هم اتومبیلم، هم بدنم (به‌خاطر هل‌دادن اتومبیل) و هم کیف پولم (به دلیل پرداخت هزینهٔ تعمیر) آسیب‌های جدی ببینند. درس ساده‌ای است: تا چراغ هشداردهنده روشن شد، اقدام کنید.

همین امر در مورد زندگی روحانی ما نیز صادق است. واکنش نشان‌دادن به علایم هشداردهندهٔ روحانی مستلزم فداکاری و داشتن اراده و قطعاً مستلزم اعتراف است. شاید در میان گذاشتن دردتان با ایمانداری دیگر به شما کمک کند که به مسیر درست برگردید. ولی بیرون آمدن از چنین وضعیتی چندان هم ساده نیست.

من در خلال نخستین سال‌های خدمتم، به معنای واقعی کلمه یک بازندهٔ روحانی بودم. کتاب‌مقدس را می‌شناختم چون به کالج مسیحی و دانشکدهٔ الاهیات رفته بودم، اما از کلام خدا به‌عنوان یک کتابچهٔ راهنما استفاده می‌کردم، نه کلام محبت الاهی. خودم را وادار به دعا می‌کردم. به‌جای تجربه‌کردن قدرت خدا، دربارهٔ اتکاکردن به قدرت خدا تعلیم می‌دادم. قصدم نداشتم زندگی‌ام جدا از خدا باشد. روش کارم ناشی از انجام خدمت بود و از آنچه داشت در قلبم اتفاق می‌افتاد، کاملاً غافل بودم. خدا را شکر که دست به کاری نزدم که صلاحیتم را برای خدمت به‌کلی زیر سؤال ببرد، ولی صلاحیت لازم برای رهبری روحانی را نداشتم، چه رسد به اینکه رهبر اصلی یک تیم در حال رشد باشم. من نمونهٔ بارز *انجام* خدمت به بهای قربانی‌کردن هویت خودم به‌عنوان مرد خدا بودم.

نقطهٔ عطف در زندگی خدمتی‌ام زمانی فرا رسید که متوجه شدم کنترل خدمت از دستم در رفته و دلم نسبت به امور الاهی سخت و سرد شده است. به‌جای آنکه وانمود کنم همه چیز روبه‌راه است، با ترس و لرز به یکی از دوستانم گفتم که نیاز دارم رابطه‌ام را با خدا درست کنم و اینکه سخت احساس تنهایی می‌کنم. از اعتراف به شکست روحانی‌ام واهمه داشتم، اما همین انگیزه‌ای شد تا ارتباطم را با خدا، که سخت نیازمندش بودم، از نو برقرار کنم.

ای کاش به‌جای سرگردانی در بیابان روحانی و سپس ثبت تجربیات آن، می‌توانستم این فصل کتاب را در خلال همان سال‌های نخستین خدمتم بخوانم. ولی به‌خاطر همان تجربیات می‌توانم با اطمینان شما را به چالش فرا بخوانم تا همین حالا وارد عمل شوید و دل‌تان را با خدا صاف کنید.

دل خویش را با مراقبتِ تمام پاس بدار، زیرا سرچشمه‌ی امور حیاتی است. (امثال ۴:۲۳)

این نصیحت را جدی بگیرید. سرسری از روی آن نگذرید. این دروغ را باور نکنید که از عهده‌اش بر خواهید آمد. هرچه سریع‌تر کاری بکنید! حتماً و به‌طور مرتب وضعیت روحانی خودتان را مورد بازبینی قرار دهید و با مشاهدهٔ اولین علامت هشداردهنده، برای حلش اقدام کنید. اگر شخص رهبر روحانیتش را در صدر اولویت‌ها قرار ندهد، خدمتش به نوجوانان هرگز به معنای واقعی کلمه *سالم* نخواهد بود. بخش بعدی حاوی ایده‌هایی است که به شما کمک می‌کند تا در همین مقطع از خدمت‌تان به نوجوانان، از خط‌مشی روحانی‌ای که در آن قرار دارید، خارج شوید.

خدمت شما به نوجوانان، همان رابطهٔ شما با عیسی است.
موضوع به همین سادگی است.
ولی باید هشداری را بدان اضافه کنم: هیچکس اهمیت نمی‌دهد.

منظورم را اشتباه برداشت نکنید؛ اعضای کلیسای شما، والدین نوجوانانی که شما با آنها کار می‌کنید، همهٔ کارکنان و خادمان کلیسا به شما و رابطه‌تان با خدا «اهمیت می‌دهند». ولی از آنجایی که همگی پرمشغله‌اند، شکل اهمیت دادن‌شان معمولاً به‌گونه‌ای است که وقتی در حین خدمت دچار شکست می‌شوید، شگفت‌زده و متجعب و خشمگین می‌شوند. اکثر کلیساها و نهادهایی که خادمان را برای خدمت به نوجوانان استخدام می‌کنند، روحانیت‌شان را به‌عنوان یک پیش‌فرض در نظر می‌گیرند. آنان انتظار دارند که خادمان زمان لازم را صرف پالایش روح‌شان بکنند و در خلوت با خدا وقت بگذرانند. خدمت‌تان هرچه که هست، در ارتباط ماندن با خدا امری ضروری است. ولی ایشان به‌طور فعال نسبت به سلوک خادمان با خدا، توجه نشان نمی‌دهند. آنان برای کاری که قرار است شروع کنید، فعالانه و آگاهانه شما را زیر نظر نمی‌گیرند.

رابطهٔ شما با عیسی چیزی فراتر از اموری همچون خواندن کتاب‌مقدس و دعاکردن است؛ منظور از رابطه با عیسی فرایندی است که طی آن شما با خدا صمیمی می‌شوید. صمیمیت با خدا به‌طرزی باورنکردنی روحانی به نظر می‌رسد، اما مسیری که باید برای صمیمی‌ترشدن با خدا طی کنیم، برخلاف مسیری است که برای انجام هر کاری در حیطهٔ خدمت به نوجوانان می‌پیماییم. فراتر از داشتن اوقات خلوت است؛ زندگی مبتنی بر ***سلوک*** و ***خلوت‌کردن*** با خداست. صمیمیت با خدا یک روز یا یک هفته پس از خواندن یک کتاب به‌وجود نمی‌آید؛ صمیمیت در خلال عمری که با عیسی سپری می‌کنید، ایجاد می‌شود.

بیایید بیشتر وارد جزئیات بشویم:

هیچ کاری نکردن، به‌جای کاری کردن

ما استخدام شده‌ایم تا خدمت کنیم. اطراف‌یان ما منتظر دیدن نتیجهٔ کارمان هستند. می‌خواهند بدانند «در ازای آنچه که می‌پردازند، چه چیزی گیرشان خواهد آمد»- اینکه در ازای حقوقی که دریافت می‌کنید، برای فرزندان‌شان چه می‌کنید. این بدان‌معناست که شما از ناحیهٔ نهادی که استخدام‌تان کرده، زیر فشارید. ولی همین کاری‌کردن عاملی بازدارنده است که جلوی پیشرفت رابطهٔ من با عیسی را می‌گیرد. تا همهٔ کارهای مربوط به خدمت به نوجوانان به اتمام برسد، دیگر توانی برایم باقی نمانده تا با عیسی وقت بگذرانم! شاید باورش سخت باشد، اما در چنین شرایطی هیچ کاری نکردن مهمترین تصمیمی است که می‌توان گرفت. اگر مصمم هستید که با عیسی رابطه‌ای صمیمی داشته باشید، باید هر هفته زمان معینی را صرف «هیچ کاری نکردن» کنید.

گوش‌دادن به خدا، به‌جای حرف‌زدن دربارهٔ خدا

ما خیلی دوست داریم دربارهٔ خدا حرف بزنیم. در واقع، ما را استخدام کرده‌اند تا دربارهٔ خدا حرف بزنیم. خدمت به نوجوانان حول محور گفتار ما دربارهٔ خدا متمرکز است. کتاب‌مقدس می‌گوید: «ایمان از شنیدن سرچشمه می‌گیرد»... اما صمیمیت از گوش‌دادن. هر روز اوقاتی را صرف گوش‌دادن به صدای خدا کنید، خوب توجه کنید که خدا کجاست و دارد چه می‌کند.

منفعل‌ماندن، به‌جای فعالیت‌کردن

شما را استخدام کرده‌اند تا منشاء اثری باشید. تا باعث پیشرفت شوید. تا موجب رشد خدمت شوید. و همهٔ ما می‌دانیم که این به چه معناست: پیش‌بردن برنامه! اجرای برنامه‌ها زمان‌بر و مستلزم فعالیت است- اما رابطه‌مان با عیسی انفعال ما را می‌طلبد. ایستادگی در برابر فعالیت، و روی‌آوردن به انفعال ارادهای قوی می‌خواهد. به‌عبارت دیگر، لازم است به‌طور مرتب زمانی را کنار بگذارید تا طی آن زمان برنامه‌ها را به‌کلی فراموش کنید و منتظر عیسی بمانید. رابطهٔ شما با عیسی منوط به کنار گذاشتن برنامه‌ها و داشتن حضور ذهن و دل به‌طور کامل است.

در اینجا به چند نکتهٔ عملی اشاره می‌کنم که امیدوارم انگیزهٔ لازم را برای کارکردن روی رابطه‌تان با خدا، به شما بدهند.

- با ملایمت از همهٔ خادمان بخواهید که در جلسات خادمان ۳۰ دقیقه تا یک ساعت روی عیسی تمرکز کنند (دعا، مشارکت، گوش‌دادن، قرائت گروهی). حرفم را باور کنید، معدودند کلیساهایی که خادمان‌شان هر هفته جمع می‌شوند تا فقط با خدا تنها باشند.
- در تقویم کارهای هفتگی‌تان زمانی را برای خلوت با خدا مشخص کنید. زمان مطلوب، یک روز در هفته، و یک هفته در هر شش ماه است. این اوقات خلوت جزو ساعات کاری شما محسوب می‌شوند. در خلال این اوقات تلفن همراه و پیجر را کنار بگذارید و به گوشه‌ای پناه ببرید تا با خدا تنها باشید.
- از آنجایی که اکثر خادمان نوجوانان در حال جنب و جوش هستند، آرام بگیرید. آری، درست است- استراحت کنید، بخوابید، چرت بزنید. به‌خاطر استراحت‌کردن عذاب وجدان نداشته باشید؛ آرام‌گرفتن جزو رابطهٔ شما با خداست. (ایلیا را به یاد بیاورید که پیش از آماده‌شدن برای شنیدن صدای خدا، چرتی زد! و در شیوهٔ خدمت من، آنچه برای ایلیا خوب است... برای ما هم خوب است.)

– مایک یاکونلی[1]

---

1. Mike Yaconelli

در ارتباط ماندن

صادقانه بگویم، هیچ‌کس دوست ندارد به او بگویند چه‌کار کند. آن رگ عصیانگر وجود ما می‌خواهد در برابر *باید* و *نباید* شنیدن از دیگران، قد علم کند. با توجه به این واقعیت، من در کمال فروتنی اقرار می‌کنم که صلاحیت لازم را ندارم تا به کسی بگویم که چطور با خدا ارتباط برقرار کند. اصلِ ماندن در مسیح که در یوحنا ۱۵ مطرح شده، این اطمینان را به من می‌دهد که از شما دعوت کنم در ارتباط با او بمانید، ولی ارائهٔ دستورالعملی خاص برای ماندن در مسیح، به‌طرز ناراحت‌کننده‌ای شریعت‌مأبانه است. من شخصاً برای ماندن در مسیر درست روحانی دچار سختی و دردسر شده‌ام. پس آنچه در زیر می‌خوانید، حاصل روش‌هایی است که برای حفظ تازگی ایمان و گرایش قلبی من به خدا، برایم سودمند بوده است.

// به دنبال یکپارچگی و انسجام باشید

اگر متوجه علایم هشداردهنده می‌شوید، اول اوقات خلوت و تنهایی‌تان با خدا را مورد ارزیابی قرار دهید.

آیا به‌طور یکپارچه برای طلبیدن روی خدا وقت می‌گذارید؟ من این ترجمه از متی ۶:۶ را خیلی دوست دارم:

> اما تو، هنگام دعا جایی خلوت پیدا کن، تا وسوسهٔ خودنمایی به سرت نزند، و نزد خدا دعا کن. خودت باش و تا آنجا که می‌توانی سادگی و صداقتت را حفظ کن. تمرکز را از خود برداشته، معطوف خدا کن. تازه آنوقت فیض او را احساس خواهی کرد. (نویسنده از ترجمهٔ The Message (پیام) استفاده کرده که معادلی در فارسی ندارد- م.)

وقتی با خادمان فعال در حوزهٔ خدمت به نوجوانان- که به‌نوعی با این مشکل دست به گریبانند- صحبت می‌کنم، اغلب اعتراف می‌کنند که اوقات خلوت‌شان با خدا نامنسجم است. اگر این وضعیت وصف حال شما نیز هست، با چند دقیقه تمرکز بر روی خدا شروع کنید و به او اجازه دهید سررشتهٔ کار را در دست بگیرد. حتی اگر شده برای پنج دقیقه تمرکز کنید و نشان دهید که برای ماندن و آموختن آماده‌اید. اگر واقعاً از عهده‌اش برنمی‌آیید (که فکر نکنم برآیید)، برای روزی یک ساعت دعاکردن برنامه‌ریزی نکنید. وقتی در اجرای این برنامه دچار لغزش شوید، احساس گناه هم به معضل قبلی‌تان افزوده خواهد شد. با چند دقیقه در روز شروع کنید و بگذارید خدا رشتهٔ امور را به دست بگیرد.

زمانی را برای ماندن در حضور خدا انتخاب کنید که در بهترین حالت هستید. آیا صبح‌ها بانشاط‌تر هستید یا شب‌ها؟ چه موقعی از شبانه‌روز حواس‌پرتی کمتری دارید؟ بهترین وقت خودتان را برای بهترین شخص زندگی‌تان، یعنی خدا کنار بگذارید. خودتان را ملزم سازید که به‌موقع سر قرار حاضر شوید. و اگر نتوانستید، دوباره و دوباره عهد ببندید.

برخی از همسایگان غیرمسیحی من، لابد از دیدن پارچهٔ مخمل سیاه بزرگی که در گوشهٔ گاراژ خانه‌ام به دیوار آویخته‌ام، جامی خورند و حتماً با خودشان فکر می‌کنند که من چه موجود عجیب و غریبی هستم. زمانی که در موردش سؤال می‌کنند، برای‌شان توضیح می‌دهم که اینجا مکانی است که من برای وقت گذراندن با خدا انتخاب کرده‌ام. با وجود سه کودک پرشور و شر، در خانه نمی‌شود با خیال آسوده دعا کرد، پس من در گوشهٔ گاراژ برای خودم گنجهٔ دعا درست کرده‌ام تا با فراغ بال روی خدا متمرکز شوم. این مکان عجیب را در نشریهٔ *شاگردی*[1] نمی‌توانید پیدا کنید. اینجا جایی است که به کار شخص من می‌آید. در واقع، من برای خلوت‌کردن با خدا دوست دارم در پیلهٔ خودم فرو بروم (پیله نامی است که بچه‌هایم روی این مکان خلوت گذاشته‌اند). گرچه جای مجللی نیست، اما کاربردی است و من برای ملاقات با خدا به آنجا می‌روم. حتی اگر همسایه‌ها چیزی نفهمند، می‌دانم که او خوب این مطلب را درک می‌کند.

// علنی‌اش کنید.

شجاعت کافی به خرج داده، از یکی از دوستان‌تان بخواهید تا در مورد انسجام و اشتیاق‌تان و کیفیت اوقاتی که با خدا می‌گذرانید، از شما سؤال کند. شاید بد نباشد چیزی شبیه به این بگویید: «می‌شود لطف کنی و هرازگاه از من در مورد سلامت روحانی‌ام سؤال کنی؟ من در زندگی‌ام به کسی نیاز دارم که طی سفر روحانی‌ام، مراقبم باشد. اگر به حال خودم رها شوم، محکوم به شکستم، و دوست دارم در این زمینه قدری پاسخگو باشم.»

اگر مایل به شنیدن پاسخ‌های راست و صادقانه نیستید، فرد مزبور را به زندگی خودتان وارد نکنید- اصلاً چه لزومی دارد که بیخودی وقت دیگران را بگیرید. واضح است که دوست‌تان مسئول سلامت روحانی شما نیست، بلکه وجودش می‌تواند برای شما الهام‌بخش باشد و در کنارش احساس اطمینان کنید.

از اینکه موضوع را علنی کردم و از دوستم مت[2] خواستم مراقب سلوک روحانی‌ام باشد، بسیار شکرگزارم. متوجه شده بودم که وی با چه شور و اشتیاقی روی خدا را می‌طلبد. گرچه با هم خیلی تفاوت داریم، ولی می‌دانم که او با خدا وقت می‌گذراند، و من به سفر روحانی‌اش به اندازهٔ سفر روحانی هر کس دیگری احترام می‌گذارم. در زندگی من، مت همان کسی است که در مورد اوقات خلوتم با خدا مرا بازخواست می‌کند. می‌خواهد بداند سرگرم خواندن چه چیزی هستم، در ذهنم با چه مسائلی دست‌وپنجه نرم می‌کنم، چه دعاهایی می‌کنم، و روزانه با چه تردیدهایی روبه‌رو هستم. او از طرح این قبیل پرسش‌ها، قصد آزاردادن مرا ندارد؛ او شخصی مراقب، ملایم و حمایت‌گر است. بعضی روزها صرفاً بدین‌خاطر که مت شوق پیشرفت را در من برانگیخته، احساس می‌کنم که دوست دارم شناختی صمیمانه‌تر از خدا پیدا کنم. به دلیل پاسخگو بودنم به مت، نه تنها انسجام روحانی بیشتری پیدا کرده‌ام، بلکه به

1. *Discipleship Journal;* 2. Matt McGill

ایماندار عمیق‌تری هم تبدیل شده‌ام. روزی نیست که به‌خاطر حضور مت در زندگی شخصی و روحانی‌ام از خدا سپاسگزار نباشم.

من سال‌ها است که داگ را می‌شناسم، و بارزترین خصوصیات این مرد که بیش از همه مرا تحت تأثیر خود قرار داده‌اند، روراستی و صداقت او است. زمانی که در یک رابطهٔ دوستانهٔ روحانی صداقت حکمفرما باشد، نتیجه‌ای جز پاسخگویی و مسئولیت‌پذیری به بار نمی‌آید. داگ در این پاراگراف مرا زیادی روحانی به تصویر کشیده، ولی نگفته که او هم در سفر روحانی من، نقشی مشابه دارد. به‌نظرم هدف از داشتن دوستی برای پاسخگویی، همین است– همهٔ ما برای رسیدن به خط پایان مسابقه، نیازمند تشویق هستیم!–
مت مک‌گیل

// به مبانی اصلی بازگردید.

آیا کلمات یوحنای رسول را که در کتاب مکاشفه ۲:۴–۵ آمده، به یاد دارید؟

اما این ایراد را بر تو دارم که محبت نخستین خود را فروگذاشته‌ای. به یاد آر که از چه اوجی سقوط کرده‌ای. پس توبه کن و اعمالی را به جا آور که در آغاز به جا می‌آوردی.

در اصل، نکته‌ای که یوحنا در این بند از مکاشفه مورد اشاره قرار داده، خستگی روحانی است. اندرز یوحنا ساده و صریح است: همان‌طور عمل کن که در ابتدای ایمانت عمل می‌کردی. آیا شادی و نشاط روزهای آغازین سلوک‌تان با خدا را به یاد می‌آورید؟ به یاد دارید که پیش از رفتن به کلیسا یا خواندن کتاب‌مقدس، چه انتظاری داشتید؟– احساس اینکه «دیگر نمی‌توانم بیشتر از این منتظر بمانم!» به همان مبانی اصلی برگردید و به یاد آورید که در آغاز چقدر عاشق خدا بودید.

مغرور نشوید و آن احساسات را ناشی از *خامی* و *بی‌تجربگی* تلقی نکنید. چنین نپندارید که برای برداشتن گام‌های کوچک، زیادی بزرگ شده‌اید. هیچ چیز فراتر از حقیقت نیست! شاید انتظار و هیجان تنها چیزهایی باشند که برای جهش دوباره در ایمان‌تان، بدانها نیاز دارید.

// در پی ایجاد تنوع باشید.

برخی از مسیحیانی که برای‌شان احترام قایلم، انضباط‌های روحانی خاص خودشان را دارند که متناسب با شخصیت، زمانبندی و سن و سال آنها است. در گذشته من سعی می‌کردم از دیگران تقلید کنم، با این باور که روش‌های آنان به بلوغ روحانی من کمک بیشتری خواهد کرد. از این کار به هیچ نتیجه‌ای نرسیدم، زیرا تقلید از چیزی که تا این اندازه شخصی است، برای کس دیگری جواب نمی‌دهد.

چیزی که به‌زعم عده‌ای اوقات خلوت‌شان با خدا را معنادار و پربار می‌کند، شاید برای شما خسته‌کننده باشد و احساس کنید گرفتار شریعت‌مأبی شده‌اید. لازم نیست هر کاری که آنها می‌کنند، انجام دهید. تنها کافی است که دست به خلاقیت بزنید و چیزی نو ابداع کنید که روال عادی زندگی‌تان را تغییر بدهد و شعلهٔ اشتیاق روحانی را در وجودتان برافروزد. خدا از تنوع خوشش می‌آید، پس شما هم می‌توانید به شیوه‌های گوناگون با وی در ارتباط بمانید.

گزینه‌های زیر را بخوانید. هیچ‌کدام از ایده‌های مزبور ناب نیستند و صرفاً آنها را آورده‌ام تا به ذهن شما تلنگری زده باشم. با الهام‌گرفتن از آنها می‌توانید با خدا تجدید رابطه کنید.

- هر روز یکی از عبارات پرمفهوم کتاب‌مقدس را در دفتر خود یادداشت کنید. عبارت مزبور چه تعابیر ضمنی‌ای می‌تواند برای زندگی شما داشته باشد؟
- روی یک آیه یا یک عبارت متمرکز شوید و ببینید برای موقعیت فعلی شما چه پیامی در بر دارد.
- به دنبال راهی باشید که مدت اوقات خلوت‌تان را تمدید کنید. ساکت و آرام باشید و به صدای خدا گوش کنید. سکوت کنید. فقط ساکت باشید و آنچه را که به ذهن‌تان خطور می‌کند، روی کاغذ بیاورید.
- حول موضوعیت آیه یا عبارتی از کتاب‌مقدس دعا کنید و آن را برای شخص خودتان یا یکی از عزیزان‌تان به کار ببرید.
- زندگی روزمرهٔ خود را به‌طور مرتب و روزانه ثبت کنید. کارهایی را که دیروز انجام داده‌اید، سبک‌سنگین کنید. آیا از آنچه که خدا قصد داشت به شما بیاموزد، همه را آموخته‌اید؟ یا چیزی را از قلم انداخته‌اید؟
- اگر برنامهٔ مطالعهٔ کتاب‌مقدس‌تان حالتی یکنواخت گرفته، خواندن کتابی پرستشی یا تفسیری را به آن بیفزایید.
- بخش بزرگی از کتاب‌مقدس را با سرعت بخوانید. برای فکرکردن روی هر آیه مکث نکنید. مثل کتاب داستان آن را بخوانید.
- بخش کوچکی از کلام خدا را بخوانید و هر آیهٔ آن را با دقت هضم کنید.
- سرود بخوانید.
- **دعاهای‌تان را در دفتر خاطرات روزانه بنویسید.**
- کتاب‌مقدس را از روی ترجمه‌ای دیگر که قبلاً نخوانده‌اید، بخوانید.
- درس‌های زندگی را که به‌تازگی آموخته‌اید، بنویسید؛ مثلاً، آنچه را که در طی ماه گذشته آموخته‌اید، بنویسید.
- به موسیقی و سرود روحانی گوش بدهید و روی اشعارش فکر کنید.

من به‌طور معمول آدمی پایبند به عادت هستم، ولی تغییر هم می‌تواند برایم الهام‌بخش باشد. در عین‌حال که تجربیات تازه در رابطه با خدا را دوست دارم، تقریباً همیشه اوقات

خلوتم با او به‌طرزی یکسان- یعنی با خواندن بابی از کتاب امثال- آغاز می‌شود و پایان می‌یابد. زمانی که نوجوان بودم، چالشی را پذیرفتم: خواندن روزانه یک باب از کتاب‌مقدس. در شانزدهم هر ماه، امثال ۱۶ را می‌خوانم. تا به امروز خواندن کتاب امثال، اصلی‌ترین روش من برای آرام ساختن افکارم و متمرکزکردن آنها روی خدا بوده است. طبعاً اوقات خلوتم با خدا از مطالعهٔ امثال فراتر می‌رود، ولی همین شروع ساده درها را برای رسیدن به حضور خدا می‌گشاید.

یکی از لذت‌های‌بودن در بدن مسیح این است که تجربیات سایر ایمانداران از حضور خدا را می‌شنویم. تجربهٔ هر کس با دیگری فرق می‌کند، پس وجود تنوع خیلی خوب است.

یک‌بار به خادمان نوجوانان چنین تعلیم دادم: «اگر اول خودتان به جاهای عمیق نرفته باشید، نمی‌توانید شاگردان‌تان را به آنجا ببرید.» ولی هرچه بیشتر می‌بینم که خدا از وجود ساده‌دلان روحانی استفاده می‌کند، بیشتر به این نتیجه می‌رسم که تعلیم چندان دقیقی نداده‌ام.

برای اینکه بتوانید شاگردان‌تان را به‌سوی بلوغ روحانی رهبری کنید، لازم نیست حتماً خودتان یکی از غول‌های روحانی باشید. خدا به غول‌های روحانی نیازی ندارد. خدا برای تأثیرگذاری روحانی بر انسان‌ها، از بابلیان شریر، معلمان بدانگیزه، و حتی یک الاغ (نک. اعداد ۲۲) استفاده کرد. روح‌القدس به تلاش‌ها یا بلوغ روحانی ما محدود نمی‌شود. بنابراین، برای حفظ سلامت روحانی‌مان باید به دنبال دلیلی محکم‌تر از «شاگردانم به من نیاز دارند» باشیم. سلامت روحانی باید به‌خاطر آفریننده‌تان و خودتان باشد، نه به‌خاطر شاگردان.

چیزی فراتر از کارگردان فعالیت‌ها

خبر خوبی که در ارتباط با مطالب این فصل از کتاب وجود دارد، این است که من دارم چیزی را توصیف می‌کنم که شما پیشتر آن را تجربه کرده‌اید- یعنی زندگی روحانی پویا و مهیج. هر کسی گه‌گاه این شور و هیجان روحانی را تجربه می‌کند، ولی ما می‌توانیم به قدرت مسیح دسترسی داشته باشیم تا به‌واسطهٔ آن به خدا نزدیکتر شویم.

خدمت شایسته به نوجوانان، با شما و خدا آغاز می‌شود. بدون حضور فعال خدا در زندگی‌تان، هیچ نیستید مگر کارگردان فعالیت‌های مربوط به نوجوانان. چیزی که بیش از همه برای خدا اهمیت دارد، دل شما است- این مهمترین هدیه‌ای است که می‌توانید تقدیم او، کلیسایش و شاگردان‌تان کنید.

دعا می‌کنم که مرتباً دست از کار و مشغله بردارید و حال دل‌تان را بررسی کنید. نسبت به علایم هشداردهندهٔ نامحسوسِ قطع ارتباط روحانی حساس باشید، و آمادگی لازم را پیدا کنید تا برای درست‌کردن رابطه‌تان با خداوند، به‌طور جدی و قاطع خودتان را بسنجید. چه در سال یکم خدمت باشید و چه در سال بیست‌ویکم، خدا از شما می‌خواهد که اول او را محبت کنید- این بنیان هر خدمت نیکو به نوجوانان است.

پرسش‌های پایان فصل

// برای بحث در گروه

- از فهرست ارائه‌شده در صفحات ۶۹- ۷۰، کدام علامت هشداردهنده را در خودتان شناسایی می‌کنید؟ چرا؟
- برای توصیف سفر روحانی‌تان در حال حاضر، چه صفاتی را می‌توانید به کار ببرید؟

// برای تأملات شخصی

- من برای تشخیص بلوغ روحانی افراد، چه افعال و حرکات ظاهری و روحانی را کلیدی می‌دانم؟
- آیا از وجود علایم هشداردهنده‌ای که به قطع ارتباط روحانی می‌انجامند، آگاهی دارم؟
- حالا که از گروهم دور هستم، به معنای دقیق کلمه چطور می‌توانم سلوک روحانی‌ام را توصیف کنم؟ آیا با آنچه که با گروه در میان می‌گذارم، تفاوت دارد؟ اگر دارد، چرا؟
- چه چیزی در سپری‌کردن اوقات خلوتم با خدا، مانع انسجام و یکپارچگی در رفتارم می‌شود؟
- چگونه می‌توانم کارهایی را که برای تازه نگاه داشتن وضعیت روحانی‌ام انجام می‌دهم، برای یکی از شاگردانم تشریح کنم؟

// اقدامات لازم برای ملاحظات بیشتر

- روی یک کارت اندکس متی ۳۶:۲۲- ۳۹ را بنویسید و آن را کنار ساعت شماته‌دارتان بگذارید تا در چند روز آینده، وقتی صبح از خواب بیدار می‌شوید، چشم‌تان به آن بیفتد.
- کنار یکی از گزینه‌های ارائه‌شده در صفحهٔ ۷۶، که برای امتحان‌کردن انتخابش کرده‌اید، علامت بزنید.
- همین الآن وقت بگذارید و از خدا بخواهید در تشخیص آنچه برایش انجام می‌دهید و آنچه هستید، کمک‌تان کند.

فصل ۴

برای شاگردان
چه چیزی از همه مهمتر است؟

بودن با آنها

ایان[1] پیش از آنکه رسماً وارد خدمت نوجوانان شود، به مدت دو سال در حوزۀ خدمتی من کارآموز بود. اخیراً با مردی ملاقات داشتم که به کلیسای ایان می‌رود. او با هیجان گفت: «من عاشق ایانم! در واقع، کل اعضای خانواده‌ام او را دوست دارند. او در خدمت به نوجوانان خادم بی‌نظیری است.»

طی مدتی که داشتم با مــرد مزبور حرف می‌زدم، به‌هیچ‌وجه از او نشــنیدم که خدمت نوجوانان ایان در حال رشــد اســت، یا اینکه او برنامه‌های تــازه‌ای را آغاز کرده. چیزی که نظــرم را جلب کرد این بود که پدر خانواده اصلاً در بنــد ظواهر خدمت نوجوانان نبود. در عوض، لُبّ مطلبش این بود که ایان چقدر خوب از پسرش مراقبت می‌کند، برایش یادداشت می‌نویسـد، برای تماشای مسابقۀ فوتبالش می‌رود و هرازگاه به او زنگ می‌زند. بعد، در میانۀ ستایش از ایان، ناگهان به ساعت مچی‌اش نگاهی انداخت و گفت: «راستش، همین حالا ایان با پسـرم قرار ملاقات دارد!» اشک در چشمانش جمع شد و با لحنی که قدردانی در آن موج می‌زد، به ستایش از این خادم تأثیرگذار نوجوانان ادامه داد.

---

1. Ian

دست بر قضا من خبر داشتم که ایان سخت در تلاش بوده تا برنامه‌های متوقف‌شده را از نو راه‌اندازی کند و به رهبران ازپاافتاده، جانی دوباره ببخشد؛ با این اوصاف، به‌خاطر مراقبتی که از شاگردانش به عمل می‌آورد، به او افتخار می‌کنم. او به لزوم برنامه‌های خدمت به نوجوانان واقف است و از میزان تأثیرگذاری آنها آگاهی دارد، ولی این را هم می‌فهمد که روابط شخصی، کلید داشتن خدمت سالم به نوجوانان است. ایان رابطهٔ خود را با عیسی، سرلوحهٔ خدمتش قرار داده است. روابط با شاگردان و همکاران هم برای او اهمیت شایانی دارند. برای او عیسی در مرکز توجه قرار گرفته و مردم هم حول این مرکز جای دارند. این معادله‌ای است که خدمت به نوجوانان را سالم نگاه می‌دارد.

داستان ایان شهادتی است فوق‌العاده از قدرت و تأثیرگذاری خدمت در بطن روابط. همچنین به ما یادآوری می‌کند که هرچند که در خدمت به نوجوانان برنامه‌ها از جایگاه ویژه‌ای برخوردارند، اما به تنهایی نمی‌توانند مُعرف این خدمت باشند. اغلب، خادمان نوجوانان فریفتهٔ خلق و طراحی برنامه‌های بسیار جذاب می‌شوند. محو خلاقیت به‌کار رفته در آنها می‌شوند، در ستایش نتایج بالقوهٔ این برنامه‌ها داد سخن می‌دهند، از چالشی که به‌خاطرشان برپا می‌شود حرف می‌زنند، آوای تحسین سایر خادمان را به خود جلب می‌کنند، و در نهایت یادشان می‌رود که اصلاً دلیل اجرای برنامه چه بوده است.

وقتی کار را در حوزهٔ خدمت به نوجوانان آغاز می‌کنید، لطفاً به یاد داشته باشید که برنامه‌ها فقط به این دلیل اجرا می‌شوند که روابط میان بچه‌ها و خدا و نیز روابط آنها با خودشان را تقویت کنید! کلید خدمت سالم به نوجوانان، روابط است!

مردم اغلب به من نامه می‌نویسند، در کلیسا به دیدنم می‌آیند و یا در سمینارهایی که برپا می‌کنم شرکت می‌کنند، با این امید که برنامه‌ای پنهانی را کشف کنند. «تو چه‌کار می‌کنی؟ چطور انجامش می‌دهی؟ چه ویدیوهایی به نمایش می‌گذاری؟ چه سرودهایی می‌خوانید؟ چه بازی‌هایی می‌کنید؟» با اینکه از بیان جزئیات کارهایم خوشحال می‌شوم، اما همیشه به خادمان نوجوانان می‌گویم که وقتی به تماشای برنامه‌های ما بنشینند، حسابی توی ذوق‌شان خواهد خورد. نه به این‌خاطر که برنامه‌های ما افتضاح‌اند- هیچ اشکالی در برنامه‌ها نیست- بلکه چون عاری از زرق و برق و تجملاتند. با این‌حال، برنامه‌های ما فرصت‌هایی برای نوجوانان پدید می‌آورند تا با خدا، با خودشان و با رهبران بزرگسالی که داوطلبانه خدمت‌شان می‌کنند، ارتباط ایجاد کنند. برنامه‌های ما به خلق روابط کمک می‌کنند.

خاطرات روابطی من... گذشته و اکنون

یکی از دلایلی که من در حال حاضر برای روابط ارزش زیادی قائل می‌شوم، این است که در خلال نخستین سال‌های خدمتم در حیطهٔ نوجوانان، شکست‌های زیادی متحمل شدم.

در سال ۱۹۷۹، موقعی که تازه خدمتم را شروع کرده بودم، فقط روی شاگردان متمرکز بودم و به برنامه‌ها یا پرورش سایر رهبران اهمیت چندانی نمی‌دادم. در کلیسای بعدی‌ام،

سال‌ها برای یافتن فرمولی برای خلق برنامه‌های درست تلاش کردم تا از این رهگذر بتوانم برنامه‌ای بی‌نقص به‌وجود بیاورم که نوجوانان دوستش داشته باشند. پس از سپری‌کردن پنج سال پریشانی، سرانجام آموختم که کمک به رشد رابطهٔ خادمان داوطلب با شاگردان‌شان، مهمترین مسیری است که باید برای رسیدن به خدمت سالم به نوجوانان، طی کرد. خدا را شکر که چند سال آتی خدمتم در کلیسای دوم را صرف این هدف کردم، اولویت‌ها را تغییر دادم، و ثمرهٔ این استراتژی مبتنی بر روابط را به چشم دیدم.

در سال ۱۹۹۲، زمانی که به کلیسای سدلبک (سومین کلیسایم) آمدم، برنامهٔ سرمایه‌گذاری بزرگسالان روی زندگی نوجوانان را در صدر اولویت‌ها قرار دادم. در حوزهٔ خدمت به نوجوانان این کلیسا، ۳۵ شاگرد داشتیم که همگی تشنهٔ روابط بودند. با اینکه از من خواسته شده بود که روی بشارت و رشد خدمت متمرکز شوم، ولی تصمیم گرفتم که از همان ابتدا روابط را در اولویت بگذارم. به‌عنوان رهبر نوجوانان، متعهد شدم که برای رسیدن به چهار هدف زیر نهایت تلاشم را بکنم:

- شناخت تک‌تک نوجوانان با نام‌شان
- ابراز علاقهٔ واقعی به زندگی فرد فرد نوجوانان
- یافتن و تعلیم‌دادن به سایر بزرگسالان برای انجام همین خدمت
- ترسیم دقیق نمایی از خدمت سالم نوجوانان

(ندایی از درون سنگرها)

من یک خادم تازه‌کار نوجوانان هستم و چهار ماه است که خدمت به نوجوانان را با گروه کوچکی از بچه‌ها شروع کرده‌ام. همه چیز برایم تازگی دارد. ماه گذشته برای اولین بار مجبور شدیم در خانه بمانیم، و آخر هفتهٔ گذشته هم برای اولین بار به کمپ نوجوانان رفتیم. گذشته از این، هر هفته هم گروه‌های خانگی داشتیم. جلسات خانگی برنامهٔ اصلی ما را تشکیل می‌دادند.

پس از گذشت دو ماه از شروع کارم، شبان ارشد کلیسا پیشم آمد و در مورد چگونگی پیشرفت برنامه‌ها با هم گفت‌وگو کردیم. از ایده‌هایم برای جذب نوجوانان سخن گفتم. او مفیدترین نصیحتی را که در عمرم شنیده‌ام، کرد:

«خب، مدرسهٔ بچه‌ها کِی تعطیل می‌شود؟»

با تردید جواب دادم: «به نظرم ساعت ۳.»

«پس یعنی تو در برنامهٔ کاری‌ات ساعات ۳ تا ۵ را برای بچه‌ها در نظر گرفته‌ای. این وقت را به هیچ‌کس دیگر اختصاص نده. آنها را از مدرسه ببر و به یک نوشابه مهمان‌شان کن.»

گیج شده بودم! از خودم پرسیدم: «منظورت چیست؟ یعنی با بچه‌ها بیرون رفتن هم جزیی از کارم است؟» (جلسهٔ باحالی بود!) الآن سه روز در هفته را به بیرون رفتن با بچه‌ها اختصاص داده‌ام. یک روز برای بچه‌هایی است که عیسی را نمی‌شناسند. روز

دیگر ویژهٔ بچه‌هایی اســـت که تازه به کلیســـا یا برنامهٔ نوجوانان ما وارد شـــده‌اند و هنوز به‌طور کامل خودشان را تطبیق نداده‌اند. امروز نوبت بیرون رفتن با بچه‌های قدیمی گروه اســـت. تا پنج دقیقهٔ دیگر سروکلهٔ آنها پیدا خواهد شد- قرار است زمانی را صرف مطالعهٔ کتاب‌مقدس کنیم، و بعد از آنها می‌خواهم که برای همدیگر دعا کنند. دســـت آخر هم با چند دانش‌آموز غیرمســـیحی، برای ناهار به برگرکینگ[1] روبه‌روی مدرسه خواهیم رفت. همین بودن با نوجوانان دلچسب‌ترین و مفیدترین «برنامه»ای است که می‌توانم برای‌شان داشته باشم. تازه خیلی هم به همگی خوش می‌گذرد. آه، بچه‌ها آمدند! باید بروم!

اسکات جوزف[2]، دستیار شبان نوجوانان، کلیسای وینیارد، کربندیل، ایلینوی[3]

در سال اول خدمتم، کار من در کلیسا پاره‌وقت بود. این شغل پاره‌وقت دو اشکال داشت:

- چطور ظرف ۲۰ ساعت کار در هفته، هر چهار هدفم را عملی کنم؟
- خدمت نوجوانان تنها بخشی از زندگی مرا تشکیل می‌دهد. باید برای رابطه‌ام با خدا، خانواده‌ام و دوســـتانم هم وقت بگذارم؛ باید کار دیگری پیدا کنم که کمک‌خرجم باشد؛ تازه مسئلهٔ تندرستی و تناسب اندام هم هست. چطور میان این همه خواسته تعادل ایجاد کنم؟

اهداف چهارگانه‌ام مورد پسند همهٔ والدین نبود، اساساً به این دلیل که از من می‌خواستند فرزندان‌شان را شاگرد بسازم. اســـتدلال آنها این بود که چون من خادم «رسمی» هستم، باید در مقایســـه با خادمی که به‌صورت داوطلب کار می‌کند و مزدبگیر هم نیست، ثمرهٔ بیشتری برای‌شـــان داشته باشم. خدا را شکر که به این خواست‌شان تن ندادم، و دست بر قضا این تن ندادن به سود کلیسا، خدمت نوجوانان و همهٔ رهبران تمام شد.

قدری زمان برد تا توانســـتم اهمیت ساختن تیمی از بزرگســـالان دلسوز را که نوجوانان را مورد محبت قرار دهند و آنان را شـــاگرد بسازند، به آنها بیاموزم. به‌عنوان بخشی از فرایند شاگردسازی، عیسی را الگو قرار دادم. او با ۱۲ شاگردش وقت می‌گذراند، روی سه تن از آنها تمرکز ویژه داشت و البته خودش شخصیتی بی‌نقص بود.

در خلال چند ماه اولی که از کارم در کلیسای سدلبک می‌گذشت، طی برنامه‌های هفتگی صبح‌های یکشنبه و عصرهای چهارشـــنبه، توجه‌ام را به دو اولویت نخست (یعنی شناخت بچه‌ها با نام‌های‌شان و ابراز علاقه به زندگی آنها) معطوف داشتم. خارج از زمان برنامه‌ریزی، به دنبال رهبران بزرگســـال گشـــتم و آنها را برای کار با نوجوانان تعلیم دادم- و با همین کار به‌تدریج توانســـتم اولویت علاقه‌نشان‌دادن به زندگی نوجوانان را به آنان نیز منتقل سازم- و رؤیای داشتن خدمت سالم نوجوانان را تحقق بخشم.

در سال ۱۹۹۲، کارم را در کلیســـا این‌گونه آغاز کردم، و اساساً هنوز همین رویه را ادامه می‌دهم. اکنون پس از گذشـــت سال‌ها، تیم رهبران داوطلب، استخوان‌بندی اصلی خدمت ما

1. Burger King; 2. Scott Joseph; 3. Vineyard Community Church, Carbondale, Illinois

را تشـــکیل می‌دهند- بزرگســـالانی مؤمن و قابل‌اعتماد که هر کدام با چند نوجوان رابطه‌ای صمیمانه ایجاد و روی زندگی آنان سرمایه‌گذاری کرده‌اند.

از اینکه خدمت به نوجوانان در نتیجهٔ برنامه‌های قوی کالج‌ها و دانشـــکده‌های الاهیات به ســـطح حرفه‌ای‌تری ارتقا یافته و حتی سر از کتاب‌های دانشگاهی هم درآورده، به هیجان می‌آیم، اما این «دانش فضایی» نیست- خدمت به نوجوانان رشته‌ای است که در ابراز محبت و توجه بزرگســـالان به نوجوانان، ایجاد رابطه با آنها و نشان‌دادن عیسی بدیشان خلاصه شده است. در عین‌حال که بسیاری از اجزای ساختار نیرومند خدمت به نوجوانان، نیازمند آموزش و پرورش‌اند، اما خدمت نوجوانان به‌ســـادگیِ برخورد دو زندگی با هم اتفاق می‌افتد. برای درک کامل این واقعیت در خلال دو سال اول خدمت‌تان، ناگزیرم تصویری بزرگ از حقایق را در برابرتان ترسیم کنم تا به ایجاد ارتباط شما با شاگردان‌تان کمک بیشتری کرده باشم.

تصویر بزرگ: مردم را مقدم بر برنامه‌ها بدانید

یادم می‌آید که زمانی از ســـبک برنامه-محور کلیسایی دیگر، سخت به هیجان آمده بودم. کلیسای مزبور از این سبک نتایج خوبی به‌دست آورده بود (منظورم افزایش حضور نوجوانان اســـت که به‌زعم من نتیجهٔ مطلوبی بود). من و تیم نوجوانانم به دیدار تیم نوجوانان کلیسای مزبور شتافتیم و با رهبران‌شان مصاحبه کردیم و با نوجوانان‌شان هم گفت‌وگویی داشتیم. در نهایت تصمیم گرفتیم که «بیایید ما هم همین کار را بکنیم!» ســـاعت‌ها از وقت‌مان را صرف تـــدارکات، تعلیم، و تبلیغ برنامه‌ای کردیم که قرار بود به‌زودی اجرا شـــود. این پروژه، تمام وقت رهبران تیم نوجوانان را گرفت.

و نتیجه؟ جواب داد!

در واقع، برای حدوداً شش ماه جواب داد، ولی پس از آن نوجوانان کم‌کم احساس کردند که ما داریم از وجودشان برای رشد گروه استفاده می‌کنیم. آنها مجبور بودند حواس‌شان را به رشـــد گروه نوجوانان معطوف بکنند و دوستان‌شان را به‌سوی مسیح بیاورند، ولی این کار به بهای از دست رفتن رابطهٔ حقیقی آنان با رهبران‌شان و با یکدیگر، تمام شد. من به تیم رهبری نوجوانان آموخته بودم که روی حضور و غیاب، فعالیت، اشتیاق و بازی‌های رقابتی متمرکز شـــوند. با اینکه رهنمودهای مزبور با نیت کسب نتیجه صادر نشده بود، ولی گروه نوجوانان رشـــد کرد. اما برای رشد گروه، ما خنده‌های واقعی و بحث‌های رو در روی اعضای گروه را قربانی کردیم. بعضی از نوجوانان دورشـــدن دوستان‌شان از خدا را به چشم دیدند، و این تا حدی به‌خاطر فقدان اهمیت به ارتباط ســـالم در خدمت به نوجوانان بود. شمار حاضران در گروه نوجوانان هیچ کمکی به رشد روحانی آنها نکرد.

فکر کنم زمانی پیغام را دریافت کردم که جمال، دانش‌آموز ســـال دهم در دبیرستان دیگر به جلسات گروه نیامد و برایم نوشت: «داگ، هر وقت خواستی دست از بازی‌کردن برداری و دوباره به خود آدم‌ها اهمیت بدهی، خبرم کن. وقتی احســـاس کردم تنها یک شماره هستم نه یک فرد، همان موقع احساس کردم که زمان رفتن به کلیسایی دیگر رسیده.»

«شرط می‌بندم این نامه در کمد تقدیرنامه‌ها بایگانی نشده!»- فردی خردمند

وای بر من! کلی برای خودمان زرق‌وبرق درست کرده بودیم، ولی دریغ از ذره‌ای تأثیرگذاری مثبت. خیلی زود دریافتم که نوجوانان بیش از زرق‌وبرق به روابط اهمیت می‌دهند. دادن جایگاه ارزنده‌تر به انسان‌ها در قیاس با برنامه‌ها، درسی بود که هرگز فراموشش نخواهم کرد. کارکردن روی جزئیات برنامه، زمان‌بر است، و اگر به آن مجال بدهید، تمام وقت‌تان را می‌بلعد و دیگر زمانی برای صرف‌کردن روی روابط شخصی باقی نمی‌گذارد. تن‌دادن به چنین وسوسه‌ای خدمت شما را با مانعی جدی روبه‌رو خواهد ساخت و دیدتان را نسبت به خواست خدا در زندگی و خدمت‌تان، محدود خواهد کرد.

تصویر بزرگ: شما نمی‌توانید به همه خدمت کنید

صِرف اینکه تصمیم بگیرید اهل رابطه باشید، کافی نیست، چون به‌زودی متوجه می‌شوید که نوجوانان به وقتی بیش از آنچه که می‌توانید در اختیارشان بگذارید، نیاز دارند. باید تصمیم بگیرید که می‌خواهید با چه کسی وقت بگذرانید. ممکن نیست بتوانید به همه وقت بدهید، می‌توانید؟ خب، البته کمابیش... می‌توانید.

پس از ۱۰ سال خدمت در حیطهٔ نوجوانان، حقیقتی مهم را آموختم؛ حقیقتی که ای کاش در همان سال‌های آغازین خدمتم یاد گرفته بودم. شاید بخواهید این عبارت را با ماژیک های‌لایت کنید: «*به تنهایی نمی‌توانید به همه خدمت کنید. باید به خادم‌شدن دیگران کمک کنید. رهبران گروه‌تان را تشویق کنید تا روابط خود را با شاگردان‌شان گسترش دهند.*»

سعی نکنید خادم اَبَرقهرمان نوجوانان باشید که پیوسته در تلاش است نیازهای همگان را برطرف کند. به‌جای اَبَرقهرمان‌بودن، اَبَرروابط باشید. اگر هدف‌تان این است که شاگردان‌تان شناخته شوند و مورد محبت قرار بگیرند، حتماً نباید خودتان این بار را به دوش بکشید. شاید به فکری تازه احتیاج دارید. به‌عنوان انسانی محدود و دارای ضعف و قصورات، برای برقراری یک رابطهٔ سودمند، توانایی محدودی دارید. اگر شما تنها کسی باشید که قرار است با نوجوانان در ارتباط باشد، به مجرایی تنگ تبدیل خواهید شد و جلوی رشد بالقوه و مراقبت واقعی را خواهید گرفت.

این پرسش را با دقت مورد ملاحظه قرار دهید: *آیا مرجع اکثر روابط با نوجوانان، شخص شما هستید؟*

اگر چنین است، به‌زودی خدمت‌تان با شکست مواجه خواهد شد.

می‌خواهم دربارهٔ نحوهٔ استفاده از زمان برای خدمت‌کردن به نوجوانان، به شما ایده بدهم:

// اگر سرپرست خادمان نوجوانان هستید...

می‌خواهم تشویق‌تان کنم ۵۰ درصد از وقتی را که برای روابط کنار گذاشته‌اید، به رهبران بزرگسال داوطلب اختصاص دهید و ۵۰ درصد دیگر را صرف نوجوانان کنید.

چرا؟ وقت‌گذراندن با نوجوانان شما را سرحال نگه می‌دارد، می‌توانید بهتر زبان نوجوانان را بفهمید، و بهتر می‌توانید با مخاطبانی که خدا شما را برای مراقبت از آنان خوانده، ارتباط برقرار کنید. اما وقت‌گذراندن با رهبران به شما امکان می‌دهد که همان مراقبت و سرمشقی را در اختیارشان بگذارید که شاگردان از آنها انتظارش را دارند. در واقع، با این کارتان خدمت روابطی با همکاران‌تان را تقویت می‌کنید.

این کار جواب می‌دهد: من با یکی از رهبران نوجوانان وقت می‌گذرانم و از سلامت (روحانی، عاطفی، خانوادگی) وی اطمینان حاصل می‌کنم و می‌بینم که در خدمت نوجوانان پیشرفت می‌کند. سپس رهبر مزبور با نوجوانان گروه کوچکش وقت می‌گذراند. من همچنان به نوجوانان گروه کوچک وی محبت می‌کنم- منتهی *به‌واسطهٔ* او. این طرح روابطی، به‌جای آنکه تک‌تک اضافه شود، تصاعدی بالا می‌رود.

من ترجیح می‌دهم که رهبران داوطلب با بچه‌های همجنس خودشان وقت بگذرانند. این را به‌عنوان یک روش کلی تجویز نمی‌کنم، بلکه به شما توصیه می‌کنم که اگر می‌خواهید با نوجوانی از جنس مخالف وقت بگذرانید، به فکر رعایت ضوابط روابط زن-مرد هم باشید.

در حالت مطلوب، بهتر است که پیش از پذیرش منصب رهبری در خدمت نوجوانان، این استراتژی روابطی را به‌عنوان یکی از انتظارات‌تان، با مسئولان کلیسا در میان بگذارید. یکی از روش‌های تشریح این استراتژی در حین مصاحبهٔ استخدامی، می‌تواند چیزی شبیه به این باشد: «هدف من این است که تک‌تک نوجوانان به نام شناخته شوند، و مورد محبت، توجه و انضباط قرار بگیرند- ولی می‌دانم که به تنهایی قادر به رسیدن به این هدف نیستم. در سمت جدیدم اولویت من این خواهد بود که رهبران نوجوانان را مورد محبت قرار دهم و برای‌شان سرمشق باشم تا آنچه برای نوجوانان می‌خواهم، از طریق آنان انجام گیرد.»

در این مقطع از مصاحبه، اگر دیدید که مصاحبه‌کننده با دهان باز به شما خیره شده و گیج و سردرگم به‌نظر می‌رسد، بدانید که احتمالاً به دردسر افتاده‌اید- او از حرف‌های شما هیچ چیزی دستگیرش نشده.

اگر از قبل در همان کلیسا بوده‌اید و یکی دو سالی را صرف خدمت کرده‌اید، با مروری بر وضعیت حاکم بر خدمت نوجوانان در کلیسای‌تان، این رویکرد را در ساختار خود کلیسا مطرح کنید. مزایای خدمتی را که به خودی خود و به‌صورت تصاعدی افزایش می‌یابد، توضیح دهید. به این آمار و ارقام توجه کنید:

- از چهارشنبه تا جمعه، اگر روزی یک ساعت از وقتم را با دو تن از نوجوانان بگذرانم، هر هفته تنها می‌توانم شش نفر را ببینم- که می‌شود ۲۴ نفر در ماه.
- اما اگر در خلال همین روزها و ساعات، ۳۰ دقیقه از روز را صرف تعلیم و تربیت یکی از رهبران کنم تا خودش با نوجوانان روزی ۳۰ دقیقه وقت بگذراند، در پایان هفته

من با سه تن از نوجوانان و سه تن از رهبران در ارتباط بوده‌ام. اگر هر یک از این سه رهبر در طی هفته برای سه تن از نوجوانان وقت بگذارند، در طول یک ماه سرجمع با یکدیگر به ۴۸ نوجوان خدمت کرده‌ایم، که دقیقاً ۱۰۰ درصد بیشتر از رقمی است که تنهایی می‌توانم به آن برسم.

این معادله‌ها نمونه هستند تا رشد تصاعدی را به‌صورتی نمایشی به شما نشان دهند. معرکه است! (ولی به‌طور پیاپی در بحر این مثال‌ها فرو نروید که باید حتماً با همین تعداد دیدار داشته باشید و حتماً همین برنامهٔ زمانی را پیاده کنید.)

// اگر رهبر داوطلب هستید...

عمدهٔ وقتی را که در اختیار دارید، با شاگردان‌تان سپری کنید. چند نفری از آنها را شناسایی و محبت کنید. با رشد عددی گروه، کم‌کم به فکر تربیت رهبری باشید که بتواند پا به پای شما بیاید و همراه شما این نوجوانان را محبت کند.

دوستم ترل[1] حسابداری ۵۰ ساله است که به‌عنوان یکی از رهبران داوطلب در کلیسای ما خدمت می‌کند. ترل رهبری است که در یک گروه کوچک نوجوانان، شبانی پنج نفر را بر عهده دارد. او در اولین روز مدرسه به آنها زنگ می‌زند؛ گه‌گاه در رویدادهای ورزشی اعضای گروهش حاضر می‌شود؛ برای‌شان نامه می‌نویسد. به این می‌گویند خدمت روابطی و در واقع، ترل شبان نوجوانان آنهاست. از منظر کلیسا، من حقوق می‌گیرم تا شبان نوجوانان باشم، اما حقیقت آن است که ترل شبان این پنج نوجوان است. وقتی می‌بینم که رهبرانی همچون ترل مراقب بچه‌ها هستند، با خیال آسوده می‌توانم توان و زمانم را صرف تربیت رهبران بیشتری کنم تا آنها هم به نوبهٔ خود از دیگر نوجوانان مراقبت کنند.

اجازه ندهید کسی که سرپرستی خادمان نوجوانان را بر عهده دارد، زیر فشار ناشی از ملاقات با تک‌تک نوجوانان، له شود. رهبران داوطلب با وقت‌گذراندن با بچه‌ها، می‌توانند از بار سنگین روابطی سرپرست خادمان بکاهند.

// روابط ۵- ۳- ۱

من از خادمان داوطلبی که زیر دستم کار می‌کنند، می‌خواهم که در چارچوب روابط ۵- ۳- ۱ فکر کنند. این یعنی آنکه هر خادم داوطلب پنج دانش‌آموز دارد که آنها را خوب می‌شناسد و به‌خوبی از آنها مراقبت می‌کند (اصطلاحی که ما برای این شخص به‌کار می‌بریم، «شبان نوجوانان» است). از این جمع پنج نفره، احتمالاً سه نفر هستند که خارج از برنامه هم با شخص خادم وقت می‌گذرانند. به‌طور معمول، هر پنج نوجوان علاقمند به روابط عمیق‌تر نیستند یا اصولاً در دسترس نیستند. و معمولاً از این سه نفر، تنها یک نفر همیشه پای ثابت است. «این همان کسی است که شما دوست دارید تا آخر عمر با او در ارتباط باشید.» این حس، عذاب وجدان ناشی از کوتاهی در روابط با دیگران را جبران می‌کند. بدین‌ترتیب،

1. Terrell

رهبران می‌توانند پنج نفر را *بشناسند*، سه نفر را تربیت کنند و روی یک نفر متمرکز شوند. چیز چندان پیچیده‌ای نیست.

تصویر بزرگ: هر کسی دوست ندارد شما خدمتش کنید

درست همان‌طور که در گروه‌تان کسانی هستند که نمی‌خواهید با آنها وقت بگذرانید (خودتان می‌دانید که دارم به چه کسی اشاره می‌کنم)، به احتمال قوی در شخصیت شما هم چیزی هست که برخی از نوجوانان را به خود جلب نمی‌کند. این موضوع را به خود نگیرید. در عوض، آن را برکتی از جانب خدا بدانید که شخصاً مجبور نیستید با... وقت بگذرانید. (بی‌خیال...، می‌دانم که می‌توانید جای خالی را با نام یکی از بچه‌ها پر کنید!)

پنج پسر گروه ترل در زمینهٔ موسیقی و نمایش فعال هستند و این با شخصیت ترل که هم اهل موسیقی است و هم بازیگری، همخوانی دارد. من اصلاً این پسرها را نمی‌فهمم. من اصلاً نمی‌دانم Thespian (= هنرپیشه، منتسب به تسپیس، شاعر و نمایشنامه‌نویس یونانی- م.) چه هست، چه رسد به اینکه بخواهم دور و بر یکی از آنها پرسه بزنم. به همین ترتیب، در خدمت نوجوانان بچه‌هایی هستند که خورهٔ کامپیوترند، و بیشتر ترجیح می‌دهند به‌جای من اطراف برایان[1] بپلکند. برایان برنامه‌نویسی کامپیوتری می‌داند و آنها می‌توانند با حرف‌زدن دربارهٔ مگابایت، مایکروسافت، و غیره سر خودشان را گرم کنند. آنها زبان همدیگر را می‌فهمند. من شخصاً ترجیح می‌دهم که سر به بیابان بگذارم، تا اینکه بخواهم رهبر چنین گروهی باشم. آنها بچه‌های خوبی هستند؛ کمی عجیب و غریبند، که هیچ اشکالی هم ندارد، چون خود برایان هم عجیب و غریب است. او به‌خوبی با آنها کار می‌کند، و دوست‌شان هم دارد. برایان هم مانند ترل شبان نوجوانان گروه خودش است. ترل و برایان اعضای بزرگ بدن مسیح هستند که دست به دست هم کار می‌کنند تا نیازهای مختلف در خدمت به نوجوانان را برطرف سازند و به شخصیت‌های گوناگون رسیدگی کنند.

تسپین: (صفت) در ارتباط با نمایش

تصویر بزرگ: شما سرمشق هستید

چه خادم داوطلب باشید چه رهبر نوجوانان، در هر صورت بچه‌ها دارند شما را تماشا می‌کنند. این حقیقت در عین‌حال که مانند باری بر شانه‌های‌تان سنگینی می‌کند، اما در واقع، دعوتی از سوی خداست- دستِ‌کم پولس رسول زمانی که گفت: «از من سرمشق بگیرید، چنانکه من از مسیح سرمشق می‌گیرم» (اول قرنتیان ۱:۱۱)، قضیه را این‌گونه می‌دید.

1. Brian

نوجوانان مثل اســفنج‌اند، و شما آب. آنها هرآنچه را که می‌گویید و انجام می‌دهید جذب می‌کنند. آنها تماشــا می‌کنند، گوش می‌دهند، مشاهده می‌کنند و یادداشت برمی‌دارند؛ از چه چیزی؟

لحن گفتارتان، وقتی در سفر مأموریتی چکش را به‌جای میخ، روی شست‌تان می‌کوبید.

- رانندگی‌تان، وقتی در سفر مأموریتی، محدودیت سرعت را در بزرگراهی که پرنده در آن پر نمی‌زند، نادیده می‌گیرید. چون طوری از درد شســت به خود می‌پیچید که با خود می‌گویید دیگر هرگز به چنین سفرهایی نخواهید رفت.
- حالــت چهره‌تان، زمانی که پلیس در بزرگراهــی که در آن پرنده هم پر نمی‌زند، و در حالی‌که تصمیم گرفته‌اید دیگر هرگز پا به چنین ســفرهایی نگذارید، شــما را متوقف می‌کند.
- مراسم عروسی‌تان، و لحن حرف‌زدن‌تان با همسرتان، زمانی که از شما می‌پرسد چرا از سفر مأموریتی لعنتی، دیر برگشتید.
- حتی اگر با تک‌تک بچه‌ها هم ســروکار نداشته باشــید، باز زیر نظر آنها، والدین‌شان، همۀ رهبران و شــبان ارشد... و سرایدار کلیسا هستید! به تُنگ ماهی موسوم به خدمت نوجوانان خوش آمدید!

«حواسم بِهِت هست!»- همۀ اعضای کلیسا

گسترش سبک روابطی در خدمت به نوجوانان

برای داشتن سبک روابطی در خدمت به نوجوانان، شما و سایر رهبران باید هدفمند پیش بروید و با یکدیگر همکاری کنید تا این روش گســترش پیدا کند. به‌زودی خواهید دید که گام‌های عملی توصیه‌شــده در زیر، بیش از آنکه نیازمند زمان اضافه باشند، مستلزم تغییراتی در نگرش شــما است. من تشــویق‌تان می‌کنم که این گام‌ها را برای تیم‌تان بخوانید تا آنها را خوب درک و اجرا کنند و برای ارزیابی زمانی که صرف ارتباط با دانش‌آموزان‌شان می‌کنند، این گام‌ها را در لیست بازبینی خود تیک بزنند. برخی از این گام‌ها، در نگاه اول دشوار به‌نظر می‌رسند، اما کمی که وقت صرف‌شان کنید، برای‌تان عادی می‌شوند.

// قدرت حضور را درک کنید.

بسیاری از خادمان تازه‌کار نوجوانان فکر می‌کنند برای شناخت پیداکردن از شاگردان‌شان، مجبورند با آنها گفت‌وگو کنند. آرام باشــید. برای مدتی همان‌جا که هســتید، بمانید. انتظار نداشــته باشید که بچه‌ها به‌سوی شما یورش بیاورند و بگویند: «سلام. خوش آمدید. آیا شما رهبر جدید هســتید؟ از دیدن‌تان خوشــحالم. چرا نمی‌آیید کنار من بنشینید؟» چنین اتفاقی روی کرۀ خاکی نخواهــد افتاد. اما به مرور زمان، حضورتان در آن جمع گویای این واقعیت

خواهد بود که شـما برای‌شان اهمیت قائل هسـتید. وقتی در کلیسا، در محوطهٔ مدرسه، در بازی‌ها، و در رویدادهای اجتماعی مهمی که نوجوانان در آن فعال‌اند، حاضر می‌شوید کم کم یاد می‌گیرند که شما یک عوضی نفرت‌انگیز و عصاقورت‌داده نیستید، بلکه بزرگسالی هستید که به آنها اهمیت می‌دهد.

به زور نمی‌توانید در دنیای نوجوانان برای خودتان اعتماد جلب کنید. فقط حضور داشته باشید. مهربان باشـید. صبور باشید. مشوق باشید. در دسترس باشید. حضورتان نشان‌دهندهٔ اهمیتی است که برای نوجوانان قائل هستید.

// کسی را با خودتان ببرید.

دوسـت دارید که بدون افزودن به ساعات کار روزانه‌تان، خدمت روابطی مؤثری داشته باشید؟ هر وقت که برای‌تان امکان دارد، شاگردان را وارد زندگی عادی خود کنید.

برای شــنبهٔ آتی چه برنامه‌ای در نظر گرفته‌اید که می‌شـود یکی از بچه‌ها را با خود به آن برد؟ شسـتن اتومبیل‌تان؟ خرید؟ رنگ‌کردن خانه؟ شام‌خوردن؟ وزنه‌برداری؟ تماشای یک فیلم؟ تماشای مسابقهٔ ورزشی؟

به یکی دو نفر از شـاگردان‌تان زنگ بزنید تا برای شـرکت در آن فعالیت به شما ملحق شــوند. البته کارتان آن‌چنان که به تنهایی ممکن بود پیش بــرود، به‌خاطر حضور آنها پیش نخواهد رفت، ولی فرصت‌هایی عالی برای حرف‌زدن به‌وجود خواهید آورد، و خاطراتی رقم خواهید زد که تا ابد بر شـاگردان‌تان تأثیر خواهند گذاشت. نوجوانی که دعوتش کرده‌اید، با این فکر در سـرش پیشـتان خواهد آمد که: «او آن‌قدر به من اهمیت داده است که خواسته به میهمانی‌اش بروم.»

// سؤالات استراتژیک مطرح کنید.

پرسیدن سؤالات خوب یکی از مهم‌ترین کارهایی است که یک خادم نوجوانان می‌تواند انجام دهد. طرح سؤالات استراتژیک توجه بچه‌ها را از شما برمی‌دارد و به آنها اجازه می‌دهد کــه آنچه را در دل دارند بــا فراغ بال بر زبان بیاورند، در حالی کــه قبلاً حتی حاضر نبودند به پرسشــی که پاســخی یک کلمه‌ای دارد، جواب بدهند. برای نمونه، می‌توانید از یکی از شـاگردان بپرسید: «حالت چطوره؟» او هم خیلی تند پاسـخی می‌دهد که وی را در حاشیهٔ امنش نگه‌می‌دارد: «خوبم». پایان مکالمه.

در عوض سعی کنید چیزی شبیه به این بپرسید: «یکی از کارهایی را که امروز انجام دادی برایم تعریف کن.» این پرســش در را به روی فرصت‌های بیشتر باز می‌کند. حتی اگر شاگرد بگوید: «هیچی»، راه برای طرح پرســش معمولی و به دور از تهدید دیگری باز است: «خب، اگر می‌توانستی کار سرگرم‌کننده‌ای انجام بدهی، چه کار می‌کردی؟»

اعتراف می‌کنم که از نوجوانی که روی پیشانی‌اش نوشته «مزاحم نشوید»، باید با انبر حرف بیرون کشید. او به هر ترتیب راهی پیدا می‌کند تا از جواب‌دادن به سؤالات شما طفره

برود. ولی بیشتر بچه‌ها دوست دارند حرف بزنند، به شرطی که شنونده‌ای واقعی داشته باشند که از آنها سؤالات خوبی بپرسد. مطرح‌کردن سؤالات خوب، نیازمند تمرین است. (پیش از آنکه پا پس بکشید، سعی کنید حداقل شش سؤال بپرسید!)

// گوش‌دادن را یاد بگیرید.

در خلال سال‌های اول خدمتم، اصلاً نمی‌دانستم که خوب گوش‌دادن چه نقش مهمی در سلامت خدمت به نوجوانان و چه قدرتی در ایجاد روابط دارد. حالا هر سال که می‌گذرد، بیشتر توجه‌ام به این کلمات که از دهان نوجوانان بیرون می‌آید، جلب می‌شود: «هیچ‌کس به من گوش نمی‌دهد.» بیایید ما استثناء باشیم و به فریاد این نوجوانان برسیم. گوش‌دادن (در کنار تماس چشمی مناسب) محبت و نیز پیام‌هایی نیرومندی را به مخاطب منتقل می‌کند. پیام‌هایی از قبیل:

- من متوجه تو هستم.
- برایم مهم هستی.
- برایت وقت دارم.
- تو دوستم هستی.
- از دیدنت هیجان‌زده می‌شوم.
- به تو اهمیت می‌دهم.
- تو ارزشمندی و لیاقتش را داری که وقتم را صرفت کنم.

هیچ‌وقت فرصت‌های عالی برای خدمت‌کردن به نوجوانان را نادیده نگیرید، حتی اگر این فرصت‌ها چند دقیقه بیشتر نباشند. در سال‌های اول خدمتم، فرصت‌های بی‌نظیر زیادی را که برای ایجاد ارتباط با نوجوانان پیش می‌آمد، بر باد دادم. دلیلش این بود که از مهارت‌های شنیداری مناسب بی‌بهره بودم و فکر می‌کردم نوجوانان عاشق شنیدن پندهای حکیمانهٔ من هستند.

گوش بدهید

- با گوش‌های‌تان گوش بدهید. آیا شاگردتان می‌داند که دارید به حرف‌هایش گوش می‌دهید؟

حرف‌زدن را متوقف و گوش‌دادن را آغاز کنید. در لابه‌لای حرف‌های شاگردتان از او سؤال کنید تا نشان دهید که دارید با دقت به حرف‌هایش گوش می‌دهید. جملات گوینده را تکمیل نکنید یا به او پاسخ‌های سرهم‌بندی‌شده ندهید.

- با چشمان‌تان گوش بدهید. آیا شاگردتان می‌تواند ببیند که شما به حرف‌هایش اهمیت می‌دهید؟

آیا زمانی که دارید با شاگردتان حرف می‌زنید، چشم‌تان مدام داخل کلاس می‌گردد تا شخص دیگری را پیدا کنید؟ آیا مدام به ساعت، یادداشت‌های‌تان، و غیره نگاه می‌کنید یا به مخاطب‌تان؟ آیا تا حالا با کسی به گفت‌وگو نشسته‌اید که به‌جای تمرکز بر گفته‌های شما، حواسش به گاری ساندویچی پشت سرتان باشد؟ این کارش به‌وضوح نشان می‌دهد که شکم خودش، از دل شما اهمیت بیشتری دارد. نگذارید چشمان‌تان تمرکز شما را برهم بزنند. روی کسی که با شماست، متمرکز باشید.

- با صورت‌تان گوش بدهید. آیا شاگردتان باور می‌کند که دارید به حرف‌هایش گوش می‌دهید؟

زمانی که شاگردان حرف دل‌شان را با شما در میان می‌گذارند، حالات چهرهٔ شما باید با تأثیر کلمات آنها همخوانی داشته باشد. کافی نیست که با چهره‌ای بی‌حالت به طرف مقابل خیره شوید. واقعی رفتار کنید. زمانی که شاگردان‌تان هیجان‌زده‌اند، با هیجان به گفته‌های‌شان واکنش نشان دهید. وقتی دلشکسته‌اند، با آنها همدردی کنید.

- با دستان‌تان گوش بدهید. آیا شاگردتان می‌تواند توجه شما را حس کند؟

لمس صحیح مخاطب می‌تواند به اندازهٔ تماس چشمی با او، توجه و نگرانی شما را به وی منتقل کند. بسته به موقعیت مناسب، او را بغل کنید، یا با او دست بدهید، روی شانه‌اش بزنید، این کار را بکنید! خدمت روابطی به نوجوانان مستلزم ایجاد ارتباط با مخاطب در سطوح متعدد است. شاید شما آن روز، تنها کسی باشید که علاقه و توجه واقعی به نوجوان مزبور نشان می‌دهد. یک بغل ساده و چند کلمهٔ دلگرم‌کننده، روشی نیرومند برای انتقال توجه به مخاطب است: «وای! مرسی که وقت گذاشتی تا اینها را با من در میان بگذاری. کار بزرگی کردی. واقعاً ممنونم.»

// واقعی رفتار کنید.

شفافیت کاری پرمخاطره است.

شاید در کلیسای‌تان افرادی باشند که از شما انتظار دارند در نگاه شاگردان‌تان، فردی بی‌عیب‌ونقص باشید. آنها انتظار دارند زندگی‌تان چنان متفاوت باشد که هیچ وسوسه‌ای بر آن تأثیر نگذارد. دوست دارند شما را فراتر از مشکلات خودشان ببینند. خب، تنها مردگان تحت تأثیر وسوسه قرار نمی‌گیرند، پس چه لزومی دارد که وانمود کنید جدال‌ها و کشمکش‌های زندگی هیچ تأثیری بر شما ندارند؟ اگر وانمود به چیزی کنید که در واقعیت نیستید، این کار بی‌صداقتی و ریاکاری است و با این رفتارتان به شاگردان آسیب می‌زنید، چون در نهایت آنها به حقیقت پی خواهند برد.

از سوی دیگر، به شما پیشنهاد نمی‌کنم که کاملاً و به‌طور شفاف بدترین گناهان‌تان را آشکار سازید؛ قرار نیست شاگردان شما، درمانگرتان هم باشند. اما با نوجوانان واقعی رفتار کنید و بگذارید ببینند که چطور شما هم دارید از طریق چالش‌های زندگی، درس می‌گیرید.

تنها راه چاره این است که ترس‌های خودتان را که ناشی از تازه‌کاربودن در این خدمت است، با آنها در میان بگذارید. بگذارید بچه‌ها تا اندازه‌ای از دغدغه‌های شما آگاهی داشته باشند، و برای شما دعا کنند. به‌جای ارائهٔ تصویری دروغین از مهارت‌های خودتان، تصویری صادقانه از هویتی که در سفر روحانی خود با عیسی دارید، به آنها نشان دهید. اقرار به ضعف‌های‌تان، به خدمت شما هیچ آسیبی نمی‌زند؛ برعکس شما را پیش شاگردان‌تان عزیز می‌کند. شاگردان روراست، ثمرهٔ رهبران روراست هستند. کمکی که آسیب‌پذیری به شما می‌کند این است که شاگردان هم در برابر شما نقاب از چهره برمی‌دارند و در میان سایر رهبران نیز بر اعتبارتان افزوده می‌شود.

شما هم در ردیف کسانی قرار خواهید گرفت که پولس در موردشان می‌گوید: «شدت علاقهٔ ما به شما چنان بود که شادمانه حاضر بودیم... انجیل خدا را به شما برسانیم» (اول تسالونیکیان ۸:۲). پولس نه وانمود به داشتن هویتی می‌کرد که واقعاً نداشت، و نه از دیگران فاصله می‌گرفت؛ آغوش او برای مخاطبانش باز بود.

// بدانید که کِی موقع فشارآوردن است.

وقتی بر ارزش خدمت روابطی تأکید می‌کنم، یکی از گلایه‌هایی که به گوشم می‌خورد این است که خادمان می‌گویند، اگر زیادی با بچه‌ها دوست و صمیمی شویم، دیگر نمی‌توانیم آنها را ترغیب کنیم زندگی‌شان را همسو با کلام خدا پیش ببرند.

نخست آنکه، هدف ما برای خدمت به نوجوانان این نیست که دوستان نوجوان بیشتری پیدا کنیم (هرچند دوست و غمخواربودن کار بسیار شایسته‌ای است). دوم اینکه، از قرار معلوم کسی که دوستانه و صمیمی برخورد می‌کند، فرصت بیشتری دارد تا کلام خدا را با نوجوانان- دستِ‌کم با نوجوانی که گوش شنوا دارد و به آنچه می‌گویید، اهمیت می‌دهد- در میان بگذارد. پذیرش رویارویی و یادگیری از کسی که حرفش برای‌تان خریدار دارد، آسان‌تر است. به‌ندرت پیش می‌آید که فردی غریبه به من انگیزه بدهد، ولی معمولاً به حرف آنانی گوش می‌دهم که می‌دانم واقعاً به فکرم هستند و برایم اهمیت قائل‌اند.

هروقت فرصتی دست می‌دهد یا هرگاه لازم است شاگردان‌تان را به چالش بکشید، از اینکه به آنها فشار بیاورید، واهمه نداشته باشید. این بخشی ضروری از فرایند شاگردسازی است- اینکه با مهربانی آنها را به‌سوی مسیح رهنمون شوید یا به چالش وادارید تا عادات جدید را در خود پرورش دهند. شاگردان از شما انتظار دارند در مورد زندگی روحانی و کارهایی که در خانه می‌کنند، اینکه در قرار ملاقات با دوست جدیدشان چه کردند، و غیره، از آنها سؤال کنید. اگر خودشان چنین انتظاری دارند، شما هم می‌توانید از همین رویه پیروی کنید! ولی تشخیص زمان‌ها از هر چیزی مهمتر است. بنابراین، سفر روابطی شما شامل این است که یاد بگیرید چه زمانی دربارهٔ خدا حرف بزنید و کِی در مورد موضوعات دیگر.

من اکثر ملاقات‌هایم را در رستوران‌های زنجیره‌ای تاکو بل می‌گذارم، چون غذاهایش ارزان است و از عهدهٔ پرداختش برمی‌آیم، و هم می‌توانم لیوان نوشابه‌ام را دوباره و رایگان پر

کنم. یک‌روز یکی از بچه‌های گروه کوچکم را دیدم که به تاکو بل وارد شد و از کوله‌پشتی‌اش لیوانی درآورد و بدون آنکه پولش را بدهد، آن را از نوشـــابه پر کرد. بالای دستگاه این نوشته خودنمایی می‌کرد: «تنها کسانی می‌توانند لیوان خود را از نو با نوشابهٔ رایگان پر کنند که همان روز سفارش داده باشند.» ولی او پول نوشیدنی را پرداخت نکرد- این کارش دزدی بود.

می‌دانســـتم که اگر چیزی به او بگویم، ممکن اســـت خیال کند که من جزو مســـیحیان خشکه‌مقدسم. احتمالاً می‌گفت: «اینکه چیز مهمی نیست. همه این کار را می‌کنند.» در مورد جملهٔ دومش، حق با او بود، اما کاری که کرده بود، واقعاً مهم بود. صداقت مفهومی است که ارزش دارد در موردش صحبت کنیم، پس موقع فشـــار آوردن بود. یک گفت‌وگوی ده دقیقهٔ تند با هم داشتیم. او را مجبور به پذیرش دیدگاهم نکردم. در عوض روی محبتم نسبت به او تأکید کردم و بعد مکالمه به پایان رسید.

> به‌عنوان یک نوجوان، زمان زیادی را با داگ گذراندم. آن وقت‌ها داگ برای من شـــخصی فراتر از شبان نوجوانان بود. او دوستم بود- یک دوست قدیمی. زمانی که این فصل کتاب را خواندم، مجبور شـــدم رابطه‌ام با داگ را دوباره مرور کنم. بیشترین تأثیری که او بر من گذاشت، زمانی بود که کاملاً «اتفاقی» (یا شاید تا پیش از خواندن این فصل این‌طور تصور می‌کردم) درهای زندگی‌اش را به رویم گشـــود و راهنمایـــی‌ام را بر عهده گرفت. اوقاتی که همدیگر را می‌دیدیم، برنامه‌ریزی‌شـــده و منظم نبودند؛ وقتی بازی داشـــتم برای تماشا می‌آمد، و من هم هرازگاه به خانه‌اش ســـر می‌زدم. او با دعوت‌کردن من به خانه‌اش، نشانم داد که چطور خانواده‌ام را محبت کنم. زندگی نه چندان کامل اما شـــفاف او برایم سرمشق ایمان راستینی شد که آرزویش را داشتم. - اندی برازلتن[1]

یـــک هفته بعد، ای‌میلی از او دریافت کردم، که در آن گفته بود در طول هفته، روح‌القدس او را مجاب کرده که رفتارش ناشایســـت بوده اســـت. اندی برای اینکه وقت گذاشته بودم تا به‌خاطر «موضوعی پیش پا افتاده» (عین کلمات خودش) به او رســـیدگی کنم، از من تشکر کرده بود. برایم آســـان‌تر بود که قضیه را زیرســـبیلی در کنم، ولی همین برایم فرصتی عالی فراهم ســـاخت تا نوجوان مزبور را به چالش بکشم. خدا از آن موقعیت برای کمک به بلوغ وی استفاده کرد.

اگر شاگردان را به‌خاطر هرچه می‌گویند، فکر می‌کنند و انجام می‌دهند، به چالش بکشید، بـــه‌زودی هیچ کـــدام از آنها را اطراف‌تان نخواهید یافت. ولی اگر زمان مناســـب اســـت، از سرمایه‌گذاری‌کردن روی روابط‌تان با شاگردان نترسید و آنها را با محبت به سطحی عمیق‌تر از ایمان رهنمون شـــوید. نوجوانان نه تنها به این قبیل فشارها نیاز دارند، بلکه بسیاری از آنها به‌دنبال کســـی می‌گردند که به اندازهٔ کافی بدیشـــان اهمیت بدهد و مراقب رفتارشان باشد.

1. Andy Brazelton

من هر بار که جسارت حرف زدن توأم با محبت را به خودم می‌دهم، از نتایجش شگفت‌زده می‌شوم.

// در دسترس باشید.

کاملاً واضح است که شما نمی‌توانید ۲۴ ساعت شبانه روز در دسترس باشید، اما خدمت روابطی مستلزم آن است که هر وقت تنش یا بحرانی به‌وجود می‌آید، آنجا حضور یابید. چقدر خوب می‌شد اگر می‌توانستیم برای بحران‌هایی که در زندگی نوجوانان پیش می‌آید، زمان مناسب تعیین کنیم. ولی از آنجایی که چنین چیزی به‌دور از واقعیت است، از رهبران نوجوانان می‌خواهم که زمانی را که در دسترس هستند، «دقیقاً مشخص کنند».

برای مثال، می‌توانم به نوجوانی بگویم: «اگر لازم بود با کسی حرف بزنی، با کمال میل در خدمتتم!» شاید نتوانیم بلافاصله همدیگر را ببینیم، ولی شاگرد می‌داند که به من دسترسی دارد.

یا می‌توانم چیزی شبیه به این بگویم: «خبر دارم که پدر و مادرت در بحبوحهٔ طلاق هستند، و به‌خاطرش متأسفم. می‌دانم که برایت خیلی دردناک است. این را هم می‌دانم که الآن همهٔ دوستانت دورت را گرفته‌اند، ولی لطفاً این را بدان که هر وقت خواستی می‌توانی به من زنگ بزنی تا دربارهٔ اوضاع پیش‌آمده با هم حرف بزنیم.» با گفتن این جملات، من به نوجوان مزبور این پیام را رسانده‌ام که هم نگرانش هستم و هم در دسترسش.

گاهی سعی می‌کنم با شاگردانم ارتباط برقرار کنم. اول از علاقهٔ شخصی‌ام پرده برمی‌دارم و بعد به زبان می‌آورم که در دسترس هستم: «شنیدم وارد تیم بسکتبال شدی. می‌تونی بگی چه روز و ساعتی مسابقه داری؟ دوست دارم بازیت را تماشا کنم.»

در دسترس بودن به معنای آماده‌باش نیست. در دسترس بودن یعنی ابراز علاقه و توجه نشان‌دادن به طرف مقابل.

// حد و مرز تعیین کنید.

در خدمت به نوجوانان، باید برخی حد و مرزها را از پیش تعیین کنید. خواه مجرد باشید خواه متأهل، نمی‌توانید و نباید هر ساعت از شبانه روز، در صدد رفع همهٔ نیازهای شاگردتان برآیید. اگر متأهل هستید، خانواده‌تان به‌خاطر آموختن هنر نه گفتن از شما، عاشق‌تان خواهد شد. و اگر مجردید، همسر و فرزندانی که در آینده خواهید داشت، به دلیل یاد گرفتن این واژهٔ بااهمیت و دیگر عادات پسندیدهٔ روابطی، سپاسگزارتان خواهند بود.

زمانی که تازه کارم را در خدمت به نوجوانان آغاز کردم، به دانشکدهٔ الاهیاتی رفتم، و در آنجا یکی از خادمان کهنه‌کار در حیطهٔ نوجوانان تعریف کرد که در خلال صرف شام سالگرد ازدواجش، یکی از شاگردان وسط شام به خانه‌اش آمده و خواسته با او حرف بزند. این سخنران ویژه گفت که به‌خاطر خدمت به نوجوانان، همسرش را سر میز شام رها کرده و برای رسیدگی به نیاز شاگردش رفته بود. به‌عنوان یک جوان ۲۰ سالهٔ تازه‌کار در دلم او را ستودم.

امروز که خودم با بیش از ۲۰ سال سابقهٔ خدمت، کهنه‌کار محسوب می‌شوم، فکر می‌کنم که کار آن مرد احمقانه بوده. اگر من بودم، می‌رفتم دم در و می‌گفتم: «تو که نمی‌خواهی امشب مرا به کشتن بدهی؟ نه؟ فردا با هم حرف می‌زنیم، چونکه اگر الآن با تو بیایم، همسرم مرا خواهد کشت! دوستت دارم، اما در حال حاضر تعهد دیگری هم دارم. الآن وقتش نیست.»

«کاشکی من این را ۲۰ سال پیش خوانده بودم.»- یکی از خادمان مطلّقهٔ نوجوانان

اگر اهل روابط باشید، ولی برای روابط خود حد و مرز تعیین نکنید، خدمت‌تان مجال داشتن زندگی خصوصی را از شما خواهد گرفت.

// از فناوری به سود خودتان استفاده کنید.

برای هر تماس تلفنی، گوشی را برندارید؛ جواب هر پیامک را ندهید؛ هر کس که در خانه‌تان را زد، در را به رویش باز نکنید! هر وقت که برنامهٔ کاری‌تان اجازه می‌دهد، پیام‌های صوتی و ای‌میل‌های خود را چک کنید. با هرازگاه پاسخ‌دادن به تماس‌ها، هم به نوجوانان نشان داده‌اید که حواس‌تان به آنها هست و هم سلامت عقلانی خود و سلامت عاطفی خانواده‌تان را حفظ کرده‌اید. اگر می‌خواهید برای مدتی طولانی در خدمت به نوجوانان ماندگار شوید، باید مراقب اوقات شخصی‌تان باشید.

// ارجاع‌دادن به مشاور را یاد بگیرید.

وقتی مرتباً با شاگردان و والدین‌شان جلسه ترتیب می‌دهید، گاهی بهترین کار این است که خوب به حرف‌هایشان گوش بدهید، دعا کنید و بعد آنها را به مشاوری حرفه‌ای- یا دستِ‌کم فردی که تجربهٔ بیشتری در آن مورد خاص دارد- ارجاع بدهید.

من شنوندهٔ خوبی هستم و مردم را هم دوست دارم. ولی مشاور نیستم. اغلب از اینکه نمی‌توانم درمان هر دردی باشم، احساس گناه می‌کنم. قبلاً تلاش کرده‌ام، ولی بارها به‌جای درست‌کردن ابروها، چشم‌های طرف را کور کرده‌ام.

به‌خاطر ارجاع‌دادن به متخصص، احساس گناه نکنید. برای خودتان قضیه را حل کنید که شما مشاور نیستید، بلکه با کمال خشنودی حاضرید به حرف‌های طرف گوش بدهید و برای گرفتن کمک بیشتر، مشاوری را به وی معرفی کنید.

دعا و ارجاع به متخصص، دو ابزار سودمند در دست خادمان نوجوانانند.

در اولین هفتهٔ کاری‌ام به‌عنوان خادم نوجوانان، به ماروین[1] زنگ زدم. ماروین دانش‌آموز کلاس هفتم بود. در گردهمایی نوجوانان که به مناسبت معارفهٔ رسمی من به‌عنوان شبان جدید نوجوانان برپا شده بود، با او دیدار کوتاهی داشتم.

هدفم برای نخستین هفتهٔ کاری این بود که از طریق تلفن یا نامه با تک‌تک بچه‌ها تماس بگیرم. در مکالمهٔ تلفنی‌ام با ماروین، صحبت‌هایی شبیه به این رد و بدل شد:

---

1. Marvin

من: «سلام ماروین، هلن هستم.»
ماروین: (با لحنی یکنواخت) «کی؟»
من: «هلن، شبان تازهٔ نوجوانان. (سکوت. حس ناامنی داشت در من بیشتر می‌شد.) زنگ زدم حالت را بپرسم. (سکوت بیشتر. حس ناامنی بیشتر.) خب،... چه کارها می‌کنی؟»
ماروین: «هیچی.»
من: «آها، خب. واسهٔ این آخر هفته چه برنامه‌ای داری؟»
ماروین: «هیچی.»
من: «آها، خب، بگو ببینم از مدرسه چه خبر؟»
ماروین: «هیچی.»
من: «آها، چه عالی. جالبه. خب... فکر کنم بهتره مزاحم نشم. از حرف‌زدن باهات خیلی خوشحال شدم. امیدوارم یکشنبه شب در گروه نوجوانان ببینمت.»

در حالتی که احساس حماقت و باخت می‌کردم، گوشی را گذاشتم! با خودم فکر کردم: «این‌طور ارتباط برقرار کردن با بچه‌ها خیلی سخت است! یعنی من به‌خاطر همین به مدرسهٔ الاهیات رفتم؟!»

آن یکشنبه مادر ماروین را جلوی در کلیسا دیدم و دوان‌دوان به سراغش رفتم و به سرعت از جلویش درآمدم. تا چشمش به من افتاد، گفت: «بیا... تو آسمان‌ها دنبالت می‌گشتم... هلن ممنونم که به ماروین زنگ زدی. شما دوتا دربارهٔ چه چیزهایی با هم حرف زدید؟»
نزدیک بود از دهانم بپرد: «هیچی»، ولی قبل از اینکه لب باز کنم، گل از گلش شکفت و از سر علاقه و قدرشناسی لبخندی تحولم داد و گفت: «ماروین گوشی را که قطع کرد، گفت مامان، هلن بود. شبان جدید نوجوانان! با هم حرف زدیم. منو خوب درک می‌کنه. خوب می‌فهمه چه حسی دارم و با چه چیزهایی سروکله می‌زنم...»
نوجوانان اغلب غیرقابل‌پیش‌بینی و دمدمی هستند و به‌راحتی نمی‌توان از آنها رمزگشایی کرد. خیلی زود یاد گرفتم که نسبت به برقرارکردن ارتباط با نوجوانان متعهد باشم. به قول قدیمی‌ها: «کار نیکو کردن از پُرکردن است!» این گفته در مورد ارتباط برقرار کردن با نوجوانان هم صدق می‌کند. باید بارها تلاش کنید تا بتوانید با یک نوجوان ارتباطی پیوسته ایجاد کنید. برای بعضی، بازکردن سر صحبت آسان‌تر است. ولی بسیاری از افراد صداهایی در پَس ذهن‌شان می‌شنوند که مدام حس ناامنی را در گوش‌شان زمزمه می‌کنند و آنها را از رسیدن به مقصود اصلی‌مان، باز می‌دارند. در خلال همین لحظات است که باید به یاد بیاوریم: «قوت او در ضعف ما کامل می‌شود.» و سپس حس ناامنی‌مان به عطیه‌ای بزرگ تبدیل می‌شود... زیرا ما را به سمت وابستگی عمیق‌تر به عیسی سوق می‌دهد.
ماروین و من دوستان خوبی شدیم، و مرتباً به هم زنگ می‌زنیم. خیلی خوشحالم که تأثیر نامطلوب تماس اولم با ماروین و حدس و گمان‌هایم همگی اشتباه بودند. حالا ۲۵ سال

از آن روزها گذشــــته، و من هنوز به بچه‌ها زنگ می‌زنم. و هنوز از روش‌هایی که خدا برای نشان‌دادن قوتش در ضعف‌های من به‌کار می‌گیرد، شگفت‌زده می‌شوم.

هلن میوزیک[1]

// نیرویی را که در چیزهای کوچک نهفته است، درک کنید.

من ســـال‌ها کتاب‌مقدس را به نوجوانان تدریس کـــرده‌ام، با این‌حال خیلی معدود پیش آمده که نوجوانی پس از طی دوره به من بگوید که پیام‌هایم زندگی‌اش را متحول کرده است.

از سوی دیگر، نوجوانان بارها به من گفته‌اند که خاطرهٔ کارهای کوچکم تا ابد در ذهن‌شان حک شده و در سال‌های بعدی زندگی مایهٔ دلگرمی‌شان خواهد بود.

کارهای کوچک شامل چه چیزهایی می‌شود؟

- زنگ‌زدن به بچه‌ها در اولین روز بازگشایی مدارس و دعاکردن برای آنها.
- فرســتادن عکس‌هایی که در رویدادهای گروه نوجوانان انداخته‌ایم برای تک‌تک آنها. (همیشه یک کپی اضافه از عکس‌ها چاپ کنید.)
- یک نیش ترمز زدن در محل تمرین‌شان و سلام و احوال پرسی‌کردن با آنها.
- حضور در جلســـات تمرین یا مسابقات ورزشی آنها. (گرچه قبلاً سری به آنها زده‌اید، ولی بعد از تمرین یا مسابقه هم می‌توانید جلو بیایید و با آنها گپی بزنید.)
- پست‌کردن تنقلات مورد علاقه‌شان، به طوری که در روز تولد به دست‌شان برسد.
- زنگ‌زدن به والدین بچه‌ها و پُزدادن با آنها پیش پدر و مادرشان. (مثلاً، «خانم گیتس[2]، پسر شما بیلی در کارهای گرافیکی کامپیوتری رودست ندارد. او برای گروه‌های کوچک ما طرح‌های بی‌نظیری کشیده!»)
- چسباندن یادداشت‌های تشویق‌آمیز به در جلویی خانه‌شان، در خلال امتحانات مدرسه یا دیگر دوره‌های پراضطراب. (بعد از چســـباندن یادداشت، زنگ خانه را بزنید و غیب شوید.)
- چسباندن یادداشت‌های تشویق‌آمیز، مستقیماً به خود نوجوانان.
- دعوت‌کردن شاگردان به صرف شام.
- اجازه دهید بچه‌های گروه (البته بچه‌های همجنس) شب را گروهی با هم بگذرانند.
- پیگیری‌کردن جواب دعایی که نوجوان اخیراً با گروه در میان گذاشـــته، به فاصلهٔ چند روز بعد از دعا.
- اســـتفاده از شـــاگردان به‌عنوان نمونه‌های مثبت در وعظ، یا در مطالعهٔ کتاب‌مقدس. (همیشه خوب است که اول از آنها اجازه بگیرید.)
- پست‌کردن کارت پستال‌های بامزه برای آنها، بدون اینکه مناسبتی در راه باشد.
- برگزاری یک بازی فکری حسابی در شب پیش از آزمونی مهم.

1. Helen Musick; 2. Mrs. Gates

- درخواست از شاگردان- در دیداری خصوصی یا تن به تن- برای دعاکردن برای شما.
- به خاطر سپردن نام شاگردان و به‌کار بردن نام‌شان، هنگامی که دارید با آنها حرف می‌زنید.
- فرصت وعظ برای گروه یا رهبری جلسهٔ مطالعهٔ کتاب‌مقدس، نصیب همهٔ خادمان نوجوانان نمی‌شود، ولی هر کس می‌تواند هر کار کوچکی که از دستش برمی‌آید، انجام دهد. وقتی از سایر رهبران می‌شنوید که برای نوجوانان کارهای کوچکی کرده‌اند، در جلسهٔ بعدی هیئت رهبری آن ایده‌ها را در میان بگذارید و تأییدشان کنید. نه تنها دیگر رهبران هم ایده‌های عالی را خواهند شنید، بلکه خدمت مثبت به نوجوانان تقویت می‌شود و ارزش نهاده می‌شود. احتمالاً سایر رهبران هم سعی خواهند کرد از این ایده‌ها برای شاگردان خودشان استفاده کنند.

پس اول چه کار کنم؟

اهل روابط بودن، به کارهایی که می‌کنید بستگی چندانی ندارد؛ این به هویت شما بستگی دارد. در خدمت سالم به نوجوانان، رهبرانی اهل رابطه هستند که شاگردان‌شان را دوست می‌دارند و می‌خواهند آنها را بشناسند. آنها شبان نوجوانان هستند، نه همدم صِرف آنها.

عیسی استاد خدمت مبتنی بر روابط بود! او نه تنها پا به این جهان گذاشت تا با ما راه برود، بلکه به چشمان مخاطبانش خیره می‌شد و در همین حین آنها را هم خدمت می‌کرد. او به هر کس که برمی‌خورد- زنی که مبتلا به خونریزی بود، مرد مفلوجی که از سقف پایین فرستادند، زکای پنهان‌شده بالای درخت- کار خود را متوقف می‌کرد، و اولویت را به آنها می‌داد. این ذات و جوهرهٔ خدمت روابطی است: در اولویت قراردادن انسان‌ها.

دستپاچه نشوید. روی دو سه نفر از شاگردان‌تان تمرکز کنید. همهٔ ایده‌هایی که فهرست کردم، در راستای تحقق‌بخشیدن به هدفی است که در فصل ۳ پیرامونش بحث کردیم: تحقق حکم بزرگ خدا.

«عیسی پاسخ داد: "خداوند خدای خود را با تمامی دل و با تمامی جان و با تمامی فکر خود محبت نما." این نخستین و بزرگترین حکم است. دومین حکم نیز همچون حکم نخستین، مهم است: "همسایه‌ات را همچون خویشتن محبت نما."» (متی ۲۲:۳۷-۳۹)

پرسش‌های پایان فصل

// برای بحث در گروه

- آیا در خدمت نوجوانان این آزادی را دارید که روی زندگی شاگردان‌تان سرمایه‌گذاری کنید؟
- برای اینکه خادمی اهل روابط باشید، چه چیزی بیش از همه شما را می‌ترساند؟

// برای تأملات شخصی

- برای به خاطر سپردن نام بچه‌ها، چه کار بهتری می‌توانم انجام دهم؟
- برای تعیین حد و مرز لازم در مورد زمان‌هایی که در دسترس هستم و اوقاتی که در دسترس نیستم، چه کارهایی باید بکنم؟
- در مورد سایر رهبرانی که شاگردان مورد نظرم برای سرمایه‌گذاری را «برمی‌دارند»، چه حسی دارم؟
- چه حرکتی از جانب شاگردان می‌تواند دلالت بر این باشد که من «شبان نوجوانان» آنها هستم؟
- چه زوایایی از زندگی‌ام را می‌توانم برای شاگردانم آشکار سازم، تا آنها خودِ واقعی‌ام را بهتر بشناسند؟

// اقدامات لازم برای ملاحظات بیشتر

- از نام کسانی که فکر می‌کنید پتانسیل لازم را برای روابط ۵- ۳- ۱ دارند، فهرستی تهیه کنید. اگر قادر به تهیهٔ فهرستی از نام‌ها نیستید، این کار را هدف خودتان قرار دهید.
- فهرستی از کارهای کوچکی که می‌توانید به‌طور مرتب و منظم انجام دهید، تهیه کنید (نک. ص ۹۹). این فهرست می‌تواند مرجع (Go-to list– فهرست کارهایی که به‌طور مرتب بدان رجوع می‌کنیم– م.) شما باشد.
- هر هفته برای یکی از شاگردان‌تان نامه‌ای تشویق‌آمیز بنویسید.

فصل ۵

چگونه با والدین کار کنم؟
تبدیل‌شدن به دوست خانوادگی

از میان تمام فصل‌های کتاب، این فصل بیش از آنکه زاییدهٔ آزمون و خطاهای گاه‌به‌گاه باشد، از بطن آزمون و شکست‌های متعدد بیرون آمده است. من در این زمینه بیش از اندازه مرتکب اشتباه شده‌ام و پیرامون فراگیری نحوهٔ خدمت به والدین هم بسیار کند پیش رفته‌ام، چنانکه باید صادقانه اعتراف کنم که از سرعت یادگیری‌ام نگرانم. این فصل بسیار مهمی است، ثمرهٔ تلاش و دردی جانکاه. نمی‌خواهم شما لطماتی را که خودم مسبب‌شان بودم و آسیب‌هایی را که شخصاً دیدم، تجربه کنید.

سفر من... از دیدن والدین به چشم دشمن، تا شریک و همراه

در اوایل خدمتم نسبت به والدین نگرشی ناپخته داشتم و آنها را دشمن خدمت شایسته به نوجوانان می‌دیدم. از آنجایی که دیدگاهم این بود، هروقت با والدین بچه‌ها حرف می‌زدم، مجبور بودم با احساساتی همچون هراس و ناامنی بجنگم.

والدین به ایده‌های خلاقانه‌ام «نه» می‌گفتند. نمی‌توانستم باور کنم که خانم مور[1] نمی‌خواهد که ما حامی مسابقهٔ بوکس میان رهبران مدارس در سطح محلی شویم، در صورتی که به‌زعم من این رویداد فرصت خوبی برای جذب نوجوانان بود.

---
1. Mrs. Moore

والدین نسبت به تلاش‌های من اعتراض داشتند: به نظر آنها من به اندازهٔ کافی کتاب‌مقدس تعلیم نمی‌دادم؛ زیادی جدی بودم و زیادی کتاب‌مقدس تعلیم می‌دادم! زیادی بازی می‌کردم؛ به اندازهٔ کافی بازی نمی‌کردم! بچه‌ها در حین جلسهٔ کلیسایی، زیادی سروصدا می‌کردند؛ بچه‌ها به اندازهٔ کافی در جلسه حاضر نمی‌شدند! اگر شکایت‌های آنها را- با ذکر نام و توصیف چهره‌هاشان که به‌خوبی همه را به یاد دارم- می‌نوشتم، مثنوی هفتاد من کاغذ می‌شد.

به دلیل بی‌تجربگی، همهٔ اظهارنظرها را حملاتی مستقیم به شخص خودم تلقی می‌کردم. در برابر والدین موضعی دفاعی می‌گرفتم، که کاملاً در اندیشه، کردار و گفتارم نمایان بود. والدین دشمن تمام ایده‌هایی بودند که من برای بنای خدمتی نیرومندتر به نوجوانان، در سر داشتم. خشمگین بودم.

امروز، خودم پدر یک نوجوان هستم که عضو گروه خدمت به نوجوانان کلیسا است. تغییر در روند رشد خانواده‌ام، نحوهٔ تفکر مرا نیز نسبت به خدمت نوجوانان دگرگون کرده است. حالا وضع برعکس شده! من اغلب خدمت نوجوانان کلیسای‌مان را دشمن زمانی می‌دانم که خانواده باید در کنار هم سپری کنند، چراکه دخترم بیش از رویدادهای خانوادگی، به رویدادهای خدمت نوجوانان علاقه نشان می‌دهد.

در خلال دو سال آغازین خدمت‌تان در حیطهٔ نوجوانان، نمی‌توانید برای خانوادهٔ خودتان وقت و انرژی کافی بگذارید. مدام مشغول به خاطر سپردن نام‌ها، ارزیابی برنامه‌ها، پیش بردن استراتژی‌ها و جا انداختن آنها هستید. ولی اگر در همین سال‌های آغازین خدمت رویکردی دوستانه‌تر نسبت به خانواده اختیار کنید، طی سال‌های آتی این رویکرد تأثیر زیادی بر کارها و اقدامات‌تان خواهد گذاشت. چه در ازای خدمت به نوجوانان حقوق بگیرید چه داوطلب فعال باشید، اگر اولویت را به خانواده‌ها بدهید و متعهد به تشویق خانواده‌های کلیسای‌تان شوید، موفق‌تر خواهید بود.

بگذارید به شما چند ایده و نگرش مراقبتی پیشنهاد کنم که در خدمت به خانواده‌ها طی دو سال آغازین خدمت، کمک حال‌تان خواهند بود.

تصویر بزرگ: حقایق بنیادین در مورد خدمت نوجوانان و والدین

مهم است که همهٔ خادمان نوجوانان، از رابطهٔ حیاتی میان خدمت نوجوانان و والدین، چشم‌اندازی بزرگ و جامع در ذهن داشته باشند. تیم خدمت به نوجوانان، اگر با خانواده‌ها رابطه‌ای دوستانه داشته باشد، هم بنیهٔ کلی کلیسا را تقویت می‌کند، هم به خانواده‌ها و نوجوانان یاری می‌رساند، و هم خدمت نوجوانان در نظر جماعت، ارج و اعتبار پیدا می‌کند.

// شما صرفاً یکی از عوامل تأثیرگذار هستید، نه تنها عامل تأثیرگذار.

من به این نتیجه رسیده‌ام که اگر با والدین در ارتباط نباشیم و در فرایند تحول روحانی، که در کلیسا تعلیم می‌دهیم، همدوش یکدیگر پیش نرویم، در بلندمدت تأثیر ناچیزی بر زندگی نوجوانان خواهیم گذاشت. اگرچه ممکن است نوجوانان شما را آدم خوبی بدانند

و از حرف زدن با شما احساس امنیت کنند، لیکن والدین بیشترین تأثیر را در زندگی آنها دارند.

// خدمتِ نوجوانان با تعهد به دوستی با خانواده، مهم است، ولی آسان نیست.

سروکله‌زدن با خانواده‌ها در محیط زندگی واقعی، با آنچه که بنا بر تعاریف آکادمیک از خانواده‌های مطلوب در ذهن داریم، تفاوت دارد. وقتی در دانشکدهٔ الاهیات مشغول تحصیل بودم، سخن استادان خیلی روشن، ایده‌ها آسان و خانواده‌ها پذیرا به‌نظر می‌رسیدند. اما زمانی که از دانشکده پا بیرون گذاشتم و وارد عرصهٔ خدمت شدم، دریافتم که همه چیز خیلی متفاوت است- آمیزه‌ای از «وای، چه خوب!» و «آه، نه!». میدان خدمت آن‌قدرها هم مرتب و منظم نیست. اما کورسوی «وای، چه خوب!» ارزش تلاش‌کردن دارد.

و شاید حتی گه‌گاه «اِکه هِی!»- کسی که خودش در میدان حضور داشته

من برای هشداردادن به شما، در کمال صداقت و روراستی این را می‌نویسم، تا بدانید تعامل داشتن با خانواده‌ها مهم است، ولی کار آسانی نیست. در دو سال آغاز خدمت‌تان، نگران سروسامان‌دادن به برنامه‌های متعدد برای والدین و خانواده‌ها نباشید؛ در عوض، روی درک خانواده‌ها و نحوهٔ ایستادگی آنها در برابر سفرهای دشوارتان، تمرکز کنید. توقعات خودتان را از برنامه‌ها پایین بیاورید و بیشتر روی تغییر نگرش‌های‌تان کار کنید. اگر قدری عقل سلیم به کار ببرید، افعال و اقدامات درست هم به‌طور طبیعی در پی آن نمودار می‌شوند.

شش ایدهٔ دعا برای والدین

۱. خود را عادت بدهید که از والدین بپرسید چطور می‌توانید برای‌شان دعا کنید.

۲. یکی از والدین را که حاضر است داوطلب شود، پیدا کنید تا درخواست‌های دعا را جمع کند. شاید بتوانید یک خط تلفن ویژه برای دعا در نظر بگیرید تا والدین به آن زنگ بزنند و درخواست‌های دعای خود را شخصاً با شما در میان بگذارند. آن درخواست‌هایی را که محرمانه نیستند به سایر رهبران هم بدهید تا در گروه‌های دعای داوطلبانهٔ کلیسا مطرح کنند.

۳. اگر می‌گویید: «برای‌تان دعا می‌کنم.» واقعاً برای والدین دعا کنید. (شاید این نکته فقط در مورد خودم صادق باشد.)

۴. از والدین بخواهید برای تیم رهبری شما و خدمت‌تان دعا کنند.

۵. وقتی برای رویدادی ویژه یا اردو همدیگر را می‌بینید، از والدین بخواهید کمی بیشتر بمانند تا با هم دعا کنید. متوجه باشید که خانواده‌ها وقتی فرزندان‌شان قرار است به سفر بروند، درگیر احساسات و نگرانی‌های شدید می‌شوند. حتماً از آنها بخواهید که هدایت دعا را بر عهده بگیرند. (حتماً اول از خود والدین بپرسید که مایلند دعا کنند یا نه.)

۶. از تعدادی از نوجوانان که در خدمت فعال هستند، بخواهید برای خانواده‌های به‌خصوصی از اعضای کلیسا، دعا کنند.

// چگونه پدری و مادری‌کردن را به والدین یاد ندهید، مگر آنکه والدین مزبور خودشان هم نوجوان باشند.

در سال‌های اولیهٔ خدمتم، واقعاً فکر می‌کردم که می‌توانم فرزندداری را به والدین بیاموزم. چه اشتباه بزرگی! یادم می‌آید که در سمیناری موسوم به فرزندداری تعلیم می‌دادم. در چهرهٔ والدینی که در سمینار شرکت کرده بودند، می‌توانستم این جملات را بخوانم: «بله، درست است»، «رفیق، کاملاً پیداست که خودت نوجوان در خانه نداری»، و «این ایده شاید برای نوزادان جواب بدهد، ولی هرگز برای یک نوجوان عملی نیست». از برآیند حالات چهره و حرکات‌شان به‌خوبی می‌شد حدس زد که من از تجربهٔ فرزندداری بی‌بهره‌ام، و بنابراین، برای آنان مرجع موثق و معتبری به‌شمار نمی‌آیم. حق با آنها بود. من از آنچه می‌گفتم، هیچ *شناختی* نداشتم.

تا زمانی که دورهٔ رشد نوجوان خودتان به پایان نرسیده و پا به مرحلهٔ جوانی نگذاشته، به‌هیچ‌وجه سعی نکنید ایفای نقش پدر یا مادر را به سایر والدین بیاموزید. شما به‌عنوان خادم نوجوانان، در مورد نوجوانان اطلاعاتی دارید، اما تا خودتان بچه بزرگ نکرده باشید، از بچه‌داری چیزی نمی‌دانید. شاید بیش از یک پدر و مادر معمولی در مورد پرورش نوجوانان اطلاعات داشته باشید، از فرهنگ متداول میان نوجوانان چیزهای بیشتری بدانید، با تکه‌کلام‌های‌شان آشنا باشید، و بدانید که در حال حاضر چه نوع تی‌شرتی مُد است، اما زمانی که بحث بچه‌داری به میان می‌آید، ایده‌های‌تان را برای بچه‌های خودتان نگه دارید- وگرنه والدین خیلی سریع فروتنی را یادتان خواهند داد؛ همچنان که من خیلی سریع آن را آموختم، و از این زمان بود که از کسوت آموزگار خودفرما بیرون آمدم و نقش دوست متعهد خانواده را بر عهده گرفتم.

من به‌خاطر صداقت، پیشنهادها و راهکارهای ارائه‌شده به خادمان نوجوانان در این فصل، سپاسگزارم. ولی متأسفانه یکی از دلایل نگارش این سطور آن است که خودم سال‌ها از جانب خانواده‌ها ضربه خورده‌ام. بسیاری از ما به بیماری مزمنی مبتلا شده‌ایم که می‌تواند خسارات زیاد و جبران ناپذیری بر کلیسا وارد کند: ما خدمت به نوجوانان را خدمت خودمان می‌بینیم. داگ به این نکته اشاره می‌کند که ما باید قبول کنیم که والدین تأثیرگذارترین افراد بر زندگی نوجوانان هستند. اگر این حرف درست باشد (که به باور من درست است)، پس هر آنچه ما به نام خدمت به نوجوانان می‌اندیشیم، می‌گوییم و انجام می‌دهیم، باید بازتاب این واقعیت باشد.

برای مثال بیایید موضوع زمان را در نظر بگیریم. دست ما خادمان برای تأثیرگذاری بر نوجوانان- یا حتی ایجاد رابطه‌ای پیوسته با آنان- تا اندازهٔ زیادی بسته است، چونکه زمان

بسیار محدودی با آنها هستیم. به‌جز موارد استثنایی که با آنها جلسهٔ ملاقات خصوصی می‌گذاریم و در این دیدارها مستقیماً گفت‌وگو می‌کنیم، در هفته شاید سه ساعت، آن‌هم در گروهی بزرگ با بچه‌هایی که به جلسه آمده‌اند، ارتباط داریم. شاید تعدادی از بچه‌ها هم ساعتی را در گروه‌های کوچک صرف تعامل با همدیگر کنند. پس برای بچه‌هایی، که تازه پای ثابت همهٔ جلسه‌های نوجوانان هستند (و گه‌گاه غیبت هم می‌کنند)، در طول سال تحصیلی سرجمع حدود ۱۰۰ ساعت برای برقراری رابطه وقت داریم. به این آمار می‌توانیم آخر هفته‌ها و یک هفته اردوی نوجوانان را هم اضافه کنیم. این در مقایسه با زمانی که بچه‌ها با خانواده و والدین خودشان می‌گذرانند، چیزی محسوب نمی‌شود. نوجوانان بعد از والدین، بیشترین زمان را با بزرگسالان دیگری که در زندگی برای‌شان اهمیت و ارزش قائلند- مانند والدین دوستان نزدیک، معلمان، مربیان ورزشی- سپری می‌کنند. همهٔ این افراد به شکل‌های گوناگون مراقب نوجوانان هستند و بر زندگی‌شان تأثیر می‌گذارند. ولی والدین بیشترین تأثیر را دارند. ما خادمان نوجوان، تنها یکی از چندین فرد تأثیرگذار بر زندگی یک نوجوان هستیم و بهترین کاری که از دست‌مان برمی‌آید این است که در اتحاد با سایر بزرگسالانی که سرپرستی آن نوجوان را بر عهده دارند- یعنی والدین- وظیفه‌ای را که خدا برای تربیت او به ما سپرده، به انجام برسانیم.

با این‌حال، اغلب چنین نیست. خدمت نوجوانان در این قسمت ضعفی جدی دارد. ما فکر می‌کنیم که بهتر از هر کس دیگری بچه‌ها را می‌شناسیم، دوست‌شان داریم و خدمت‌شان می‌کنیم. اما خودم به‌عنوان پدر سه فرزند که به‌سرعت در حال رشدند، خادمان نوجوانان زیادی را دیده‌ام که آمده‌اند و رفته‌اند. بعضی از آنها قابل‌اعتماد و فداکارند، ولی بیشترشان افرادی سطحی و دمدمی‌اند. هنوز، هر سه فرزندم می‌توانند یکی دو خادم نوجوانانی را که برای‌شان زحمت زیادی کشیده‌اند، نام ببرند. مخرج مشترک؟ این خادمان نوجوانان نه تنها فرزندان ما را به‌خاطر آنچه بودند (یا هستند) محبت کردند، بلکه شغل اصلی خودشان را *پشتیبانی کردن از خانواده* می‌دانستند. از چاک[1] گرفته تا جویی[2] و هدر[3] و سکات، همگی می‌دانستند که من و دی[4] تا چه اندازه نیازمند همراهانی تعلیم‌پذیر و متعهد هستیم تا به فرزندان‌مان بفهمانیم که خواست خدا در زندگی آنها و برای پادشاهی‌اش چیست. امید و دعای من این است که همهٔ خادمان نوجوانان نقش خودشان را در این راه پیدا کنند.- چپ کلارک[5]

عادت خانواده‌دوست‌بودن را در خود پرورش دهید

والدین باید بدانند که شما سعی ندارید جای‌شان را بگیرید، بلکه فقط می‌کوشید کمک‌شان کنید.

---

1. Chuck; 2. Joey; 3. Heather; 4. Dee; 5. Chap Clark

// نیازهای اساسی خانواده را درک کنید

وقتی به خدمت نوجوانان و دغدغه‌های والدین نگاهی می‌اندازید، به یک مخرج مشترک می‌رسید: کسب و کار. (نک. فهرست عناوین زیر.) با وجود این، من اغلب معتقدم که خودم تنها کسی هستم که زندگی شـــلوغی دارم، از این‌رو تعجب می‌کنم که چرا همیشه با والدین موافق نیســـتم. برای پرورش رویکرد خانواده‌دوستی، این واقعیت را در نظر داشته باشید که کســـب و کار در فرهنگ ما به پدیده‌ای همه‌گیر و جهانی تبدیل شده است. این به کسانی که در حوزهٔ خدمت به نوجوانان فعالیت می‌کنند، محدود نمی‌شود. خانواده‌ها، در سراسر جهان نیازمند زمان... برای با هم‌بودن هستند. زمانی که به این نیاز پی ببرید، نسبت به برنامه‌ریزی‌ها، تعلیم‌ها، و انتظاراتی که از شاگردان و والدین دارید، حساس‌تر خواهید شد.

«نوجوانم را مجبور نکن بین خانواده و کلیســـا، یکـــی را انتخاب کند!»- پدر/ مادری نگران

دغدغه‌های خادم نوجوانان

- چگونه می‌توانم توجه‌ام را معطوف شاگردانم نگه دارم؟
- چگونه می‌توانم باعث رشد خدمت نوجوانان شوم؟
- چگونه می‌توانم به رشد روحانی شاگردانم کمک کنم؟
- چه فعالیت‌هایی برای شاگردانم جذابند؟
- برای شاگردانم چه برنامه‌های خدمتی را می‌توانم اجرایی کنم؟
- چهارشنبه... یکشنبه‌شب آینده باید در مورد چه موضوعی صحبت کنم؟
- از چه برنامهٔ آموزشی‌ای باید استفاده کنم؟
- چگونه می‌توانم والدین شاگردانم را خوشحال نگه دارم؟
- چگونه می‌توانم در خدمتی که انتها ندارد، خودم را سرپا نگه دارم؟
- چرا این‌قدر سرم شلوغ است؟

دغدغه‌های والدین

- قبض‌های این ماه را چگونه پرداخت کنیم؟
- چگونه می‌توانیم در خانه آرامش را حکمفرما کنیم؟
- چگونه می‌توانیم بچه‌های‌مان را به انجام تکالیف‌شان ترغیب کنیم؟
- چگونه می‌توانیم از پس هزینه‌های فرستادن بچه‌های‌مان به کالج برآییم؟
- چگونه می‌توانیم در زندگی پیشرفت کنیم؟
- دوستان فرزندان‌مان چه کسانی هستند؟

- آیا فرزندمان رابطهٔ جنسی دارد؟ آیا مواد مصرف می‌کند؟
- چگونه می‌توانیم فرزندان‌مان را ترغیب کنیم به میل خود به کلیسا بروند؟
- چرا همیشه به‌نظر می‌رسد که ما از زندگی عقب هستیم؟
- چرا این‌قدر سرم شلوغ است؟

// همیشه حواس‌تان به تأثیری باشد که بر خانواده می‌گذارید.

یکی از راهکارهای عملی برای اطمینان از اینکه نسبت به نیازهای خانواده حساس هستید، پرسیدن این سؤال- و البته جواب دادن به آن- است: «این فعالیت چه تأثیری بر خانواده‌های کلیسا خواهد گذاشت؟»

وقتی هزینهٔ اردو را تعیین می‌کنیم، پرداخت آن از سوی خانواده‌ها چه تأثیری بر اقتصادشان خواهد گذاشت؟ خانواده‌ای که دو نوجوان را می‌خواهند راهی اردو کنند، چگونه از عهدهٔ هزینه‌اش برمی‌آیند؟ تا آنجا که ممکن است، هزینه‌ها را به حداقل ممکن کاهش بدهید. وقتی هزینه‌های اضافی را در مبلغ درخواستی لحاظ می‌کنید، این هزینه‌ها به خانواده‌ها فشار می‌آورند. برای پایین آوردن هزینهٔ برنامه‌ها و رویدادهای نوجوانان، هر کاری از دست‌تان برمی‌آید انجام دهید. اگر برای‌تان مقدور است، از برنامه‌های نوجوانان در اوج زمستان بکاهید و از بچه‌ها بخواهید پیش از آمدن به اردو غذای‌شان را بخورند و روز آخر پیش از فرا رسیدن زمان شام، از اردو برگردید تا در هزینه‌های خوراک صرفه‌جویی شود- حتی شاید خریدن غذا در بین راه، نسبت به تهیهٔ خوراک در اردوگاه، هزینهٔ کمتری داشته باشد. با دقت وضعیت را بررسی کنید و هر جا که می‌شود، از سر و ته مخارج بزنید.

«خیلی خب، عزیزم. می‌توانی به اردو بروی، ولی دیگر هیچ پولی برای پرداخت قبض برق این ماه، نخواهد ماند.»- پدر یا مادری که از لحاظ مالی گرفتار است

// هنگام زمان‌بندی برنامه‌ها، حواس‌تان به تأثیری باشد که بر خانواده‌ها می‌گذارد.

تعداد شب‌هایی را که قرار است بچه‌ها بیرون از خانه و برای شرکت در رویدادهای نوجوانان سپری کنند، به حداقل برسانید. نمی‌توانید هم خادمی خانواده‌دوست باشید و هم از بچه‌ها بخواهید مدام از والدین‌شان جدا باشند. اگر بچه‌ها را بیش از دو شب در هفته از خانواده‌شان دور نگه دارید، دیگر نمی‌توانید روی خدمت‌تان، عنوان خانواده‌دوست بگذارید.

// برنامه‌ها را سبک‌تر کنید.

از آنجایی که می‌دانید خدمت سالم به نوجوانان، روی روابط متمرکز است، پس بر اهمیتِ روابط صمیمی نوجوانان با خانواده‌هایشان، تأکید کنید. در طول سال دو سه هفته را در نظر گرفته، به‌کلی هر فعالیت مرتبط با نوجوانان را لغو کنید و بچه‌ها را تشویق نمایید که

وقت‌شان را در خانه و با خانواده‌شان بگذرانند. نگران نباشید. خدا، هنوز همان خداست، و بچه‌ها اگر یک هفته دور از گروه نوجوانان باشند، نمی‌میرند.

به‌طور معمول، تیم خادمان نوجوانان ما تلاش می‌کند تا طی ماه دسامبر، هیچ رویدادی را برنامه‌ریزی نکند. در ماه دسامبر، خانواده‌ها برای خودشان برنامه‌های اجتماعی گوناگونی دارند و وقت‌شان هم محدود است، پس ما نمی‌خواهیم که بر تقویم پرتراکم آنها باری اضافه کنیم. همچنین دو هفته مانده به بازگشایی مدارس، برنامه‌های نوجوانان را لغو و خانواده‌ها را تشویق می‌کنیم برای مدرسه آماده شوند، برای آخرین سفر تابستانی خانوادگی از شهر بیرون بزنند، یا سرگرم هر فعالیتی شوند که از انجامش به‌صورت خانوادگی لذت می‌برند. البته اگر می‌خواهید که خانواده‌ها از این وقفه نفع ببرند، باید منظور خود را از لغو برنامه‌ها برای‌شان توضیح دهید.

از آنجایی که عیسی نگفت: «از برنامه‌های من پیروی کنید»، پیوسته در دعا از خدا بخواهید که به شما حکمت لازم را بدهد تا تشخیص بدهید هر چند وقت یک‌بار لازم است بچه‌ها از خانه دور باشند. حواس‌تان باشد در این دام نیفتید که شرکت نوجوانان در برنامه‌ها، برابر با بلوغ روحانی است. شاید روحانی‌ترین کاری که بعضی از شاگردان‌تان می‌توانند انجام دهند، این باشد که در جلسهٔ نوجوانان حاضر نشوند تا وقت‌شان را با خانوادهٔ خودشان بگذرانند.

// در بهره‌گیری از ارتباطات، به‌عنوان ابزاری ساده اما نیرومند، مهارت کسب کنید.

ساده‌ترین راز همراه‌شدن با والدین این است که نحوهٔ ایجاد ارتباط شفاف را یاد بگیرید. حساب دفعاتی که والدین از من چیزهایی را پرسیده‌اند و نتوانسته‌ام از مجراهای ارتباطی درست به آنها پاسخ بدهم، از دستم در رفته است. والدین شاگردان من باهوشند، ولی هیچ‌کدام توانایی خواندن ذهن دیگران را ندارند. والدین دوست دارند در جریان آنچه که روی می‌دهد، قرار بگیرند. من طی سالیان یاد گرفته‌ام که برقراری ارتباط با والدین باید این‌گونه باشد:

- پیوسته: والدین باید هر ماه فهرست خلاصه‌ای از اعلانات را دریافت کنند. تعداد این اعلانات باید بین ۵ تا ۱۰ مورد باشد. اگر به‌طور مرتب و منظم این اطلاعات را بفرستید، والدین هم به آنها جواب می‌دهند. خبردارشدن از آنچه که در خدمت نوجوانان می‌گذرد، از شدت استرس آنها خواهد کاست.
- مختصر: اکثر والدین نمی‌توانند برای مدتی طولانی به خواندن ادامه دهند: نامه، گزارش‌های مدرسه، روزنامه، مجله. آنان برای به‌روزرسانی تقویم خانوادگی، به تاریخ و جزئیات کلیدی نیاز دارند. والدین به شرح حکایات بامزه، جالب و الهام‌بخش علاقه‌ای ندارند؛ آنها جزئیات را می‌خواهند. در واقع، والدین خواهان منوی غذا هستند، نه دستور پخت آن.
- پاکیزه: اگر نویسندهٔ خوبی نیستید، شخص دیگری را پیدا کنید تا نامهٔ شما به والدین را ویرایش و پاکنویس کند. یک‌بار برای والدین نوجوانان نامه‌ای نوشتم

و در آن زمان حرکت به‌سوی اردو را ساعت ۶ صبح ذکر کردم، در صورتی که زمان حرکت ما ۶ عصر بود. حتماً می‌توانید تصورش را بکنید که چه بلبشویی شد. چندین پدر و مادر خشمگین صبح زود از رختخواب گرم و نرم پا شده بودند تا بچه‌های‌شان را برای اردو به کلیسا بیاورند. یکی از این والدین، مادری بود که به من گفت: «بهتر است از یکی بخواهی جزئیات نامه‌هایت را بازبینی کند.» او بود که این ایده را به من داد- البته با لحنی که هرگز فراموشش نخواهم کرد.

شاید این موضوعی پیش‌پاافتاده به‌نظر برسد، اما نگارش پرغلط اعتبار شما و خدمت نوجوانان را زیر سؤال می‌برد. وقتی مردم متنی پرغلط را می‌خوانند، این فکر در ذهن‌شان ایجاد می‌شود که آیا خدمت نوجوانان هم به همین اندازه پرغلط است. لازم نیست به کلاس روزنامه‌نگاری بروید، بلکه باید نامهٔ مزبور را برای یکی از همکاران یا دوستان خبرهٔ خودتان ای‌میل کنید تا اشکالات املایی، دستوری و محتوایی آن را تصحیح کند و بعد آن را برای والدین بفرستید.

- *عاری از آشفتگی*: شاهکارهای هنرمندانه و بامزه و دیوانه‌کننده را برای شاگردان خودتان نگه دارید. والدین به شخصیت‌های کارتونی اهمیت نمی‌دهند؛ اطلاعات حاشیه‌ای برای آنها مهم نیست. من هرگز نشده نامه‌ای را که از مدرسهٔ فرزندم به دستم رسیده، بخوانم و با خودم فکر کنم: «برای این اعلان برنامهٔ پیتزاخوری خیلی بهتر می‌شد اگر عکس کسی را می‌گذاشتند که در حال موج سواری پیتزایی را در دست گرفته است.» به‌جای آن یک ساعتی که قرار است صرف طراحی بروشوری هنرمندانه کنید، چند دقیقه کار مفیدتر انجام دهید: نوشتن نامه‌ای شخصی یا زنگ‌زدن به چند تن از والدین.

- *خبررسانی پیشاپیش*: یک تماس زودهنگام می‌تواند مانع از بروز مشکل در زمان‌بندی‌های خانواده‌ها شود. والدین باید از اوایل سال بدانند که شما برای تابستان چه برنامه‌هایی در نظر گرفته‌اید، تا بتوانند در حد امکان برای آنها آماده شوند و بر اساس آنها برای تعطیلات و سفرهای تابستانی خودشان برنامه‌ریزی کنند. جزئیات را برای زمانی بگذارید که دارید به رویدادها نزدیک می‌شوید و بعد از طریق نامه‌هایی که به‌صورت ماهیانه برای والدین می‌فرستید، آنان را در جریان جزئیات قرار دهید. هرچه رویداد بزرگتر باشد (نه تنها از جنبهٔ زحمتی که قرار است برای آن بکشید، بلکه از جنبهٔ تأثیر روحانی‌ای که بر جای می‌گذارد)، باید زودتر آن را از پیش اعلام کنید.

- *ارزان*: نیاز نیست برقراری ارتباط حتماً گران باشد. حتی می‌توانید از ای‌میل استفاده کنید. اگر خانواده‌هایی هستند که از اینترنت استفاده نمی‌کنند، می‌توانید از فهرست برنامه‌های سالانهٔ کلیسا چند نسخه کپی کنید و از والدین بخواهید یک نسخه از آنها را بردارند. برای والدین نوجوانانی که به کلیسای شما نمی‌آیند،

اطلاعات را به آدرس منزل‌شان بفرستید و دعا کنید که- شاید با وقوع یک معجزه- به دست‌شان برسد (ولی در هر صورت دعاکردن برای آنها کار خوبی است). زمانی که قرار است نامه‌ای پست کنید، توجه داشته باشید که هزینهٔ پست معمولی از اکسپرس کمتر است.

- **روراست**: زمان *واقعی* خاتمهٔ جلسهٔ شبانهٔ وسط هفته را با والدین در میان بگذارید تا بدانند چه موقعی باید دنبال فرزندان‌شان بیایند. اگر شاگردان شما هم مثل بعضی از شاگردان من باشند، به والدین‌شان می‌گویند: «ساعت نه‌ونیم بیا دنبالم»، در صورتی که جلسه ساعت هشت‌ونیم تمام می‌شود. وقتی والدین از زمان واقعی اتمام جلسه خبر داشته باشند، می‌توانند تصمیم بگیرند که چقدر به بچه‌های‌شان اجازهٔ ماندن در کلیسا را بدهند؛ تصمیم با آنهاست.

«واقعاً سر همان ساعتی که می‌گویید، جلسه را تمام کنید!»- پدر و مادر پرمشغله

- **مفید**: پشت نامه‌ای که ماهیانه برای والدین می‌فرستید، خلاصه‌ای از درس‌هایی را که قرار است برای ماه آینده تعلیم بدهید، بنویسید تا والدین از موضوع اطلاع داشته باشند و در حین صرف غذا پیرامونش با هم گفت‌وگو کنند. البته که باید خیلی پیش‌تر برای درس‌ها برنامه‌ریزی کرده باشید (می‌دانم- باز باید برای معجزه‌ای دیگر دعا کنید).

(ندایی از درون سنگرها)

یک‌بار می‌خواستم برای شاگردانم در مورد مسائل جنسی صحبت کنم. وقتی از برنامه‌ام گفتم، چند تن از والدین با شبان ارشد کلیسا تماس گرفتند و نگرانی‌های خودشان را ابراز کردند. شبان ارشد از من خواست با والدین جلسه بگذارم و دغدغه‌های آنان را از زبان خودشان بشنوم.

دو گزینه پیش رویم بود- یا با ذهن و قلبی باز به دغدغه‌های‌شان گوش کنم و یا با ذهن کسی که تصمیمش را از قبل گرفته است در جلسه حاضر شوم. متأسفانه من گزینهٔ دوم را انتخاب کردم.

جلسهٔ ما یک شکست مفتضحانه بود. کار به عصبانیت و داد و فریاد کشید. در نهایت من مجموعه درس‌های مزبور را تعلیم دادم (برندهٔ نبرد من بودم). ولی مدت زیادی طول کشید تا توانستم دوباره اعتماد والدین را به خودم جلب کنم (نزدیک‌شدن به طرف بازندهٔ نبرد، کار چندان ساده‌ای نیست).

اول اینکه، من در شنیدن نگرانی‌ها و پیشنهادهای والدین، ناموفق عمل کردم. فقط به این‌خاطر حرف‌شان را شنیدم تا آنها را رد کنم- نه اینکه به دردها و نگرانی‌های عمیقی که برای فرزندان‌شان داشتند، گوش بدهم.

دوم اینکه، نتوانستم بفهمم که وقتی پای شاگردانم به میان می‌آید، متخصصان حقیقی والدین خودشان هستند. من به‌عنوان شبان نوجوانان فکر می‌کردم می‌دانم چه چیزی برای بچه‌ها بهتر است. با فرهنگ نوجوانان آشنا بودم، در مورد رشد و تربیت نوجوانان اطلاعاتی داشتم، و رابطهٔ دوستانه‌ای هم با بچه‌ها برقرار کرده بودم. بنابراین، تصمیم گرفتم یک سری درس‌های ضروری در مورد مسائل جنسی به آنها تعلیم بدهم. هرگز به ذهنم خطور نمی‌کرد که دیگران، به‌ویژه والدین، مخالف این ایده باشند.

سومین و شاید مهمترین نکته اینکه نتوانستم به موقع در این مورد، مشارکت والدین را برای اخذ تصمیم جلب کنم. اگر از فرصت استفاده می‌کردم و نظرات آنها را هم جویا می‌شدم، به‌جای آنکه برای خودم دشمن‌تراشی کنم، روابط دوستانهٔ بیشتری با آنها برقرار می‌کردم.

جیمز کی. همپتن، شبان (سابق) کلیسای وستساید نزرن، اولیتا، کانزاس[1]

گفت‌وگوی معمول پس از جلسهٔ کلیسا، چیزی شبیه به این است:

پدر/ مادر: امشب مطالعهٔ کتاب‌مقدس چطور بود؟

شاگرد: خوب بود.

(پایان گفت‌وگو)

وقتی از پیش والدین را در جریان موضوع بحث جلسه قرار داده باشید، گفت‌وگوی آنها با فرزندشان به چیزی شبیه به این تغییر پیدا می‌کند:

پدر/ مادر: آیا امشب با نظر داگ در مورد بخشش موافق بودی؟

شاگرد: آره.

پدر/ مادر: تعلیم چطور بود؟

شاگرد: خوب بود

(پایان گفت‌وگو... ولی دستِ‌کم دو برابر قبلی طول کشید!)

والدینی که در جریان هستند، هم خوشحال‌ترند و هم قدرشناس‌تر. اگر به والدین اطلاعات لازم را ندهید، خدمت‌تان به نوجوانان، خدمتی خانواده‌دوست نخواهد بود.

// ملاحظات به‌ظاهر پیش‌پاافتاده را دستِ‌کم نگیرید.

والدین اغلب برای احترامات و تعارفات کوچک، بیشترین ارزش را قائل می‌شوند:

- سر وقت برگشتن از برنامهٔ نوجوانان، نه نیم‌ساعت دیرتر.
- یک نامهٔ دست‌نوشتهٔ ساده به خانواده و ابراز قدردانی از آنها.
- اطلاع ساده روی پیامگیر تلفن، مبنی بر اینکه والدین می‌توانند در خلال اردو با شما تماس بگیرند.
- یک لبخند و کلماتی صادقانه: «من برای خانوادهٔ شما دعا می‌کنم.»

1. James K. Hampton (formerly) Westside Nazarene Church, Olathe, Kansas

پدرها و مادرها عاشق این قبیل رفتارها هستند.

من زمانی به اهمیت ملاحظات کوچک پی بردم که به والدین گفتم می‌توانند با خیال راحت، وسایل خدمت به نوجوانان را برای تعطیلات تابستان‌شان از کلیسا قرض بگیرند. ما چند تا چادر، یخدان، واکی-تاکی، تجهیزات تفریحی و لوازم دیگر داشتیم. با وجودی که فقط دو خانواده از این پیشنهاد استفاده کردند، اما ایدهٔ مزبور مورد ستایش زیادی قرار گرفت. اصلاً فکر نمی‌کردم که پیشنهاد خاصی داده باشم، چراکه سال‌ها پیش خانواده‌های کلیسا پیشنهاد قرض‌دادن لوازم‌شان به خدمت نوجوانان را به من داده بودند. فقط سعی داشتم این لطف‌شان را جبران کنم. (در واقع، نیمی از لوازمی را که خانواده‌ها قرض گرفتند، خودشان قبلاً به کلیسا اهدا کرده بودند!)

حتی یک ایدهٔ کوچک می‌تواند تأثیر بزرگی بر جای بگذارد.

// فشار روحی روانی دورانِ گذار را بردارید.

مراحل گذار مثل پیوستن به گروه نوجوانان یا ترک خانه برای رفتن به کالج، فرصت‌هایی برای خدمت به خانواده‌ها محسوب می‌شوند.

وقتی شاگردان جدیدی وارد گروه نوجوانان می‌شوند، با والدین‌شان تماس بگیرید تا اگر پرسشی دارند مطرح کنند و پاسخ لازم را بگیرند و ضمناً دغدغه‌های‌شان را با شما در میان بگذارند. لازم نیست خودتان با آنها تماس بگیرید؛ تیمی از رهبران تربیت کنید تا در این مسئولیت با شما شریک باشند. اکثر خانواده‌ها حداقل چند سؤالی دارند. تماس گرفتن با آنها، مجال لازم را برای طرح سؤالات‌شان فراهم می‌سازد، و خودتان هم فرصت پیدا می‌کنید که اشتیاق‌تان را برای مشارکت خانواده‌ها در برنامه‌های نوجوانان ابراز کنید.

فرستادن فرزندان به کالج می‌تواند سخت باشد. زمانی که فرزندان خانه را ترک می‌کنند، بسیاری از والدین اندوهگین می‌شوند. یکی از عکس‌های گروهی نوجوانان را که فرزندشان در آن حضور دارد، به پیوست یادداشتی دلگرم‌کننده برای آن خانواده بفرستید و حمایت خودتان را از آنها اعلام کنید.

// والدین را در سفر پیش روی‌شان، تشویق کنید.

والدین تشنهٔ تأیید و مشتاق شنیدن اظهارنظرهای مثبت در مورد مهارت‌های‌شان در امر بچه‌داری هستند؛ آنها دوست دارند در مورد فرزندان‌شان عبارات خوش‌بینانه بشنوند. یکی از ساده‌ترین کارهایی که هر خادم نوجوانان می‌تواند انجام دهد، تشویقِ کلامیِ خانواده‌ها است. این هیچ ربطی به سن و سال والدین یا تجربهٔ بچه‌داری آنها ندارد.

وقتی از کمپ زمستانی برمی‌گردید، با عجله سراغ تمیزکردن وانت کلیسا نروید. به‌جای آن در پارکینگ کلیسا به دیدار والدین بروید، توی چشمان‌شان نگاه کنید و ضمن تعریف حکایتی، از فضایل شخصیتی و برخوردهای مثبت فرزندشان بگویید. وقتی جلسهٔ وسط هفته تمام می‌شود، با یکی از والدین تماس بگیرید و بر نکتهٔ مثبتی که آن روز عصر در رفتار

فرزندشان متوجه شده‌اید، تأکید کنید. هر هفته پس از خاتمهٔ کلاس کانون شادی سراغ والدین یکی از شاگردان بروید و با تعریفی واقعی دلگرم‌شان کنید. اگر سخنان‌تان از روی صداقت و روراستی باشند، روی آنها اثر خواهند گذاشت.

خیلی جالب است که والدین وقتی می‌فهمند شما طرف آنها هستید، عوض می‌شوند.

ده (۱۰) روش برای اعتبار بخشیدن به والدین

۱. نام والدین را یاد بگیرید و بدانید که پدر و مادر کدامیک از بچه‌ها هستند.

۲. ضمن شرکت در رویدادهای نوجوانان (اجرای موسیقی، بازی) با والدین ملاقات کنید.

۳. از نحوهٔ بچه‌داری والدین تعریف کنید. نقاط قوت فرزندان‌شان را شناسایی کنید و اعتبار آن را به والدین‌شان بدهید. («خانم جونز، قطعاً کار درستی کرده‌اید. پسر شما یک خادم واقعی است. شکی نیست که این خصلت را کمتر می‌توان در میان نوجوانان دید.»)

۴. در پی گفت‌وگویی که با والدین دارید، برای‌شان یادداشتی بفرستید («خیلی خوب شد که دیروز، ضمن تماشای بازی جان با شما صحبت کردم. واقعاً از خانوادهٔ شما سپاسگزارم.»).

۵. به درد دل والدین گوش کنید. نظرات‌شان در مورد خدمت نوجوانان را مورد توجه قرار دهید. لازم نیست نسبت به هر پیشنهادی واکنش نشان دهید، بلکه به آنان اطمینان بدهید که دربارهٔ ایده‌های‌شان فکر خواهید کرد.

۶. احساسات خود را در مورد اهمیت خانواده، ابراز کنید. بگذارید والدین بدانند که شما برای خانوادهٔ آنها ارزش قائلید و به آنها احترام می‌گذارید. تقویم کاری خدمت به نوجوانان را طوری تنظیم کنید که با برنامهٔ خانواده‌ها همخوانی داشته باشد. از بچه‌ها نخواهید که در هفته بیش از دو شب بیرون از خانه باشند.

۷. قبول کنید که والدین خیلی بیشتر از شما فرزندان‌شان را دوست دارند، مراقب‌شان هستند و برای‌شان زحمت می‌کشند. شاید نقش مهمی در زندگی نوجوانان داشته باشید، اما هرگز نمی‌توانید جای والدین آنها را برای‌شان بگیرید.

۸. سالی یک‌بار ضیافت شامی به مناسبت قدردانی از والدین ترتیب بدهید.

۹. بچه‌ها را تشویق کنید که طی جلسهٔ کلیسا، کنار والدین‌شان بنشینند.

۱۰. برای وقت والدین احترام قائل شوید. سر موعد مقرر از رویدادهای نوجوانان برگردید. (خود ما هم از والدین انتظار داریم سر وقت برای بردن فرزندان‌شان بیایند، درست است؟)

دوستی‌های خانوادگی را تقویت کنید

یکی از دشوارترین وظایف خدمت نوجوانان پیش‌بردن اولویت‌هاست. بسیاری از خادمان نوجوانان برای خانواده‌ها وقت نمی‌گذارند، چون این کار اولویتی سازنده به‌نظر نمی‌رسد. همین را در مورد دعا می‌توان گفت- به‌نظر نمی‌رسد که دعا کاری سازنده باشد، ولی دعا یکی از اقدامات سازنده‌ای است که ایمان را زنده نگه می‌دارد.

وقت گذاشتن برای تحکیم دوستی‌های خانوادگی با والدین، یک اولویت است؛ تفاوتی که این اولویت میان خدمت نیکو اما کوتاه‌مدت و خدمتی درخشان و خانواده‌دوستانه و البته درازمدت ایجاد می‌کند، از زمین تا آسمان است.

مزایای تقویت روابط میان والدین-خادم نوجوانان، عبارتند از:

- احتمال یافتن پدر یا مادری که می‌تواند راهنمای شما شود.
- یافتن متحدی از میان والدین که می‌تواند در مورد شما تأثیری مثبت بر سایر والدین و خدمت نوجوانان بگذارد.
- یادگیری نگاه‌کردن به خدمت نوجوانان از چشم‌انداز والدین (اگر خودتان یکی از آنها نیستید).
- رابطه داشتن با بزرگسالان، نه فقط با نوجوانان.
- شنیدن داستان‌ها از زاویهٔ دید والدین (هر داستانی همیشه دو رو دارد).
- دستیابی به منابع و نفوذ منحصربه‌فردی که والدین در اختیار دارند و بهره‌گیری از آنها برای خدمت به نوجوانان.
- فراگیرتر‌شدن خدمت‌تان به ورای محدودهٔ نوجوانان.
- خدمت‌کردن به نوجوانان به‌واسطهٔ والدین‌شان.
- رساندن این پیام به نوجوانان که والدین‌شان افرادی مهم و ارزشمندند.
- فرصت خوردن شامی رایگان هر چند وقت یک‌بار در خلال همهٔ این کارها!

// اهل روابط باشید.

همین‌طور که در حال بهبود روابط با شاگردان‌تان هستید، روابط خود را با والدین نیز گسترش دهید. واضح است که نمی‌توانید با تک‌تک والدین رابطه‌ای صمیمی برقرار کنید، چنان که با همهٔ نوجوانان هم نمی‌توانید صمیمی شوید (مگر آنکه بر گروهی بسیار کوچک نظارت داشته باشید)، ولی می‌توانید برای صمیمی‌تر‌شدن رابطه‌تان با چند تن از آنها تلاش کنید.

من به والدین می‌گویم: «دوست دارم بیشتر با شما آشنا شوم. هر روز ناهار می‌خورم، پس خوشحال می‌شوم اگر دعوت مرا برای ناهار بپذیرید و در حین صرف غذا با هم دربارهٔ زندگی‌تان، خانواده‌تان، کارتان و خدا حرف بزنیم. قرار نیست کلاس مطالعهٔ کتاب‌مقدس

برگزار کنم و شما هم مجبور نیستید به همهٔ پرسش‌های من پاسخ بدهید. می‌خواهم دربارهٔ خانوادهٔ شما بیشتر بدانم.»

وقتی برای اولین بار با والدین تنها می‌شوید، چه چیزهایی می‌توانید از آنها بپرسید؟

- به چه کاری مشغول هستید؟
- فعالیت خانوادگی مورد علاقه‌تان چیست؟
- خدمت نوجوانان چگونه می‌تواند به رشد روحانی فرزند شما کمک کند؟ برای کمک بیشتر چه کاری از دست ما ساخته است؟
- از رابطهٔ خودتان با خدا بگویید.

فرایند آشنایی با والدین تقریباً شبیه فرایند آشنایی با نوجوانان است. آنها را بشناسید، به آنها اهمیت بدهید، حرف‌شان را بشنوید، کمک‌شان کنید، تشویق‌شان کنید... آن‌وقت خواهید دید که خدمت‌تان به نوجوانان عمق و مفهومی بیشتر پیدا کرده است.

رویکرد دلخواه من این است که با پدر خانواده، در دنیای خودش برای ناهار قرار بگذارم. بعد از قرار ناهار با گرت[1]، از من دعوت کرد تا در برنامهٔ تمرین پزشکی خانواده شرکت کنم. وقتی به جلسهٔ تمرین رسیدم، او یک روپوش سفید آزمایشگاهی، یک گوشی طبی و یک تختهٔ گیره‌دار به من داد و من تمام روز دنبال او راه می‌رفتم. کلی خندیدیم (با بعضی از دستکش‌های لاستیکی یک‌بار مصرف داستان‌هایی پیش آمد که باید برای‌تان تعریف کنم)، یه عالمه خاطره ساختیم و یک دوستی تازه میان‌مان شکل گرفت. روابطی از این دست، شالودهٔ خدمت خانواده‌دوستانه به نوجوانان را تشکیل می‌دهند.

چگونه به والدینی که ارتباط‌شان قطع شده، رسیدگی کنیم

یکی از نومیدکننده‌ترین تجربیات من در طول خدمتم به والدین، برخوردن به پدرها و مادرهایی است که نیاز به مشارکت بیشترشان در برنامه‌های ما احساس می‌شود، ولی حضور ندارند! چگونه با این قبیل والدین- که به کلیسا نمی‌آیند یا به کلیسایی دیگر می‌روند- و ظاهراً تمایلی به ایجاد رابطه با ما ندارند، ارتباط برقرار کنیم.

۱. آشکارا تمایل خودتان را برای آشنایی با آنها ابراز کنید.
۲. هر زمان که با آنها هم‌کلام می‌شوید، دربارهٔ فرزندشان سخنانی دلگرم‌کننده بگویید.
۳. از کمک‌هایی که می‌توانند بکنند، فهرستی فراهم کنید. بعضی از والدین منتظرند تا از آنها درخواست کمک کنید.
۴. پیش از آنکه به زبان بیاورند، نیازهای‌شان را تشخیص دهید. به موضوعاتی فکر کنید که آنها را تحت تأثیر قرار می‌دهد و هر وقت امکانش بود به آنها پیشنهاد کمک بدهید (رساندن‌شان به مقصد، تخفیف برای والدینی که دو نوجوان دارند، و غیره).
۵. رویدادهایی را طراحی کنید که والدین مزبور مایل به شرکت در آنها هستند.

1. Garrett

- سفرهای خدمتی/ مأموریتی
- جلسه با والدین برای تشریح برنامه‌هایی که برای شاگردان در نظر دارید.
- برگزاری ضیافت برای دانش‌آموزان تازه‌وارد به مقطع راهنمایی یا دبیرستان. از والدین بخواهید عکس فرزندان‌شان را به شما بدهند تا طی ضیافت از طریق پروژکتور پخش کنید.

۶. در هنگامهٔ بحران، در دسترس والدین باشید.

۷. برای والدین نامه‌های تشکرآمیز بفرستید. از آنها به‌خاطر این فرصت که برای فرزندان‌شان وقت می‌گذارند، قدردانی کنید. در نامه، شمارهٔ تلفن یا ای‌میل خودتان را هم بنویسید تا بتوانند با شما تماس بگیرند.

۸. همیشه کسی را مسئول خوش‌آمدگویی به والدین کنید تا هر وقت برای رساندن بچه‌های‌شان به کلیسا می‌آیند، مورد استقبال قرار بگیرند. هروقت چشم‌تان به یکی از والدین می‌افتد، راه‌تان را به‌سوی‌شان کج کنید تا احوال‌پرسی دوستانه‌ای با آنها داشته باشید، حتی اگر آنها مایل به این کار نباشند.

۹. برای ملاقات یا تماس تلفنی با والدین وقت بگیرید تا عملکرد خدمت نوجوانان را برای‌شان توضیح دهید. به والدین بگویید که می‌خواهید در مورد مکان و فعالیت‌هایی که فرزندان‌شان در آنها شرکت می‌کنند، نظرشان را جویا شوید. این به شما فرصتی می‌دهد تا اگر والدین پیش شما نمی‌آیند، شما سراغ والدین بروید.

۱۰. توجه داشته باشید که نمی‌توانید به همهٔ والدین و خانواده‌ها رسیدگی کنید. با ایمان به اینکه خدا قادر به انجام غیرممکن‌هاست، (تا حد امکان) نهایت تلاش خودتان را بکنید.

به والدین اجازه بدهید به دیگر والدین خدمت کنند

در عین‌حال که خدمت سالم به نوجوانان مستلزم خدمت به خانواده‌ها هم هست، باید بگویم که خود والدین هم می‌توانند- و باید- به دیگر والدین خدمت کنند.

طی سالیان آموخته‌ام که والدین می‌توانند خدمات مؤثری به یکدیگر بکنند، حتی مؤثرتر از خدمت داوطلبان جوان (یا حتی خودم، البته زمانی که جوان بودم). اگر برآوردی واقع‌گرایانه داشته باشیم، در خلال دو سال آغازین خدمت‌تان، حداقل می‌توانید پدر یا مادر یکی از نوجوانان را پیدا کنید تا به برخی از تلاش‌های‌تان در راستای خدمت خانواده‌دوستانه، سروسامانی بدهد. حرکت خود را با دو گام محتاطانه آغاز کنید: برای رهبریِ خدمت به والدین، شرح خدمتی مشخص کنید و کسی را انتخاب کنید که مسئولیت‌پذیر باشد.

// شرح وظایفی نکته به نکته برای خدمت به والدین درست کنید.

از آنچه می‌خواهید پدر یا مادر داوطلب برای خدمت‌رسانی به والدین دیگر انجام دهد، تصویری واضح و روشن داشته باشید، تا بتوانید کسی را پیدا کنید که با عطایای ویژه‌اش فرد مناسبی برای این خدمت باشد. به شرح وظایف زیر نگاه کنید:

۱۱. نظارت بر ارتباطات با والدین
- نوشتن ای‌میلی ماهیانه و فرستادن آن برای والدین.

۱۲. برنامه‌ریزی و نظارت بر رویدادهای مربوط به والدین (دو یا چهار بار در سال).
- تشکیل یک تیم رهبری از میان والدین آماده به خدمت.
- برنامه‌ریزی تعلیم والدین (درک فرزند نوجوان‌تان، و کم‌کردن فشارهای روحی و روانی ناشی از دوران گذار برای او، و غیره).
- سازماندهی و بودجه‌بندی برای هر برنامه، با برآورد جزئیات.

۱۳. پیداکردن و سازماندهی والدینی که تجربهٔ قبلی دارند.
- تهیهٔ فهرستی از والدینی که در زمینه‌های گوناگون تجربهٔ قبلی دارند، و کسانی که خودشان پیشنهاد داده‌اند تجربیات تلخ‌شان را با دیگران در میان بگذارند.
- سازماندهی افرادی با وضعیت مشابه، در گروه‌های مجزا.
- تماس با افرادی که نام‌شان در فهرست نوشته شده و تشریح نقش‌شان، تا در صورت تماس والدین نیازمند کمک، این افراد بدانند چه باید بکنند.

۱۴. جای‌دادن والدین علاقمند در گروه‌های کوچک.
- جای‌دادن والدین علاقمند در گروه‌های کوچک، پس از هر جلسهٔ تعلیمی برای والدین.
- پیداکردن موضوعات متناسب برای طرح در گروه‌های کوچک والدین.
- کارکردن با رهبران گروه‌های کوچک والدین و مراقبت‌کردن از آنها.

۱۵. پاسخگویی به مشکلات والدین تازه‌وارد.
- به مجرد تماس والدینی که با مشکلات فرزندداری مواجه‌اند، شما اولین کسی باشید که به تماس‌شان جواب می‌دهید.
- تماس‌گیرندگان را به والدینی ارجاع دهید که از موضوع، تجربهٔ قبلی دارند.

در حال مرور فهرست، حواس‌تان باشد که من توصیفی جامع ارائه داده‌ام تا در مورد کارهایی که داوطلبان می‌توانند انجام دهند، تصویری کلی پیدا کنید. آنها مجبور نیستند تمام ماه یا تمام سال در حال همکاری با خدمت نوجوانان باشند. رشد و پیشرفت در خدمت سالم به والدین، مستلزم زمان است. در ابتدای کار شاید فقط لازم باشد که از داوطلب خود بخواهید، ماهی یک‌بار برای والدین نامه بفرستد. شرح وظایف را، هرچه که هست، بنویسید و هر زمان که آمادگی‌اش را دارید، تغییرش بدهید.

// از میان والدین کسی را پیدا کنید که نمایندهٔ جمع باشد.

داوطلب کنونی ما، کتلین ۴۵ ساله است و چهار فرزند دارد. دوتای این فرزندان از دبیرستان فارغ‌التحصیل شده‌اند. کتلین در ماه ده ساعت از وقتش را صرف مدیریت تلاش‌های خانواده‌دوستانهٔ ما می‌کند. این زن بی‌نظیر، با مراقبت و محبت‌کردن به دیگر والدین، به خدا

خدمت می‌کند. ای کاش می‌توانستم چند تایی از او را شبیه‌سازی کنم و برای کلیسای شما هم بفرستم. ولی به گمانم شما هم در کلیسای خودتان کسی شبیه به کتلین را دارید که منتظر است پیدایش کنید و به او امکان بدهید تا از خانواده‌های کلیسا حمایت کند.

وقتی داگ از من خواست تا در خدمت به والدین با او همکاری کنم، حتی فکرش را هم نمی‌کردم که بتوانم بیش از یک وظیفه را به انجام برسانم- سرم خیلی شلوغ بود! ولی بعد از اینکه دربارهٔ موضوع با هم حرف زدیم و دعا کردیم، متوجه شدم که همان اندازه که من به سایر والدین خدمت می‌کنم، آنها هم به من خدمت می‌کنند. پس فعالیت‌های دیگر را کنار گذاشتم و خدمت به والدین را اولویت خودم قرار دادم. اکنون خدا مرا با وجود والدین کلیسا مبارک ساخته و همهٔ ما در پیشروی در مسیر سنگلاخیِ خدمت به نوجوانان با هم مشارکت داریم. در واقع، وقتی والدین فهمیدند که بخش خدمت به نوجوانان قصد دارد آنها را هم زیر پوشش کمک‌هایش قرار دهد و خانواده یکی از دغدغه‌های اصلی آن است، اولش حیرت کردند. من خوشحالم که داگ متوجه این نیاز شد- و از من خواست تا این جای خالی را پر کنم. الآن به‌خاطر همراهی‌ام در این سفر، مادر بهتری هستم، و در مورد دیگر والدین هم همین آرزو را دارم.- کتلین هِیمر[1]

وقتی شرح وظایفی واقع‌گرایانه تهیه و تدوین کردید، آن‌وقت می‌توانید به‌دنبال شخص مورد نظر خدا بگردید. وقتی زمان آن فرا رسید که شخص مورد نظر را در کلیسای‌تان پیدا کنید و مسئولیت خدمت به خانواده‌ها را بر عهده‌اش بگذارید، این ایده‌ها را هم مد نظر قرار دهید:

- *از رهبران خدمت به خردسالان بپرسید:* از آنها درخواست کنید نام سه تن از والدین را که اشتیاق زیادی برای تربیت بچه‌ها دارند، به شما بدهند. شاید فردی را بیابید که عطایا و استعدادهای متناسب با این خدمت را داشته باشد.
- *والدین «نمونه» را شناسایی کنید:* وقتی به‌دنبال خادمی برای خدمت به خانواده‌ها می‌گردید، کسی را لازم دارید که خود به آنچه می‌گوید، عمل کند. وقتی با خانواده‌ها سروکار دارم، با خودم فکر می‌کنم: «از طرز برخورد او با بچه‌اش، خوشم آمد»، یا «تحت تأثیر شیوهٔ برقراری ارتباط او با دخترش قرار گرفتم.» والدینی نظیر اینها، نامزدهای شایسته‌ای برای خدمت هستند.
- *والدین مشغول را پیدا کنید:* حتماً این را شنیده‌اید که می‌گویند: «اگر می‌خواهی کاری انجام شود، آن را به پرمشغله‌ترین آدم بسپار.» اشخاص پرجنب‌وجوش، عمل‌کننده هستند. کتلین در انجمن اولیا و مربیان، ورزش، کلیسا، و دیگر فعالیت‌ها شرکت داشت. او پرمشغله‌تر از آن بود که بتواند مسئولیت دیگری را بر عهده

1. Kathleen Hamer

بگیرد، اما وقتی موضوع را با وی مطرح کردم و بیشتر توضیح دادم، او از سایر مسئولیت‌هایش کاست تا بتواند روی خدمت ما به والدین تمرکز کند.

«شاید لازم باشد در مورد سِمَتم در کلیسا، تجدیدنظر کنم.»- یکی از خادمان سرخوردهٔ نوجوانان

- *خانواده‌های مورد نظرتان را برای شام دعوت کنید:* این شام قدردانی از والدینی است که به وسیلهٔ شما دستچین شده‌اند. وقتی خانواده‌های شایسته در خانه‌تان گرد هم آمدند (حدوداً سه تا پنج خانواده در هر وعده)، به آنان بگویید که تا چه اندازه از چیزهایی که در زندگی و فرزندان‌شان دیده‌اید، قدردانی می‌کنید. سپس رؤیای خود را برای یافتن فردی که برای این خدمت مناسب باشد، با آنها در میان بگذارید. فقط به گفتن نیازها بسنده نکنید، حتی بیشتر بگویید؛ بگذارید از آنچه که در دل و ذهن‌تان می‌گذرد، خبردار شوند. از آنها بخواهید در مورد سِمت پیشنهادی شما دعا کنند. حتی اگر هیچ‌کس پاسخ مثبت ندهد، دستِ‌کم تعداد بیشتری از اعضای کلیسا در جریان قرار می‌گیرند که شما به‌دنبال یافتن چه کسی هستید.

نیرومندترین اصلی که طی این سال‌ها آموخته‌ام، این است که چشم در چشم مردم بدوزید و از آنها بخواهید که وارد خدمت شوند. مردم می‌خواهند دیگران باورشان کنند و به آنها امکان بدهند تا به روش‌هایی منحصربه‌فرد خدا را خدمت کنند- تا تغییری به وجود بیاورند. با اندک تلاشی می‌توانید نیازها و فرصت‌های فوق‌العادهٔ موجود را به خانواده‌های درون کلیسا نشان دهید. آنها را ببینید و از آنها بخواهید، آنگاه شگفت‌زده خواهید شد که چطور خدا می‌تواند از وجود آنان برای خدمتی شایسته به والدین استفاده کند.

حالا با این رؤیا شروع کنید که چطور داوطلبان می‌توانند بر تلاش‌های خانواده‌دوستانهٔ شما نظارت داشته باشند.

اهمیت‌دادن به والدین عصبانی

والدین عصبانی- به دلایل درست یا نادرست- را در هر بخش از خدمت نوجوانان می‌توانید پیدا کنید. شیوهٔ واکنش شما به این قبیل افراد تعیین می‌کند که سربلند از معرکه بیرون بیایید، یا سرافکنده. سعی نکنید که از برخوردها بپرهیزید یا دعا کنید که موضوعات در سکوت حل شوند؛ چنین چیزی نخواهد شد. انتظار ندارم که از برخورد و بگومگو خوش‌تان بیاید. دارم ایده‌هایی را به شما پیشنهاد می‌کنم که در حل دعوا در روابط والدین و خادمان نوجوانان، به شما کمک کنند.

// از والدین عصبانی دوری نکنید.

والدین عصبانی معمولاً زمانی صدای‌شان درمی‌آید که در اوج نومیدی هستند، یعنی وقتی که مجبورند منظورشان را به‌جای عقل و منطق، با فوران احساسات بیان کنند. بارها پیش آمده که از غیبتم در هنگام تماس والدین، خوشحال شده‌ام. اگر در دفترم باشم جواب تلفن را می‌دهم، اما بسته به موقعیت، زمان پاسخگویی به تماسی که روی پیام‌گیر گذاشته شده، فرق می‌کند. اگر امکانش باشد، شخصاً به دیدار آنها می‌روم. در گفت‌وگوی رودررو، می‌توانید ناگفتنی‌ها را از حالات و خطوط چهرهٔ طرف مقابل بخوانید؛ کاری که در تماس‌های تلفنی امکان‌پذیر نیست.

// تا زمانی که حرف‌شان تمام نشده، به آنها گوش بدهید.

مکالمهٔ خوب مستلزم آن است که به والدین اجازه بدهید تمام احساسات‌شان و هرچه را که در دل دارند بیرون بریزند، بدون آنکه حرف‌شان را قطع کنید. کاملاً طبیعی است که بخواهید میان حرف طرف مقابل بپرید و گفته‌های‌شان را اصلاح کنید؛ با این‌حال، وقتی کلام والدین به آخر رسید، آن‌وقت نوبت شما خواهد بود. اگر گفت‌وگوی شما تلفنی است، از گفته‌های‌شان یادداشت بردارید و صبر کنید تا حرف‌شان تمام شود.

// منطقی فکر کنید، قضیه را شخصی برداشت نکنید.

وقتی والدین خشمگینند، ممکن است طرز بیان نامناسبی داشته باشند. شاید عبارتی نظیر این را بشنوید: «تو صلاحیت این را نداری که رهبر نوجوانان باشی.» نکته‌ای که در پَس این عبارت مخفی شده، این است: «من نمی‌دانم چطوری به بچه‌ام رسیدگی کنم. به‌خاطر آینده‌اش بیمناکم. من به این کلیسا می‌آیم، ده‌یک می‌دهم، و حالا به کمک شما نیاز دارم، ولی آن‌قدر احساس ناامنی می‌کنم که دیگر به ستوه آمده‌ام.» یا وقتی می‌گوید: «همیشه هزینه‌های سفر بچه‌ها بیش از حد زیاد است»، شاید منظورش این باشد: «در حال حاضر دستم تنگ است. اگر امکان دارد، قدری به من کمک کنید.» کار شما این است که موضوع واقعی را که در پَس کلمات ظاهری والدین ظاهر شده، تشخیص بدهید. اگر مقدور است، پیش از تماس گرفتن با والدین، از خدا طلب حکمت و تمییز کنید.

// حرف‌تان را با کلامی مثبت تمام کنید.

به اتمام رساندن صحبت با کلام مثبت بدین‌معنا نیست که تسلیم والدین شاکی شوید. جمع‌بندی بحث به شیوه‌ای مثبت، یعنی اینکه شما در پی برقراری آرامش هستید. من همیشه سعی می‌کنم به والدین اجازه بدهم با احساساتی مثبت به بحث خاتمه بدهند، یعنی بدانند که–

- حرف‌های‌شان شنیده و منظورشان فهمیده شده.

- گام‌هایی برای حل مشکل برداشته‌ایم.
- از اظهارنظرهای‌شان استقبال کرده‌ایم (خیلی مهم است که در را برای گفت‌وگوهای آتی باز نگه دارید.)
- در صورت لزوم گفته‌ام: «متأسفم. لطفاً مرا ببخشید.» اگر خرابکاری کرده‌اید، پوزش بخواهید و طلب بخشش کنید. آشتی کنید. قرار است نمونهٔ فروتنی باشید و فروتنی است که شعله‌های خشم را فرو می‌نشاند.

بعضی بگومگوها چنان روح و روان شما را برآشفته می‌کنند که دردش را در بدن‌تان هم احساس می‌کنید. وقتی واقعاً و صمیمانه دل به کار داده‌اید، سخت است که انتقادات را به خود نگیرید. والدین خشم خود را به طرق گوناگون ابراز می‌کنند. آمادگی داشته باشید، دعا کنید و مطالبی را که در فصل بعدی کتاب، پیرامون درگیری نوشته‌ام، خوب هضم کنید. یاد بگیرید با برخوردهای رو در رو مواجه شوید، چونکه به مروز زمان آبدیده خواهید شد و مهارت‌های لازم را برای برخورد با مردم به‌دست خواهید آورد. هرچه به مهارت‌های شما افزوده شود، برخورد با موقعیت‌ها هم آسان‌تر خواهد شد.

(ندایی از درون سنگرها)

با خودم فکر کردم: «باورم نمی‌شود که او در دفتر کار خودم ایستاده و به من می‌گوید که خدمتم را باید چطوری اداره کنم!» از فکر اینکه او تصور می‌کند بیشتر از من در مورد خدمت به نوجوانان آگاهی و شناخت دارد، خنده‌ام گرفته بود. «اگر او همهٔ این توانایی‌ها را یک‌جا دارد، پس چرا نمی‌آید پشت میز من بنشیند؟» تنها نکتهٔ مثبت اینجا بود که این مکالمه داشت در درون سرم انجام می‌شد- چه خوب که کلمات درون سرم در گردش بودند، وگرنه خیلی بد می‌شد.

من می‌دانم که گاهی نمی‌شود با والدین هم‌کلام شد، اما در نهایت این پدر و مادر هستند که در پیشگاه خدا، مسئول فرزندان‌شان به حساب می‌آیند- نه من.

اگرچه الآن به آن موضوع می‌خندم، ولی در آن موقع باعث عصبانیتم می‌شد. قبلاً فکر می‌کردم: «*من همهٔ جواب‌ها و برنامه‌های لازم برای "حل معضلات" همهٔ شاگردان را در اختیار دارم! تنها کاری که لازم است والدین انجام دهند، رساندن بچه‌ها به کلیسا است. اگر شاگرد را پیش من بیاورند، از اینجا به بعدش بر عهدهٔ من است.*» آره، حتماً!

اما الآن خوب می‌دانم که اگر ارتباط بهتری با والدین برقرار کرده بودم، می‌توانستم از بروز بسیاری از درگیری‌ها جلوگیری کنم. ای کاش می‌دانستم که پریدن از روی صخره به میان دریاچه، برای هر پدر و مادری که یک دختر نوجوان ۱۶ ساله دارند، ایدهٔ جالبی نیست. زمانه (و البته بچه‌های خودم) باعث شدند که دربارهٔ موضعم در برابر والدین، تجدیدنظر کنم. در واقع، بسیاری از بهترین خادمان داوطلب من، والدین هستند. روش

فکری آنها به‌طرزی باورنکردنی، پدرانه/ مادرانه است و در مورد خیلی چیزها به من ایده می‌دهد.

می‌دانید الآن چه‌کار می‌کنم؟ از آنها نظرخواهی می‌کنم!

مایک ویلسن[1]، خادم دانش‌آموزان مقطع راهنمایی، کلیسای باپتیست تو ریورز، نشویل، تنسی[2]

زمانی که از دست والدین خشمگین هستید

همان‌طور که بی‌تردید از سوی والدین شکایت‌هایی دریافت می‌کنید، خودتان هم ممکن است احساس سرخوردگی بکنید و والدین مایهٔ نومیدی‌تان شوند. اساساً، برای مقابله با خشم، روش‌های مختلفی وجود دارد. در زیر به چند ایده برای فرو نشاندن خشم، خصوصاً عصبانیت از دست والدین، اشاره می‌کنم:

// پیش از جواب دادن قدری مکث کنید.

اگرچه این روش برای همهٔ درگیری‌ها کاربردی مهم دارد، ولی به‌طور خاص در برخورد با والدین اهمیت پیدا می‌کند. باور کنید، خود من در رعایت این اصل، خوب نیستم. (همسرم زمانی که داشت نسخهٔ اولیهٔ این فصل را می‌خواند، به شوخی گفت: «چرا چیزی را نمی‌نویسی که واقعاً در زندگی‌ات تجربه کرده باشی؟»)

تا پیش از پیدایش ای‌میل، من در این کار مهارت بیشتری داشتم. ای‌میل خیلی آنی است. وقتی کسی از طریق ای‌میل به من حمله می‌کند، پیش از آنکه فکر کنم، جوابش را می‌دهم. بارها پیش آمده که حتی پیش از سبک‌سنگین‌کردن مطالب ای‌میل دریافتی و سنجش راست و دروغ آنها، جواب‌های زشت و زننده و نیشدار به فرستنده ارسال کرده‌ام. در صورتی که هر بار می‌بایست درنگ، دعا، فکر و سؤال می‌کردم، افکار و احساساتم را با فردی بی‌طرف در میان می‌گذاشتم، در مسابقهٔ دو ماراتن شرکت می‌کردم، و بعد منتظر می‌نشستم تا منطقم بر احساساتم چیره شود و از موضع دفاعی بیرون بیایم. کار درست آن است که دستِ‌کم ۲۴ ساعت صبر کنید و پیش از فرستادن جواب (اصلاً اگر تصمیم به جواب دادن دارید)، به کسی دیگر اجازه بدهید ای‌میل شما را بخواند، تا مطمئن شوید که واکنش‌تان به ای‌میل مزبور، مناسب و خداپسندانه است. با درنگ‌کردن در پاسخ دادن، هیچ چیزی را از دست نخواهید داد.

// زیر پای والدین را خالی نکنید.

وقتی از دست یکی از والدین یا گروهی از آنها عصبانی هستید، سعی نکنید بچه‌های‌شان را طرف خودتان بکشید. هیچ‌وقت بچه‌ها را میان خودتان و والدین‌شان قرار ندهید! اگر شاگردان قرار نیست بخشی از راه‌حل باشند، آنها را به‌کلی از مشکل دور نگه دارید.

1. Mike Wilson; 2. Two Rivers Baptist Church, Nashville, Tennessee

راه خداپسندانه را در پیش بگیرید و از عباراتی که موقعیت والدین را متزلزل می‌سازد، پرهیز کنید. والدین مدام با فرزندان‌شان سروکله می‌زنند تا حرمت‌شان از سوی آنها حفظ شود، و وقتی شما رفتار آنها را مورد نکوهش قرار می‌دهید، به حرمت‌شان خدشه وارد می‌سازید. ما به اندازهٔ کافی برنامه‌های تلویزیونی داریم که در آنها، والدین همچون شخصیت‌هایی احمق به تصویر کشیده شده‌اند. دیگر لازم نیست که خادمان نوجوانان هم از این تعریف کلیشه‌ای پیروی کنند- حتی اگر در مورد بعضی از والدین صادق باشند.

// سراغ منشاء بروید.

هر بار که سعی کرده‌ام دعوای میان خودم با والدین را از طریق شخص سوم (فرزندان‌شان، همسران‌شان، گروه دعا، دیگر شبانان، روزنامهٔ محلی) فیصله بدهم، نبرد را باخته‌ام. اکثر اختلافات ناشی از سوء‌تفاهم‌هایی هستند که به‌واسطهٔ خیالات، بیش از اندازه بزرگ شده‌اند. وقتی با والدین درگیر اختلاف می‌شوید، مستقیماً به سراغ خودشان بروید! حتی اگر والدین روی خوش نشان ندهند، باید مطابق موازین اخلاقی رفتار کنید و مشکل را رو در رو با خود والدین حل نمایید.

// خودتان را جای آنها بگذارید.

بسیاری از معضلات پشت درهای بسته اتفاق می‌افتند. هرگز آنها را نخواهید دید. سال‌ها طول کشید تا در نهایت این اصل ساده را یاد گرفتم: هر داستانی دو رو دارد. وقتی مثل والدین فکر کنم، متوجه می‌شوم که چرا والدین نسبت به مشکل پدیدآمده در خانواده، این‌گونه واکنش نشان می‌دهند. به‌ویژه اگر پدر یا مادر نیستید، خودتان را جای آنها بگذارید و موقعیت را از منظر آنها تصور کنید.

با خانواده‌های درگیر بحران چه باید کرد

یکی از چالش‌انگیزترین وظایفی که در خدمت به نوجوانان با آن روبه‌رو هستید، رسیدگی‌کردن به خانواده‌هایی است که در خانه نوجوانی دارند و درگیر بحرانند. شما نمی‌توانید موقعیت بحرانی‌ای را که بچه‌های گروه‌تان ممکن است با آن مواجه شوند، پیش‌بینی کنید. در عوض، اگر برای رویارویی با بحران برنامه داشته باشید، یک قدم جلو خواهید بود. در اینجا به مواردی اشاره می‌کنم که می‌توانند برای آماده‌سازی شما مفید باشند.

۱. پیش از بروز بحران، به خانواده‌ها خدمت کنید.

روابط، مواجهه با پیامدهای بحران را آسان‌تر می‌کند- کمی آسان‌تر. واقعی و رو راست‌بودن شما به آنها اجازه می‌دهد که واقعی و رو راست باشند.

۲. آمادهٔ گوش دادن باشید.

حضور و اقدامات شما، بیشتر از حرف‌های‌تان به درد می‌خورند. سکوت کردن بهتر از حرف‌های بی‌سروته و بی‌مزه است. برای گوش دادن، در دسترس باشید.

۳. از مطرح کردن صدمات ناشی از بحران در حین گفت‌وگو، واهمه نداشته باشید.

مردم دوست دارند حرف بزنند، ولی شاید از تمرکز کردن روی چیزهایی که آزارشان می‌دهد، احساس گناه کنند. وقتی بخواهید که موضوع را با شما در میان بگذارند، آنان هم استقبال خواهند کرد.

۴. منابع خود را بشناسید.

- در ناحیهٔ شما، مشاوران با تجربهٔ مسیحی چه کسانی هستند؟
- شمارهٔ تلفن خدمات بهزیستی چیست؟ با چه کسی باید تماس گرفت؟
- قانون کشور شما در مورد موضوع سوءاستفاده (تعرض- م.) چه می‌گوید؟ چه چیزی را باید گزارش کنید؟ به چه کسی باید بگویید؟
- در مورد آسیب‌های پس از بحران و روش‌های درمان آنها، چه کتاب‌ها و ویدیوها و سی‌دی‌هایی در اختیار دارید؟ آیا وب‌سایتی می‌شناسید که بتوانید معرفی کنید؟
- شمارهٔ فوریت‌های آسیب‌های روانی ناشی از بحران چیست؟

۵. تمایل خودتان را برای برطرف کردن نیازها اعلام کنید.

- اگر موضوع مرگ و میر در میان است، پیشنهاد کنید که ترتیب کارهای مربوط به کفن و دفن را شما انجام بدهید.
- برای بهبودی از آسیب‌های روانی پس از بحران، کتاب و سایر منابع را در اختیارشان قرار دهید.
- در لیست تماس‌های‌تان به دنبال فرد مناسب بگردید تا خانوادهٔ درگیر بحران را به او ارجاع دهید.

۶. خودتان را در دسترس قرار دهید؛ بگویید: «هر کمکی از دستم بربیاید، انجام می‌دهم.»

والدین در خلال بحران، بیش از مواقع دیگر آمادگی پذیرش کمک را دارند. شاید از شما نخواهند کار خاصی برای‌شان انجام دهید، ولی زمانی که به آنها می‌گویید در دسترس‌شان هستید، پیامی قدرتمند را به آنها می‌دهید. پیام قدرتمندتر را زمانی باید بفرستید که واقعاً بتوانید کاری برای‌شان انجام بدهید، چراکه خیلی‌ها زبانی می‌گویند: «کاری داشتی با من تماس بگیر.»

۷. از تلفن نترسید.

وقتی خبر بحران به گوش‌تان می‌رسـد، فوراً به خانوادهٔ درگیر بحران زنگ بزنید. منتظر نمانید و فکر نکنید که حتماً دیگران دارند به آن خانواده زنگ می‌زنند و الآن سرشـان آن‌قدر شلوغ است که حوصلهٔ حرف زدن با شما را ندارند. نباید تماس تلفنی را زیادی کش بدهید. نگرانی و آمادگی خودتان را برای کمک‌کردن ابراز کنید. سپس گوشی را بگذارید.

۸. والدین آسیب‌دیده را با والدینی که قبلاً همین بحران را پشت سر گذاشته‌اند، آشنا کنید.

- این به والدین امکان می‌دهد تا با کسانی تماس داشته باشند که حال‌شان را خوب درک می‌کنند. همین رشته‌های پیوندِ ناشی از تجربیات مشترک، در بدنهٔ کلیسا اجتماعی واحد از خانواده‌ها به‌وجود می‌آورد.

در حین نگارش این کتاب، به‌خاطر تصمیمات اشـتباه سـال‌های آغازین خدمتم بسیار تأسـف خوردم. اگر از همان ابتدا تدابیر مناسبی اتخاذ می‌کردم، شاید مسیر زندگی و خدمتم بهتر می‌شد.

شما این فرصت را دارید که خدمت خود را با اندیشهٔ درست دربارهٔ والدین و خانواده‌ها شـروع کنید. آنها دشمنان خدمت سـالم به نوجوانان نیسـتند؛ آنها بزرگترین متحدان شما محسوب می‌شوند.

پرسش‌های پایان فصل

// برای بحث در گروه

- بر مبنای این فصل، احساس می‌کنید خدمت به نوجوانان، چطور می‌تواند با مشارکت خانواده‌ها بهتر شود؟
- چرا فکر می‌کنید که پذیرش اقتدار خادمان نوجوانانی که خودشـان فرزندی نوجوان ندارند، این‌قدر دشوار است؟

// برای تأملات شخصی

- آیا متوجه هسـتم که حتی اگر در رویدادی معین شـرکت نداشته باشم، باز در چشم والدین، نمایندهٔ خدمت نوجوانان به‌شمار می‌روم؟ در این‌باره چه حسی دارم؟
- در مورد خانواده‌هایی که فرزندان‌شـان را جلوی در کلیسـا پیاده می‌کنند، ولی هرگز خودشان پا به کلیسا نمی‌گذارند، چه فکر می‌کنم؟
- چگونه می‌توانم بر خانواده‌دوست‌بودنِ خدمت نوجوانان در کلیسای‌مان، تأثیر داشته باشم؟
- چگونه می‌توانـم با والدین نوجوانانی که شاگردسازی‌شـان را بر عهده دارم، روابط بهتری ایجاد کنم؟

- بــه این فکر کنید که چطور داوطلبان می‌توانند بر تلاش‌های خانواده‌دوســتانهٔ شــما نظارت داشته باشند.

// اقدامات لازم برای ملاحظات بیشتر

- از پنج کار کوچکی که می‌توانید به‌طور مرتب و منظم برای تشویق والدین و خانواده‌ها انجام دهید، فهرستی تهیه کنید. این فهرست می‌تواند به لیست مرجع شما تبدیل شود.
- این هفته وقتی والدین را می‌بینید که برای سوار/ پیاده‌کردن فرزندان‌شان آمده‌اند، جلو بروید و با آنها احوال‌پرسی کنید.
- ببینید طی ســه ماه آینده کدام پدر یا مادری را می‌توانید برای ناهار دعوت کنید. به او زنگ بزنید و قرار بگذارید.

فصل ۶

چرا این‌همه نزاع و درگیری؟
کنارآمدن با افراد دردسرساز

فرانسیسکا[1] یکی از خادمان بسیار خوب نوجوانان بود! من چند باری در اردوهایی که برگزار می‌کرد، یا وی صحبت کرده و از نزدیک شاهد رفتار او با شاگردانش بودم. او در سه کلیسا خدمت کرده بود- بدین‌ترتیب که در دو کلیسای قبلی به خدمتش پایان داده بودند و از سومی هم خودش- پیش از آنکه اخراجش کنند- استعفا داده بود. آنچه باعث دردسر فرانسیسکا شده بود، مهارت‌هایش در خدمت به نوجوانان نبود؛ اشکال در این بود که وی از مهارت‌های لازم برای حل اختلافات بی‌بهره بود و در شرایط سخت و بحرانی نمی‌توانست با آدم‌های دردسرساز کنار بیاید.

وقتی با او حرف می‌زنم، ملایمت را در چشمانش می‌بینم و درد و اندوهی را که در دل دارد، از صدایش می‌شنوم؛ او به‌خاطر اشتباهاتی که مرتکب شده و فرصت‌های از‌دست‌رفته‌اش برای مصالحه با دیگران، اندوهگین است. من با صدها فرانسیسکا به گفت‌وگو نشسته‌ام که می‌گویند: «اگر دیگران مزاحم نمی‌شدند، من عاشق خدمت به نوجوانان بودم.»

به‌خاطر کم‌تجربگی‌ام در برخورد با نزاع‌ها، ای کاش می‌توانستم ادعا کنم که در این موضوع هیچ تخصصی ندارم، اما نمی‌توانم! در خلال سال‌هایی که رهبری نوجوانان را

---
1. Francisca

بر عهده داشته‌ام، آن‌قدر تنش و فشار را تجربه کرده‌ام که برای نگارش یک کتاب مجزا، کافی هستند. گریه‌ها کرده‌ام، دیگران را گریانده‌ام، از درگیری پرهیز کرده‌ام، خودم آغازگر منازعه بوده‌ام، برخورد ملایم داشته‌ام، با داد و فریاد برخورد کرده‌ام، برای خودم دشمن تراشیده‌ام و همچنین حامیانی هم پیدا کرده‌ام. بعضی اوقات حق با من بوده، اما اغلب، طرف خطاکارِ نزاع، خودم بوده‌ام.

با اینکه هنگام نگارش کتاب، این فصل را چندان دوست نداشتم، ولی به هر جهت موضوع مهمی است که باید بدان پرداخت. با مراعات اصولی که من به تجربه آموخته‌ام و حاصل تجربیات دلخراشی هستند که بر سر خودم آمده‌اند، می‌توانید با منازعه برخوردی درست داشته باشید؛ چرا که قطعاً در سمت رهبری نوجوانان با این قبیل نزاع‌ها مواجه خواهید شد. حتماً به شاگردان، والدین و رهبران کلیسایی برخواهید خورد که-

- از شخصیت شما خوش‌شان نمی‌آید.
- از تصمیمات شما خوش‌شان نمی‌آید.
- عاشق پیداکردن ایراد و خطا هستند.
- مشکل کنترل خشم دارند.
- مانند آدم‌های احمق، ناپخته عمل می‌کنند.
- ممکن است با شیطان مرتبط باشند.

از نوشتن این مطالب متأسفم، اما همیشه معدود کسانی هستند که عملاً از شما متنفرند. همیشه خودتان را در وضعیتی می‌یابید که عده‌ای رهبری و حتی دعوت‌تان را زیر سؤال برده‌اند. شاید در مواقعی بخواهید خودتان را از دست این افراد پنهان کنید؛ در مواقع دیگر شاید مأموریت شما خدمت به گروه‌هایی باشد که به زبانی دیگر صحبت می‌کنند. برخورد و نزاع امری گریزناپذیر است، چون وقتی ما انسان‌های دارای کاستی، در موقعیت‌هایی پر از کاستی کار می‌کنیم، خود به خود مشکل به‌وجود می‌آید. صرف‌نظر از اینکه خادم رسمی هستید یا داوطلب، از همان لحظه‌ای که به منصب رهبری «آری» بگویید، عملاً به نزاع «آری» گفته‌اید.

ولی من برای‌تان خبر خوبی دارم: کسانی هم هستند که از شما خوش‌شان می‌آید، از شما حرف شنوی دارند، از شما پیروی می‌کنند، برای‌تان دعا می‌کنند، و پس از نزاع روی زخم‌های‌تان مرحم می‌گذارند. یاد می‌گیرید که چطور جوّ را آرام کنید، فرصت‌های‌تان را توسعه دهید و آرامش را برگردانید، و از برخی درگیری‌ها پیش از وقوع جلوگیری کنید. وانگهی، زمان‌های دشوار و بحرانی می‌توانند به رشد شخصیت شما منجر شوند... که من به خاطرش خدا را شکر می‌کنم.

طی سال‌هایی که به تربیت خادمان نوجوانان مشغول بوده‌ام، متوجه نکتهٔ تکان‌دهنده‌ای شده‌ام: اکثر چیزهایی که- چه در جمع و چه در خلوت- از من می‌پرسند، به موضوع نزاع و نحوهٔ کنار آمدن با آدم دردسرساز برمی‌گردد. چیزی که شما را از پا درمی‌آورد ایده‌های

مربوط به برنامه‌ها نیست، بلکه تنش میان-فردی است که راه را بند می‌آورد. در خدمت به نوجوانان، منازعه موضوع بزرگی به شمار می‌آید! چه در سال‌های اولیهٔ خدمت و چه بعدها، به دلیل نزاع‌های گوناگون مجبور خواهید شد دست به انتخاب بزنید. گزینه‌های اصلی از این قرارند:

- ماندن در موقعیت، اقدام‌نکردن، به امید اینکه درگیری خودبه خود برطرف شود، و سپس احساس سرخوردگی‌کردن.
- وانمودکردن به اینکه هیچ مشکلی وجود ندارد.
- تلاش برای راضی‌کردن همه، با این امید که از بروز درگیری جلوگیری شود.
- دست به‌کار حل بحران شدن، به مجرد بروز آن.
- (خیلی سعی کردم یک گزینهٔ پنجم هم پیدا کنم، ولی فکر کنم این کار یک جنایت است.)

اتخاذ واکنش مناسب نسبت به موضوع، بسته به آن دارد که شخص تا چه اندازه سرخورده، آسیب‌دیده و یا به‌لحاظ عاطفی فروپاشیده است. در عین‌حال که سه گزینهٔ اول شاید جذاب‌تر از آخری به‌نظر برسند، این گزینهٔ چهارم است که نتایج مثبتی به بار خواهد آورد و به آرامش در زندگی و دلگرمی در خدمت منتهی خواهد شد.

یک گزینهٔ غیرجذاب دیگر هم هست که ظاهراً بعضی از ما اغلب به سمتش گرایش داریم. گزینهٔ مزبور جنگیدن کورکورانه به روش خودمان است- چه حق با ما باشد چه نباشد. به‌زور حرف‌مان را به کرسی می‌نشانیم و نقشه‌های‌مان را پیش می‌بریم، از شنیدن نظرات دیگران خودداری می‌کنیم، و در نهایت همهٔ اطرافیان را می‌تارانیم. خادمان نوجوانانی که همیشه ناگزیرند به این روش کارشان را پیش ببرند، تقریباً همیشه روحیهٔ کار تیمی را در گروه‌شان می‌کشند و خدمت‌شان هم دوام چندانی نمی‌آورد. و متأسفانه اغلب، دیگران لطمات سخت و درازمدت آن را متحمل خواهند شد. - مارو پنر[1]

دعای من این است که شما روش‌های سالم برخورد با مردم در خلال زمان‌های دشوار را یاد بگیرید. وقتی الگوی حل نزاع شوید، خدمت نوجوانان شما هم به مکانی تبدیل خواهد شد که در آن کسی از نزاع دوری نمی‌کند. می‌آموزید که منازعه چیز بدی نیست و می‌تواند منجر به رشد شود.

خدا درد، منازعه و سرخوردگی را درک می‌کند و طی سفرتان، همراه شماست. عیسی هم منازعات زیادی داشت- در مواقعی خودش آغازگر منازعه بود، گاهی هم از آن دوری می‌کرد، و بعضی وقت‌ها هم آن را حل‌وفصل می‌نمود. من برخی از بزرگترین درس‌های زندگی‌ام را به‌واسطهٔ همین منازعات آموخته‌ام. هرچند هنوز جای زخم‌هایش مانده، ولی همین تجربیات از من خادمی غنی‌تر، عمیق‌تر، نیرومندتر و همدل‌تر ساخته‌اند.

1. Marv Penner

در حین منازعه... رهبر باشید

اصل فراگیری که در نتیجهٔ منازعات بسیار آموخته‌ام این است که من باید همان رهبری باشم که خدا مرا برایش خوانده است. اغلب، در جواب خادمان نوجوانانی که در مورد مشکلات‌شان در زمینهٔ منازعه از من سؤال می‌کنند، می‌گویم: «رهبر باش.»

اغلب آنها اعتراض می‌کنند: «ولی داگ، تو متوجه نیستی. این آدم با دیگر خادمان داوطلب هم همین مشکل را داشته، و حالا نوبت من رسیده.»

لبخند می‌زنم و می‌گویم: «می‌فهمم. جوابم هنوز همان است: "رهبر باش". با او حرف بزن. به‌جای اینکه منتظر بمانی تا مشکل خود به خود برطرف شود، با قلبی مالامال از فیض پیشش برو و جز حقیقت چیزی نگو.» اگر جلوی او نایستید و مشکل را حل نکنید، او برای خادم بعدی هم همین مشکل را به‌وجود خواهد آورد.

// من نمی‌خواهم احساساتش را جریحه‌دار کنم.

اغلب، هنگامی که چالش رهبربودن را پیشنهاد می‌کنم، مخاطبم با جمله‌ای صمیمانه جوابم را می‌دهد: «من نمی‌خواهم احساسات این شخص را جریحه‌دار کنم.»

مردم اغلب با شنیدن پاسخ من، شوکه می‌شوند: «چرا که نه؟» می‌توانم از چشمان‌شان بخوانم که می‌گویند: «داگ، قبلاً مهربان‌تر بودی... چه به سرت آمده؟» خب، منظورم این نیست که برای رهبربودن، باید ناجوانمرد باشید. ولی حقیقت شفادهنده‌ترین مرهمی است که برای نزاع سراغ دارم، و حقیقت غالباً تلخ است. سوزش شنیدن حقیقت در قیاس با شادمانی ناشی از رشد و پرورش، ناچیز است زیرا یکی از برادران‌تان در مسیح شما را نسبت به حقیقتی که پیشتر قادر به دیدنش نبودید، آگاه ساخته است. گناه کسانی که نیازمند شنیدن حقیقت بودند و از ایشان دریغ شده، بر گردن بدن مسیح (کلیسا) است.

من محتاج رفیقی شفیق بودم که به من بگویم: «داگ، این نهایت خودپسندی است که بخواهی همه چیز را خودت انجام بدهی. منظورم این نیست که تو خودپسندی، بلکه وقتی نمی‌گذاری کسی در کارت مداخله کند، مردم چنین برداشتی می‌کنند.» آیا به‌نظر شما، این حرف احساسات مرا جریحه‌دار نمی‌سازد؟ بله، یک کمی. اما، اگر من به رویهٔ پیشین خودم ادامه بدهم و همهٔ کارها را خودم بکنم، در نهایت صدمهٔ بیشتری متحمل خواهم شد، و به افراد بیشتری هم آسیب خواهم رساند. حقیقت کمک کرد تا عوض شوم!

زمانی که با نزاع روبه‌رو می‌شوید، انگیزه‌تان نباید تحقیر یا کوبیدن دیگران باشد، بلکه باید از سر محبت به آنها کمک کنید.

// من زیادی جوان هستم.

بهانهٔ دیگری که زیاد می‌شنوم، این است: «داگ، به‌نظرت آسان است. ولی تو الآن چهل و چند سال داری و من جوانم.» خب... آقایی که گوش‌هایت حرف‌ها را گلچین

می‌کند و هرچه دوست دارد می‌شنود (من هرگز نگفتم که نزاع آسان است)، مسئله سن و سال نیست، مسئلهٔ رهبری است. در کتاب‌مقدس آمده که خدا از رهبران جوان استفاده می‌کند. پولس به تیموتائوس گفت: «مگذار هیچ‌کس تو را به سبب جوانی حقیر شمارد» (اول تیموتائوس ۴:۱۲).

> رویارویی با نزاع اصلاً خنده‌دار نیست- نه داگ نه من، اصلاً از نزاع خوش‌مان نمی‌آید. ما سال‌ها میان جاخالی‌دادن در برابر گلوله‌ها و برخورد با جسم سخت، تلوتلو خورده‌ایم. ولی از آنجایی که نسبت به بنای خدمتی سالم و بالنده در میان نوجوانان احساس تعهد کرده‌ایم، می‌دانیم که رویارویی با نزاع، جزو مسئولیت‌های رهبری است. بخش اعظم خدمت مشترک‌مان- و بخشی که من به‌خاطرش بسیار شکرگزارم- این است که ما همیشه در موقعیت‌های دشوار، مشاور یکدیگر بوده‌ایم. من دیده‌ام که چطور خدا از همان موقعیت‌ها استفاده کرده تا از ما رهبرانی بهتر، افرادی عمیق‌تر و خادمانی وابسته‌تر به فیضش بسازد.
>
> لین الیس[1]

رهبر باشید و ببینید که خدا چگونه شما را به‌کار خواهد گرفت. من همین امروز مانند بیست سال پیش، با این قبیل درگیری‌ها مواجه هستم. تفاوت در سن و سالم نیست؛ بلکه تجربه و توانایی من در رهبری مطرح است.

// همه از رهبر خوش‌شان نمی‌آید.

یکی از سخت‌ترین واقعیاتی که رهبران تازه‌کار با آن روبه‌رو می‌شوند، درک این مفهوم است که از وقتی تصدی رهبری را بر عهده می‌گیرید، ناگزیر بعضی‌ها از آنها خوش‌شان نمی‌آید. رهبران باید تصمیماتی بگیرند که به ناچار احساسات عده‌ای را جریحه‌دار خواهد ساخت. مجروح رهبری شما، همان کسی است که در نتیجهٔ تصمیم‌گیری‌تان سرخورده شده، آسیب دیده، یا از کوره در رفته است. برای رسیدن به خط پایان ماراتن، باید با افراد دردسرساز و موقعیت‌های دشوار روبه‌رو شوید.

چرا بکا از من متنفر است

ای کاش می‌توانستم پُز بدهم که همهٔ نزاع‌هایم به اتمام رسیده‌اند. ولی این‌طور نیست.

ما در کلیسای‌مان با داوطلبان بالقوهٔ خدمت مصاحبه می‌کنیم و فرایند گزینش استخدامی را که شامل تماس با معرف و موارد دیگر می‌شود، در پیش می‌گیریم. پارسال فهمیدم که برای گروه‌های کوچک‌مان به چند رهبر جدید نیاز داریم که بتوانند ظرف چند هفتهٔ آتی کارشان

1. Lynne Ellis

را شروع کنند. امیدی به یافتن رهبران مناسب نداشتم. زمانی که با بکا، یکی از همین رهبران بالقوه، مصاحبه کردم، احساس کردم که یک جای کارش می‌لنگد، ولی هیچ مدرک ملموسی برای تأیید بدگمانی‌ام نداشتم.

به‌جای آنکه بیشتر وقت بگذارم، فرایند گزینش او را با سرعت بیشتری طی کردم و از او یک رهبر گروه کوچک نوجوانان ساختم. ظرف یک ماه، از سوی چندین پدر و مادر و دختران‌شان، شکایاتی در ارتباط با بکا دریافت کردم. از آنجایی که همهٔ شکایت‌ها را شنیده (و تأیید کرده) بودم، می‌دانستم که باید از او بخواهم برای یک فصل از منصب رهبری داوطلبانه کناره‌گیری کند.

نگران بودم چونکه او تقریباً از اعضای تازه‌وارد کلیسای‌مان محسوب می‌شد، و ارتباط درستی با دیگر ایمانداران کلیسا نداشت. به‌عنوان شبان، می‌خواستم شاهد رشد روحانی‌اش باشم، ولی می‌دانستم که این برخوردم با وی احتمالاً باعث خواهد شد که کلیسا را برای همیشه ترک کند. سعی کردم با او دیداری خصوصی داشته باشم و رو در رو با هم صحبت کنیم، ولی در نهایت مجبور شدم به گفت‌وگویی تلفنی بسنده کنم. هرچه سعی می‌کردم مهربان باشم، بکا حرف‌هایم را حمله‌ای شدیدتر به خودش احساس می‌کرد و از اینکه مورد داوری قرار گرفته و طرد شده، دلخور بود. وقتی او بی‌مقدمه به تماس تلفنی پایان داد، حسابی خُرد شده بودم- به‌خاطر خودش، به‌خاطر اقداماتم، و به‌خاطر افتضاحی که در گروه کوچک به بار آمده بود و مجبور بودم درستش کنم.

ظرف یک هفته رونوشت نامه‌ای را که برای شبانم فرستاده بود و از آن در مورد تجربه‌اش گفته بود، دریافت کردم. برداشت او از کل موقعیت، با برداشت من اساساً متفاوت بود. خوشبختانه شبانم از تصمیم من حمایت کرد (و همین به من شجاعت بیشتری داد تا تصمیمات جدی‌تری بگیرم). شبان به من گفت که انتخاب درستی کرده‌ام. دعا کردم که گذار بکا به جماعتی بیفتد که در محیطش شفا و رشد پیدا کند و دیگران به او کمک کنند تا عطایایش را پرورش دهد و خدمتی بهتر و مناسب‌تر را در پیش بگیرد.

تردیدی ندارم که بکا از من خوشش نمی‌آید، برایم احترامی قائل نیست و با خیال راحت مرا خرده‌گیر حساب می‌کند. اینکه سرانجامِ کار به اینجاها کشیده شود، خواست من نبود. فرقی نمی‌کند که تلاش من برای حل منازعه، نظام‌مند بوده یا نه، نتیجهٔ درگیری همیشه هم قشنگ و بدون درد نیست. منشاء اثربودن یک رهبر طی رویارویی با نزاع، مستلزم دعا، توکل به قدرت خدا و اعتمادکردن به تصمیماتی است که می‌گیرید.

نزاع‌های دو سال اول خدمت‌تان

مسئله این نیست که *آیا* با امثال بکا روبه‌رو خواهید شد یا نه، مسئلهٔ *زمان* روبه‌روشدن با این قبیل افراد مطرح است. از آنجایی که درگیری اجتناب‌ناپذیر است، می‌خواهم به شما هشدار بدهم که به احتمال زیاد آن را تجربه خواهید کرد.

// موضوعات بالقوهٔ منازعه برای رهبر خادمان نوجوانان

- *موضوع حمایت*: شما جوان هستید و سابقهٔ ایمان مسیحی داوطلبانی که رهبری‌شان را برعهده دارید، شاید از کل عمر شما هم بیشتر باشد. آنها هیچ خوش‌شان نمی‌آید که گوش به فرمان شما بنشینند و از شور و اشتیاق جوانی شما تبعیت کنند. از کجا معلوم که ایده‌های شما جواب بدهد؟ اگر جوان نیستید، ولی تازه‌کارید، باز همین مسئله در موردتان صدق می‌کند.

- *موضوع اعتماد*: اگر کلیسای شما ظرف دو سال گذشته، سه رهبر نوجوانان عوض کرده، چطور می‌خواهید اعتماد نوجوانان را به خود جلب کنید و آنها را دور خودتان نگه دارید؟

- *رقابت*: گیریم که خادمان داوطلب در طول سال‌ها وفادارانه به خدمت ادامه داده‌اند. حالا شما با ایده‌ها و شور و شوق زیاد از راه می‌رسید. شاگردان از شما خوش‌شان می‌آید. اینجاست که مسئلهٔ رقابت پیش می‌آید و خادمان داوطلب از وجود شما احساس ناامنی می‌کنند و فکر می‌کنند از ارزش و اعتبارشان کاسته خواهد شد.

- *ساختار و پشتیبانی*: چیزی که فکر می‌کردید در حرفهٔ مورد علاقه‌تان آزادی جدیدی است، از سوی مافوق‌تان زیر ذره‌بین قرار گرفته.

- *ناخشنودی شاگردان*: شاگردان مشتاقانه از ورود شما به‌عنوان رهبر جدید نوجوانان، استقبال می‌کنند. همه به جز دو نفر که ته کلاس نشسته‌اند و مشغول خرابکاری هستند. یکی، پسر شبان ارشد و دیگری دختر رئیس هیئت مدیرهٔ کلیسا.

- *انعطاف‌ناپذیری*: یکی از خادمان داوطلب دلش می‌خواهد به‌جای اجرای دستورهای تازهٔ شما، رویه و برنامه‌های خودش را دنبال کند.

- البته با موضوعات بیشتری هم مواجه خواهید شد. من فقط خواستم جهت آگاهی شما، چند تایی از آنها را فهرست کنم. اصلاً هدفم افسرده‌کردن شما نیست. چی؟ نگویید که دیگر خیلی دیر شده.

// موضوعات بالقوهٔ مورد منازعه برای خادم داوطلب

منازعاتی که خادمان داوطلب تجربه می‌کنند، ممکن است حول این موضوعات دور بزنند:

- *فشار کاری*: شاید کمیتهٔ نوجوانان از شما انتظار داشته باشد که حتی با وجود محدودیت زمان و منابع، همهٔ نیازهای شاگردان را برآورده سازید.

- *سندرم پرستاری از بچه*: برخی از والدین نه می‌دانند که شما برای انجام چه کاری به شاگردان خدمت می‌کنید، نه اهمیت می‌دهند. آنها فرزندان نوجوان‌شان را جلوی کلیسا پیاده می‌کنند و از شما انتظار دارند آنها را آموزش دهید، سرگرم کنید و خلاصه از بچه‌های‌شان پرستاری نمایید.

- *موضوع احترام:* از آنجایی که شـبان و بعضی از والدین شـما را خادم رسمی نوجوانان («در کلیسـا») به حسـاب نمی‌آورند، ایده‌ها و نظرات‌تان نادیده گرفته می‌شود.
- *شـاگردان بیش-فعال:* خدمت شما در حال رشد است و در جمع شاگردان‌تان، نوجوانانی پرانرژی‌ای هم هسـتند که از دیوار راست بالا می‌روند. سعی می‌کنید آنها را آرام کنیـد و به گوش‌دادن درس‌ها وادارید، اما ایشـان در واکنش نگاهی «عاقل اندر سفیه» تحویل‌تان می‌دهند.
- *سوءتفاهمات:* ممکن است روی کسـی حساب بازکرده‌اید که انگیزه‌ها، پیام، اقدامات، درخواسـت‌ها و حضور شما را اشـتباه برداشت کرده است. زیاد طول نخواهد کشید. جایی با سوءتفاهم روبه‌رو خواهید شد؛ دلسردکننده است!
- *شما بر ضد شـما:* شروع به زیر سؤال بردن تلاش‌های خودتان خواهید کرد و خواهید پرسید که آیا خدمت نوجوانان ارزش کوشش‌های شما را دارد. آیا آسیبش کمتـر نمی‌بود اگر به‌جای خادم داوطلب بودن، نقش آدمک تسـت‌های تصادف اتومبیل را بازی می‌کردید؟

داگ بخش عمـده‌ای از این فصل کتابـش را به حل منازعهٔ میان-فردی به شـیوه‌ای مسالمت‌آمیز اختصاص داده، و البته همین درست است. سرایندهٔ مزمور ما را تشویق می‌کند که «صلح را بجوی و در پی آن بکوش» (مزمور ۳۴:۱۴)، و عیسی در خوشابه‌حال‌هایش، صلح‌جویان را مبارک خوانده است (متی ۵:۹). متأسفانه این کار همیشه هم آسان نیست. مواقعی پیش می‌آید که نقش رهبری شـما ایجاب می‌کند که نسـبت به مسئله‌ای خاص، موضعی قاطع اتخاذ کنید و محکم بایسـتید- حتی اگر این کارتان مورد انزجار قرار بگیرد و معذب‌شان کند. بعضی‌ها اصلاً نمی‌فهمند. شاید خشمگین شوند، شما را تهدید کنند و شـاید حتی کلیسا را ترک گویند. موضوع سر این است که آیا مسئلهٔ مورد اختلاف ارزش آن را دارد که تا آخرین نفس، پایش ایستادگی کنید- و شما قطعاً با چنین موقعیتی روبه‌رو خواهید شد.

چالش پیش روی شما صرفاً این نیست که نحوهٔ داوری‌کردن را بدانید، بلکه باید شیوهٔ ابراز موضع خودتان را هم بلد باشـید. ما همیشه ناگزیریم مواضع و عقاید خودمان را نه بر اسـاس ترجیحات و سلایق شخصی، که بر پایهٔ اصول و منطق برای دیگران بیان کنیم. بایـد تصمیمات‌مان را همواره در کمال آرامش و فروتنـی بگیریم. و عاقلانه خواهد بود اگر موضعی را که سـفت و سخت پایش ایسـتاده‌ایم، همیشه از فیلتر شخص خردمندی بگذرانیم؛ کسی که اشتباهات‌مان را به ما گوشزد کند. باید راهی پیدا کنیم که محکم باشیم، ولی نه نفرت‌انگیز؛ اسـتوار باشیم، ولی نه کله‌شق؛ و متعهد باشیم، ولی نه متکبر. هیچ‌یک از اینها به‌طور طبیعی به‌وجود نمی‌آیند.

چندین نوع درگیری وجود دارد که می‌توان آنها را در ردیف درگیری‌هایی که درباره‌شان سخن گفتیم، دسته‌بندی کرد. حتماً متوجه موضوعات مرتبط با بی‌برنامگی و عدم زمانبندی درست، خواهید شد- با شتاب به جنگ موضوعات کم‌اهمیت نروید. سلاح اصلی‌تان را برای موضوعات مهمتر نگاه دارید:

وقتی رهبران الگوی زندگی سازشکارانه را در پیش می‌گیرند. همهٔ ما به خوبی می‌دانیم که شاگردان با دقت زندگی رهبران بزرگسال خود را نظاره می‌کنند. مهمترین درس‌ها گرفتنی هستند، نه آموختنی. زمانی که رهبران داوطلب یا آنهایی که بیش از دیگران در معرض دید هستند، به سبک و سیاقی زندگی می‌کنند که الگوبرداری از آنها زندگی نوجوانان را به تباهی می‌کشاند، باید تا آخرین نفس در برابر آنها ایستادگی کرد.

بدعت الاهیاتی که از قدرت انجیل می‌کاهد. باید جلوی رهبران گروه‌های کوچک یا معلمان کانون شادی که مفاهیم الاهیاتی مغایر با اعتقادات کلیسا را ترویج می‌کنند، ایستاد. (فقط حواس‌تان باشد که باید تشخیص دهید کدام اختلافی جزیی در تفسیر است و کدام بدعتی آشکار.)

سوءاستفاده از قدرت که به نابودی بچه‌ها و خانواده‌ها منجر می‌شود. ما رهبران مکلفیم از کسانی که در برابر سوءاستفاده آسیب‌پذیرند، حفاظت کنیم. برخی مواقع باید در موقعیت‌های دشوار و خشونت‌آمیز، مداخله کرد. سوءاستفاده کنندگان معمولاً در موضع قدرتند و عادت ندارند که کسی را مقابل خود ببینند.

گزینش‌های اخلاقی که تعلیم کتاب‌مقدس را نقض می‌کنند. باید با گناه برخورد کرد. یکی از مسئولیت‌های رهبران روحانی این است که موضوعات مربوط به نافرمانی اخلاقی در زندگی افراد زیر نظرشان را تشخیص دهند و با آنها برخورد کنند. باید بی‌درنگ، جدی و پیوسته با بی‌بندوباری جنسی، ناراستی، دزدی، غیبت و شایعه‌پراکنی، و دیگر مصادیق آشکار مخالفت با کلام خدا برخورد کرد.

موضوعات حقوقی بی‌چون و چرا. رهبران خوب از موضوعات حقوقی مرتبط با منصب خودشان آگاهی کافی دارند و قرص و محکم جلوی نقض آنها را می‌گیرند. یکی از دوستانم که شبان بود، در مواجهه با فردی که متجاوز جنسی بود، تصمیم گرفت به‌جای زنگ زدن به پلیس، شخصاً برای تأدیب وی وارد عمل شده، برنامهٔ انضباطی در نظر بگیرد و همین کارش باعث شد که در دادگاه به دلیل مانع‌تراشی در برابر اِعمال قانون، محکوم و مجازات شود.

در زندگی هر یک از خادمان نوجوانان مواقعی پیش می‌آید که احساس می‌کنند دیگر نمی‌توانند بار سنگین سازش‌ناپذیری را تحمل کنند. ولی این را به یاد داشته باشید: رهاکردن این قبیل موضوعات به حال خود، اوضاع را بدتر می‌کند. وسوسهٔ نادیده‌گرفتن مشکلات و ردشدن از کنار آنها، شاید راه‌حلی جذاب و کوتاه‌مدت باشد، ولی در درازمدت بهترین کار آن است که سرراست، قاطعانه، فروتنانه و به‌سرعت به مقابله با مشکل بروید. چیز جالبی نیست، اما رهبری درست چنین اقتضا می‌کند.

به آن عادت کنید. - مارو پنر

در خلال دوران سختی

صرف‌نظر از نقش‌تان، مردم ممکن است- آگاهانه یا ناآگاهانه- برای آزمودن رهبری شما تاکتیک‌های گوناگونی را به‌کار بگیرند. ممکن است با تمسخر، شایعه‌سازی، مقاومت یا بزرگ‌نمایی مواجه شوید. حتی اگر شخصیت شما مورد حمله قرار گرفت، قضیه را به خودتان نگیرید. گیریم که گفتن آسان‌تر از انجام دادن باشد، اما ضربه‌خوردن از دیگران جزو خدمت شما محسوب می‌شود. قبلاً این را شنیده‌اید: رهبری کار ساده‌ای نیست، و قرار نیست همه از شما خوش‌شان بیاید.

برخی از دشواری‌ها و کشمکش‌ها ناشی از اقدامات خودِ شما هستند. آیا به‌خاطر اینکه در خلال برنامهٔ آخر هفته حوض تعمید را با یخ و نوشابه پر کرده‌اید، با سرایدار کلیسا دچار مشکل شده‌اید؟ ایدهٔ جالبی به‌نظر می‌رسید! اما برداشت غلطی از آن شد. اینجا است که میان شما و سرایدار منازعه پیش می‌آید.

حساب دفعاتی که مرتکب اشتباهات احمقانه و قضاوت‌های نادرست شده‌ام، از دستم در رفته است. اسمم به‌عنوان کسی که بدون در نظر گرفتن پیامدها، برنامه‌ها و رؤیاهای خودش را تبلیغ می‌کند، در رفته است. من این درد را به جان خریده‌ام و شما هم ناگزیرید چنین کنید. این جزو فرایند رشد و فراگیری است.

ولی بعضی از منازعات به‌کلی غافلگیرکننده‌اند، و شما نمی‌دانید باید در قبال‌شان چه اقدامی بکنید. در زیر به ذکر اقداماتی می‌پردازم که خودم در خلال منازعه، پیوسته آنها را انجام می‌دهم.

// به مردم فرصت عوض‌شدن بدهید

هیچ‌کس از تغییر خوشش نمی‌آید، و مردم بیشتر تمایل دارند از چیزهایی که خوش‌شان نمی‌آید، انتقاد کنند. حواس‌تان باشد که چون دیگران با شما موافق نیستند، بلافاصله به آنها انگ نزنید:

- فلانی اهل انتقادکردن است.
- او دوست ندارد از رهبری من تبعیت کند.
- او از خدمت ما به نوجوانان حمایت نمی‌کند.
- من برای فلانی تهدید به‌شمار می‌آیم.
- او ابله است!

غالباً کسی صدایش از همه بلندتر است که یا احساس ناامنی می‌کند و یا بیشترین شور و اشتیاق را دارد. با تأییدکردن افراد و بهادادن به آنها و ایجاد حس تعلق بدیشان، به جنگ حس ناامنی بروید. افراد پرشور، زمانی صدای‌شان درمی‌آید که می‌خواهید آنها را به عوض‌شدن متقاعد سازید.

از همان ابتدا قضیه را برای خودتان روشـــن کنید که عوض‌شدن سخت است. اگر رهبر خدمت به نوجوانان هستید، به تک‌تک افراد این فرصت را بدهید تا ترس‌ها، سرخوردگی‌ها و ســؤالات خود را با شـــما در میان بگذارند (و واکنش دفاعی هم از خودتان نشان ندهید). ملاقات خصوصی با افراد، باعث می‌شود کسانی که اهل سروصداکردن هستند دیگر نتوانند روی کل گروه تأثیر بگذارند، و یاد می‌گیرند که از عوض‌شـــدن نترسند. زمانی که شما برای گوش دادن صرف می‌کنید، نشـــان می‌دهد که پذیرای ایده‌های چالش‌انگیز هســـتید. مردم پتانسیل عوض‌شدن را دارند- فقط برای بعضی‌ها بیشتر از بقیه طول می‌کشد.

// حواس‌تان به توانایی‌های دیگران باشد.

مردم اغلب بدین‌خاطر منفی می‌شوند که راه دیگری برای جلب توجه بلد نیستند. معمولاً در پس هر انتقادی، می‌توانید ایده یا برنامه‌ای را مشاهده کنید.

وقتی اســتیو، که مهندس ســازه اســت، دربارهٔ نابه‌ســامانی‌های اردوی تابستانی ما به نکاتی اشـــاره کرد، رنجیدم و حسابی دلخور شـــدم. بعد متوجه شدم که او، برخلاف ضعف مهارت‌های ارتباطی، از توان و مهارت‌های بالایی در ســازماندهی برخوردار است. او شیوهٔ برقراری ارتباط با من را بلد نبود و نمی‌توانســت بگوید: «داگ، تو برای سازماندهی به کمک نیاز داری.»

سرانجام، وقتی فهمیدم که استیو با ناشی‌گری سعی دارد کمک کند، گفتم: «استیو، از اینکه تو می‌توانی کار سازماندهی را بهتر انجام دهی، تحت تأثیر قرار گرفتم. تو بهتر از من با جزئیات موضوع آشـــنایی داری. با نظرت موافقم و خوشحال می‌شوم اگر تو مدیریت اردوی تابستان بعدی را بر عهده بگیری. این به تو امکان می‌دهد که از توانایی‌ها و مهارت‌هایت استفاده کنی و آرزوهایت تحقق پیدا کنند. چطور است؟» استیو با پذیرش پیشنهاد من توانست مهارت‌ها و توانایی‌های خودش را به‌کار برده، سیســـتمی طراحی کند که بر تأثیرگذاری و پیشرفت کار ما بیفزاید (هرچند از شـــدت شوق و ذوق نمی‌توانســـت نقشه‌های کمپ را از خودش دور کند). با محول‌کردن مدیریت اردو، این فراغت نصیبم شد تا روی فعالیت‌هایی متمرکز شوم که طی اردو همهٔ رمقم را می‌گرفت.

اکثر آدم‌ها اگر شوق و علاقهٔ لازم برای کمک به حل مشکل را نداشته باشند، زحمت ابراز عقاید و نظرات‌شان را هم به خود نمی‌دهند. از توان‌شان استفاده کنید، به خِرَدشان (که گاه در پَس انتقاد مخفی شده) احترام بگذارید، و آنها را به‌کار بگیرید. مَثَلی حکیمانه می‌گوید: «وقتی مردم را به پارو زدن واداری، دیگر فرصت تکان‌دادن قایق را نخواهند داشت.»

// آینه را به‌سوی خودتان بگردانید.

از پرسیدن این ســؤال نهراســید: «از این نزاع چه چیزی می‌توانم یاد بگیرم؟» با رغبت به‌دنبال حقایق پنهان در پَس انتقادات، شـــکایات، سردرگمی‌ها یا حتی اظهارنظرهای نیشدار باشید. شاید از نحوهٔ ابراز نومیدی افراد خوش‌تان نیاید، ولی می‌توانید از سخنان یا لحن آنها

چیزی بیاموزید. از خودتان بپرسید: «در گفته‌هایش چه حقیقتی نهفته است؟» وقتی چیزی یاد می‌گیرید، فروتن باشید و به آن اعتراف کنید.

با فروتنی‌کردن، چیزی را از دست نخواهید داد.

شاید گه‌گاه لازم باشد برای ابراز نگرانی خودتان، با روش یا لحن به‌کاررفته برخورد کنید، ولی باز به درسی که گرفته‌اید، اقرار کنید: «لیندا، من از لحن انتقادت در کلاس آموزش یکشنبه هیچ خوشم نیامد، اما نکتهٔ مورد نظرت را گرفتم، و با آن موافقم. ممنون از اینکه نظرت را بیان کردی. دفعهٔ بعد، خوشحال می‌شوم که به‌جای حرف‌زدن با کسانی که نه بخشی از مشکل هستند و نه بخشی از راه‌حل، مستقیماً پیش خودم بیایی.»

اگر خواهان یادگیری و رشد باشید، متوجه خواهید شد که تقریباً از هر موقعیتی می‌توان چیزی آموخت. اگر به آینه نگاه کنید و حقایقی را که در مورد خودتان صدق می‌کنند ببینید، خادم بهتر و مسیحی قوی‌تری خواهید بود.

ای برادران [و خواهران] من، هرگاه با آزمایش‌های گوناگون روبه‌رو می‌شوید، آن را کمال شادی بینگارید! زیرا می‌دانید گذشتن ایمان شما از بوتهٔ آزمایش‌ها، پایداری به بار می‌آورد. (یعقوب ۱:۲-۳)

نمونه‌ای از حل منازعه

منازعات فردی هیچ‌وقت مثل هم نیستند، چون در هر موقعیت، شخصیت‌های دخیل در منازعه با هم فرق می‌کنند: شاگردان، والدین، دیگر خادمان نوجوانان، شبانان، اعضای خانواده، همسایگان و غیره.

شبانانی که مثل غیرمسیحیان رفتار می‌کنند، چطور؟

اما *فرایند* منازعه شامل عناصری است که، بسته به اینکه چه واکنشی در پیش می‌گیریم، در تجربیات همگان مشترک است. فرایند حل معضل می‌تواند مثبت یا منفی باشد. اگر قرار بود این فرایند را برای‌تان روی دستمال کاغذی رستوران بکشم، چیزی شبیه به جدول زیر می‌شد:

منازعه فقط منفی نیست. وقتی با فکر به تک‌تک گام‌های معرفی‌شده در فرایند منازعه توجه می‌کنید، درمی‌یابید که منازعه می‌تواند به رشد شخصی شما و دیگران منجر شود. نحوهٔ برخورد با منازعات اجتناب‌ناپذیر است و یا به‌کلی زمین‌گیرتان می‌سازد یا کارایی‌تان را افزایش می‌دهد. یک‌بار دیگر به جدول بالا نگاهی بیندازید. (نقشه‌های استیو کجا هستند؟)

- (۱) *نقطهٔ تشدید تنش:* تنش می‌تواند به دلایل گوناگون بروز کند. دلایل بروز تنش می‌توانند مثل یک سوءتفاهم در برداشت از گفتار طرف مقابل، یا مثل

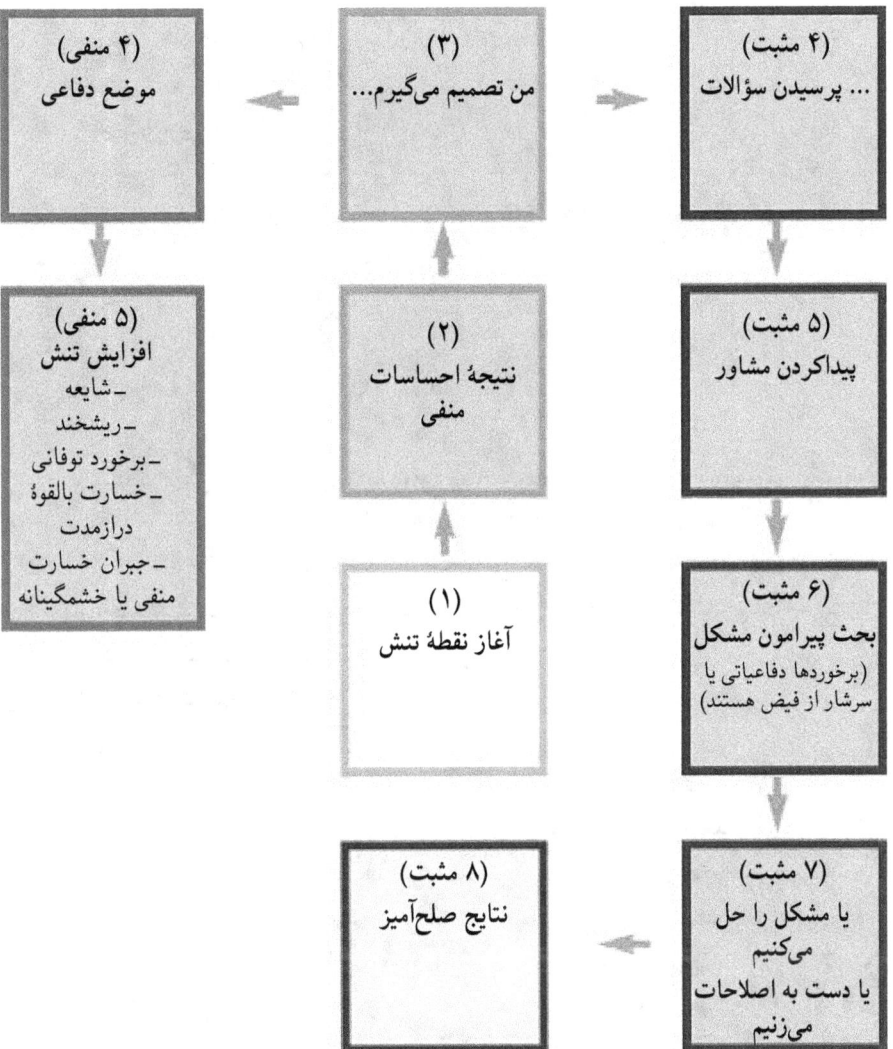

تفاوت‌های شخصیتیِ پیچیده باشند. شاید یکی دیگر از رهبران جلوی شاگردان، مسخره‌تان کند یا تصمیم شما را نادیده بگیرد. ممکن است منشی کلیسا دربارهٔ مهارت‌های شما در مدیریت زمان، سخنان تحقیرآمیزی به زبان بیاورد. شاید پدر یا مادری بیش از اندازه متعصب، با کلماتی نظیر: «آیا هیچ در موردش فکر کرده‌ای که...» مدام برای زندگی و خدمت شما دستورالعمل صادر کند. یا شاید سرایدار کلیسا از به‌هم‌ریختگی کلاس نوجوانان عصبانی شود. در هر صورت، تنش به‌وجود می‌آید و تنش احساسات منفی را برمی‌انگیزد.

- **(۲)** *نتیجهٔ احساسات منفی:* واکنش‌های احساسی و عاطفی که می‌توانند هنگام تنش بروز پیدا کنند، به‌طرز حیرت‌انگیزی متفاوتند. آیا احساسات زیر برای‌تان آشنا هستند؟

سرخوردگی: «از این خوشم نمی‌آید!»
سردرگمی: «چه خبر است؟»
تهدیدشدگی: «بهشان نشان می‌دهم.»
ناامنی: «هیچ‌کس از من خوشش نمی‌آید.»
تکبر: «چه احمق‌هایی! اصلاً نمی‌فهمند.»
شکست‌خوردگی: «هیچ کاری را نمی‌توانم درست انجام دهم.»
بی‌توجهی: «هان؟»
گله‌مندی: «باحال نیست.»
بی‌انگیزگی: «باید در همان شرکت می‌ماندم.»

احساسات منفی ذاتاً اشتباه نیستند. نحوهٔ رفتار شما بر اساس این احساسات است که یا به حل مشکل می‌انجامد یا روابط را خراب‌تر می‌کند.

- **(۳) *من انتخاب می‌کنم که...*:** در منازعه، این مقطعی حساس به‌شمار می‌آید. با بروز احساسات، باید تصمیم بگیرید که آیا می‌خواهید در مسیر مثبت حرکت کنید، یا در مسیر منفی. آسان‌ترین و طبیعی‌ترین راه، پیمودن مسیر منفی است، با این حال مسیر مثبت است که به صلح و آشتی می‌انجامد. بیایید به هر دو نگاهی بیندازیم.

- **(۴ منفی)... /اتخاذ موضع تدافعی:** به مجرد اینکه موضع تدافعی بگیرید، وارد مسیر منفی خواهید شد. تدارک مهمات برای استفاده در ضدحمله، امری کاملاً طبیعی و ناشی از غریزهٔ حفظ بقا است. این زمانی اتفاق می‌افتد که به دیگران بدوبی‌راه می‌گویید: «عجب آدم احمقی! اصلاً هیچی حالیش نیست! شاید دیوزده است! و غیره.»

در طول خدمت بیشترین درد و رنجی که متحمل می‌شوم، زمانی است که وقت زیادی را صرف اتخاذ موضع تدافعی می‌کنم. وقتی در لاک دفاعی فرو می‌روم، افکار و احساساتم با آشتی‌جویی بیگانه می‌شوند، و این به نوبهٔ خود باعث بروز احساسات منفی قوی‌تر می‌شود.

- **(۵ منفی)/*افزایش تنش*:** اگر دست به اقدام مقتضی نزنید، تنش افزایش پیدا می‌کند و آتش احساسات منفی را شعله‌ور می‌سازد. هرچه بر شدت تنش افزوده شود، احتمال گفتن حرف‌ها و انجام‌دادن کارهایی که بعداً از آنها پشیمان خواهید شد، بیشتر می‌شود.

اگر خودتان را گرفتار این چرخهٔ منفی یافتید، مسیرتان را اصلاح کنید. به غرور خود اعتراف کنید و نقش خودتان را در مشکل به‌وجود آمده، بپذیرید. فروتنی همیشه شما را به سمت مثبت، می‌راند. اگر در پی حل مشکل هستید، حتی اگر فرد مشکل‌ساز نخواست از مسیر منفی برگردد، شما از مسیر درست منحرف نشوید. چه موضوع حل شود چه نشود، در هر صورت با پیمودن مسیر درست، می‌توانید در صلح و آرامش زندگی کنید.

وقتی برای آشتی‌جویی آمادگی پیدا کردید، گام بعدی سؤال‌کردن است.

- **(۴ مثبت)... سؤال کنید:** از خودتان، موقعیتی که در آن قرار دارید و واکنش‌تان به موقعیت مزبور، شناختی صادقانه پیدا کنید. پیش از آنکه بخواهید درک‌تان کنند، خودتان برای درک طرف مقابل پیشگام شوید. از خودتان این سؤالات را بپرسید:

• آیا در مورد این منازعه دعا کرده‌ام؟
• دلیل *واقعی* این منازعه چیست؟
• احساسات من چه مفهومی دارند؟
• فرد مقابل به چه فکر می‌کند؟
• چرا این‌قدر حس منفی دارم؟
• **خودم در این منازعه چه سهمی دارم؟**
• آیا در زندگی طرف مقابل، برخی عوامل بیرونی بر واکنش او نسبت به این درگیری تأثیر می‌گذارند؟
• کی شیرینی‌ها را از ظرف شیرینی دزدید؟
• آیا طرف مقابل قبلاً هم با این موضوع روبه‌رو بوده است؟
• نقاط قوت و تمایلات شدید طرف مقابل چیست؟ آیا این نقاط قوت و تمایلات شدید وی در بروز درگیری نقش دارند؟
• حکمت خدا در مورد این موقعیت، چیست؟
• خدا از طریق این منازعه چه درسی می‌خواهد به ما بدهد؟

وقتی به‌جای شخصیت، ویژگی‌های فردی یا شهرت طرف مقابل، روی موضوع تمرکز کنید، چنان آرامشی را تجربه خواهید کرد که در بطن آن می‌توانید با عقل و منطق به موضوع واکنش نشان دهید.

- **(۵ مثبت)... مشاور پیدا کنید:** موضوع را با مشاوری خردمند و بالغ، که مورد احترام شماست، در میان بگذارید. برای پرهیز از غیبت، می‌توانید به کلیات بسنده کنید و حکمت لازم را از مشاورتان بگیرید. بهره‌گیری از مشاور به معنای یارگیری در دعوا نیست. مشاوره‌گرفتن یعنی یافتن دوستی بی‌طرف که بتواند بازتاب پرسش‌های‌تان باشد، به شما کمک کند منطقی فکر کنید، نصایح خداپسندانه بدهد و برای شما دعا کند. یافتن چنین فرد امینی، خیلی اهمیت دارد.

شخص امن –

• خودش جزو مشکل یا راه‌حل نیست.
• می‌تواند به دیدگاه، خِرَد و منطق شما چیزی بیفزاید.
• از کسی جانبداری نمی‌کند.
• به حرف‌تان گوش می‌دهد و برای‌تان دعا می‌کند. باورتان دارد، از شما حمایت می‌کند، به چالش‌تان می‌کشد و دوست‌تان دارد.

- **(۶ مثبت)...** دربارهٔ مشکل بحث کنید: این یک رویارویی مستقیم است. لازم نیست کار به دعوا و جنجال بکشد، و اگر از قبل موضع تدافعی نگرفته باشید، به دعوا هم نخواهد کشید. وقتی تصمیم بگیرید که زمان رویارویی فرا رسیده، کف دست‌تان عرق می‌کنند، دلپیچه می‌گیرید، و احساس می‌کنید که به‌جای روبه‌روشدن با فرد مقابل، ترجیح می‌دهید زیر شکنجه بمیرید (مگر اینکه شما یکی از آن روان‌پریش‌هایی باشید که عاشق دعوا و مرافعه‌اند). گفت‌وگوهایی از این دست، تند و ناخوشایندند، ولی راه را برای آشتی بازمی‌کنند. اگر خطاکارید، عذرخواهی و طلب بخشایش کنید. اگر قرار است حقیقتی را بگویید، آن را با لحنی ملایم بر زبان آورید.

پیش از گفت‌وگو، شاید لازم باشد از خودتان بپرسید:
- آیا به‌خاطر حسی که دارم، به مقابله با طرف مقابل می‌شتابم یا چون رفتارش مشکل ایجاد کرده؟
- از دل این تنش، قرار است خدا چه درسی به من یا طرف مقابل بدهد؟

شاید نقشهٔ خدا این است که از طریق این منازعه، شما را تقویت کند، یا از وجود شما به‌عنوان سمبادهٔ روحانی استفاده کرده، طرف مقابل را حسابی صیقل دهد و به شباهت مسیح درآورد. آیا آمادهٔ عوض‌شدن هستید؟ آیا می‌خواهید خدا شما را به‌کار بگیرد؟

من در گذشته بارها از رویارویی مستقیم شانه خالی کرده‌ام، به این خاطر که دوست نداشتم جملهٔ دشوار («متأسفم» یا «تو به من آسیب زدی») را بگویم. مردم سزاوار شنیدن حقیقتند. اگر با محبت حقیقت را بر زبان آورید، دیگران فرصت رشد پیدا خواهند کرد. رشدی را که قرار است بر شما تأثیری جاودانی داشته باشد، فدای احساسات لحظه‌ای نکنید.

- آیا باید گفت‌وگوی مزبور را با جملهٔ «متأسفم» آغاز کنم؟

خدا می‌تواند فروتنی شما را برای شفای عصبانیت به‌کار بگیرد. زمانی که (به‌جای به کرسی نشاندن نظرتان) با ملایمت حرف می‌زنید و با دقت به حرف‌های طرف مقابل گوش می‌دهید، تنش از بین می‌رود.

تکنیک‌های رویارویی

شاید بخواهید پیش از دیدار با شخص درگیر اختلاف، با خودتان تمرین کنید. خیلی مهم است که برآیند مقصودتان برای طرف مقابل کاملاً روشن و شفاف باشد: شفافیت، ترمیم و در نهایت، آشتی.

در حین گفت‌وگو

با جمله‌ای مبتنی بر مشاهده[1] شروع کنید. از عباراتی استفاده کنید که با «من» آغاز می‌شوند. بدون اینکه به طرف مقابل انگی بزنید یا حالت تدافعی بگیرید، وضعیت یا رفتار را شرح بدهید. این کارتان باعث می‌شود که تمرکز روی رفتارمعطوف شود، نه شخص. اگر موضوع اختلاف، شخصیت طرف مقابل است، صحبت‌کردن از رفتار، به تعبیر سخنان شما کمک خواهد کرد.

تعبیر خودتان را از رفتار طرف مقابل بیان کنید. سپس بپرسید: «در مورد منشاء این رفتار چه فکر می‌کنی؟» به طرف مقابل اجازه بدهید پاسخ تعبیر شما از رفتارش را بدهد. شاید از لابه‌لای حرف‌هایش بفهمید که در زندگی‌اش چه می‌گذرد.

به او بگویید که چه حسی دارید و این منازعه چه تأثیری بر شما یا خدمت‌تان گذاشته است. این کار اهمیت دارد. لازم است که طرف مقابل از شما بشنود که رفتارش چه لطمه‌ای به خودتان و خدمت‌تان وارد ساخته است. شاید بخواهید به او بگویید که چرا نسبت به این وضعیت، واکنشی تند و جدی ابراز کرده‌اید. توجه داشته باشید که بازکردن سفرهٔ دل در کمال فروتنی، می‌تواند به شفای سریع روابط کمک کند، ولی در مورد آنچه می‌گویید جانب عقل را رعایت و مناسب رفتار کنید.

از این حرف بزنید که مایلید این گفت‌وگو نتیجهٔ مطلوب داشته باشد و به شفافیت و شفای متقابل بینجامد. هدف‌تان چیست؟ شاید درکی تازه یا تغییری در رفتار. درست توضیح بدهید که رسیدن به نتیجهٔ درست، نیازمند اقدامی به‌خصوص است. همچنین به او وقت بدهید و قرار ملاقات بعدی را بگذارید تا یک‌بار دیگر در مورد نتیجهٔ بحث، با هم گفت‌وگو کنید.

فرایند منازعه در یک مورد مطالعاتی

لانی[2]، یکی از همکاران در حوزهٔ خدمت به نوجوانان، ایدهٔ هر تغییری را به باد انتقاد می‌گیرد. مخالفت‌های او شدت پیدا کرده، تا جایی که به شاگردان در مورد سایر رهبران داوطلب، چیزهای منفی می‌گوید. رویکرد خودتان را در برخورد با چنین شخصی، تمرین کنید:

مشاهده (رفتار ظاهری)

«لانی، شنیده‌ام که در مورد خدمت ما در نوجوانان، به شاگردانت چیزهای منفی زیادی گفته‌ای. شنیده‌ام که در خلال برنامه‌های دو هفتهٔ گذشته، حرف‌هایی نظیر این زده‌ای : "این کار شدنی نیست" یا "چطور می‌توانیم انجامش بدهیم؟"»

تعبیر (آنچه فکر می‌کنید)

«می‌دانم که تو به جزئیات اهمیت می‌دهی، لانی. فقط نمی‌دانم چرا احساس می‌کنی که هیچکدام از ما عقل‌مان به مشکل‌های احتمالی و بالقوه نمی‌رسد. آیا افکارت را درست و منصفانه ارزیابی کردم؟»

1. Observation statement; 2. Lani

احساس (چه تأثیری بر شما می‌گذارد)
«وقتی تو به شاگردان حرف‌های منفی می‌زنی، من خیلی ناراحت می‌شوم. احساس می‌کنم که با حرف‌های تو میان جمع تفرقه می‌افتد و به دیگر اعضای گروه هم بی‌احترامی می‌شود.»

نتیجهٔ مطلوب (شفافیت متقابل)
«آمــده‌ام پیش تو، چون می‌خواهم حرف‌هایــت را تو روی خودم بزنی. لانی، تو نظرات ارزشمندی داری. نمی‌دانم دلت می‌خواهد جزئیاتی را که در ذهن داری، با من هم در میان بگذاری یا نه. شــاید بتوانیم با هم دیداری خصوصی داشته باشیم و در موردش بحث کنیم، جایی که شاگردان حرف‌های ما را نشنوند. چی فکر می‌کنی؟»

- **(۷ مثبت)** یا مشکل را حل می‌کنیم و یا دست به تغییرات جزیی می‌زنیم: پس از انجام این گفت‌وگوی ســخت، طی هفتهٔ بعد دست به حرکتی بزنید که حاکی از نیت شــما برای شفای روابط اســت. برای طرف مقابل کارت‌پستال یا ای‌میلی بفرســتید، یا روی پیامگیر تلفنش بگویید: «ممنون از اینکه برای صحبت کردن در این مورد ابراز تمایل کردی.» حتی اگر گفت‌وگوی شــما دقیقاً مطابق دلخواه‌تان پیش نرفته باشــد، باز به او این پیام را منتقل می‌کنید که دوست دارید این نزاع به خوبی و خوشی حل شود.

برای پیگیری نتیجهٔ گفت‌وگوها و ملاقات‌ها، برنامهٔ زمانی تعیین کنید تا منازعه و حل آن را مورد ارزیابی بیشتری قرار دهید.

اگر تنش به‌وجودآمده ناشــی از موضوعات شــخصی یا تفاوت‌های ارزشی است، شاید ضروری باشــد در رابطهٔ خودتــان با طرف مقابل تجدیدنظر کنیــد و در آن تغییراتی اعمال نمایید. شاید لازم است دست به اقدامات زیر بزنید–

- حد و مرزهای رابطهٔ خودتان را با فرد مورد نظر، از نو تعریف کنید.
- گفت‌وگو را به موضوع تنش‌زا محدود کنید.
- در گفت‌وگوهای آتی، شخص سومی را هم وارد کنید.
- از مشارکت طرف مقابل قدردانی کنید و بدون هیچ توقعی محبتش نمایید.
- دعا کنید.
- به‌جای بدترین نتایج، انتظار بهترین‌ها را داشته باشید.
- طی زمان، اعتمادســازی کنید. (شاید بخشــیدن امری فوری باشد، اما اعتماد به مرور زمان به دست می‌آید.)

اگر طی هفته‌های آتی، طرف مقابل به گفت‌وگوی شــما واکنش درســتی نشان نداد، شــخص دیگری را با خود ببرید تا در گفت‌وگو شرکت داشــته باشد. (برای گرفتن هدایت کتاب‌مقدسی، نک. متی ۱۸). اگر پس از برداشتن همهٔ گام‌های مطرح‌شده در متی ۱۸، هنوز

در رفتار طرف مقابل تغییری ایجاد نشـــد، شما آزادید که خودتان را از منازعه کنار بکشید، و این واقعیت را بپذیرید که شما در همهٔ منازعات «برنده» نخواهید بود.

وقتـــی با انگیزهٔ پاک پا پیـــش بگذارید و از رهنمودهای کتاب‌مقـــدس تبعیت کنید، این آزادی را دارید که روی آنچه که خدا شـــما را برای انجامش فرا خوانده- یعنی تأثیر گذاشتن بر شاگردان - متمرکز شوید. در این شرایط می‌توانید موقعیت را آرام کنید و با فرد مورد نظر به صلح و آشتی برسید.

- **(۸ مثبت)** *نتایج صلح*: هدف کتاب‌مقدسی ما:

«اگر امکان دارد، تا آنجا که به شما مربوط می‌شود، با همه در صلح و صفا زندگی کنید.» (رومیان ۱۲:۱۸)

«صلح مسیح بر دلهای‌تان حکمفرما باشد، زیرا فرا خوانده شده‌اید تا چون اعضای یک بدن در صلح و صفا به سر برید، و شکرگزار باشید.» (کولسیان ۳:۱۵)

صلح زمانی حاصل می‌شـــود که شما ببخشید، متخلف را به حال خود رها کنید و مطمئن شـــوید که گام‌هایی که برداشـــته‌اید، اقداماتی صلح‌جویانه بوده‌اند. شاید لازم باشد مراحل شـــفافیت و اصلاح را دوباره مرور کنید تا موقعیتی کارآمد و سالم داشته باشید، ولی هنگامی که در زمان بروز موقعیت‌های دشوار، تسلیم حکمت خدا می‌شوید، او هم به شما آرامی عطا خواهد فرمود.

فرایند درگیری در زندگی واقعی

هنگام صرف صبحانه در رســـتورانی بی‌حرکت روبه‌روی پورتر[1] نشســـته بودم تا بر سر اختلافی با هم گفت‌وگو کنیم. به‌نظر می‌رســـید پورتر برای خدمت نوجوانان اشتیاق فراوانی دارد، اما روحیهٔ منتقد (یعنی عامل تنش‌زا) او داشـــت مرا می‌کشت (*احساسات منفی*). پس از ماه‌ها که گذاشـــته بودم تنش بیشتر و بیشتر شود و محیط خدمت را به جایی تبدیل کند که دیگر نســـبت به آن احســـاس تعلق نمی‌کردیم (*گردآوری مهمات دفاعی*)، سرانجام تصمیم گرفتم که بیش از این مشکل را انکار نکنم (*گزینش من*).

شـــروع به ارزیابی تنش کردم (*ســـؤال کردن*)، تا بهتر بتوانم تنش مزبور را درک کنم. با راهنمایم دیداری داشـــتم و طی این دیدار او نصایح و ســـخنان دلگرم‌کننده‌ای به من گفت (*مشـــاور*)، و در آخر دعا کردم تا خدا شـــجاعت لازم را به من بدهد تا پورتر را به دیداری دعوت کنم (*بحث‌کردن دربارهٔ مشکل*).

طی صرف صبحانه، به چند مورد از چیزهایی که گفته بود، اشـــاره کردم. برایش توضیح دادم که حرف‌هایش تا چه اندازه به من و خدمت نوجوانان لطمه زده اســـت. با وجودی که لحنم ملایم بود، پورتر احساس تهدید و سرخوردگی کرد و به لاک دفاعی فرو رفت. برآشفته شد و با عصبانیت رستوران را ترک گفت.

1. Porter

وقتی او رفت، به‌لحاظ عاطفی احساس استیصال می‌کردم، ولی در عین‌حال حس آزادی داشتم، چونکه سرانجام توانسته بودم موضوع اختلاف را بر زبان بیاورم (و صد البته که حس سیری کامل هم داشتم، چون باقی املت او را هم خوردم!) یادم هست که در سکوت دعایی کوتاه کردم، با این مضمون که: «خدایا شکرت می‌کنم که به من شجاعت لازم برای بیان حقیقت را عطا کردی.» ظرف چند دقیقه پس از ترک رستوران، با وجودی که صورت‌حساب به گردن من افتاده بود، ولی احساس تسلای خاطر عجیبی داشتم (*صلح*). اگرچه من و پورتر نتوانسته بودیم در مورد موضوع اختلاف به شفافیت برسیم یا دست به اصلاح و تعدیل بزنیم، اما می‌دانستم که وجدانم راحت است و حقیقت را در کمال ملاطفت بر زبان آورده‌ام. موقعی که پورتر، عصبانی رستوران را ترک گفت نمی‌دانستم که آیا در آینده باز هم موضوعات اختلاف‌برانگیز دیگری هم خواهیم داشت یا نه (*افزایش تنش*). با این‌حال، احساس می‌کردم که کار درست را انجام داده‌ام و موضوع را باز کرده‌ام و در صورت لزوم، در آینده هم می‌توانم درباره‌اش بحث را دنبال کنم. حالا زمان آن بود که منازعه را به دستان خدا بسپارم و بگذارم روح خدا «غیرممکن‌ها» را ممکن سازد.

(ندایی از درون سنگرها)

یکی از اشتباهات زیادی که در خلال سال‌های اولیهٔ خدمتم مرتکب شدم- و یکی از آنهایی که تا همین اواخر (با کمال شرمندگی باید بگویم، پس از ۱۴ سال خدمت به نوجوانان) هم تکرارش کرده‌ام- نحوهٔ «برخوردم» با والدین از طریق دوری‌کردن از آنها بود.

استدلالم این بود که وقت یا توان آن را ندارم که حواسم را با افرادی که روحیهٔ انتقادی دارند، پرت کنم. وانگهی، اگر شاگردان مشکلی نداشتند، پس من هم مشکلی نداشتم. اخیراً به یکی از والدین برخوردم که ظاهراً تصمیم داشت به‌واسطهٔ چیزی که به‌زعم من، روحیهٔ انتقادی بود، کار را برایم سخت‌تر کند. من چند بار به‌طور اتفاقی با او دیدار کردم با این امید که «مشکلش» هرچه که بود، برطرف شود.

قضیهٔ منازعهٔ من با او به گوش شبان ارشدم رسید و وی در ارتباط با حل اختلاف با والدین، چند نصیحت ارزشمند به من کرد.

او از تمثیل دروازه‌بان فوتبال استفاده کرد. زمانی که مهاجم تیم حریف به دروازه‌بان نزدیک می‌شود و خود را آمادهٔ ضربه‌زدن به توپ به‌سوی دروازه می‌کند، دروازه‌بان می‌باید از دهانهٔ دروازه بیرون بیاید و به‌سوی حریف بدود. دروازه‌بانان می‌دانند که وقتی فضای لازم برای ضربه‌زدن به توپ کم باشد، حملهٔ مهاجم عقیم می‌ماند.

بنابراین، شبان ارشدم ترتیب جلسه‌ای هفتگی را با طرف منازعه داد. در کافی‌شاپ قرار گذاشتیم (برایش یک موکای متوسط گرفتم) و تا دو ماه به این دیدارهای هفتگی ادامه دادیم. به مزایای شگرف دویدن به سمت حریف (طرف درگیری) پی برده بودم! نه تنها اختلاف میان ما حل شد، بلکه حریف به‌صورت داوطلب به تیم خدمت نوجوانان پیوست

(البته خوب می‌دانم که همیشه چنین نتایج درخشانی به دست نمی‌آید) و زمان و توان فوق‌العاده‌ای را صرف انجام خدمات ارزشمند به نوجوانان کرد. از همهٔ اینها که بگذریم، دوستی پیدا کردم که در حل دیگر اختلافات با والدین به من کمک‌های شایانی نمود. حمایت و دفاعی که او از من کرده، باورنکردنی است.

هنوز هم وسوسه می‌شوم از والدین دوری کنم- همین امروزم را با پیام صوتی یکی از والدین خشمگین آغاز کردم- چون سروکله‌زدن با والدین و حل اختلاف با آنها، وقت و انرژی زیادی از آدم می‌گیرد. اما پرهیز از درگیری به بزرگترشدن معضل می‌انجامد و حل اختلاف مزبور به نوبهٔ خود، زمان و انرژی بیشتری می‌طلبد- دیگر لازم به یادآوری نیست که اگر قرار است خدمتی شایسته به نوجوانان داشته باشیم، که در آن حرمت خدا رعایت می‌شود، باید حرمت والدین را هم نگاه داریم.

دن اسنایدر[1]، شبان نوجوانان، کلیسای ماونتین پارک، لیک آزویگو، اورگان[2]

در کمال شگفتی من، فردای آن روز پورتر زنگ زد، به‌خاطر رفتارش پوزش خواست و از اینکه با او روراست بودم، از من تشکر کرد. بعد برایم تعریف کرد که در پیشینهٔ خانوادگی‌اش چه اختلال‌هایی وجود داشته که بر واکنش خشمگینانهٔ وی تأثیر گذاشته است. مشخصاً در این باره بحث کردیم که اگر در آینده باز میان‌مان منازعهٔ دیگری پیش آمد، چه گام‌هایی باید برداریم. او شخصاً قول داد که در روحیهٔ انتقادی‌اش تجدیدنظر کند، و من هم قول دادم که هروقت تنشی حس کردم، فوراً سراغش بروم. هر دو احساس کردیم که حرف‌مان شنیده شده، به خودمان بها داده‌ایم و رابطه‌مان از نو برقرار شده است.

ظرف یک سال، پورتر به یکی از حمایتگرترین خادمان داوطلب تیم نوجوانان تبدیل شد. تا همین امروز، خدا را به‌خاطر وجود پورتر شکر می‌کنم.

(اگر فکر کردید همهٔ اختلافات و منازعات من پایانی چنین تروتمیز داشته‌اند، چند صفحه به عقب برگردید و حکایت بکا را دوباره بخوانید.)

می‌توانید اختلاف را حل کنید!

شاید بخواهید مروری دوباره بر این فصل داشته باشید، و حتی قسمت‌هایی از آن را از بَر کنید. ایده‌هایی که در این فصل ارائه کردم، در حل اختلاف به شما یاری می‌رسانند، ولی آن را ریشه‌کن نخواهند کرد.

اما قرار نیست که خدمت شما همیشه با تنش‌های پی در پی همراه باشد. زمانی که یاد بگیرید حقیقت را با لحنی ملاطفت‌آمیز بر زبان بیاورید، بر شخصیت، صداقت و دینداری طرف مقابل‌تان تأثیری سازنده به‌جا خواهید گذاشت. و وقتی با روش‌های مثبت به استقبال تنش‌ها بروید، آنچه درو خواهید کرد حمایت، اعتماد و رشد خواهد بود. گرچه هیچ‌وقت نمی‌توانید همه را خشنود سازید، اما به دلیل مهارت‌هایی که کسب کرده‌اید، موقعیت‌های

1. Dan Snyder; 2. Mountain Park Church, Lake Oswego, Oregon

منفی کمتر و کمتر خواهند شد. (وقت خودتان را با تلاش بیهوده، تلف نکنید.) خدا فروتنی و تلاش‌های مطیعانهٔ شما را ارج خواهد نهاد.

می‌دانم که شما می‌توانید به‌طرزی مؤثر از عهدهٔ آدم‌های دردسرساز برآیید! کار سخت و دشـــواری است، اما خدا شما را خوانده تا دیگران را محبت کنید و ایشان را به‌سوی رابطه‌ای صمیمانه‌تر با وی، هدایت نمایید. اینکه انســـان از سوی خدا به‌کار گرفته شود، امتیاز بزرگی است- حتی اگر دشوار باشد!

پرسش‌های پایان فصل

// برای بحث در گروه

- آیا محیط خدمت نوجوانان ما، محیطی است که می‌توان در آن صادقانه و بی‌ریا دربارهٔ آسیب‌ها، احساسات و تنش‌ها صحبت کرد؟
- آخرین باری که در خدمت نوجوانان، مجبور شـــدید عصبانیت خودتان را سر کسی خالی کنید، کِی بود؟ موضوع عصبانیت چه بود؟ چطوری قضیه را حل کردید؟
- از مراحل حل اختلاف، کدام قسمتش برای شما از همه دشوارتر است؟ چرا؟

// برای تأملات شخصی

- پیشینه/ یا الگوهای خانوادگی من، ممکن است چه تأثیرات مستقیمی بر مهارت‌هایم در حل اختلاف بگذارند؟
- وقتی همهٔ راه‌ها را امتحان کرده‌ام و ظاهراً هیچ‌کدام جواب نداده‌اند، چه‌کار می‌کنم؟
- آیا کاری هست که با انجامش باعث می‌شوم، مدام نزاع و اختلاف به‌وجود بیاید؟
- آیا در زندگی من چیزی هســـت که مرا بیش از اندازه حساس کرده است و به‌سرعت مرا به خشم می‌آورد؟ اگر هست، چیست؟
- چه چیزی مانع از رهبربودن من می‌شود؟

// اقدامات لازم برای ملاحظات بیشتر

- برای خودتان نقشهٔ حل اختلافی ابداع کنید.
- از اعضای تیم خدمت نوجوانان (یا اعضای کلیسا)، شخص دیگری را پیدا کنید که در هنگام بروز اختلاف، به او پاسخگو باشید.

فصل ۷

چه کسی رهبر است؟

درک فرمانبرداری و نظارت

«داگ، تو باید کمکم کنی شغلم رو حفظ کنم. می‌شه با شبان ارشدم، دربارهٔ من حرف بزنی. او به‌کلی از کنترل خارج شده!»

این درخواست نومیدانه، بخشی از مکالمهٔ تلفنی من با یکی از شبانان نوجوانان بود که از آشنایانم محسوب می‌شد. وقتی به حکایت کلارک[1] گوش دادم، متقاعد شدم که او برای شبان ارشدی ناامن، متکبر و تشنهٔ قدرت کار می‌کند؛ شبانی که نه دغدغه‌ای برای خدمت نوجوانان دارد، نه دید و رؤیایی برای جماعتش، و نه احترامی برای خانواده‌های کارکنان کلیسایش قائل است. شبان مزبور مثل مردی بود که در بازی‌های لیگ دستهٔ سوم با داورها جروبحث می‌کند. بلافاصله از او بدم آمد و متحیر بودم که چرا خدا اجازه داده چنین فردی رهبری یک کلیسا را بر عهده بگیرد.

می‌توانید اسمش را بگذارید: «نتیجه‌گیری شتابزده»!

همچنان که به حرف‌های کلارک گوش می‌دادم، در دلم دعا می‌کردم که خدا چیز مثبتی در دهانم بگذارد تا به او بگویم. در بحبوحهٔ چنان وضعیت ناراحت‌کننده‌ای، چگونه

1. Clark

می‌توانســتم به او دلگرمی ببخشــم؟ زمانی که حکایتش تمام شــد، از او چند تا سؤال کلی کردم. از آن‌دســته پرسش‌هایی که نمی‌شود با آره یا نه جواب‌شان را داد. جواب‌های کلارک مرا حســابی غافلگیر کرد. در واقع، گیج شده بودم. همچنان که با پرسیدن سؤالات متعدد به کندوکاو قضیه ادامه می‌دادم، کم‌کم متوجه شــدم که مشــکل از طرف کلارک است. او بود که ســاز مخالف می‌زد، گرفتار خودپسندی بود و به شبان ارشدش بی‌احترامی می‌کرد. حالا گرفتار حس دیگری شــده بودم که در درونم آشــوب به پا کرده بود؛ می‌خواستم هوایش را داشــته باشم، ولی در عین‌حال لازم بود با او برخورد کنم. (چه خوب شد که نمودار فصل ۶ کتاب را هنوز توی جیبم نگه داشته بودم).

پس هر دو کار را کردم. برای لحظه‌ای نفســم را در ســینه حبس و افکارم را جمع‌وجور کردم و با ملایمت صحبت را آغاز کردم. «کلارک، هرچه بیشتر به حرف‌هایت گوش می‌کنم، بیشتر به‌نظرم می‌رسد که اشــکال اصلی از جانب تو است. احساس می‌کنم تویی که زندگی را به کام کلیســا، خدمت نوجوانان و شــبانت تلخ کرده‌ای. از گفته‌های خودت به این نتیجه رسیده‌ام که ریشهٔ اختلاف تو با شبان ارشدت، خودخواهی و تکبر خودت است. چی باعث شــده که فکر کنی در نخســتین ماه‌های خدمتت، می‌توانی نظرت را به‌زور به کلیسا و شبان ارشدش تحمیل کنی؟ طرز فکر خودخواهانه و مطالبه‌گر، به حُسن شهرت خادمان نوجوانان لطمه می‌زند.»

(ندایی از درون سنگرها)

من نمی‌توانستم بفهمم که چرا در طول دو سال گذشته گرفتاری‌های من توجه هیچ‌کس را به خود جلب نکرده اســت. گروه نوجوانان رشــد کرده و تعداد شاگردان از ۸۰ نفر به ۱۵۰ نفر رســیده بود. ولی بودجه، پرســنل و فضای مورد نیاز برای خدمت، از این رشد هیجان‌انگیز بی‌نصیب مانده بودند. هرچه در توان داشــتم به‌کار گرفتم تا با همان بودجه از تمام فضای قابل‌دســترس استفاده کنم، و همهٔ پروژه‌ها را سرپا نگه دارم. برنامه‌هایم را طوری زمان‌بندی کرده بودم که مدام داشــتم دور خــودم می‌چرخیدم، بدون اینکه نتیجهٔ قابل‌ملاحظه‌ای عایدم شــود. من به‌طور مرتب شبان مسئول آموزش کلیسا (ناظر مافوقم) را در جریان اوضاع قرار می‌دادم. پس مشکل چه بود؟

اینها درس‌های جالبی است که من گرفتم.

اول، صِرف اینکه من مافوقم را در جریان اوضاع و شــرایط می‌گذارم، تضمین نمی‌کند که همه چیز به خودی خود روی غلتک بیفتد. کماکان به گزارش دادن به او ادامه می‌دادم و او هم به گزارش‌های من گوش می‌داد. او فقط کاری را می‌کرد که از او انتظار می‌رفت. باید انتظاراتم را با خودش در میان می‌گذاشتم. او که نمی‌توانست فکر مرا بخواند، و افکار من هم روی پیشانی‌ام خالکوبی نشده بودند.

دوم، فرض من بــر این بود که گفت‌وگوهایم با مافوقم، سلســله‌مراتب را طی خواهد کرد و به سمع و نظر بالایی‌ها خواهد رسید. هیئت رهبری کلیساها که بر اساس سیستمی

غلط پایه‌ریزی شـــده‌اند، آن‌چنان در برج عاج خودشـــان نشسته‌اند که صدای پایینی‌ها به گوش‌شان نمی‌رسد. در این قبیل موارد، تنها قوی‌ترها زنده می‌مانند. مسئله این نیست که هیئت رهبری کلیســا اهمیت نمی‌دهد، بلکه موضوع اینجاست که اگر هر کس مسائلش را روی مســائل شبانان دیگر تلنبار کند، تیم رهبری کلیســا زیر بار آنها خفه خواهد شد. پس راه‌حل درســت این بود که من بتوانم به هیئت رهبری کلیسا دسترسی داشته باشم و مشکلات را طوری مطرح کنم که هم مورد پسند شبان مافوقم باشد و هم انتظارات خودم را برآورده سازد.

سوم، می‌خواستم که دیگران مشــکلاتم را حل کنند. می‌خواستم همهٔ منابع راهبردی، بودجه، خادمان و... در راستای برآورده‌کردن احتیاجات خدمت نوجوانان عمل کنند. ولی در واقعیت، کلیســا به من حقوق می‌داد تا خودم مسائل و مشکلات خدمت نوجوانان را برطرف کنم و راه‌حل ارائه بدهم. اگر در نهایت نمی‌توانستم از عهدهٔ حل مشکلات برآیم، آن‌وقت زمان مراجعه به بالایی‌ها بود.

جمع‌بندی: ارتباط، ارتباط و ارتباط. و در حین طی‌کردن فرایند ارتباط، باید انتظارات خودتـــان را هم با مخاطب خود در میان بگذارید و آماده باشـــید تا شـــخصاً از عهدهٔ حل مشکلات برآیید.

تونی کیمنتو[1]، شبان خدمات شاگردی، کلیسای ریور آو لایف، کانزس سیتی، میزوری[2]

آن طرفِ خط، ســکوتی آزاردهنده برقرار شد. نمی‌دانســتم که آیا باید به خودم تبریک بگویم (به‌خاطر موفقیتم) یا گریه کنم (چون برای کلارک و کلیسایش غمگین بودم). تصمیم گرفتم منتظر جوابی از طرف او بمانم.

مـــا آن روز، روز بعد و چندین بـــار دیگر در هفتهٔ پس از آن، بـــه گفت‌وگو ادامه دادیم. ســـرانجام با کلارک و شبان ارشدش جلســـه‌ای ترتیب دادم تا در آن پیرامون روش‌هایی که کلارک می‌توانســـت با بهره‌گیری از آنها، به آهستگی رابطهٔ آسیب‌دیده‌اش را با شبانش از نو بسازد، صحبت کنیم.

با اینکه در اکثر کلیســـاها، رابطهٔ همکاران تا این اندازه ناســـالم نیست، اما همهٔ گروه‌های خدمتی کم‌وبیش با این معضل دست به گریبانند. صِرف یادگیری مهارت‌های خدمتی بیشتر یا کسب دانش کتاب‌مقدســـی گسترده‌تر نمی‌تواند به بهبود مشـــکلات روابطی کمک کند. کلارک یکی از خادمان بااستعداد نوجوانان بود که خدا و شاگردانش را دوست داشت، اما از مهارت‌ها و درک جوانب مربوط به کارکردن با بالادستان، بی‌بهره بود.

همهٔ ما به مافوق خودمان جوابگو هستیم. اگر شما خادم نوجوانانی هستید که به استخدام کلیسا درآمده‌اید، به احتمال خیلی زیاد به شبان ارشد، هیئت مشایخ و سرایدار کلیسا پاسخگو هستید. اگر به‌صورت داوطلب خدمت می‌کنید، احتمالاً به رهبر گروه نوجوانان، هیئت مشایخ و سرایدار جوابگویید. من تا حالا خادم نوجوانانی را ندیده‌ام که ادارهٔ کل کلیسا بر عهده‌اش

1. Tony Chimento; 2. River of Life Church, Kansas City, Missouri

باشد و بر همه ریاست کند، گرچه چند نفری را می‌شناسم که خودشان تصور می‌کنند رئیس هستند. خادم نوجوانان همیشه کسی را بالای سر خودش دارد که باید از او فرمانبرداری کند.

من اغلب در روابطم با افراد مافوق وقتی دچار گرفتاری می‌شوم که دارم دیگران را به باد انتقاد می‌گیرم، در صورتی که باید اول خودم را نقد کنم. باید اول متوجه چوبی که در چشمانم فرو رفته باشم و بعد در صدد بیرون آوردن پر کاه از چشم دیگری برآیم. (آیا این گفته برای‌تان آشنا نیست؟)

بیایید طی این فصل از کتاب، به موضوع فرمانبرداری نگاهی بیندازیم، چونکه این موضوع به دو دسته از مخاطبان این کتاب ربط پیدا می‌کند: خادمان داوطلب نوجوانان و رهبران خادمان نوجوانان. در این فصل با روش‌های عملی برخورد با کسانی آشنا خواهید شد که به‌نوعی بر خدمت شما نظارت می‌کنند.

برای خادمان داوطلب: عملکرد موفقیت‌آمیز با رهبر خدمت نوجوانان

خادمان داوطلب نوجوانان ستون فقرات خدمت مؤثر به نوجوانان به‌شمار می‌آیند و زمانی که این افراد از صمیم قلب به نقشی که دارند ملزم و متعهد می‌شوند و از رهبر خدمت نوجوانان حمایت می‌کنند، زندگی خیلی‌ها متحول می‌شود و کل کلیسا خدمت نوجوانان را سرمشق تأثیرگذاری خود قرار می‌دهند.

وقتی خادمان داوطلب در زمینهٔ حمایت از رهبر خدمت نوجوانان دچار مشکل می‌شوند و در حضور دیگران رهبری او را زیر سؤال می‌برند، تیم خدمت به نوجوانان لطمه می‌بیند. چرا؟ چون تفرقه‌گرایی در کلیسا هیچ جایی ندارد! نبرد شما با دشمن این جهان است، نه با مقدسان کلیسای خودتان. اگر شخص تفرقه‌گرایی هستید (کافی است برگردید و به خدمات و روابطی که پشت سر گذاشته‌اید، نگاهی بیندازید)، من شما را به چالش فرا می‌خوانم تا سِمَت رهبری را رها کنید و زمانی را به‌طور جدی صرف پرداختن به این مشکل اساسی کنید. اکثر تفرقه‌گرایی‌ها ریشه در گناهانی دارند که شخص در زندگی شخصی خود با آنها دست به گریبان است. پولس رسول به‌شدت احساس می‌کرد که در کلیسا تفرقه ایجاد شده و از صمیم قلب از کلیسا چنین استدعا کرد:

> ای برادران، به نام خداوند ما عیسای مسیح از شما تمنا دارم که با هم توافق داشته باشید و در میان شما تفرقه نباشد، بلکه در اندیشه و رأی با هم متحد باشید. (اول قرنتیان ۱:۱۰)

من هم با همان شدت احساسات برای شما می‌نویسم و با دعا از شما خواهش می‌کنم که افکار و اعمال خودتان را بر پایهٔ پرسش‌های زیر مورد ارزیابی قرار دهید:[1]

---

۱. اگر شما رهبر خدمت نوجوانان هستید، دعا کنید که این پرسش‌ها از سوی خادمان داوطلب مطرح شوند. بعد وقتی خادمان داوطلب این پرسش‌ها را مطرح کردند، تأییدشان کنید.- ن.

آیا با تفرقه‌گرایی برخورد می‌کنم یا از آن فاصله می‌گیرید؟

به‌طور معمول، رهبر شما از ۱۰۱ گروه مختلف شکایت می‌شنود، پس به‌سرعت با هر شایعه‌ای که به گوش‌تان می‌رسد، با این پرسش ساده برخورد کنید: «آیا با خودِ آن شخص حرف زده‌ای؟» اگر جوابش منفی است، او را پیش رهبر نوجوانان ببرید تا موضوع همانجا حل و فصل شود. این کار باعث می‌شود که شخص انتقادکننده در همان قدم دوم متوقف شود.

اگر شایعه یا صحبت منفی‌ای بیش از اندازه به گوش‌تان می‌خورد، یا با آن برخورد کنید یا از آن فاصله بگیرید؛ به شایعه پروبال ندهید. وقتی کسی را می‌شناسید که از رهبر نوجوانان انتقاد می‌کند، برایش چند نمونه مثال بزنید که رهبر مزبور چه تأثیر بزرگی بر کلیسای‌تان داشته است. با پادزهر مثبت‌بودن به مقابله با زهر منفی‌بافی بروید.

آیا از ایده‌های تازه حمایت می‌کنم؟

معمولاً سنگین‌ترین بار خدمت نوجوانان، بر دوش رهبر گروه است. وقتی رهبر نوجوانان ایده‌ای تازه را مطرح می‌کند، خیلی مهم است که خادمان داوطلب با امتحان‌کردن ایدهٔ جدید، از وی حمایت کنند. برنامه‌ها را می‌توان مورد بحث قرار داد و در آنها تغییراتی ایجاد کرد، و اصولاً باید هم چنین باشد. اهداف کتاب‌مقدسی ما (بشارت، پرستش، مشارکت، شاگردی و خدمت) همیشگی‌اند، نه برنامه‌ها.

حتی اگر کلیسای‌تان «تاکنون هرگز چنین کاری نکرده»، از ایده‌های تازه استقبال کنید. شاید لازم باشد گاو مقدس خودتان را قربانی کنید تا سلامت روحانی نمایان شود. وقتی از تغییرات پیشنهادی حمایت می‌کنید، این پیام را به رهبر نوجوانان انتقال می‌دهید که «من تو را باور دارم» و این پیام به وی نیرو می‌بخشد. با استقبال‌کردن از تغییرات، به سلامت خدمت خودتان کمک خواهید کرد. حمایت خودتان را علنی ابراز کنید، و انتقادات را برای طرح در خلوت و گفت‌وگوی رو در رو با رهبری خدمات، بگذارید.

پیدا است که حمایت کلی، استثنائاتی هم دارد.

آیا از رهبر نوجوانان، به‌رغم ضعف‌هایش، حمایت می‌کنم؟

همه ضعف دارند. خادمان داوطلب خوب این حقیقت را تشخیص می‌دهند و از رهبرشان به‌رغم همهٔ ضعف‌هایش حمایت می‌کنند. یکی از ضعف‌های شایع در میان رهبران نوجوانان، به دوش کشیدن بار زیادی است. با یاری رساندن به رهبر نوجوانان در انجام وظایفی که از دشواری‌شان خبر دارید، در کشیدن بار مسئولیت با وی شریک شوید. با این کار به او نشان می‌دهید که دوست دارید کمکش کنید و به او توجه دارید.

با راه‌حل‌ها به مقابله با ضعف‌ها بروید. به‌جای اینکه بگویید: «تو در مدیریت‌کردن افتضاحی!» می‌توانید با گفتن «فلانی، می‌دانم که با جزئیات ادارهٔ گروه مشکل داری، اما

کارت با بچه‌ها فوق‌العاده اسـت. ما می‌خواهیم در کار ادارهٔ گروه کمکت کنیم تا بهتر بتوانی روی کار با بچه‌ها متمرکز شـوی. من و فلانی مایلیم کمکت کنیم. دوست داری تماس‌های تلفنی هفتهٔ بعد را ما انجام دهیم؟» مسئله را حل کنید.

□ *آیا وقتی خادم نوجوانان زیر دستم خرابکاری می‌کند، از خودم محبت نشان می‌دهم؟*

رهبران سـرگروه‌ها هم اشـتباه می‌کنند- بیشترشان! بسـیاری از خادمانان نوجوانان، خودشـان هم جوان و کم‌تجربه‌اند. از آنها انتظار کامل‌بودن نداشته باشید. از آنها دفاع کنید. تشویق‌شان کنید. به تلاش‌های‌شان ارج بنهید.

حتی خادمان باتجربهٔ نوجوانان هم، به‌خاطر تمایل‌شـان به خطر کردن، مرتکب اشـتباه می‌شـوند. این خادمان اهل تلاش‌اند و دوست دارند ایده‌های جدید را ابداع و امتحان کنند. صرف‌نظر از اینکه چقدر سـابقهٔ خدمت در تیم نوجوانان را دارند، ایمان و خلاقیت‌شان را مورد تشویق قرار دهید.

بیشـتر چیزهایی که من از خدمت بـه نوجوانان می‌دانم، از شکسـت‌هایم یاد گرفته‌ام. شکست آموزگار خوبی است.

□ *آیا در حضور دیگران رهبر نوجوانان را تأیید می‌کنم؟*

تأییـد رهبر نوجوانان در جمع، به پیشـرفت و تـداوم او در کار خدمت کمک می‌کند. تحسین لفظی شـما به خادم جان دوباره می‌بخشد، به‌ویژه در مواقعی که دشمن- یا یکی از والدین عصبانی- سـاز مخالفت کوک کرده است. وقتی کلیسا بسـتر مناسبی برای در میان گذاشـتن نظرات در جمع فراهم می‌سازد، با ذکر مصادیق مشخص توضیح بدهید که چطور خدا به‌واسطهٔ فلان رهبر گروه، خدمت نوجوانان را متحول ساخته و از تلاش‌هایی که وی در جهت این تحول به خرج داده، قدردانی کنید.

نگران نباشید که ممکن اسـت خادم مورد نظر، مغرور شود. یادتان باشد که این خدمت نوجوانان است، جایی که کمتر شاگردی قدر تلاش‌های رهبر گروهش را می‌داند.

□ *آیا من آخرین کسـی هستم که محل برنامه را ترک می‌کنم (یا دست‌ِکم مطمئن می‌شوم که کَسِ دیگری آنجا نیست)؟*

بلافاصلـه پس از اتمام هر برنامـه، صرف‌نظر از اینکه چقـدر موفقیت‌آمیز بوده، رهبر نوجوانان با افت شدید آدرنالین مواجه می‌شود. این یکی به‌طور خاص می‌تواند دشوار باشد، چونکه دشـمن اغلب با افکار مخرب و احساساتی نظیر تنهایی و انزوا به مصاف رهبر گروه می‌رود. رهبر نوجوانـان باید بداند که می‌تواند در خلال ایـن دورهٔ زمانی، روی همکاران داوطلبش حسـاب کند. نیم‌ساعت بیشـتر وقت بگذارید و با کمک یکدیگر محل برگزاری برنامه را تمیز کنید، تا رهبر گروه احساس تنهابودن نکند.

□ آیا فرد مثبتی هستم؟

نزدیک‌بودن به افراد مثبت، خیلی بهتر از آن است که اطراف انسان را آدم‌های منفی، تلخ و بدقلق احاطه کرده باشند. خدمت‌کردن با روحیهٔ مثبت، لذت‌بخش‌تر است.

اندرو[1] یکی از قهرمانان من در خدمت داوطلبانه به نوجوانان است. او بسیاری از پیام‌های بی‌شمار مرا خطاب به شاگردان شنیده، پس خوب می‌داند که چه زمانی گوینده هستم و چه زمانی درگیر مشکلی بزرگ. وقتی گرفتارم، همیشه می‌توانم روی پیام‌های غیرکلامی اندرو حساب کنم. لبخندها و زبان بدن او به من کمک می‌کند تا در موقع گرفتاری تاب بیاورم. می‌توانم امید را در چشمانش ببینم، که با زبان بی‌زبانی می‌گوید: «من با توام. از حرف‌های این هفته‌ات بوی نومیدی به مشام می‌رسد، ولی می‌دانم که سال ۵۱ هفتهٔ دیگر هم دارد و دوباره حال تو خوب خواهد شد.»

به دستورالعمل‌ها واکنش صحیح نشان دهید. جملاتی مثل «همینه. عجب ایدهٔ خوبی! بجنبید بچه‌ها! بیایید دست به‌کار شویم» را جایگزین «آه! باورم نمی‌شه که او از ما می‌خواد این کار را بکنیم!» کنید.

□ آیا فعالانه به دنبال داوطلبان دیگری می‌گردم که به تیم نوجوانان بپیوندند؟

درخواست از دیگران برای پیوستن به تیم خدمت به نوجوانان، نباید محدود به رهبر نوجوانان باشد؛ این وظیفهٔ همه است. شما کسانی را می‌شناسید که می‌توانند هم‌تیمی‌های خوبی برای شما باشند، پس از آنها دعوت کنید تا برای ورود به خدمت درخواست بدهند! به دیگران بگویید که خدا به‌واسطهٔ خدمت در تیم نوجوانان، چه کارهایی در زندگی‌تان انجام داده است. روی رشد روحانی و شادمانی‌ای که تجربه کرده‌اید، تأکید کنید. وقتی بار مسئولیت را با رهبران بیشتری تقسیم می‌کنید، کارتان درست است.

جیم و جِیمی[2] زوجی هستند که در کلیسای ما به نوجوانان خدمت می‌کنند. آنها همهٔ اعضای گروه کوچک بزرگسالان خودشان را وارد تیم خدمت به نوجوانان کرده‌اند. دو سه سالی طول کشید، اما جیم و جِیمی هشت خادم ارزشمند نوجوانان را تحویل کلیسا دادند، و اکنون هر یک از آنها به‌طور هفتگی گروهی را رهبری می‌کنند. دوستان جیم و جِیمی به این دلیل وارد خدمت نوجوانان شدند که این زوج دربارهٔ خدمت مزبور با آنها صحبت کرده بودند و از آنها خواسته بودند که به تیم بپیوندند.

□ آیا مشکلات را خودم به تنهایی حل می‌کنم؟

هنگام بروز مشکل، شما به‌عنوان خادم داوطلب این اقتدار را دارید که مشکل را حل کنید. خیلی ناامید می‌شوم، وقتی می‌بینم که خادم داوطلبی دوان‌دوان به سمتم می‌آید و چیزی شبیه به این می‌گوید: «داگ، صندلی کم داریم. حالا به نظرت چه‌کار کنم؟» دلم می‌خواهد

---

1. Andrew; 2. Jim and Jamie

به‌جای گفتن: «ممنونم. لطفاً برو چند تا صندلی دیگر سرپا کن. دفعهٔ بعد صاحب اختیاری که مشکلاتی از این‌دست را خودت حل کنی. من به قضاوتت اعتماد دارم.» این‌طوری جوابش را بدهم: «آفرین به نبوغت، شرلوک هلمز! خوشحالم که امر بر تو آشکار شد!... حالا برو چند تا صندلی از انبار بیار.»

حل و فصل همهٔ مشکلات را روی دوش رهبر گروه نیندازید. اگر توان تصمیم‌گیری دارید، خودتان تصمیم بگیرید. قدری از بار و زحمت رهبر گروه کم کنید. کلام آخر: اگر می‌توانی مشکلی را حل کنی، بکن. این نشانهٔ خادم داوطلب ارزشمند است.

□ *آیا از ته دل می‌خواهم که برای بلند-مدت در خدمت نوجوانان بمانم؟*

بهترین هدیه‌ای که می‌توانید به کلیسای‌تان بدهید، این است که برای خدمت در حیطهٔ نوجوانان، دید و رؤیایی بلند-مدت داشته باشید. کارکردن با اعضای مجرب تیم نوجوانان، خدمت را قوی‌تر، سالم‌تر، لذت‌بخش‌تر و مثمرثمرتر می‌کند. راه ایجاد رفاقت و اعتماد، پایبندی است.

قسمت دلخواه خدمت برای من، کارکردن با رهبران داوطلب بی‌نظیر کلیسا است. من دوست‌شان دارم و از تماشای اینکه آنان به‌خاطر محبت به نوجوانان و هدایت آنها به‌سوی عیسی، مشمول برکات الاهی قرار می‌گیرند، کیف می‌کنم.

از اینکه داوطلبانه در تیم نوجوانان خدمت و از رهبر تیم حمایت می‌کنید، سپاسگزارم!

رهبر نوجوانان: عملکرد موفقیت‌آمیز با شبان ارشد یا ناظر

(اگر خادم داوطلب هستید و مستقیماً با شبان ارشد سروکار ندارید، می‌توانید این قسمت را رها کرده به فصل ۸ بروید.)

رهبر خردمند نوجوانان، با شبان ارشد کلیسا رابطهٔ خوبی ایجاد می‌کند. شما نیاز به این دارید که سایهٔ شبان ارشد کلیسا بالای سر تیم‌تان باشد! شبان ارشد از بسیاری جهات می‌تواند به شما کمک کند. حضور وی تا اندازه‌ای مفید است که نمی‌توان اهمیت این رابطه را جدی نگرفت. بیشتر چیزهایی که قرار است در مورد ایجاد رابطهٔ خوب با شبان ارشد یاد بگیرید، در دو سال آغازین خدمت عایدتان نخواهد شد. شاید سال‌ها طول بکشد تا با شبان‌تان احساس راحتی و خودمانی‌بودن کنید، اما به تلاشش می‌ارزد که از همین حالا شروع به آموختن کنید. بیایید در مورد چگونگی ایجاد و تقویت رابطه با شبان ارشد، نکاتی را مورد ملاحظه قرار دهیم.

// پیش از شروع کار به‌عنوان خادم نوجوانان، دربارهٔ سبک مدیریت شبان سؤال کنید

اگر هنوز جزو کارکنان کلیسا محسوب نمی‌شوید، در خلال فرایند مصاحبه از شبان ارشد بخواهید که سبک مدیریت‌کردن پرسنلش را برای‌تان تشریح کند. سپس از خود پرسنل،

مشایخ و دیگر رهبران کلیسا در مورد سبک مدیریت شبان پرس‌وجو کنید تا مطمئن شوید که برآورد شبان ارشد از سبک مدیریت خودش، درست است یا نه.

در کمال احترام، ابتدا از خود شبان اجازه بگیرید. در نظر داشته باشید که پاسخ «نه» ممکن است باعث ناراحتی شما شود.

بازخوردی که از سبک مدیریت شبان ارشد به‌دست می‌آورید، درک بهتری از شیوهٔ عملکردتان در آینده به شما می‌دهد و در خواهید یافت که آیا هنوز مایل به پیوستن به تیم خدمت هستید یا نه. برای مثال، به‌عنوان خادم تازه‌کار نوجوانان، از مزایای کارکردن برای کسی بهره‌مند خواهید شد که شما را برای اهدافتان پاسخگو می‌داند، راهکارهای لازم برای حل مشکلات مردم را به شما گوشزد می‌کند، به عملی ساختن رؤیاهایتان کمک می‌کند، از شما انتظار دارد حد و مرزها را رعایت کنید و هروقت به نصیحت یا تجربه‌ای نیاز دارید در دسترس‌تان است.

اگر شبان ارشد را شخصی دیدید که انسانی فوق‌العاده است اما مدیر خوبی نیست، شک نکنید که سال‌های آغازین پرتلاطم و پرکشمکشی را پیش رو خواهید داشت. (البته یک استثناء هم وجود دارد: شبان ارشدی که پیرامونش را مدیران خوبی احاطه کرده‌اند و بر نحوهٔ مدیریت وی نظارت می‌کنند.)

پس از نخستین مصاحبه‌ام با شبان فعلی کلیسایم، دغدغه‌هایی در وجودم شکل گرفت. به‌نظر می‌رسید که وی در مورد خدمت نوجوانان همه چیز می‌داند. منظورم دقیقاً همه چیز است! تاریخچهٔ خدمت، روند کار، چشم‌انداز آتی، نام شاگردان، مسائل والدین، جزئیات برنامه‌ها. از نظر من، وی زیادی می‌دانست. فوراً این تصور در ذهنم به‌وجود آمد که وی رهبری کنترل‌گر است. با این‌همه، وقتی با پرسنل کلیسا در مورد سبک رهبری او صحبت کردم، دریافتم که وی اتفاقاً برعکس، رهبری است که کاری به کار کسی ندارد. از آنجایی که وی در نبود رهبر نوجوانان، وظایف او را بر عهده گرفته بود، نسبت به گروه نوجوانان شناخت پیدا کرده و نسبت به موضوعات این خدمت حساس شده بود. این چیز خوبی بود! نشان می‌داد که شبان ارشد به خدمت نوجوانان علاقمند است و می‌خواهد رشد و تقویت آن را شاهد باشد. سبک مدیریت وی برایم جذاب بود، چراکه داشتم وارد دههٔ دوم خدمتم در حیطهٔ خدمت به نوجوانان می‌شدم و چیزی که نمی‌خواستم، حضور مدیری کنترل‌گر بالای سرم بود. من به شبانی احتیاج داشتم که از رهبری‌ام حمایت کند و به من پروبال بدهد. این همان کاری بود که شبانم کرد و تا به امروز هم انجامش می‌دهد.

در نهایت تأثر باید بگویم که دربارهٔ روابط خدشه‌دار میان شبانان ارشد و خادمان نوجوانان، حکایات تلخ زیادی شنیده‌ام. خوشبختانه، در مورد شبانان و خادمان نوجوانانی که مایهٔ برکت همدیگر شده‌اند و با هم اوج گرفته‌اند، داستان‌های مسرت‌بخش بسیاری وجود دارد.

من که طی ۲۵ سال گذشته شبان نوجوانان بوده‌ام و حالا در سمت شبان ارشد کلیسا مشغول به خدمتم، از هر دو سو شاهد مسئلهٔ فرمانبرداری و نظارت هستم. از سال ۱۹۸۰ که کارم را در کلیسای سدلبک آغاز کردم، تقریباً در هر موردی، با همکارانم و پرسنل کلیسا رابطهٔ مثبتی داشته‌ام. این روابط هم برای من مایهٔ شادمانی بوده و هم برای کلیسای‌مان، منشاء سلامت.

اما روابط خوبی که من و همکارانم از آن بهره‌مندیم، به‌طور اتفاقی ایجاد نشده است. بهبود روابط زمان زیادی برد. اعتمادسازی و جلب اطمینان طرف مقابل موضوعی زمان‌بر است. درک منظور طرف مقابل مستلزم صرف وقت است. از همه مهم‌تر، من یاد گرفتم که باید عزم رشد و تقویت این روابط را داشته باشم. باید برای پیشرفت روابط تلاش کنم!

حقیقت دیگری که آموختم این بود که سلامت کلیسا زمانی حاصل می‌شود که شبان ارشد و خادم نوجوانان رابطه‌ای مستحکم و مبتنی بر اعتماد متقابل داشته باشند.

اعتماد.

این چیزی است که شبان ارشد از خادم نوجوانان انتظار دارد. کسی که در هر زمینهٔ خدمتی بشود رویش حساب کرد. کسی که خدمت را به‌خوبی رهبری کند. کسی که لازم نیست نگرانش باشید.

زمانی که سدلبک کلیسای کوچک‌تری بود، من مجبور بودم به همهٔ حوزه‌های خدمت سرک بکشم. اما وقتی کلیسا بزرگ‌تر و بر شمار کارمندانش افزوده شد، از اینکه می‌دیدم خدا مردان و زنان قابل‌اعتمادی را برای رهبری خدمات کلیسایی به جمع ما آورده، برکت زیادی گرفتم. این به من اجازه داد تا وقتم را در زمینه‌های دیگری که نیازمند توجه و رشد بیشتری بودند، صرف کنم.

اعتماد.

اعتماد چگونه ایجاد می‌شود؟ خیلی ساده است، با امین‌بودن. با وقتی که شبان ارشد و خادم نوجوانان برای تحکیم روابط خود می‌گذارند. هیچ راه میان‌بری وجود ندارد. کسب شناخت از یکدیگر، دعا برای یکدیگر، خدمت شانه به شانه، با هم خندیدن، آموختن از همدیگر، همگی چیزهایی هستند که جوّ لازم برای رشد اعتماد را به‌وجود می‌آورند. و جایی که اعتماد در آن رشد کند، یگانگی هم رشد خواهد کرد. و جایی که یگانگی در آن رشد کند، هم شبان ارشد و هم خادم نوجوانان به فراوانی برکت خواهند گرفت، و کلیسا هم سالم‌تر خواهد بود.

خادمان نوجوانان با توجه به سه امر مهم در دو سال آغازین خدمت‌شان، می‌توانند تا سالیان دراز از ثمرات‌شان برخوردار شوند:

ارتباط صریح و روشـــن، به‌طور پیوسته. شبان ارشد قرار نیست در مورد هرآنچه که در خدمت نوجوانان اتفاق می‌افتد، همه چیز را بداند، بلکه وظیفهٔ شماســـت که باید او را در جریان مهمترین آنها قرار دهید.

هرگـــز از آموختن بازنایســـتید. همهٔ رهبران خوب کسانی هستند که در یادگیری هم خوبند. همان لحظه‌ای که از آموختن بازایستید، در واقع، رهبری را متوقف کرده‌اید. عده‌ای معتقدند که برای اعتمادسازی هرگز نباید در برنامه‌ریزی یا اجرای خدمت، مرتکب اشتباه شـــد. این حرف اصلاً درست نیســـت! من به کارکنانم می‌گویم که از آنان انتظار دارم در هفته دستِ‌کم یک اشتباه مرتکب شوند- این یعنی دستاویزی برای آموختن چیزی جدید. (البته، هیچ دوست ندارم که همان اشتباه را هر هفته مرتکب شوند!)

نزدیک عیسی بمانید. موضوع فرمانبرداری و خدمت در نهایت به رابطهٔ شما با عیسی منتهی می‌شود. با نیرو گرفتن از منبع اصلی قدرت، می‌توانید فشارهای خدمت را آسان‌تر تحمل کنید. هرگز از وقت‌گذراندن با خدا غفلت نکنید.

ریک وارن[1]

اگرچه برخی از شـــبانان شخصیتی کنترل‌گر دارند، ولی من متوجه شده‌ام که اکثر شبانان ارشد، تمایلی ندارند دیگران را مدیریت کنند. آنها وقتش را ندارند. می‌خواهند به شما اعتماد کنند، با این باور که کاری را که به‌خاطرش استخدام شده‌اید انجام خواهید داد و از خط‌مشی خدمت کلیســا تبعیت و حمایت خواهید کرد. اگر از انتظارات، تصویر روشنی داشته باشید، دیگر نباید مشکلی باشد (در مورد این انتظارات به فصل ۱۲ مراجعه فرمایید.)

در اینجا می‌خواهم گوهری از معرفت را به شـــما تقدیم کنم که هرگز در مدرســـه آن را نخواهید آموخت: هر شـــبان ارشدی که واعظ خبره‌ای است، لزوماً مدیری کارآمد محسوب نمی‌شـــود. به شبان‌تان مجال رشد و پیشرفت بدهید. توقعات خودتان را از او پایین بیاورید؛ قرار نیست شبان ارشد همهٔ خواسته‌ها و احتیاجات شما را برآورده سازد. بسیاری از خادمان نوجوانان وقتی متوجه می‌شوند که شبان‌شـــان از عطایای مدیریتی بی‌بهره است، سرخورده می‌شوند. شبان ارشد هم مثل هر انسان دیگری، آمیزه‌ای از نقاط قوت و ضعف است.

// کارهایی که در برخورد با شبان ارشد، باید از آنها پرهیز نمود.

هر بار که از اشتباهی درس می‌گیرید، آن را به فهرست زیر اضافه کنید. مَثَل *زندگی کن و یاد بگیر* در این حیطه مصداق کامل دارد.

- *شیرهٔ شبان‌تان را نکشید.* بگذارید هر وقت چشم شبان‌تان به شما می‌افتد، احساس نشـــاط و تازگی کند. پیش از جلسه، دســـتور کار را آماده کنید و حدود ۱۰ دقیقه مانده

1. *Rick Warren*

به شروع جلسه، بیرون دفتر کارش منتظر او باشید. بدین‌ترتیب، از هدر رفتن زمان او جلوگیری کرده‌اید. برای وقت شبان‌تان احترام قایل شوید و در عوض از آنچه که متقابلاً نصیب‌تان می‌شود، شگفت‌زده خواهید شد. وقتی شبان احساس کند که مدام می‌خواهید شیرهٔ او را بکشید، از شما دوری می‌کند. شاید شبان شما بسیار معاشرتی و اهل صحبت باشد؛ این خصوصیت را در نظر داشته باشید- اما حواس‌تان باشد که وی مسئولیت‌های دیگری هم دارد، پس زیاد وقتش را نگیرید.

من می‌دانم که شبانم مشغلهٔ زیادی دارد. دوست دارم برای وقتش احترام قائل شوم. از او درخواست ملاقات‌های مکرر نمی‌کنم، از این‌رو وقتی چنین درخواستی مطرح می‌کنم، خوب می‌داند که موضوع مهمی در بین است و باید پیرامونش صحبت کنیم. جلسه را با گفتن جمله‌ای نظیر این آغاز می‌کنم: «طبق صورت‌جلسهٔ امروز، می‌خواهم سه مطلب را با شما در میان بگذارم، دو پرسش و یک ایده. می‌دانم سرتان خیلی شلوغ است، پس می‌روم سر اصل مطلب.» در مواردی حتی نمی‌نشینم. وقتی برای وقت شبانم ارزش و احترام قائل می‌شوم، او هم به برنامه‌های من احترام می‌گذارد و در آینده با دست و دلبازی بیشتری به من وقت می‌دهد.

برای آنهایی که کنجکاوند بدانند، اگر شبانم از من دعوت کند که بیشتر بمانم، حتماً قبول می‌کنم.

- *بار مشکلات مربوط به خدمت‌تان را روی دوش شبان نیندازید.* شبان شما به اندازهٔ کافی برای خودش مشکل دارد و لزومی ندارد بار مشکلات خدمت خودتان را هم روی دوشش بیندازید. اگر برای رویداد بعدی نوجوانان نمی‌توانید مینی‌بوس پیدا کنید، این مشکل شبان نیست. متوجه باشید که شبانان ارشد باید با چه معضلاتی دست‌وپنجه نرم کنند. آنان-
  - کارهای زیادی برای انجام دادن دارند.
  - انتظارات زیادی از آنها می‌رود.
  - حرف خیلی‌ها را باید بشنوند (هر کس گله و شکایتی دارد، پیش آنها می‌رود).
  - حملات شخصی زیادی را تحمل می‌کنند: اینکه چه می‌پوشند، بچه‌های‌شان چگونه رفتاری دارند، همسرشان چه چیزی دربارهٔ همسایه‌شان شنیده... و غیره.

اگر مشکلی *جدی* دارید، با شبان‌تان حرف بزنید. اگر موضوع حیاتی نیست، ولی نیازمند رهنمود یا مشورتی هستید، با خادمی معتمد یا یکی از همکاران‌تان حرف بزنید. اگر مشغله‌تان زیاد است، حتم بدانید که سر شبان‌تان از سر شما شلوغ‌تر است.

- *از شبان‌تان انتظار نداشته باشید که وقت زیادی در اختیارتان قرار دهد.* از شبان‌تان انتظار نداشته باشید که با شما همانند یکی از اعضای عادی جماعت برخورد کند. درست

است که باید در خلال دو سال اول خدمت‌تان، زیر نظر باشید، ولی این لزوماً وظیفهٔ شبان ارشدتان نیست. او نمی‌تواند همه کس را همه چیز باشد. او را از قید توقعات برهانید. با کسان دیگری که می‌توانند روی مراقبت از شما تمرکز کنند، به رشدتان کمک کنند و بر خدمت‌تان نظارت داشته باشند، در تماس باشید. اگرچه دوست دارید رئیس‌تان، شبان‌تان هم باشد، ولی بهتر است کس دیگری را پیدا کنید که نیازهای شبانی شما را برطرف کند. این جملهٔ آخری را دوباره بخوانید... بگذارید حسابی در ذهن‌تان رسوخ کند.

- *به تصویر بزرگ نگاه کنید- خدمت نوجوانان را هم در پرتو کل خدمت کلیسا ببینید.* این باور را کنار بگذارید که: خدمت نوجوانان مهمترین خدمت کلیسا است. آری، خدمت به نوجوانان در حیات کلیسا خدمتی حساس و مهم است، و متأسفانه شبانان ارشد اغلب آن را نادیده می‌گیرند. ولی واقعیت مزبور این حق را به شما نمی‌دهد که مدام از کم‌توجهی بنالید و از کمبود بودجه شکایت کنید. با صرف‌کردن وقت‌تان برای متحول‌ساختن زندگی دیگران، اهمیت خدمت به نوجوانان را به دیگران اثبات کنید. شبانان از شنیدن گله و شکایت خسته، و از اِعمال‌نفوذ خادمان نوجوانان برای تصدی سمت‌های بیشتر، کلافه‌اند. هر کاری که به جلال خدا بینجامد، مهم است. زمانی که با این حقیقت زندگی می‌کنید، خادم ارزشمندی برای کلیسا هستید، نه یک رقیب بالقوه برای همکاران‌تان.
- *توقع بی‌عیب و نقص‌بودن را کنار بگذارید.* اجازه بدهید شبان‌تان هم انسان باشد. هر شبان ارشدی با مسائل و مشکلاتی (اعم از ناامنی، بی‌ایمانی، مشکلات خانوادگی، اعتیاد به کار، غرور، خشم) دست‌به‌گریبان است. از شبان ارشدتان انتظار کامل‌بودن نداشته باشید، چون وقتی متوجه معایب او بشوید، سرخورده خواهید شد. هرچه به شخص رهبر- هر رهبر بشری- نزدیک‌تر شوید، معایب و نواقصش آشکارتر می‌شوند. از آنجا که خودتان هم از این قاعده مستثنا نیستید، بپذیرید که شبان‌تان هم فرد کاملی نیست.

(ندایی از درون سنگرها)

خب، در آن وقت از سال موقع پیداکردن کارآموزی بود که طی ماه‌های حساس جون، جولای و آگوست کمکم کند. در آن زمان من عضو کمیتهٔ رهبری کلیسا بودم. پس همهٔ رزومه‌ها را می‌بایست با دایرهٔ کارگزینی مورد بررسی قرار می‌دادیم. برای این خدمت سه متقاضی وجود داشت، و با وجودی که می‌دانستم سه نفر نامزدهای نسبتاً خوبی هستند، اما یکی از آنها از دو نفر دیگر خیلی سرتر بود. به شبان کلیسا و دایرهٔ کارگزینی مراجعه کردم و گفتم که هرچند همگی متقاضیان دوستان خوبم هستند، ولی فقط یکی از آنها را می‌توانم توصیه کنم.

مشکل اما متقاضی دیگری بود که به‌تازگی ایمان آورده بود- و تا همین چند هفته پیش، مشروب‌خوار قهاری بود و زندگی به‌شدت «دنیوی» داشت. با اینکه در واقعیت مزبور هیچ شک و شبهه‌ای وجود نداشت، اما شخص مورد بحث به دلیل ریشه‌های خانوادگی عمیقی که در کلیسا و حتی هیئت رهبری داشت، به‌عنوان کارآموز انتخاب شد.

هرگز فراموش نمی‌کنم لحظه‌ای را که شبان کلیسا مرا صدا کرد و گفت که هیئت رهبری فرد نوایمان را به گزینهٔ پیشنهادی من ترجیح داده (هرچند فرد پیشنهادی من اکنون شبان نوجوانان یکی از بزرگترین گروه‌های نوجوانان کشور است). از دفتر شبان که بیرون آمدم، مخالفت شدید خودم را با این تصمیم اعلام کردم، اما گفتم که از تصمیمش حمایت می‌کنم. بعداً شبان چند تماس تلفنی گرفت و هیئت رهبری را متقاعد ساخت تا در تصمیم‌شان تجدیدنظر کنند و دو متقاضی دیگر را هم به‌عنوان کارآموز بپذیرند. (به مرور کاشف به عمل آمد که کارآموز نوایمان، در حین فعالیت نوجوانان، وقتش را صرف قماربازی با شاگردان می‌کرده و با یکی از آنها در درون حریم کلیسا دعوا کرده است.)

نکته‌ای که می‌خواهم بدان اشاره کنم این است که خیلی وقت‌ها احساس می‌کنید که حق با شماست، و آنهایی که مافوق شما هستند اشتباه می‌کنند. بهترین راه برای فرونشاندن اختلاف این است که با احساسات خود صادق باشید، اما از تصمیمات مافوق هم حمایت کنید. به عقیدهٔ من تفرقه در میان خادمان کلیسا، یکی از بزرگترین حربه‌های شیطان برای ضربه‌زدن به بدن مسیح است. پس، از اتحاد خادمان کلیسا حراست کنید و هرگز پشت سر یکدیگر حرف نزنید- حتی اگر بدانید که حق با شماست. تشویق و بنای یکدیگر را تمرین کنید. این کاری است که می‌توانید و باید پشت سر همدیگر انجام دهید!

تیم نوسبامر[1]، خادم نوجوانان کلیسای باپتیست پیدمونت، ماریتا، جورجیا[2]

// اقداماتی که باید همراه با شبان ارشد انجام داد.

فلسفهٔ من در مورد کارکردن با شبان ارشد این است که هرآنچه از دستم برمی‌آید، برای آسان‌ترشدن زندگی‌اش انجام دهم. من می‌خواهم که او موفق باشد و بداند که در هر موقعیتی می‌تواند به من اعتماد کند. اگر با من موافقید، ایده‌های زیر را مورد ملاحظه قرار دهید:

- *به فکر خانواده‌اش باشید.* فرزندانش را محبت کنید. هیچ لزومی ندارد که شخصاً با آنها مانند شاگردان خودتان رفتار کنید، بلکه باید به‌طرزی صحیح هوای‌شان را داشته باشید. در اردو آنها را بیش از بقیه بچه‌ها بغل کنید. طی اجرای برنامه‌ها مواظب‌شان باشید و کمک‌شان کنید با نوجوانانی دمخور شوند که سوءپیشینه ندارند. برای وقت خانوادگی شبان‌تان ارزش قائل شوید و از آن محافظت کنید. وقتی شبان به خانواده‌اش اولویت می‌دهد، آن را محترم بشمارید.

- *از رؤیاهایش حمایت کنید.* به رؤیاهایی که در سر دارد گوش بدهید و به ویژگی‌های منحصربه‌فرد وی نگاه کنید. شاید گاهی رؤیاهای او برای شما کابوس باشند، ولی خیلی

---

1. Tim Nussbaumer; 2. Piedmont Baptist Church, Marietta, Georgia

مهم است که او را تشویق و دلگرم کنید. رؤیاهایش را بشنوید و بدون اینکه آنها را مورد تحلیل انتقادی قرار دهید از شنیدن مکنونات قلبی شبان‌تان هیجان‌زده شوید، مگر اینکه واقعاً لازم باشد نقدی را بر رؤیاهای او وارد کنید.

- *تشویق کنید.* شبانان ارشد هم نیازمند تشویق و تأیید هستند! به او بگویید که چه زمانی به دادتان رسیده است. مشخصاً و همراه با تقدیر از او، موضوع را به وی یادآوری کند. اگر ذکر توصیه‌ای را ضروری می‌بینید، حتماً بدان اشاره کنید.

همین اواخر، در خلال یکی از جلسات خادمان کلیسا، شبانم نکته‌ای را از کتاب‌مقدس تعلیم داد که الهام‌بخش اقدامی از سوی من شد. نه تنها وقت گذاشتم و از او به‌خاطر رهبری الهام‌بخشش تشکر کردم، بلکه تعلیم او را «دزدیدم» و آن را به شاگردان خودم هم تعلیم دادم. (خادمان نوجوانان غالباً روی این قبیل اقدامات نام «تحقیق» را می‌گذارند.) این موضوع را هم به وی گفتم و خلاصه شبان را مورد تأیید مضاعف قرار دادم.

- *ضربه‌گیر باشید.* اگر می‌توانید از شبان‌تان محافظت کنید، یا جلوی فشار وارده بر او را بگیرید یا شکایتی را که متوجه اوست بشنوید، این کار را بکنید. شبانان ارشد باید بدانند که در تیم‌شان کسانی هستند که حاضرند قدری از درد وارده را متحمل شوند و مایهٔ تسکین او شوند.
- *دعوت کنید، سپس دعوت را پس بگیرید.* شبان را برای شرکت در همهٔ رویدادهای نوجوانان دعوت کنید، اما از او انتظار نداشته باشید که در همگی آنها حاضر شود. بگذارید بداند که حضورش را در جمع‌تان خواهانید، اما این فرصت را به وی بدهید که بدون احساس عذاب وجدان، آنها را رد کند. اگر شبان‌تان در همهٔ رویدادهایی که در کلیسا برگزار می‌شود شرکت کند، از پا می‌افتد. اگر شبان‌تان در هر رویدادی حاضر می‌شود، پس احتمالاً شما در کلیسایی کوچک خدمت می‌کنید، و یکی از دلایل کوچک‌بودن کلیسای‌تان هم همین است که شبان‌تان در همهٔ رویدادها شرکت دارد.

(ندایی از درون سنگرها)

هرگز اولین جلسهٔ هیئت رهبری کلیسایی را که برای نخستین بار کارم را در آن به‌عنوان شبان نوجوانان شروع کردم، فراموش نمی‌کنم. با لباس رسمی آمده بودم (حتی کراوات هم بسته بودم) و سعی کرده بودم تا جایی که ممکن است، حرفه‌ای به‌نظر برسم. به صورت جلسه نگاهی انداختم و چشمم به خطی خورد که نوشته بود: «دغدغهٔ نوجوانان». سرتان را درد نیاورم، دغدغهٔ مزبور به اولین رویداد نوجوانان مربوط می‌شد که من در آن کلیسا مدیریت کرده بودم (و اتفاقاً بسیار هم موفق بود). یک نفر چند تا از بسته‌های شکر را که برای قهوهٔ بزرگسالان روز بعد گذاشته بودند، برداشته بود.

بله. به‌خاطر گم‌شـــدن قدری شـــکر، رهبری من به‌طور جدی زیر سؤال رفت. من نظر هیئت رهبری را کاملاً مردود شـــمردم و گفتم که آنها کاملاً از واقعیت دورند. اما این کارم اشتباه بزرگی بود- چونکه این کار تمام سال بعد مایهٔ دردسر و نومیدی‌ام شد.

اینها روش‌هایی اســـت که من برای حل اختلافات به‌وجود آمده میان خودم و کلیسا، از آنها استفاده می‌کنم:

• در تک‌تک جلســـات هیئت رهبری حتماً روی کاغذ توضیح می‌دهم که با شاگردان چه فعالیت‌های داشته‌ام، چه نقشـــه‌هایی دارم، و چطوری قرار است نقشه‌هایم را عملی سازم.

• متوجه هستم که برخی از بزرگسالان همیشه نسبت به من و نوجوانان ظنین هستند، زیرا نوجوانان از بزرگسالان بیم دارند.

• وقتی اتفاقی می‌افتد که باعث بروز اختلاف می‌شـــود (مثـــل آن وقتی که من حامی برگزاری کنســـرت راک در سالن نوجوانان شـــدم و به‌کلی فراموش کردم که بزرگسالان محافظه‌کار دقیقاً در اتاق زیر ما جلســـهٔ بررســـی کتاب‌مقدس دارند)، ســـعی می‌کنم با مداخلهٔ مستقیم مشکل را حل کنم. پس وقتی فهمیدم که کنسرت‌مان مزاحم جلسهٔ مطالعهٔ کتاب‌مقدس شـــده، هفتهٔ بعد یـــک جعبه دونات گرفتم و به کلاس آنهـــا رفتم و به دلیل مزاحمت صوتی هفتهٔ پیش از آنها عذرخواستم و به‌خاطر شکیبایی‌شان از آنان تشکر کردم و به آنها گفتم که دفعهٔ بعد حواس‌مان را بیشتر جمع می‌کنیم.

• حتماً شبان ارشدم را در جریان هر اختلافی که پیش آمده، می‌گذارم و از او راهنمایی و مشورت می‌گیرم و ســـعی می‌کنم حمایتش را به‌دست آورم. در خدمت به نوجوانان از این بدتر نداریم که شبان ارشدت را به‌خاطر بی‌اطلاع ماندنش از وقایع، آزرده‌خاطر کنی. همین امر در مورد هیئت رهبری کلیسا هم صادق است.

• بســـته به جدیت درگیری، تنها وارد معرکه نمی‌شـــوم. اغلب رهبران بزرگســـالان/ والدین کنارم می‌ایستند و از من حمایت می‌کنند.

• قبل از حضور در هر جلســـه‌ای دعا می‌کنم- برای حاکمیت روح صبر، درک و عدم جبهه‌گیری.

میانگین عمر کاری هر خادم نوجوانان در کلیسا، چندان زیاد نیست. من معتقدم که این آمار ناراحت‌کننده تا اندازه‌ای متأثر از اشـــتباهاتی است که خود شبانان نوجوانان در حل اختلافات با هیئت رهبری کلیســـا، مرتکب می‌شوند. سه کلیسای اولی که در آنها خدمت کردم، مؤید این آمارند. با این‌حال، پس از آنکه استراتژی بالا را به‌کار بستم، به‌طور میانگین ۳-۴ ســـال در هر کلیسا خدمت کردم و امیدوارم در کلیسای فعلی‌ام بیش از ۱۰ سال دوام بیاورم.

دن اسنایدر، شبان نوجوانان کلیسای پارک ماونتین، لیک آزویگو، اورگان

پیش از آغاز پیک‌نیک تابستانی سالیانهٔ خانواده‌ها، من با این جمله از شبانم برای شرکت در پیک‌نیک دعوت کردم: «خیلی خوشحال می‌شویم که شما را آنجا ببینیم، ولی می‌دانم که یکشنبه برای شما روز پرمشغله‌ای است، پس بعد از جلسهٔ کلیسا خانه بمانید و کمی استراحت کنید. از شما انتظاری ندارم.» در روز موعود، او به پیک‌نیک نیامد. هروقت او به رویدادی می‌آید، من هیجان‌زده می‌شوم و هروقت نمی‌آید، اوست که هیجان‌زده می‌شود! در هر حالت، بُرد با کلیسا است. اگر نیت من خدمت به شبانم است، ترجیح می‌دهم که او هیجان‌زده باشد.

هشدار: زیاده‌روی نکنید (مثلاً: «برادر، چرا یکسال مرخصی نمی‌گیری؟ فکر نکنم در نبودت آب از آب تکان بخورد.»)

- *خوبِ شبان‌تان را بگویید.* به‌طور خاص پشت سرش حرف‌های خوب بزنید. شبان شما باید بداند که وقتی به‌طور اتفاقی می‌شنوند که شما دارید در تالار ورودی کلیسا در موردش حرف می‌زنید، حرف‌های مثبت و تشویق‌کننده از دهان‌تان بیرون می‌آید.
- *در جریانش بگذارید، اما کلافه‌اش نکنید.* وقتی شبان‌تان را در جریان موقعیتی قرار می‌دهید، بدون وقت تلف‌کردن سر اصل مطلب بروید، روی موارد مهم تمرکز کنید و جزئیات را از قلم بیندازید. صبر کنید تا او برای فهمیدن جزئیات بیشتر از شما سؤال کند و بعد شروع به تعریف‌کردن حکایات شیرین خودتان کنید.
- *نفوذ شبان ارشدتان را برای «مشکلات بزرگ» نگه دارید.* وقتی از شبان ارشدتان می‌خواهید که در ارتباط با موضوع یا نیازی دیگران را متقاعد سازد، راهبردی عمل کنید. تاکتیک شما این است که از نفوذ رهبری وی استفاده کنید، چون احتمالاً حرف او در کلیسا بیشتر از حرف شما خریدار دارد.

> من با گذشت نزدیک به سی سال خدمت در سِمَت شبان ارشد، هم با هیجانِ کارکردن با همکارانم آشنا هستم و هم با درد آن. زمانی که همه چیز روی غلتک است، چیزی بهتر از کارکردن با خادمان کلیسا نداریم- اما زمانی که تنش، اختلاف یا نقصی پدید می‌آید، کارکردن با آنها از هر چیز دیگری بدتر است. داگ کشتی خود را در دریای پرتلاطم رابطهٔ میان شبان ارشد-شبان نوجوانان، به‌طرزی موفقیت‌آمیز هدایت کرده، و من به‌عنوان همکار و همخدمتش، از نزدیک شاهد آن هستم. به همین‌خاطر است که داگ خدمتی پرثمر دارد، خدمت نوجوانان در کلیسایش از ارج و احترام ویژه‌ای برخوردار است، پادشاهی خدا پیش می‌رود و داگ هم به سرمشقی مثال‌زدنی در رویکرد فرمانبرداری/ نظارت در میان همکاران و تیم رهبری خودش تبدیل شده است.
>
> برد جانسن[1]

1. Brad Johnson

یک‌بار در فصل بهار، عده‌ای از والدین از تغییراتی که در برنامهٔ سنتی اردوی تابستانی به‌وجود آمده بود، عصبانی بودند. من نگرانی آنها را درک می‌کردم، اما کاری از دستم ساخته نبود. یکشنبه شبی، تعداد زیادی از والدین در یکی از گردهمایی‌های مأموریتی حاضر شده بودند. به‌عنوان بخشی از برنامهٔ این گردهمایی، قرار بود که شبانم پیامی کوتاه خطاب به شاگردان و خانواده‌ها ایراد کند و به آنها بگوید که ما به همهٔ آنها افتخار می‌کنیم. من هم از او خواستم تا دربارهٔ اردو، چیزهایی مثبت بگوید. او نه تنها به تنش پدیدآمده بر سر اردوی تابستانی اشاره کرد، بلکه بر رهبری من صحه گذاشت و گفت که به درستیِ هرآنچه که ما انجام می‌دهیم، ایمان دارد.

او چیزی را گفت که من نمی‌توانستم بگویم. توان او برای تأثیرگذاری بر والدین به اندازه‌ای بود که بتواند به‌واسطهٔ نفوذ کلامش، تغییرات پیش‌آمده را به آنان بقبولاند. اگر اعضای کلیسای شما به شبان‌تان احترام می‌گذارد، عاقل باشید و از وجههٔ او به‌صورت راهبردی استفاده کنید.

- *دعا کنید.* برای رهبری شبان‌تان (و برای اینکه با میل و رغبت پیرو او باشید) دعا کنید. برای رابطهٔ شبان‌تان با خدا و برای رابطهٔ زناشویی و خانواده‌اش دعا کنید. از خدا بخواهید دلگرمش کند. دعا کنید که شبان‌تان به رشد و یادگیری ادامه بدهد و از حملات روحانی دشمن در امان بماند. یکی از راه‌های عملی تأیید شبان این است که هر چند وقت یک‌بار به وی یادآوری کنید که برایش دعا می‌کنید.

وقتی موضوع رابطهٔ رهبر خادمان نوجوانان با شبان ارشد به میان می‌آید، این صفت‌ها به ذهنم خطور می‌کنند: عالی، خوب، معمولی، بد، افتضاح و تقریباً قطع. هر چقدر هم که تصور کنید این رابطهٔ شراکتی سرشار از شادی و خوبی و عاری از اختلاف و درگیری است، باز عین واقعیت نیست.

برای به کار بستن این ایده‌ها در دعا درخواست حکمت کنید. دعا کنید که خدا حساسیت لازم را برای مراقبت از شبان‌تان به‌عنوان شخص (نه رئیس) به شما عطا فرماید و این شجاعت را به شما بدهد که وقتی تنشی احساس می‌کنید یا به زندگی خودتان لطمه‌ای وارد می‌شود، رو در رو با وی صحبت کنید. توانایی خودتان را برای بهترکردن این رابطه، دستِ‌کم نگیرید.

ای کاش داستان مربوط به کلارک و شبانش که در ابتدای فصل برای‌تان حکایت کردم، موردی استثنایی بود. متأسفانه، بسیاری از خادمان نوجوانان در جدال با صاحبان قدرت در کلیسا، بازنده می‌شوند. خیلی از رهبران خدمت نوجوانان نمی‌دانند با شبان ارشدشان چگونه تعامل داشته باشند و چطور به او واکنش نشان دهند. خادمان داوطلب مخفیانه به من نامه می‌نویسند و می‌پرسند که چگونه می‌توانند رهبر خادمان نوجوانان خود را تغییر دهند، و هرگز به ذهن‌شان خطور هم نمی‌کند که شاید لازم باشد اول خودشان را تغییر دهند. همهٔ اینها مرا اندوهگین می‌کند. حکایت همان است، فقط نام‌ها عوض می‌شوند.

روابط کاری آســـان نیستند، زیرا وقتی با افراد مافوق‌مان سروکار داریم، اختلافات زیادی به‌وجود می‌آید. شـیوهٔ واکنش شما به صاحبان قدرت در کلیســـای‌تان، بازتاب خود را در تأثیرگذاری خدمت‌تان نشان خواهد داد.

هیئت رهبری کلیسا و تیم خدمت به نوجوانان، دوشادوش یکدیگر

وقتـــی صحبت از هیئت رهبری کلیســـا به میـــان می‌آید، اکثراً تصاویر دیوان‌ســـالاری، جلسات، بحث‌ها، دونات و سیاســـت در ذهن شنونده تداعی می‌شود. گاهی اتاق جلسات، مکانی به‌هم‌ریخته و پرسروصدا است. آیا شما در کلیسای‌تان هیئت رهبری دارید؟ اگر دارید، پس متوجه انگیزه‌های شـــخصی، ائتلاف‌های سیاسی و جناح‌بندی‌های خدمتی هستید. کل تیم خدمت نوجوانان شـــما باید نســـبت به نحوهٔ عملکرد اعضای هیئت رهبری کلیسا، آگاه باشد.

حواس‌تان باشد که استنباط می‌تواند از واقعیت نیرومندتر باشد.

وقتی اعضای هیئت رهبری شـــایعاتی دربارهٔ اتاق‌های به‌هم‌ریختهٔ نوجوانان می‌شوند، یا در نامه‌های والدین غلط‌های املایی پیدا می‌کنند، بازرســـانی را به‌طور مخفیانه می‌فرستند تا رســـیدهای گمشدهٔ مخارج خدمت نوجوانان را پیدا کنند، و به‌ندرت شاگردان را در جلسات کلیسایی می‌بینند...، نسبت به خدمت شما برداشتی عمدتاً منفی پیدا می‌کنند.

استنباط آنها- خواه منصفانه خواه غیرمنصفانه- باعث می‌شود که خدمت شما را بر اساس شایعات مورد قضاوت قرار دهند: چیزی که آنها فکر می‌کنند، بیش از آنکه مبتنی بر واقعیت باشـــد، بر دیده‌ها و شنیده‌ها استوار است. بســـیاری از تصمیم‌گیرندگانی که برنامه‌های شما را تأیید می‌کنند و برای آنها بودجه تعیین می‌کنند، شـــاید هرگز پا به جلسات نوجوانان شما نگذاشته باشند. این باعث تأسف است. از آنجایی که استنباط اغلب واقعیت فرض می‌شود، تیم خدمت نوجوانان شما باید در مورد اینکه از خدمت‌تان چه برداشت و استنباطی می‌شود، تحقیق کند. سپس باید تصمیم بگیرید که چطور می‌توانید در جهت رفع استباط‌های منفی و ایجاد برداشت‌های مثبت، تغییراتی ایجاد کنید.

به هیئت رهبری احترام بگذارید، اما مرعوب اعضای آن نشوید.

برای اعضای هیئت رهبری خود دعا کنید و به آنها احترام بگذارید، اما توجه داشته باشید که آنها هم مردان و زنانی هستند که همیشه در اوج بلوغ روحانی به‌سر نمی‌برند.

در کلیســـای قبلی محل خدمتم، یکی از مشـــایخی که برای نظارت بر خدمت نوجوانان منصوب کرده بودند، به معنای واقعی کلمه طفلی روحانی بود. او با ســـخاوتمندی به کلیسا هدیه می‌داد، و میان اعضای کلیســـا محبوب بود، و بـــه همین‌خاطر رأی لازم را برای ورود به جمع مشایخ کلیســـا، به چنگ آورد. وقتی مدتی را با وی گذراندم، دریافتم که بسیاری از تصمیماتش بر مبنای تجربیات دنیوی اســـت، نه اصول کتاب‌مقدسی. خودم را زیر نظر کسی

دیدم که دو برابر من سن داشت. به منصبش احترام می‌گذاشتم، اما قبول اینکه وی ایمانداری بالغ است، برایم دشوار بود.

مـردان و زنانی که تصمیم‌های مهم می‌گیرند، روی آب راه نمی‌روند. آنها هم- مثل من و شما- انسان‌هایی دارای نقصانند که تلاش می‌کنند به خدای کامل خدمت کنند.

آنان را دعوت به مشارکت کنید.

از اعضای هیئت رهبری بخواهید که در برخی از رویدادهای نوجوانان حاضر شــوند و اتفاقات را از نزدیک ببینند. از آنها دعوت کنید تا جلســات شما را با دعای‌شان افتتاح کنند. آنان را در معرض دید شاگردان قرار دهید. ایشان را درگیر خدمت خودتان کنید. وقتی اعضای هیئت رهبری درگیر خدمت شــوند، هم برداشت و استنباط‌شان از خدمت شما درست‌تر و دقیق‌تر خواهد شد و هم در نتیجه، بیشتر از شما حمایت خواهند کرد.

به اعضای هیئت رهبری خدمت کنید.

با اعضای هیئت رهبری شخصاً آشنا شوید. جز توجه‌کردن به آنها هیچ دستور کار دیگری نداشته باشید. وقتی به مردم توجه می‌کنید، آنها هم بیشتر از خدمت شما دفاع می‌کنند.

از آنها پرسش‌های سرراست بکنید.

بسیاری از کسانی که صندلی‌های هیئت رهبری را اشــغال کرده‌اند، صاحبان کسب و کارند. آنها با حسابداری و پول و درآمد و غیره خوب آشــنا هستند. از پرسیدن سؤالات مســتقیم و تفحص‌کردن از آنها نهراسید. «این چیزی است که من برای برنامهٔ وسط هفته در نظر دارم انجام بدهم. در مسیر اجرای آن چه موانعی می‌بینید؟ بهترین راه برای تصویب این ایده از ســوی تصمیم‌گیرندگان کلیسا، چیست؟» سرراســت حرف زدن شما، اهانت به آنها محسوب نمی‌شود، به‌ویژه اگر قبلاً به آنها خدمت هم کرده باشید و به‌خوبی از نیت شما برای جلب حمایت از منابع خدمت نوجوانان آگاه باشند.

آنها را در جریان بگذارید.

از آنجایی که اعضای هیئت رهبری کلیسا به‌طور مکرر خدمات نوجوانان را مورد بازدید قرار نمی‌دهند، شــرحی مفید و مختصر از آنچه که در حطیهٔ مســئولیت شــما می‌گذرد، در اختیارشــان قرار دهید. در واقع، مدیر بازاریابی خودتان باشید. اگر اعضای هیئت «صندوق پیشــنهادها» دارند، گزارش‌ها را درون صندوق بیندازید. اگر ندارند، در جلســات معمولی گزارش‌ها را به اطلاع‌شان برســانید. با این‌حال، نکتهٔ کلیدی آن است که این گزارش‌ها باید به‌طور مستمر ارائه شوند، نه فقط در آستانهٔ جلسهٔ تعیین بودجه.

متوجه باشید که خدمت، مسیری طولانی است.

همهٔ تلاش خودتان را بکنید تا هیئت رهبری متوجه شود که شما و تیم خدمت به نوجوانان، نه فقط برای خدمت نوجوانان، که برای موفقیت کل کلیسا اهمیت قائل هستید. این را با بیاناتی نظیر جملات زیر نشان دهید:

- بگذارید تیم خدمت به نوجوانان مسئولیت انجام این خدمت را بر عهده بگیرد. ما می‌خواهیم جزو تصویر بزرگ باشیم.
- دوست داریم بولتن این هفته را ما آماده کنیم. می‌خواهیم بچه‌ها به کلیسای‌شان خدمت کنند.
- من یکی از اعضای تیمم را مسئول این تماس‌های تلفنی خواهم کرد. همهٔ ما در این کلیسا با هم هستیم.

واضح است که دوست ندارید دیگران به خدمت نوجوانان شما به دیدهٔ پادری کلیسا نگاه کنند و برای هر پروژهٔ پیش‌پاافتاده‌ای سراغ‌تان بیایند، پس لازم است حفظ تعادل میان شوق به خدمت و رد قاطعانه و البته جسته‌گریختهٔ پیشنهادها را یاد بگیرید. من یک‌بار مجبور شدم فرصتی را رد کنم و این‌طور به درخواست مشارکت پاسخ دادم: «ما خیلی دوست داشتیم که در این پروژه مشارکت داشته باشیم، اما درست در آستانهٔ اردوی تابستانی هستیم. رهبران گروه‌های ما سرشان خیلی شلوغ است.»

اعضای هیئت مدیرهٔ کلیسای شما به روحیهٔ خادمانه واکنش مثبت‌تری نشان خواهند داد تا روحیهٔ انحصارطلبانه. ازدست‌دادن هنگام خدمت، کار دشواری است.

به هیئت رهبری در مورد خدمت نوجوانان، آموزش بدهید.

شاید بسیاری از اعضای هیئت رهبری دلیل اصلی خدمت به نوجوانان را ندانند. زمانی که به شاگردان شما به‌عنوان بچه‌ها یا «کلیسای آینده» اشاره می‌کنند، از این فرصت استفاده کنید تا در کمال احترام به آنها آموزش بدهید. می‌توانید بگویید: «من واقعاً از نگرانی شما برای آیندهٔ کلیسا سپاسگزارم، ولی ترجیح می‌دهم به نوجوانان به‌عنوان بخشی از کلیسای امروز، فکر کنم.» مردم بیشتر اوقات از سر نادانی چیزهایی می‌گویند، نه از سر غرض یا بدجنسی.

روزی یکی از اعضای پرنفوذ هیئت مدیرهٔ کلیسا مرا صدا کرد تا بپرسد که آیا می‌توانیم برنامهٔ رویداد وسط هفته‌مان را لغو کنیم. او از من خواست تا شاگردان را به خانه‌اش بیاورم تا پس از اتمام مهمانی کاری‌اش، در تمیزکردن خانه و نگهداری از بچه‌هایش کمک کنند. راستش، از این درخواست او جا خوردم. نفس عمیقی کشیدم و با جسارت هرچه تمام‌تر جواب دادم: «می‌بخشید، اما فکر نمی‌کنم این ایدهٔ خوبی باشد.» (اکنون که سال‌ها از آن موقع می‌گذرد، می‌بینم نوشتن درباره‌اش بسیار راحت‌تر از صحبت‌کردن در آن روز به‌نظر می‌رسد!) بعد از او پرسیدم که چه استنباطی از هدف خدمت به نوجوانان در کلیسای ما دارد. در حالی که داشت استدلال‌هایش را پشت هم ردیف می‌کرد، خودش متوجه شد که

درخواستش تا چه اندازه غیرمنطقی بوده است. دنبالهٔ حرفش را گرفتم و گفتم: «خیلی ممنونم که خدمت نوجوانان ما را درک و از آن حمایت می‌کنی.»

چند سال بعد، در مهمانی خداحافظی من، همان شخص در جمع گفت: «داگ اولین رهبر در این کلیسا است که به یکی از ایده‌های احمقانهٔ من جواب رد داد. به‌خاطر این کارش، من همیشه برای داگ احترام قائلم.» چندان مطمئن نیستم که او همیشه برایم احترام قائل خواهد بود، ولی اطمینان دارم که فهمید خدمت نوجوانان در مشتی بچه که دور هم جمع می‌شوند و هیچ کاری نمی‌کنند و منتظرند تا هیئت رهبری کلیسا آنها را برای انجام خدمتی فرا بخواند، خلاصه نمی‌شود.

تعهدات و الزامات فصل ۱ را به یاد بیاورید.

تلاش‌های هیئت رهبری را تشویق و برای‌شان دعا کنید.

از برخی از والدین و رهبران گروه‌های نوجوانان بخواهید تا هر کدام برای یکی یا دو تا از اعضای هیئت رهبری دعا کنند. به‌دنبال والدین و خادمان داوطلبی بگردید که دوست دارند هرازگاه برای عضو به‌خصوصی از هیئت رهبری کلیسا، یادداشتی تشویق‌آمیز بنویسند و بگویند: «ما قدردان خدمت شما هستیم. متشکریم از اینکه خداوند را خدمت می‌کنید! خدمت نوجوانان برای شما دعا می‌کند.» به مرور زمان، همین کارت‌های ساده و عبارات تأمل‌برانگیز اثر خودشان را خواهند گذاشت.

سیاست‌های کلیسای‌تان را از نو تعریف کنید.

بله، در کلیسا هم سیاست حضور دارد، ولی ما می‌توانیم برخی سیاست‌ها را به‌شکل مثبت و از نو تعریف کنیم: «خدا توانایی جلب حمایت برای خدمت را به شما سپرده است.» یکی از نقش‌های من به‌عنوان خادم نوجوانان، کمک‌کردن به این هدف است که به هیئت رهبری کلیسایم تصویری شفاف و مثبت از خدمت نوجوانان ارائه کنم. دوست دارم هیئت رهبری از تلاش‌هایی که ما برای شاگردان و خانواده‌ها انجام می‌دهیم، مطمئن و هیجان‌زده شود.

پرسش‌های پایان فصل

// برای بحث در گروه

- از ۱۰ پرسشی که در این فصل فهرست شده (صص ۱۵۲–۱۵۳)، کدام حیطه بالاترین نقطهٔ قوت شما است؟
- در کدامیک از ۱۰ پرسش مزبور نیازمند تغییر و/ یا تعدیل هستید؟

// برای تأملات شخصی

- چگونه می‌توانم به‌طور مرتب شبان/ رهبر خدمت نوجوانان را تأیید کنم؟
- اگر رابطه‌ام با شبان ارشدم/ شبان نوجوانان خراب است، برای بهبود این رابطه چه می‌توانم بکنم؟
- در چه عرصه‌ای می‌توانم کاری کنم که شبان ارشدم/ شبان نوجوانان وجههٔ بهتری پیدا کند؟
- اگر من شبان ارشد/ شبان نوجوانان کلیسا بودم، و قرار بود با همهٔ نقاط قوت و ضعفم شبان/ خادم داوطلب نوجوانان را تربیت کنم، با چه ناملایماتی روبه‌رو می‌شدم؟

// اقدامات لازم برای ملاحظات بیشتر

- از نقاط قوت شبان/ رهبر نوجوانان خود فهرستی تهیه کنید. برایش یادداشتی تشویق‌آمیز بنویسید و در آن به برخی از نقاط قوت وی اشاره کنید.
- برای یگانگی و اتحاد تیم خدمت به نوجوانان خود دعا کنید.
- یکی از رهبران (اعضای هیئت رهبری) کلیسای‌تان را انتخاب و برایش دعا کنید.

فصل ۸

از کجا کمک بگیرم؟
کارکردن با تیم رهبران

فرض کنید من و شما دور یک میز غذای خیالی نشسته و سرگرم گفت‌وگو هستیم. تا اینجای کار، دسرمان را هم تمام کرده‌ایم و پیشخدمت رستوران حیران است که پس چرا بلند نمی‌شویم برویم. من می‌گویم: «دوست دارید بلند شویم و برویم و بعداً به گفت‌وگوی‌مان ادامه بدهیم، یا می‌خواهید دربارهٔ خادمان داوطلب حرف بزنیم- چگونه آنها را پیدا کنیم و در موردشان چه کارهایی بکنیم؟» شما دسر دیگری سفارش می‌دهید، به جلو خم می‌شوید و می‌گویید: «بمانیم! من واقعاً به چند تا رهبر داوطلب نیاز دارم.»

یادداشتی خطاب به خادمان داوطلب نوجوانان

اگر شما یکی از خادمانی نیستید که هدایت گروه‌های نوجوانان را برعهده دارند، می‌توانید این فصل از کتاب را نادیده بگیرید و به فصل بعد بروید. دعوت من برای پریدن از روی این فصل را به مثابه هدیهٔ زودهنگام کریسمس یا کادوی دیرهنگام تولدتان در نظر بگیرید! اگر علاقمند به درک نقش حساس و کلیدی خودتان در خدمت به نوجوانان هستید، می‌توانید به خواندن ادامه بدهید. علاوه بر یادآوری نقش مهمی که به‌عنوان خادم داوطلب دارید، باید همواره شناسایی و دعوت از رهبران شایسته برای پیوستن به تیم خدمت را سرلوحهٔ کارتان

قــرار دهید. برای حفظ سلامت خدمت به نوجوانان، کار تیمی عنصری ضروری اســت. از اینکه عضوی از تیم پشتیبان هستید، سپاسگزارم!

یادداشتی خطاب به رهبران گروه‌های نوجوانان

اگر شما یکی از رهبران گروه‌های نوجوانان هستید، شاید لازم باشد این فصل را از بَر، یا اصولش را آویزهٔ گوش‌تان کنید تا هرگز آنها را از یاد نبرید! باید قهرمان-بازی، خودمحوری و خدمت تک‌نفرهٔ نوجوانان را به‌کلی کنار بگذارید. خدمتی ســالم است که متکی به عطایا، استعدادها، شور و شوق، و انرژی رهبران دیگر باشد. به قول شخصی: «من از خودم بیشتر، ولی از *ما* کمترم.» برای واقعیت بخشیدن به خدمت سالم نوجوانان، فقط به‌دنبال یافتن هم‌تیمی نباشــید، بلکه با هم‌تیمی‌های شایسته شریک شوید. این اصل هیچ ربطی به بزرگی یا کوچکی کلیسای‌تان ندارد. اگر شاگردان زیادی ندارید، تیم رهبری خودتان را برای زمانی بسـازید و آماده کنید که شاگردان قرار است وارد گروه‌تان شوند. عضوی از تیم‌بودن عمر خدمت نوجوانان را بلندتر و کلیسای‌تان را نیرومندتر خواهد ساخت.

کسی «آمین» گفت؟

چرا تیم؟

بــرای رهبر تازه‌کار نوجوانان، (بعد از سلامت روحانی کــه در فصل ۳ بدان پرداختیم) مهم‌ترین موضوع یادگیری شــیوهٔ تشکیل‌دادن تیم و نحوهٔ کارکردن با آن اســت. پرورش رهبران به اندازهٔ بنای خدمت سالم نوجوانان، اهمیت دارد.

بزرگتریــن مایهٔ دلخوشــی و در عین‌حال دشــوارترین وظیفهٔ من، تشــکیل دادن تیمی متشکل از سایر بزرگسالانی است که نوجوانان را دوست می‌دارند و می‌خواهند در تربیت و شاگردسازی آنها سهیم باشند. ای کاش این کار قدری آسان‌تر بود. اگر رهبران شایسته‌ای پیدا کنید و آنها را خوب پرورش بدهید و تجهیز کنید، برای کلیسای‌تان سرمایه‌ای گرانبها هستید و در آینده موفقیت‌های زیادی را در خدمت به نوجوانان رقم خواهید زد.

برخی از اعضای ناآگاه کلیسا ممکن اســت بر این باور باشند که شما مزدورید. نگرش آنها چنین است: «تو رهبر نوجوان هستی. باید همهٔ کارهایش را خودت انجام بدهی.» من متأسفم، ولی شــاید بهتر باشد کلیسای‌تان را عوض کنید. من در نوشتن این جملهٔ جسورانه قدری تردید دارم، اما قویاً به نقش‌مان در آماده‌سازی مقدسان برای کار خدمت (افسسیان ۴:۱۲) ایمان دارم. کلیسای شما یک حرفه‌ای استخدام نکرده تا نوجوانان را سرگرم کند!

شــاید همهٔ اعضا چنین نگرشی نداشته باشــند، اما اگر رهبران و تصمیم‌گیرندگان کلیسا ذهنیت «مسئولیت همهٔ کارها با خودت است» را داشته باشند، چاره‌ای جز انتخاب یکی از این دو راه نخواهید داشــت: یا برای تغییر ذهنیت آنها آســتین بالا بزنید (که امیدوارم موفق شوید)، یا دعا کنید که خدا شما را به مسیری تازه هدایت کند.

بعضی از کلیساها تغییرپذیر نیستند، و بنابراین، مانند گذشته به نابودی خادمان نوجوانان ادامه خواهند داد. شاید نتوانید به‌طور کامل از چنگال ناآگاهی دیگران رها شوید، ولی با پرورش تیمی که بیش از شخصِ خودتان توان رسیدگی به نوجوانان و مراقبت از آنان را دارد، می‌توانید پیروز نبرد باشید. وقتی دوشادوش دیگران کار کنید، خدمتی سالم‌تر، موفق‌تر و درخشان‌تر خواهید داشت.

برای مطالعهٔ جزئیات پیرامون موضوع پرورش رهبران، فصل‌های ۱۵ و ۱۶ کتاب دیگرم، *خدمت نوجوانان به روش هدفمند*[1] را بخوانید.

شما به تیم نیاز دارید! اجازه بدهید برای‌تان چند تا دلیل بیاورم.

// در کار تیمی، دچار انسداد در روند رشد نمی‌شوید.

اگر دست‌تنها خدمت کنید، به‌تدریج رشد خدمت شما متوقف خواهد شد. جدی می‌گویم. شخصاً فقط می‌توانید به تعداد انگشت‌شماری از نوجوانان رسیدگی کنید. عیسی زمان زیادی را با دوازده شاگردش می‌گذراند، اما بیشتر وقتش را صرف سه تن از آنها می‌کرد، و تردیدی نیست که درک او از خدمت، خیلی بهتر و بالاتر از درک من و شما بود.

اگر بنا باشد جواب همهٔ تماس‌های تلفنی را خودتان بدهید، همهٔ مسئولیت‌ها را بر عهده بگیرید و به همهٔ احتیاجات مراجعان رسیدگی کنید، قطعاً بعضی از مسئولیت‌ها را فراموش خواهید کرد یا از قلم خواهید انداخت، کم‌کم شور و نشاط خود را از دست خواهید داد و چنان که باید و شاید نخواهید توانست از نوجوانان کلیسای‌تان مراقبت و به آنها رسیدگی کنید. به همین‌خاطر، ناگزیرید ذهنیت خودتان را به «من نمی‌توانم شبان همهٔ نوجوانان کلیسا باشم» تغییر دهید. شاید اولِ کار سخت باشد- برای من که سخت بود. (یادداشت: این تغییر ذهنیت *بسیار* مهم و دشواری است- این بخش را سرسری نگیرید!)

ما رهبریم، و طبق میل طبیعی‌مان می‌خواهیم همه بدانند که ما رئیس هستیم. می‌خواهیم که نوجوانان به توانایی‌های خدمتی ما اعتماد داشته باشند. اما کار پادشاهی خدا بزرگتر از آن است که به تنهایی قادر به انجامش باشیم. زمانی که یاد بگیریم میدان را برای دیگران هم باز کنیم و ایشان را هم در افتخارات خودمان سهیم سازیم، به هر کدام گوشه‌ای از کار را محول نماییم، و روی روابط سرمایه‌گذاری کنیم، آن‌وقت نتیجهٔ کار را خواهیم دید: اوج موفقیت همراه با اشتیاق و نشاط.

اخیراً با لوری[2]، یکی از خادمان تازه‌کار داوطلب گفت‌وگویی داشتم. از او پرسیدم: «حالا که گروه کوچکت به‌خاطر تابستان تعطیل شده، در مورد سال اول خدمتت به‌عنوان رهبر گروهی کوچک چه حسی داری؟» او گفت: «احساس می‌کنم عاشق بچه‌های گروهم هستم.» از شنیدن اصطلاح «بچه‌های گروهم» خیلی خوشم آمد، چون حاکی از حس علاقه و تعلق

1. Purpose-Driven Youth Ministry; 2. Laurie

کسی نسبت به آنها بود که قلب شبانی داشت. احتمالاً من نمی‌توانستم به خوبی لوری به بچه‌های مزبور خدمت کنم. خوشحالم که آنها شبانی لوری را به من ترجیح می‌دهند!

داگ من را که خادم داوطلبم، متقاعد ساخته که شبان نوجوانان اعضای گروهم هستم. این کاری است که داگ با من کرد:

او من را به‌عنوان یکی از اعضای تیم خدمت **پذیرفته** و برای زمانی که صرف خدمت می‌کنم، ارزش قائل است.

با بهره‌گیری از عطایا و استعدادهایم، مرا برای انجام خدمت **تجهیز کرد**.

بر تلاش‌هایی که در راستای خدمت انجام دادم، **صحه گذاشت**.

با عباراتی صریح و روشن، مرا **توجیه کرد** که چرا اصلاً به نوجوانان خدمت می‌کنیم.

کمکم کرد تا برای یاری رساندن به نوجوانان، از الگوی خدمتی خودش سرمشق بگیرم.

از من **انتظار داشت** که ذهنیت یک شبان را از خودم بازتاب بدهم.

برای پرورش و شکوفایی توانایی‌های خدمتی من، از وقت خود **مایه گذاشت**.

این تازه بخش نظری کار است؛ خدمت به نوجوانان بخش عملی هم دارد- یعنی باید آموخته‌ها را به‌کار بست. چندین سال پیش، برای اولین بار در سفری مأموریتی به مکزیک، داگ را همراهی کردم. من و همسرم در خلال یک هفته‌ای که در روستایی سرگرم خدمت بودیم، هدایت گروهی از نوجوانان را هم بر عهده گرفتیم. در پایان هفته، مراسم عشای ربانی نوجوانان را من رهبری کردم. بعد از جلسه، داگ به من گفت: «نقطۀ اوج سفرم، تماشای خدمت‌کردن تو به نوجوانان، در جلسۀ مراسم عشای ربانی بود.» شنیدن این حرف از دهان داگ، برایم خیلی دلچسب بود. داگ مرا خوب تربیت کرده!

جیم مک‌نف[1]

اگر از خادمان داوطلب من بپرسید، به شما خواهند گفت که نیروبخش‌ترین جمله‌ای که شنیده‌اند، این است: «تو شبان نوجوانان هستی.» تشویق‌تان می‌کنم از چارچوب‌های خودتان بیرون بیایید و بگذارید شاگردان با دیگر اعضای بدن مسیح تعامل داشته باشند و مورد توجه آنها قرار بگیرند.

شاید اول کار به‌خاطر این فقدان اندوهگین شوید. طبیعی است.

// با کار تیمی نیروی بیشتر، و در خدمت ماندگاری بیشتری خواهید داشت.

خدا به‌هیچ‌وجه نمی‌خواهد شما تنهایی خدمت کنید. او خدای روابط است. همه چیز، از خود آفرینش گرفته تا تثلیث، بر طرح روابطی خدا دلالت دارند. در خروج ۱۸، یترون پدر زن موسی متوجه شد که موسی خیلی سخت کار می‌کند. پس از او پرسید: «چرا تو باید به تنهایی

---

1. Jim McNeff

به حل اختلافات بپردازی؟ این کار تو درست نیست. این همه کارکردن برای تو زیادی است؛ به تنهایی نمی‌توانی از عهده‌اش برآیی.» یترون به موسی گفت که داشتن رویکردی گروهی، برای خود قوم هم مفیدتر است. این مهمترین دلیل برای پرورش رهبران است.

اکثر خادمان سرخورده و فرسودهٔ نوجوانان، معمولاً همهٔ کارها را دست‌تنها انجام می‌دهند. دست‌تنها همه‌کارکردن، انسان را از پا درمی‌آورد.

// با کار تیمی، کلیسای نیرومندتری هم خواهید داشت.

سال‌ها پیش حکایت کمدینی را شنیدم که در حین سرگرم‌کردن کهنه سربازان بازگشته از جنگ، چشمش به دو مردی افتاد که داشتند کف می‌زدند. هر یک از آنها تنها یک دست داشتند، بنابراین شانه به شانهٔ یکدیگر نشسته بودند و با شادی و خنده دست‌های‌شان را به هم می‌زدند. چه تصویر زیبایی از کار تیمی. این مردان با همدیگر موفق به انجام کاری شده بودند که به تنهایی نمی‌توانستند بکنند.

همین امر در مورد خدمت نوجوانان نیز صادق است. فرقی نمی‌کند که چقدر خدا و شاگردان‌تان را دوست دارید، یا چه عطایایی دارید، کاری که با مشارکت هم‌خدمتی‌ها انجام می‌شود، به تنهایی غیرممکن است. افراد مختلف شادی خدمت به نوجوانان و هدایت آنها به‌سوی عیسی را تجربه می‌کنند، ایمان‌شان رشد می‌کند و به پیروان نیرومندتری برای مسیح تبدیل می‌شوند و خادمان نوجوانان بهتری هم از آب در خواهند آمد. از آنجایی که من به این واقعیت اعتقادی راسخ دارم، خدمت نوجوانان را عرصه‌ای می‌بینم که مسیحیان لازم است در آن رهسپار سفری روحانی شوند. من به رهبران متعدد نیاز دارم، ولی سایر ایمانداران هم باید خدمت کنند، و خدمت نوجوانان جایی است که ایمان آنان را تقویت می‌کند.

> باور به اینکه مسیحیان با خدمت‌کردن قوی‌تر می‌شوند، خودپسندانه نیست- حقیقت محض است.

زمانی که تیمی را به ارث می‌برید

من هم از طرف خادمان ازپادرآمدهٔ نوجوانان که تنها چند ماهی از شروع خدمت‌شان می‌گذرد، و هم از سوی شبانان ارشد دلسردشده، تماس‌های تلفنی متعددی دریافت می‌کنم. بیشتر این تماس‌ها حول یک دغدغه دور می‌زند: تعامل (یا عدم تعامل) رهبران نوجوانان با تیم رهبری.

برخی از رهبران تازه‌کار نوجوانان به‌کلی قید خادمان داوطلب موجود را می‌زنند، تا بتوانند بدون سروکله زدن با موضوعات قدیمی، برنامه‌های جدید خود را پیاده کنند. اینجاست که پای شبانان ارشد دلسردشده به میان کشیده می‌شود. دیگران به همکاری با اعضای تیم موجود تمایل دارند، ولی از این می‌ترسند که زیر آوار انتظارات تیم رهبری نوجوانان مدفون شوند. و اینجاست که خادمان ازپادرآمدهٔ نوجوانان گوشی تلفن خود را برمی‌دارند و شمارهٔ مرا می‌گیرند.

در حالی که رئیس‌جمهور ایالات متحده، تا ۹۰ روز پس از تصدی مقامش از هر حمله و انتقادی مصون است، خادمان نوجوانان حتی برای ۹۰ دقیقه- تازه اگر خوش‌شانس باشند- هم از نقد و حمله مصون نیستند. برای اینکه بتوانید مثبت‌ترین تأثیر را بر کلیسای‌تان بگذارید (و کمی هم برای خودتان وقت بخرید)، می‌توانید از استراتژی‌های خردمندانهٔ زیر استفاده کنید:

حرمت شبان سابق نوجوانان را نگاه دارید.

به شما هیچ ربطی ندارد که شبان قبلی، فرد ناشایسته‌ای بوده. موضوع را پیش نکشید. او را مورد انتقاد قرار ندهید. در مورد کسی که جانشینش شده‌اید، سخنان و عبارات مثبت به‌کار ببرید. اگر لازم است، خلاقیت به خرج دهید («ببینم شماها موقع جمع‌آوری کمک‌های مالی، پول کم آورده‌اید؟ اشکالی ندارد، دستِ‌کم تلاش خودتان را کرده‌اید. به این می‌گویند پشتکار!»).

با تأیید اعضای تیم خدمت به نوجوانان، که شبان قبلی گرد آورده، به وی و تیم کنونی احترام بگذارید. روحیهٔ احترام به دیگران را در خودتان پرورش دهید. (تعهد چهارم مندرج درفصل اول کتاب را دوباره مرور کنید.)

پیش از پیاده‌کردن طرح‌های‌تان، ابتدا زمینه و منابع خدمت جدید خودتان را شناسایی کنید.

اگر دیگران از شما دربارهٔ نقشه‌های‌تان سؤال می‌کنند، آنچه را که در دل دارید بر زبان آورید، نه استراتژی‌تان را. پیش از هر چیز روی بنای روابط کار کنید. این بدان‌معنا نیست که شما از استراتژی چیزی نمی‌دانید یا هیچ دید و رؤیایی ندارید. بلکه بدین‌معنا است که اولویت شما ایجاد شالودهٔ روابطی مستحکم است. اگر قرار است برای مدتی معین در کلیسای‌تان مشغول به کار شوید، زمان ارائهٔ استراتژی و دید و رؤیا هم فرا خواهید رسید- و اگر روابط محکمی داشته باشید، با استقبال بیشتری هم مواجه خواهند شد.

پیش از اخذ تصمیمات پرسنلی، با اعضای تیم رهبری نوجوانان دیداری داشته باشید و با آنها آشنا شوید.

با آنها آشنا شوید. حکایات‌شان را بشنوید. به صدای دل‌شان گوش بدهید. در مورد تجدید سازمان به‌طور معقولانه، دعا کنید. گاهی افراد تنها نیازمند تشویق و دلگرمی یا پیشنهاد نقشی جدید در ساختار خدمت هستند.

زمانی که وارد کلیسای سدلبک شدم، نیمی از تیم رهبری نوجوانان از فرط خستگی ناشی از خدمت در محیطی بدون سرپرست، می‌خواستند استعفا بدهند. برای کمتر کسی رمقی باقی مانده بود. وسوسه شدم که بگویم: «بسیار خوب! موقع رفتن لطفاً در را هم پشت سرتان ببندید!» نگران این بودم که از خستگی مفرط، برداشتی منفی به عمل آید. به‌جای آنکه بی‌معطلی خادمان ازپاافتاده را به بیرون مشایعت کنم، با تک‌تک آنها جداگانه وقت گذاشتم و

حرف زدم. درد دل‌شان را شنیدم، سلامت روحانی‌شان را سنجیدم، و از آنان به‌خاطر خدمت بسیار ارزشمندشان قدردانی کردم. از همین گفت‌وگوها خیلی چیزها در مورد خدمت، کلیسا، برداشت کلیسا از خدمت نوجوانان و تغییر جوّ کنونی، دستگیرم شد.

نقشه‌های‌تان را با شبان ارشد در میان بگذارید.

با شبان ارشدتان بنشینید و بر سر اهدافی که برای ماه، فصل یا سال نخست خدمت‌تان دارید، به توافق برسید. از او بخواهید که از طرف شما تأییدنامه‌ای بنویسد و برای اعضای تیم خادمان داوطلب فعال بفرستد. اعتبار شبان شما و مهر تأیید وی، در اقتدارتان تأثیر زیادی دارد.

انگیزه‌های خودتان را برای تغییر، ارزیابی کنید.

وقتی خادمان نوجوانان تیم خدمت را به ارث می‌برند، ضمیرشان به‌آسانی جریحه‌دار می‌شود، چونکه از همهٔ خادمان داوطلب (و نیز شاگردان) انتظار دارند بی‌درنگ از آنها پیروی کنند.

من به شما توصیه می‌کنم که برای کشف انگیزه‌های مخفی در پَسِ انتظارات‌تان، قدری به خودتان فشار بیاورید. چرا می‌خواهید که هنوز از راه نرسیده، حرف‌تان خریدار داشته باشد؟ آیا به‌خاطر نیازهای شخصی خودتان است یا نیازهای خدمت نوجوانان؟ انگیزهٔ شما چیست؟ شاید برخی از اعضای تیم فعلیِ خادمان داوطلب به‌خاطر وفاداری‌شان به رهبر پیشین نوجوانان، یا شاید به‌خاطر مقاومت‌شان در برابر تغییرات، در پذیرش شما کُند عمل کنند. بعضی دیگر شاید نسبت به برنامهٔ نوجوانان عمیقاً حس مالکیت داشته باشند و شما را تازه‌واردی بدانند که می‌خواهد چوب لای چرخ‌شان بگذارد. برای آنها حفظ برنامهٔ قدیمی معقول‌تر از پذیرش شخص تازه است. (این به مرور زمان عوض می‌شود.)

// کار تیمی، دامنهٔ تأثیرگذاری شما را گسترده‌تر می‌سازد.

کارکردن به‌صورت گروهی به شما کمک می‌کند که به طیف متنوعی از شاگردان رسیدگی کنید. اگرچه به عقیدهٔ همسر و فرزندانم، من خیلی امروزی هستم، اما به‌نظر شاگردانم، امروزی‌بودن آخرین صفتی است که می‌شود برای توصیف من به‌کار برد (همین که از اصطلاح *امروزی*[1] را استفاده می‌کنم، نشان می‌دهد که امروزی نیستم).

به نظر آنها، بَرَد[2] (یکی از خادمان داوطلب ما) باحال‌تر است. (البته این را هم نمی‌گویند که من باحال نیستم. خیلی خب، قبول... من پخمه‌ام.) شخصاً نمی‌فهمم که بَرَد چه ویژگی منحصربه‌فردی دارد. او علاوه بر اینکه گوشواره می‌اندازد، چند تا خالکوبی ریز و درشت دارد، قیافه‌اش مثل مدل‌ها است و خوب گیتار می‌زند، جلسات پرستشی را هم رهبری می‌کند، و صدای بی‌نظیری دارد (ولی می‌دانم که من از او باهوش‌ترم!). وقتی بَرَد حرف می‌زند، شاگردان به حرف‌هایش گوش می‌دهند و می‌خندند- و همین برای من کافی است.

1. Hip; 2. Brad

کاشکی آنها به جوک‌های من هم می‌خندیدند!

بعضـــی از بچه‌ها که با برَد ارتباط می‌گیرند، به من نزدیک نمی‌شـــوند. تیپ‌های مختلف رهبران، تیپ‌های گوناگون نوجوانان را که ســـبک، علایق، ســـن و ســـال و تجربیات‌شان با آنها همخوانی دارد، به خود جذب می‌کنند. هرچه تیم رهبری شـــما متنوع‌تر باشـــد، طیف متنوع‌تری از نوجوانان را می‌توانید زیر پوشـــش خود قرار دهید و به آنها رسیدگی کنید. اگر خواهان تأثیرگذاری گسترده‌اید، به‌دنبال رهبرانی متنوع باشید.

// با کار تیمی، مهارت‌های خدمتی شما هم افزایش خواهد یافت.

وقتـــی با رهبران دیگـــر کار می‌کنید، با نگاه‌کردن به شـــیوهٔ عملکرد هر یـــک از آنها با شاگردان‌شـــان- فرقی نمی‌کند که چند ساله هســـتید و چه تجاربی دارید- همواره در حال یادگیری هستید.

تا پیش از مشـــاهدهٔ روش خدمت وودی[1] در گروه کوچکش، با خودم فکر می‌کردم که روش ادارهٔ بحث در گروه را خوب بلدم. او به محض اینکه شـــروع کرد، همهٔ قواعد نوشته و نانوشـــتهٔ رهبری گروه کوچک را درهم‌شکســـت. در حالی‌که داشـــتم نحوهٔ کار وودی را در گروهش تماشا می‌کردم، نگرانش شدم. دســـتِ‌کم پنج، شش بار خواستم مداخله کنم و اشـــکالاتش را بگیرم، راهنمایی‌اش کنم و از تحقیرشدن نجاتش بدهم. ولی منتظر ماندم. بعد از اینکه وودی با دعا جلســـه را خاتمه داد، چیزهایی را یادداشت کردم و نقشه کشیدم تا بعد از آن نمایش ناخوشـــایند فنون مباحثه، با ملایمت او را تصحیح و تشویق کنم. نمی‌توانستم تصور کنم که چه حال بدی باید داشته باشد.

آن شب فرصت نکردم با وودی حرف بزنم، چونکه تمام مدت بچه‌ها دورش جمع شده بودند. پســـرها با او حرف می‌زدند، از او به‌خاطر دیدگاهش تشکر می‌کردند، و دغدغه‌های جدی خودشـــان را با وی در میان می‌گذاشتند. آخرین باری را که شاگردان خودم این‌طوری دورم جمع شده و به‌خاطر هر چیزی از من تشکر کرده باشند، اصلاً به یاد نمی‌آورم (شاید آن باری که کلاس را زودتر تعطیل کردم!)

از خانه زدم بیرون و ســـوار ماشینم شـــدم و چیزهایی روی کاغذ یادداشت کردم- ولی این‌بـــار برای خـــودم و بر مبنای چیزهایی کـــه از وودی یاد گرفته بـــودم. او معلم یا مجری برجســـته‌ای نبود، ولی تمام وجودش مملو از شفقت، مهربانی، ملایمت و رحمت نسبت به بچه‌های گروهش بود. من با نگاه‌کردن به وودی، چیزی یاد گرفتم. او باعث شد که من برای گروه کوچک خودم، رهبر بهتری شـــوم. این چیزی است که کار تیمی انجام می‌دهد- روی دیگران را تیز می‌سازد.

1. Woody

// بار کار تیمی، بیشتر خوش می‌گذرد.

ماه جون یکی از اوقات سال است که من خیلی دوستش دارم، چون طی هفتهٔ آخر ماه، با رهبران نوجوانان چند روزی دور هم جمع می‌شویم و بازی و تفریح می‌کنیم. دربارهٔ خدمت حرف نمی‌زنیم، در مورد آیندهٔ خیالبافی نمی‌کنیم، و برای یافتن راه‌حل چالش‌های پیش روی‌مان، همفکری و ایده‌پردازی نمی‌کنیم.

پس چه‌کار می‌کنیم؟ می‌خوریم، تنیس بازی می‌کنیم، می‌خوابیم، به سینما می‌رویم، در استخر از سروکول هم بالا می‌رویم، و پس از یک روز طولانی بازی و خنده، باز هم می‌خوریم. من هم‌خدمتی‌هایم را دوست دارم! آنها از جمله افراد مورد علاقهٔ من در این دنیا هستند.

خوشبختانه، من آزادی بیشتری دارم تا با رهبران گروه‌های کوچک وقت بگذرانم. اگر برنامهٔ کاری به شما این امکان را نمی‌دهد، اصل بالا را فراموش نکنید: وقتی با هم خدمت می‌کنید، وقتی همدیگر را دوست دارید و تجربیات خود را با هم در میان می‌گذارید، بیشتر خوش می‌گذرد. اگر خدمت نوجوانان کاری است که ارزش انجام‌دادن دارد، باید آن را به‌طور تیمی انجام داد!

در ذهنم فرض می‌کنم که دارم در مورد دلایل اهمیت کار تیمی با شما صحبت می‌کنم. حالا شما سر ذوق می‌آیید و به فکر تشکیل تیمی مرکب از افراد دوست‌داشتنی و در عین‌حال تأثیرگذار می‌افتید. بعد قیافه‌ای کارتونی به خود می‌گیرید و فریاد می‌زنید: «گرفتم! حالا موضوع برایم جا افتاد، چقدر جالب! ولی وقتی هیچ‌کس را ندارم، چطوری تیم تشکیل بدهم؟»

خوشحالم که این را پرسیدید. این‌قدر دسرتان را تند تند نخورید.

اگر کسی را برای رهبری نداشته باشم، چه‌کار کنم؟

اگر دارید کارتان را به‌عنوان تنها خادم نوجوانان آغاز می‌کنید، خبر خوب این است که می‌توانید بر نوع رهبرانی که طی سالیان آینده به تیم خود وارد می‌کنید، تأثیر بگذارید. خبر بد چیست؟ باید در ابتدا... این کار را به تنهایی انجام دهید. خدا در کلیسای شما رهبران بالقوه‌ای دارد؛ فقط لازم است که آنها را بیابید. به یاد داشته باشید که خدا بیشتر از شما به مراقبت از نوجوانان کلیسا علاقمند است، و خودش برای گوسفندان گلهٔ شما شبانانی مهیا خواهد نمود.

(ندایی از درون سنگرها)

من و کریستی[1] سه سال از عمرمان را به‌عنوان خادمان داوطلب زیر نظر برایان سپری کردیم. غبطهٔ مواقعی را می‌خوردیم که او حاصل زحمات ما هشت خادم نوجوانان را که

1. Kristi

کل خدمت نوجوانان را در دست داشتیم، به حساب خودش می‌گذاشت. بعد از اینکه برایان از دانشکدهٔ الاهیات فارغ‌التحصیل شد و برای احراز منصب تازه‌اش به می‌سی‌سی‌پی رفت، چهار نفر از خادمان داوطلب ما به دلیل تغییر شغل، خدمت خود را ترک کردند. ما خادم جدیدی را استخدام کردیم، و احساس می‌کردیم که کار درستی انجام داده‌ایم. ولی به جوان تازه از دانشکده درآمده، اصلاً مجال هیچ حرکتی ندادیم و او که زیر فشارهای ما داشت خفه می‌شد، پس از یک سال خدمت، استعفا داد.

استعفای او مصادف با زمانی شد که من زندگی‌ام را تسلیم مسیح و وقف خدمت کردم، و بر مسیحی‌بودن همهٔ خادمان داوطلب نوجوانان پای فشردم. متعاقب این تحول، کلیسا مرا استخدام کرد تا جای خالی شبان نوجوانان را پر کنم، و من هم چندین اشتباه باورنکردنی مرتکب شدم- که بزرگترین‌شان این بود که فراموش کردم چطور چهار سال پیش برایان مرا برای انجام خدمت تقویت کرده بود.

چندین خادم داوطلب مایهٔ برکت من شدند. آتش اشتیاق من برای خدمت، با غرور و میل به رهبریِ نوجوانان درهم‌آمیخت. هنوز زمان زیادی از تصدی خدمتم نگذشته بود که دوستانم یکی پس از دیگری از تیم نوجوانان جدا شدند و جای دیگری را برای خدمات داوطلبانه پیدا کردند و رفتند. من که چشمانم کور شده بود، با رفتن آنها موافقت کردم. تصورم این بود که خودم و کریستی می‌توانیم همهٔ وظایف را انجام دهیم. هرچه باشد، ما خادمان باتجربه‌ای بودیم و احساس می‌کردیم خیلی بیشتر از برایان فداکاری کرده‌ایم، و تازه، بودن در کنار نوجوانان را هم دوست داشتیم.

هنوز یک سال نشده، همهٔ خادمان داوطلبم را از دست دادم، فرزند اولم متولد شد، و شبان ارشد کلیسا هم با من وارد جدالی شد که هیچ برنده‌ای نداشت و در نهایت او هم با قلبی جریحه‌دار کلیسا را ترک کرد.

پس از ماه‌ها دعا و درست در آستانهٔ ازپادرآمدن بودم که خدا متقاعدم کرد که چقدر خودخواهم، و با سپری‌شدن سومین سالی که تمام بار خدمت را عملاً تنهایی بر دوش کشیدم، نشستم و برای تعدادی از خادمان داوطلب سابق و چند نفر دیگر، نامه نوشتم و از آنها درخواست کمک کردم. بعضی‌ها درخواستم را رد کردند و چند نفری هم به یاری‌ام آمدند. پس از اینکه مشخصاً از آنها خواستم هر کدام خدمت معینی را بر عهده بگیرند، برنامه جان تازه‌ای گرفت و به منابع ارزشمندی دست یافتیم که حتی تصورش را هم نمی‌کردم.

پیش از آن هم از دیگران درخواست کمک‌های کلی می‌کردم؛ مثلاً می‌گفتم: «ما واقعاً به کمک نیاز داریم. کسی هست که علاقمند باشد؟» حتی یک‌بار هم نشد که کسی درخواستم را اجابت کند.

کمک تنها زمانی از راه رسید که من به خدا اعتراف کردم که رهبری خطاکار هستم و در رابطه با اینکه از چه کسی باید کمک بگیرم، از وی درخواست حکمت نکرده‌ام. بعضی‌ها دعوتم را رد کردند، سایرین با روی گشوده برای کمک شتافتند، و کسانی هم هستند که

هنوز برای پیوستن به من تردید دارند. می‌توانم با خوشحالی بگویم که از آن لحظه به بعد، دیگر نه تنها هیچ خادم داوطلبی را از دست نداده‌ام، بلکه بر شمار آنان هم افزوده می‌شود.

نکتۀ اخلاقی داستان؟ مهم نیست که کلیسای‌تان یا گروه‌های نوجوانان کلیسای‌تان چقدر کوچک است، هیچ‌وقت فکر نکنید که به تنهایی می‌توانید از عهدۀ خدمت برآیید. همیشه از خدا سؤال کنید: «چه کس دیگری می‌تواند در بنای پادشاهی تو به من کمک کند؟»

چون اگر فکر می‌کنید که می‌توانید به تنهایی پادشاهی خدا را بنا کنید، خیلی زود خودتان را تنها خواهید دید.

رابرت سمیت[1]، مدیر خدمات نوجوانان، کلیسای فرست یونایتد متدیست، جورج‌تاون (کنتاکی)[2]

در اینجا چند اصل را یادآور می‌شوم که پیش از اقدام به ساختن تیم خدمت نوجوانان، می‌توانید آنها را مورد ملاحظه قرار دهید.

// توجه داشته باشید که ساختن تیم خدمت نوجوانان، به مرور آسان‌تر می‌شود.

هرچه بیشتر روی ساختن تیم کار کنید، کارتان آسان‌تر می‌شود. و از آنجایی که گشتن به‌دنبال هم‌تیمی‌های باصلاحیت روالی مشخص دارد، کم‌کم از آن لذت هم خواهید برد. وقتی رهبران نوجوانان مورد نظرتان را یافتید و آنها را پرورش دادید، هم بر تعداد نوجوانان گروه افزوده خواهد شد و هم ایمان‌شان رشد خواهد کرد، بنابراین، لازم است که باز به‌دنبال رهبران دیگری بگردید. نوجوانانی که در ایمان خود به بلوغ می‌رسند، دوستان غیرمسیحی خود را دعوت می‌کنند، پس باز به رهبران بیشتری احتیاج پیدا می‌کنید که زمینۀ رشد آنها را فراهم کنید.

// پیش از آنکه دنبال افراد بگردید، در پی شفافیت باشید.

حرف زدن با خادمان بالقوۀ نوجوانان، درست شبیه کار فروش است. این بدان‌معنا نیست که شما باید مثل یک دلال یا فروشندۀ اتومبیل‌های دست‌دوم رفتار کنید، بلکه منظورم این است که باید به فکر «محصولی» باشید که قرار است آن را بفروشید و به پرسش‌هایی از این دست، پاسخ‌هایی شفاف بدهید:

- چرا باید افراد به تیم خدمت نوجوانان ما بپیوندند؟
- خدمت ما چه دید و رؤیای جالبی دارند؟
- چطور می‌توانم جنبه‌های مثبت نوجوانان را به شخص داوطلب تفهیم کنم تا ذهنیت وی از کلیشه‌های منفی این ردۀ سنی عوض شود؟
- بزرگسالان از چه راه‌هایی می‌توانند در تیم خدمت ما به نوجوانان، مشارکت داشته باشند؟

---

1. Robert Smith; 2. Georgetown (Kentucky) First United Methodist Church

اگر بتوانید به این پرسش‌ها پاسخ بدهید، الهام‌بخش دیگران هم خواهید بود و همزمان با سهیم‌کردن دیگران در کار پرهیجان خدمت به نوجوانان، به خودتان هم انگیزه خواهید بخشید.

// مشکل‌پسند باشید... نه ناچار.

بی‌گمان یک رهبر پرمایه بر سه رهبر کم‌مایه، ارجحیت دارد. شور و اشتیاقی را که شاگردان و خانواده‌های‌شان در سر دارند، با همه در میان بگذارید، ولی فقط از تعدادی انگشت‌شمار دعوت به خدمت کنید. اخراج‌کردن خادم داوطلب، آن‌قدر ناخوشایند است که آدم را دچار زخم معده می‌کند. پس هم به فکر سلامت معدهٔ خودتان باشید و هم پول داروی اسید معده را پس‌انداز کنید. با احتیاط و آهستگی به داوطلبان بالقوه «آری» بگویید. سرخورده‌شدن یکی از پیامدهای انتخاب‌های شتاب‌زده است. (بکا را از فصل ۶ به‌خاطر دارید؟)

بعد از اینکه چند نفری را پیدا کردید که هم خدا را دوست دارند و هم به خدمت نوجوانان علاقمندند و برای کار گروهی هم تمایل نشان می‌دهند، گروه‌تان به‌طور طبیعی سایر خادمان واجد صلاحیت نوجوانان را به خود جذب خواهد کرد. پس از همان ابتدای کار، دنبال افراد شایسته باشید.

چگونه یک خادم داوطلب را برکنار کنیم

شاید بعضی‌ها مرا به‌خاطر مطرح‌کردن این موضوع در بحث، مورد انتقاد قرار دهند، اما موضوع برکناری یکی از مسائلی است که زیاد با آن سروکار خواهید داشت. در تمام سمینارهایی که پیرامون موضوع خادمان داوطلب برگزار می‌کنم، یکی پیدا می‌شود که با دستپاچگی بپرسد: «ا... خب... من در کلیسایم رهبری دارم... و... خب... خیلی وقت است که مشغول خدمت بوده... و... اِ... خب...» از آنجایی که من این سناریو را هزاران بار شنیده‌ام، پاسخ می‌دهم: «و تو می‌خواهی که از شرّش خلاص شوی، ولی نمی‌دانی چطوری... درست است؟» حاضران با بدجنسی می‌زنند زیر خنده و کسی که سؤال کرده، با خیال راحت آهی می‌کشد چون می‌بیند که در این وضعیت تنها نیست.

در طول سالیان زیادی که سرگرم خدمت نوجوانان بوده‌ام، از خیلی‌ها خواسته‌ام که از خدمت رهبری خودشان کناره‌گیری کنند. تنها چند مورد پیش آمده که هدف، خلاص‌شدن از شرّ فرد مزبور بوده. در بیشتر موارد، مجبورم با کف دستانی عرق‌کرده مکالمه‌ای پرتنش، پردرگیری و دشوار را آغاز کنم. و هر بار که یکی از افراد برکنار می‌شوند، خدمت نوجوانان از قبل سالم‌تر می‌شود.

بنابراین، این اصول را در نظر بگیرید:

- اگر خدا شما را برای رهبری خادمان نوجوانان فرا خوانده و کلیسا هم خرقهٔ رهبری را روی دوش‌تان انداخته، پس رهبری کنید. درست نیست با اکراه و انزجار رهبری کنید؛

باید خواهان رهبری‌کردن باشید. رهبران ناگزیرند تصمیماتی بگیرند و دست به اقداماتی بزنند که آسان نیستند. کنار گذاشتن خادمان، یکی از این تصمیمات دشوار است. خدمت نوجوانان شما مهم‌تر از آن است که به‌خاطر کسی که مشکل به‌وجود آورده، معیارهای‌تان را پایین بیاورید و از رفتار فرد مشکل‌آفرین چشم‌پوشی کنید. رهبران مشکل‌ساز روحیهٔ شاگردان را خراب می‌کنند و به آنها لطمه می‌زنند، باعث درد و اندوه همیشگی هستند و چوب لای چرخ پیشرفت خدمت شما می‌گذارند.

- به‌عنوان رهبر خادمان نوجوانان، مسئولیت دارید تیم‌تان را در مسیر درست و کنار همدیگر نگه دارید و از سلامت آن هم اطمینان بیابید. همه با شما همراه و هم‌هدف نیستند. اعمال رسولان ۱۵ را یادتان هست که در آن میان پولس و برنابا مشاجره‌ای درگرفت؟ آنها از یکدیگر جدا شدند و هر یک راه خود را پیش گرفت، چونکه پولس فکر می‌کرد یوحنای مرقس در انجام خدمت خود کوتاهی کرده است. شما اولین رهبر تاریخ مسیحیت نیستید که قرار است در مورد رهبران گروه‌های‌تان تصمیمات دشوار بگیرید.

- همیشه واردکردن افراد به تیم، از اخراج کردن‌شان آسان‌تر است. وقتی می‌خواهید به داوطلبی بالقوه که قرار است شما را دچار اضطراب کند بله بگویید، این را به یاد داشته باشید. به غریزهٔ خودتان اعتماد کنید و نه بگویید.

- متوجه فرق میان کسی که مشکلی مزمن دارد و شخصی که باید فوراً در کارش مداخله کرد (سقوط اخلاقی، نقض آشکار قوانین، و غیره)، باشید. باید با خادمان داوطلبی که دچار چنین لغزش‌های هولناکی نمی‌شوند، با ملاطفت و بخشندگی بیشتری رفتار کنید و به آنهایی که نسبت به پیامدهای تصمیمات‌شان آگاه شده‌اند، فرصتی دوباره بدهید.

برکنارکردن رهبر آخرین گزینهٔ شماست. زمانی این قدم را بردارید که هیچ راه دیگری برای کمک به موفقیتش باقی نگذاشته باشد.

پیش از برکنارکردن خادم داوطلب

- با ناظر مافوق‌تان دیدار و گفت‌وگویی داشته باشید. نقشه‌ای را که در مورد شخص مزبور دارید، با وی در میان بگذارید. از او مشورت و راهنمایی بگیرید و دعا کنید. هیچ‌وقت تصمیمات مهم را به تنهایی نگیرید. نظر شخص دیگری را هم جویا شوید. حمایت ناظر اهمیتی حیاتی دارد، چون احتمال دارد که خادم داوطلب واکنش تندی نشان دهد.

- دعا کنید.

- برای پشتیبانی از تصمیم خودتان، شواهد محکم و مدارک محکمه‌پسند داشته باشید.

- پیش از برکنارکردن خادم داوطلب، به وی در مورد موضوعات به‌خصوصی که اشکال به وجود آورده، تذکر بدهید. (برای کمک‌گرفتن در این‌باره، به فصل ۶ نگاه کنید.) شاید

موضوعی مرتبط با نگرش، عملکرد یا انطباق تیمی در میان باشد. روراست باشید. به خادم داوطلب بگویید که می‌خواهید به چشم خودتان ببینید که در فلان موضوع تغییر رویه داده است (دقیقاً موضوع را ذکر کنید!) وگرنه در گام بعدی ناگزیرید از او بخواهید از خدمت کناره‌گیری کند. به خادم بگویید که برای مشاهدهٔ تغییرات به وی یک ماه فرصت می‌دهید. طی این مدت، تعهد وی به عوض‌شدن را به‌طور مرتب بررسی کنید. من کسانی را دیده‌ام که طی همین فرصت دوباره، اقرار کرده‌اند: «من دیگر نیستم.» پس به رهبر داوطلب فرصت بدهید تا خودش با صلح و صفا کناره‌گیری کند.

- بعد از یک ماه با او قرار بگذارید و روند تغییرات را مورد بازبینی قرار دهید.

هنگام برکنارکردن خادم داوطلب

- ملایم، اما قاطع باشید. وقتی موعد برکنارکردن کسی می‌رسد، باید در خلال این گفت‌وگوی دشوار از محدودهٔ فیض و حقیقت دور نشوید. فیض می‌گوید: «من به تو اهمیت می‌دهم.» حقیقت می‌گوید: «تو به درد این خدمت نمی‌خوری، این هم دلایلش...»
- حاشیه نروید. صریح باشید. «فلانی، از دیدار قبلی‌مان هیچ چیز عوض نشده، و من می‌خواهم از تو خواهش کنم که برای یک فصل از خدمت نوجوانان کناره‌گیری کنی.» فصل مزبور می‌تواند شش ماه، یک سال، دو سال، تا تمام سال‌های باقی ماندهٔ سدهٔ بیست‌ویکم باشد. هیچ لزومی ندارد که در این‌باره تصمیمی آنی بگیرید.
- از خادم داوطلب نخواهید که تا پیداشدن جانشین، در مسئولیت خود بماند. باید از پیش فکر جایگزین را کرده باشید. برای پذیرش مسئولیت‌هایی که شخص برکنارشده بر زمین می‌گذارد، خودتان را آماده کنید.

پس از برکنارکردن خادم داوطلب

- بی‌درنگ پس از جلسهٔ مزبور، زمانی را در خلوت بگذرانید. مرور، فکر و دعا کنید. کارهایی را بکنید که به شما آرامش می‌دهند و می‌توانید طی انجامشان، احساسات خود را ابراز کنید. من همیشه پیش از چنین دیدارهایی، به‌شدت استرس می‌گیرم و پس از آن، وقتی احساساتم را خالی می‌کنم، آرام می‌شوم.
- با نامه‌ای حال وی را بپرسید. به او بگویید که قدردان خدمتش هستید و از اینکه اوضاع خوب پیش نرفت متأسفید و برای آرامش و مصالحهٔ وی دعا می‌کنید.
- از شخص مزبور دوری نکنید.
- اگر اشکالی نمی‌بینید، او را برای خدمت در قسمتی دیگر، به کلیسا معرفی کنید.
- انتظار خشمگین‌شدن بعضی از افراد را داشته باشید. کاملاً طبیعی است، و شفا مستلزم گذشت زمان است.
- دربارهٔ دیدارتان با دوستی معتمد، راهنمای‌تان، یا یکی دیگر از خادمان نوجوانان که می‌تواند حال شما را درک کند، حرف بزنید.

• زیادی وسواس به خرج ندهید. شما تصمیم درستی گرفته‌اید. به پیش بروید. گروه‌تان را رهبـری کنید. امیدوار باشـید که تا مدت‌های طولانی مجبور بـه برکنارکردن خادم دیگری نشوید. آه! بله،... روزی می‌رسد که باز هم باید این کار را تکرار کنید.

دو کار نجات‌بخش

■ *تعهدنامهٔ امضا شـده.* ما هر سـال از همهٔ خادمان- و از جمله خودم- می‌خواهیم تعهدنامـه‌ای را امضا کنند و با این کار معیارهایی را که باید رعایت شـوند، بدیشـان خاطرنشـان می‌سـازیم. هر خادم موافقت می‌کند که خودش را با نگرش، خط‌مشـی، مشارکت، یگانگی و برخی معیارهای خاص در سبک زندگی، که در تعهدنامه قید شده، وفق دهد. (ما این کار را سـالیانه انجام می‌دهیم تا اگر رهبری احساس کرد که نمی‌تواند از عهدهٔ تعهداتش برآید، به‌راحتی کنار بکشد.)

هنگام امضای این تعهدات (و در خلال اولین جلسـه‌ای که رهبر مزبور قرار اسـت سـال تحصیلی جدید را آغاز کند)، من چیزی شـبیه به ایـن می‌گویم: «دعا می‌کنم که همهٔ حاضران، بیشـتر از من در این کلیسا ماندگار باشند. با وجود این، می‌خواهم صادق باشم و به شما بگویم که اگر احسـاس کنم با زندگی‌کردن مطابق تعهدنامه‌تان مشکل دارید، خیلی رک و پوست‌کنده به شما گوشزد خواهم کرد و از شما خواهم خواست که تغییر رویه بدهید.» از همان ابتدا هرچه صریح‌تر باشید، در آینده راحت‌تر می‌توانید فرد ناشایست را برکنار کنید. (برای استفاده از مثال یا جرح و تعدیل‌های متناسب با گروه خودتان، می‌توانید به قسمت پیوست، مراجعه بفرمایید.)

■ *بازبینی‌های ادواری.* سـالی چند بار با رهبران نوجوانان، به‌طور فردی قرار ملاقات بگذاریـد تا در مورد نگرش‌ها، عملکردها و انطباق تیمی‌شـان، بـا یکدیگر گفت‌وگو کنید. وقتی تعداد بازبینی‌ها زیاد باشـد، آسان‌تر می‌توانید هر اشکال و ایرادی را در نطفه شناسـایی و ریشـه‌کن کنید. اگر همه چیز خوب پیش برود، جلسهٔ بازبینی هم فرصتی عالی خواهد بود که در آن رهبر مزبور را مورد تأیید قرار دهید.

زمانی که تیم خدمت به نوجوانان را تشـکیل می‌دهیـد، در واقع، روی خدمت خودتان سـرمایه‌گذاری می‌کنید. به این فکر کنید که وقتی از کسـی دعوت می‌کنید به خدمت شما بپیوندد، چقدر دارید بر ارزش و اعتبار خدمت‌تان می‌افزایید. قبل از آنکه تشکیل تیم را آغاز کنید، شاید بد نباشد موانع پیش روی‌تان را مورد بررسی قرار دهید. من اکنون تصور می‌کنم که شما دارید از من می‌پرسید: «چگونه می‌توانم برای شاگردانم، رهبرانی شایسته پیدا کنم؟»

سؤال خوبی است. بیایید در موردش صحبت کنیم.

چگونه هم‌تیمی‌های شایسته پیدا کنیم

// بدانید که به‌دنبال چه تیپ رهبری هستید.

فریب لبخندهای دوستانه و پاسخ‌های زیرکانه به پرسش‌های خودتان را نخورید. بعضی از وفادارتریـن و باعطایاترین خادمان نوجوانان، بـا قد و قواره‌ای عجیب و غریب وارد این

کار شـدند. به یاد بیاورید که وقتی سموئیل برای مسح‌کردن پادشاه آیندهٔ اسرائیل راهی شد، خداوند چه دستوری به وی داد:

> امـا خداوند به سـموئیل گفـت: «به سـیما و قامت بلنـدش منگر، زیـرا او را رد کرده‌ام. خداوند همچون انسـان نمی‌نگرد؛ انسـان به ظاهر می‌نگـرد، اما خداوند به دل.» (اول سموئیل ۱۶:۷)

خـادم مطلوب نوجوانان، اصلاً وجود ندارد. بعضی قـد بلند دارند و برخی قدی کوتاه؛ بعضی همهٔ آیات کتاب‌مقدس را از بَرند، عـده‌ای دیگر از ترتیب قرار گرفتن بازیکنان همهٔ تیم‌های بسـکتبال، با جزئیات خبر دارند؛ بعضی شـوخ‌طبعند و بعضی دیگر قیافه‌ای بامزه دارند؛ برخی از آنها مُد روز هسـتند و برخی دیگر موزیک هیپ-هاپ دوسـت دارند. من طی سـال‌ها یاد گرفته‌ام کـه بهترین خادمان نوجوانان، جوان‌های بامزه و برونگرا نیسـتند. بهترین خادمان، مردان و زنانی معمولی هسـتند که عاشق خدا هستند و نوجوانان را دوست دارند.

من متوجه شـده‌ام که یکی از بهترین راه‌های جذب خادمان بالقوهٔ نوجوانان این اسـت که خودتان را خادمی نشـان بدهید که همهٔ کلیشـه‌ها را برهم می‌زند. اعضای قدیمی‌تر تیم که لباس‌های از مد افتاده می‌پوشـند، برای این کار مناسبند. داستان این افراد را تعریف کنید و بگویید که در حال حاضر در تیم‌تان چه سـهمی دارند. وقتی دیگران این آدم‌های عادی را ببینند، با خودشان فکر می‌کنند: «اگر این شخص می‌تواند خدمت کند، پس من هم می‌توانم.»

به عبارت دیگر، من کمی خودم را نشان می‌دهم.

خادمان شایسـتهٔ نوجوانان را هر جایی می‌توان پیدا کرد؛ فقط کافی است بدانید که دنبال چه هستید. من در خادمان بالقوهٔ نوجوانان به‌دنبال دو ویژگی می‌گردم:

- عاشق خدا باشند.
- شاگردان را دوست داشته باشند.

خادمان شایستهٔ نوجوانان لازم نیست روی آب راه بروند (هرچند داشتن چنین ویژگی‌ای خوب اسـت و از آن می‌توان ویدیویی سرگرم‌کننده سـاخت)، بلکه کافی است مسیحیانی باشـند که با خدا رابطه‌ای درست دارند. به بزرگسالانی که در میان نوجوانان به‌دنبال دوستان جدید می‌گردند، بله نگویید. بگذارید اول حُسن نیت‌شان را اثبات کنند. هیچ لزومی ندارد که کاندیداهای رهبری برای کامل‌کردن زندگی خودشـان، دور و بر نوجوانان بپلکند. از رهبران انتظار داشته باشید که خدا را عاشقانه محبت کنند و شاگردان را دوست داشته باشند. اگر آنها واجد چنین ویژگی‌هایی هسـتند، پس صرف‌نظر از سـن و سال، سبک، یا کوتاهی و بلندی شلوارشان، نامزدهای بالقوهٔ مناسبی برای خدمت به نوجوانان به‌شمار می‌آیند.

۱۷ روش برای یافتن خادمان داوطلب نوجوانان

۱. از شاگردان بپرسید که از کی خوش‌شان می‌آید.

۲. از والدین بپرسید که به کی اعتماد دارند.

۳. از رهبران کنونی نوجوانان بپرسید که چه کسانی را می‌شناسند.

۴. از شبان بپرسید که چه کسی را دارای خصوصیات بالقوهٔ رهبری می‌داند.

۵. در ابتدای سال تحصیلی، سری به کالج‌ها و دانشکده‌های الاهیات بزنید تا با دانشجویانی که با خدمت شما هیچ ارتباطی ندارند، آشنا شوید.

۶. فهرست راهنمای کلیسا را چک کنید و با شخصی که به‌نظر می‌رسد خادم مورد نظرتان است، تماس بگیرید. (و از آنجایی که هیچ ظاهر به‌خصوصی مد نظر نیست، این شخص می‌تواند هر کسی باشد. فقط بگویید: «من داشتم فهرست راهنمای کلیسا را مرور می‌کردم و چشمم اتفاقی به نام تو افتاد. آیا دوست داری که یکی از خادمان خوب نوجوانان شوی؟!»)

۷. سراغ سازمان‌های پیرا-کلیسایی ("زندگی جوان"، "جوانان برای مسیح" و غیره)[1] بروید تا ببینید آیا در آنها رهبرانی پیدا می‌شوند که عضو کلیسای به‌خصوصی نباشند.

۸. از والدین استفاده کنید.

۹. به تیم خدمت نوجوانان خودتان نگاهی بیندازید. از دانش‌آموزان سال‌های آخر دبیرستان یا کالج برای کار کردن با دانش‌آموزان ردهٔ راهنمایی یا سال‌های اول دبیرستان استفاده کنید.

۱۰. زوج‌های تازه ازدواج کرده را به چالش وادارید تا زندگی زناشویی خود را با خدمت مشترک آغاز کنند.

۱۱. درخواست خود را در کلاس مخصوص عضویت کلیسا مطرح کنید.

۱۲. مربیان ورزش را که به کلیسای‌تان می‌آیند، شناسایی کنید. بسیاری از مربیان ورزش با بچه‌ها رابطهٔ خوبی دارند.

۱۳. برای کلیسای‌تان نامه‌ای بنویسید و در آن از ایشان درخواست کمک کنید.

۱۴. از بعضی از خادمان بچه‌ها بپرسید که آیا مایلند با پیوستن به تیم خادمان مقطع راهنمایی، همراه با شاگردان‌شان مراحل را طی کنند و با هم «فارغ‌التحصیل» شوند.

۱۵. هر زمان که فرصت صحبت کردن با کلاس‌ها یا گروه‌های دیگر کلیسا (گروه مجردها، زوج‌ها، سالمندان) دست می‌دهد، به آنها بگویید که دنبال آدم‌های درون‌گرا هستید. بسیاری از افراد درون‌گرا فکر می‌کنند که برای خدمت به نوجوانان مناسب نیستند، چونکه وحشی‌بازی یا دیوانه‌بازی از خودشان درنمی‌آورند. ولی اتفاقاً این قبیل افراد برای خدمت به نوجوانان بسیار مناسبند، چون با شاگردان حرف می‌زنند و تأثیری عمیق و ماندگار از خودشان بر جای می‌گذارند. در حالی که برون‌گراها به همه جا سرک

---

1. Parachurch Organizations (Young Life, Youth for Christ, et cetera)

می‌کشند و با همه احوال‌پرسی می‌کنند، درونگراها تمام همّ و غمّ‌شان را روی شاگردان متمرکز می‌کنند.

۱۶. هنگام صحبت‌کردن با همین گروه، از حاضران بخواهید که اگر خودشان در گروه نوجوانان بزرگ شده‌اند و از آن دوران تجربهٔ خوبی دارند، دستان‌شان را بلند کنند. و بعد سراغ‌شان بروید. یکی از دلایل داشتن تجربهٔ خوب از دورهٔ حضور در گروه نوجوانان، داشتن رهبران خوب و غمخوار است. حالا زمان آن رسیده که این افراد با پذیرش نقش رهبری گروه و ساختن تجربهٔ خوب برای نسل جدید، بدهی خود را تصفیه کنند. معمولاً این اشخاص، از ایدهٔ خدمت به نوجوانان به گرمی استقبال می‌کنند.

۱۷. به دنبال کسانی بگردید که از سرود خواندن در گروه کُر کلیسا، خسته شده‌اند.

// عذر و بهانه‌های مردم را بشناسید.

قبل از اینکه با افراد سر صحبت را دربارهٔ خدمت در گروه نوجوانان باز کنید، از بهانه‌های احتمالی‌ای که ممکن است بیاورند تا از پیوستن به تیم طفره بروند، فهرستی تهیه کنید. این فهرست حتی شامل عذر و بهانه‌های منطقی زیر هم می‌شود:

- من وقت کافی ندارم.
- من تجربهٔ کافی ندارم.
- من استعداد کافی ندارم.
- من به اندازهٔ کافی با کتاب‌مقدس آشنایی ندارم.
- من به اندازهٔ کافی جوان نیستم.
- نمی‌دانم باید انتظار چه چیزی را داشته باشم.
- کلیسا برای کسانی که در خدمت به نوجوانان فعال هستند، ارزشی قائل نیست.

البته، از آنجایی که می‌خواهید برای هر بهانهٔ احتمالی آماده باشید، باید حتماً در فهرست‌تان عذرها و بهانه‌های خلاف عرف را هم لحاظ کرده باشید:

- حاضرم بمیرم ولی در تیم نوجوانان خدمت نکنم.
- از نزدیک‌شدن به آدم‌هایی که چندین جای بدن‌شان را سوراخ و از آنها حلقه رد کرده‌اند (Body Piercing) می‌ترسم.
- من از اینکه پشت میکروفن توپوق بزنم، می‌ترسم.
- آن‌قدر دری‌وری بلد نیستم که بفهمم نوجوان‌ها به هم چه می‌گویند.
- آن‌قدر از سروکله‌زدن با بچه‌های مقطع راهنمایی سر در نمی‌آورم که آمادگی داشته باشم.
- از شبانی بچه‌ها می‌ترسم، چونکه آنها بیشتر از من در مورد کتاب‌مقدس می‌دانند.

وقت بگذارید و برای هر بهانهٔ احتمالی پاسخ و راه‌حلی پیدا کنید. هدف شما یافتن پاسخی محکم و قاطع برای بهانه‌تراشی‌های افراد است. برای دغدغه‌های‌شان ارزش قائل

شــوید، ولی کمک‌شان کنید بفهمند که هر دردی، درمانی هم دارد. با قرار دادن چندین نقطهٔ ورود، فرصت‌های خدمت را برای‌شــان آســان‌تر کنید. اگر نمی‌توانند در برنامه‌های هفتگی شــما خدمت کنند، آنان را به تیم دعا یا تیم کمک‌های مناسبتی دعوت کنید، مثلاً استفاده از وسایل‌شــان برای اردو، خانه‌شــان برای برگزاری گروهی کوچک، استخرشان برای مراسم تعمید، وقت‌شان برای همسفرشدن با شما در تعطیلات سال آینده و غیره.

به خاطر داشــته باشید، مردم صرف‌نظر از میزان تعهدشــان، هرچه بیشتر درگیر خدمت باشند، به خدمت کردن در آینده، علاقمندتر خواهند شد.

// در «درخواست کردن» خبره شوید.

بیشــتر مردم به این دلیل خدمت می‌کنند که می‌بینند شــما آن‌قدر برای‌شان ارزش قائل هستید که توی چشمان‌شان نگاه کنید و فرصتی در اختیارشان بگذارید تا در چیزی شریک و ســهیم شوند که از خودشان بزرگتر است. درخواست‌کردن قدرت دارد، منتها درخواستی که به شیوه‌ای مؤثر انجام شود–

- باید بپرسید! نکات واضح را نادیده نگیرید.
- باید صریح درخواســت کنید. بروید سر اصل مطلب. (به قسمت «پیش از آنکه دنبال افراد بگردید، در پی شفافیت باشید» در صفحهٔ ۱۸۳ مراجعه فرمایید.)
- باید مشخص درخواست کنید. طرف را گمراه یا با او بازی نکنید.
- باید با توقع شنیدن پاسخ مثبت درخواست کنید چنانکه از *نه* شنیدن جا بخورید.
- باید مصرانه درخواست کنید. (شاید *نه* در واقع به معنای *فعلاً نه* باشد، پس یک یا دو ماه بعد درخواست‌تان را تکرار کنید– به‌ویژه اگر طرف گزینهٔ بسیار مناسبی باشد.)
- باید خلاقانه درخواســت کنید. از به‌کار گرفتن کسانی که فقط می‌توانند یک فصل (به فرض، تابستان) و صرفاً جهت کمک به پروژه‌ها خدمت کنند، اِبایی نداشته باشید.
- باید با مهربانی درخواست کنید. از خودتان تأثیری مثبت به‌جای بگذارید.
- باید با دعا درخواست کنید. به متی ۹:۳۷–۳۸ نگاه کنید.
- باید با اعتمادبه‌نَفْس درخواســت کنید. از آنجایی که مستأصل نیستید، آه و ناله نکنید، التماس نکنید، یا به طرف مقابل عذاب وجدان ندهید. خجالت نکشــید. (به قسمت «با کار تیمی، کلیســای نیرومندتری هم خواهید داشــت» در صفحات ۱۷۶–۱۷۷ مراجعه فرمایید.)

من هنگام پرورش خادمان نوجوانان، از ده، دوازده نفر می‌خواهم که ســرپا بایستند. بعد از تک‌تک آنها می‌پرسم: «چطوری وارد خدمت نوجوانان شدی؟» شایع‌ترین جواب‌ها، اینها هستند:

- کسی از من درخواست کرد.
- احساس کردم خدا مرا خوانده است.

کاملاً واضح است: باید دنبال کسانی بگردید که بتوانید از آنها درخواست کنید. آنهایی که توسط خدا خوانده شده‌اند، باید منتظر فرصتی باشند تا شما را گیر بیاورند و وارد تیم‌تان شوند، اما بقیهٔ افراد منتظر می‌مانند تا شما از آنها درخواست کنید.

تقاضا از علاقمندان به خدمت نوجوانان را به تبلیغات بولتن‌های کلیسایی محدود نکنید. بیشتر افراد طوری به این درخواست‌ها نگاه می‌کنند که گویی در فکرشان می‌گویند: «چقدر بد است که نوجوانان به رهبر نیاز دارند. حتماً یکی پیدا خواهد شد که قبول مسئولیت کند.» بولتن‌ها شاید بتوانند جرقهٔ علاقه به خدمت را بزنند، اما به‌هیچ‌وجه قدرت درخواست شخصی را ندارند.

// توی چشم باشید.

نگذارید خدمت نوجوانان کلیسای‌تان به کلوپی خصوصی و زیرزمینی تبدیل شود. بگذارید همه بشنوند که کلیسای‌تان خدمت نوجوانان درخور توجهی دارد! برای همهٔ اعضای کلیسا که می‌دانند شما کی هستید، هدفی تعیین کنید، نه برای ارضای خودخواهی‌تان، بلکه برای نشان‌دادن خدمتی که بر عهده دارید. در زیر به چند شیوهٔ آسان برای معرفی خودتان و خدمت‌تان به همهٔ بازدیدکنندگان، اعضای جدید کلیسا و نیز اعضای قدیمی، اشاره می‌کنم:

- در کلاس عضویت کلیسای‌تان، تدریس کنید (یا در آن حاضر شوید).
- در خلال مراسم کلیسایی، اعلانات داشته باشید.
- به کسانی که وارد کلیسا می‌شوند، خوش‌آمد بگویید.
- در حین برگزاری کلاس‌های کانون شادی، خودتان را معرفی کنید. بگذارید شرکت‌کنندگان بدانند که خادمان نوجوانان برای‌شان دعا می‌کند. (دعاکردن فراموش نشود).
- در محل‌های کلیدی، مطالب جذاب و البته آگاهی‌رسان تبلیغاتی قرار دهید تا در دسترس همگان باشد.
- از خدمت کودکان، خصوصاً کلاس‌هایی که در شرف فارغ‌التحصیلی و ورود به دورهٔ نوجوانان هستند، دیدن کنید.
- با درخواست‌های مرتبط با نوجوانان، خدمت دعای کلیسا را به‌روز کنید.
- میزبان سمینارهای آموزشی والدین باشید.
- برای حمایت از تیم داوطلب‌تان، از وب‌سایت استفاده کنید و ای‌میل بفرستید.
- از طرف تیم خدمت نوجوانان برای اعضای کلیسا کارت‌های تبریک کریسمس بفرستید.
- مناسبتی را برای «قدردانی از پشتیبانی از خدمت نوجوانان» در دستور کارتان بگنجانید. این مناسبت باید برای بزرگسالان و خانواده‌ها جذاب باشد.
- از شاگردان و خادمان داوطلب‌تان بخواهید به اعضای کلیسا زنگ بزنند و از طرف خدمت نوجوانان، عید پاک را به آنها شادباش بگویند.

هرچه بیشتر دیده شوید (توی چشم باشید)، احتمال اینکه فرصت حرف زدن با مردم را پیدا کنید بیشتر می‌شود. در خلال همین گفت‌وگوها است که می‌توانید از نیازهای‌تان بگویید، عذر و بهانه‌ها را بشنوید و برطرف‌شان نمایید، و تشخیص بدهید که آیا مخاطب‌تان عاشق خدا هست و نوجوانان را دوست دارد، یا نه.

// از سایر رهبران انتظار کمک داشته باشید.

یافتن رهبران باصلاحیت، نباید صرفاً مسئولیت رهبر خادمان نوجوانان باشد (نک. فصل ۷). میل به یافتن رهبران باصلاحیت از میان بزرگسالان کلیسا را به سایر اعضای تیم رهبری سرایت دهید. همه باید در مأموریت برای یافتن هم‌تیمی‌های جدید، مشارکت داشته باشند.

همین اواخر، در سوپرمارکت محل‌مان با یکی از فروشنده‌ها سرگرم صحبت بودم. این حرف را پیش کشیدم که فروشنده‌های سوپرمارکت، چقدر خوش برخوردند. او گفت: «تو خودت هم خوش برخورد هستی. آیا دنبال کار می‌گردی؟»

پرسیدم: «آیا این اختیار را داری که مرا استخدام کنی؟»

جواب داد: «نه، اما به من مسئولیت داده‌اند که دنبال کسانی بگردم که برای تیم‌مان، مناسب باشند.»

او مدیر فروشگاه نبود، اما آن‌قدر آموزش دیده بود که چشمانش در میان مشتری‌ها دنبال هم‌تیمی‌های بالقوه بگردد. خیلی خوشم آمد! در ضمن اینکه پیشنهادش را رد می‌کردم، به او پیشنهاد دادم که حاضرم در آنجا به‌عنوان متصدی چشیدن غذا مشغول به کار شوم. هنوز که از او خبری نشده!

همه باید برای خدمت نوجوانان دنبال افراد واجد شرایط باشند. شاید بد نباشد رهبران تیم‌تان را وادارید که دستِ‌کم با یک نفر در سال حرف بزنند و او را برای پیوستن به تیم خدمت، ترغیب کنند.

و فراموش نکنید که وقتی از دیگران دعوت می‌کنید تا برای پیوستن به خدمت نوجوانان درخواست بدهند، شاگردان شما بهترین و بزرگترین دعوت‌کنندگان به‌شمار می‌آیند. وقتی خودتان سراغ فرد بزرگسالی می‌روید تا از وی دعوت به خدمت کنید، امکان دارد او به‌طور غریزی با خودش فکر کند که «آها، حتماً ریگی به کفش دارد!» و از دعوت شما اشتباه برداشت کند. اما وقتی یکی از شاگردان از او دعوت می‌کند، دعوت‌شونده برداشتی مثبت خواهد داشت. درخواستی که شاید از طرف یکی مطرح شود و دیگری آن را رد کند، شاید اگر از سوی کس دیگری مطرح شود، نتیجه‌بخش باشد!

// حرفه‌ای باشید.

من برای تشریح برنامه‌های‌مان و اطلاع‌رسانی به داوطلبان بالقوه پیرامون تعهداتی که ملزم به رعایت‌شان هستند، از یک بستهٔ اطلاعات استفاده می‌کنم. ما از تک‌تک آنها می‌خواهیم که

فرم مختصر و مفید درخواست برای خدمت را پر کنند، سپس برای‌شان قرار مصاحبهٔ حضوری می‌گذاریم. این روال به داوطلبان بالقوه می‌فهماند که ما در کلیسای‌مان، کار خدمت به نوجوانان را جدی می‌گیریم، و می‌خواهیم کسانی را که به تیم‌مان می‌پیوندند، خوب بشناسیم.

لازم نیست دست به بازآفرینی این فرایند بزنید. من بیش از ۲۰ سال از عمرم را صرف بهبود و ارتقای فرم‌های درخواست و روند استخدام خادمان داوطلب کرده‌ام و شما هم می‌توانید از آنها استفاده کنید. بعضی از آنها را می‌توانید به رایگان از روی وب‌سایت www.dougfields.com دانلود کنید. کافی است روی گزینهٔ محصولات رایگان (freebies) در پایین صفحهٔ اصلی کلیک کنید. یا می‌توانید کتابچهٔ مأخذ کلیسای سدلبک (حاوی ۱۵۰ صفحه فرم‌های گوناگون) را از فروشگاه آنلاین بخرید.

فرایند مزبور علاوه بر پیامی که برای داوطلب بالقوه می‌فرستد، به والدین شاگردان‌مان هم نشان می‌دهد که ما در کلیسا به‌دنبال افراد مستعدی می‌گردیم که خانواده‌ها با خیال راحت بتوانند فرزندان‌شان را به آنها بسپارند.

برخی تأملات نهایی

اخیراً یکی از دوستانم دورهٔ برنامهٔ دوسالهٔ کارآموزی را پیش ما به اتمام رساند و اکنون در کلیسای بزرگی شبان نوجوانان است. او در خدمتش کامیاب است و کارش را دوست دارد. ولی در کنار حس شادی و موفقیتی که دارد، به‌واسطهٔ خادمان داوطلب کلیسایش تجربیات دردناکی را هم پشت سر گذاشته است. او از من خواست تا این فصل از کتاب را زودتر از انتشار در اختیارش بگذارم تا مطالعه کند. پس از خواندن گفت: «من فصل مزبور را به ۱۰ گام عملی تقسیم‌بندی کرده‌ام، و این تقسیم‌بندی واقعاً به دردم خورد.» از او خواستم تا تقسیم بندی‌اش را با من هم در میان بگذارد، و به‌نظرم خوب است که در اینجا به آنها اشاره کنم:

- برای رهبران تازه وارد و رهبران فعلی دعا کنید.
- مشخص کنید که برای نوجوانان به‌دنبال چه تیپ خادمی می‌گردید.
- رهبران تازه‌کار بزرگسال را به شیوه‌های مناسب وارد تیم کنید.
- برای خادمان داوطلب خیلی مشخص و با جزئیات تشریح کنید که می‌خواهید وقت‌شان را چگونه صرف کنند.
- به آنها اجازه بدهید شاگردان را شبانی کنند. آنچه به‌دنبالش هستید این است که خادم داوطلب خانم شاگردانش را «دخترهایم» و خادم داوطلب آقا شاگردانش را «پسرهایم» صدا کند.
- از همان جایی که هستند آغاز کنید و به آنها کمک کنید تا گام بعدی را برای رشد بردارند.
- به آنها اختیار کامل بدهید و از سر راه‌شان کنار بروید.

- فراموش نکنید که آنان خوانده شده‌اند تا خدا را خدمت کنند.
- خادمان نوجوانان خود را شبانی کنید. مراقب‌شان باشید.
- برای‌شان برنامهٔ بازبینی ماهیانه بگذارید. رهبران شما نیاز به تشویق و دلگرمی دارند، پس می‌توانید ضمن اصلاح ایشان و تعدیل شرح وظایف‌شان، آنها را مورد قدردانی هم قرار دهید.

من ۱۲۰ درصد با داگ موافقم. (این خیلی زیاد است، نه؟) در کنار تمایلی که به رشد روحانی خود دارید، کارکردن با تیمی متشکل از رهبران بزرگسال، موضوع مهم و حساسی است که به شما خادم نوجوانان، قوت می‌دهد. داگ به افسسیان ۱۲:۴ اشاره می‌کند، که در آن صحبت از آماده سازی مقدسین برای خدمت به میان آمده است. کمی جلوتر، پولس تشریح می‌کند که آماده‌سازی مقدسین زمانی امکان‌پذیر است که همهٔ اعضای بدن وظایف‌شان را درست انجام دهند. آن‌وقت است که کل بدن می‌تواند وظیفهٔ ویژه‌ای را که به آن محول شده، به‌درستی انجام دهد و رشد کند.

وقتی بحث از «هر عضو بدن» به میان می‌آید، فقط خادمان رسمی منظور نظر نیستند! ما باید پیوسته به‌دنبال یافتن بزرگسالان دیگر و آماده‌سازی آنها باشیم تا بتوانیم بنیهٔ خودمان را برای خدمت بهتر، تقویت کنیم. وقتی با این نگرش به موضوع خدمت نوجوانان نزدیک می‌شویم، همه برنده خواهند بود. داوطلبان ما فرصت پیدا می‌کنند تا عطایای خدادادی‌شان را به‌کار بگیرند، به‌لحاظ روحانی خود را به چالش بکشند و در بنای کل بدن، سهم داشته باشند. متقابلاً، شاگردان ما هم از نحوهٔ عملکرد درست بدن مسیح، که از اشخاص متعدد و مختلف تشکیل شده که نقطهٔ مشترک‌شان ارتباط با خدا و خدمت به اوست، تصویری شفاف‌تر به‌دست می‌آورند.

در رابطه با موضوع چگونگی یافتن سایر بزرگسالان و آماده‌سازی و تقویت آنها، من اعتقاد راسخ دارم که دیدگاه‌ها و چشم‌اندازهای ما هستند که موفقیت‌ها یا عدم موفقیت‌های ما را تعیین می‌کنند. برای مثال، اگر باور داریم که منابع‌مان محدود و کمیابند و «احتمالاً به اندازهٔ کافی داوطلب خدمت دور و برمان نداریم»، پس در این صورت داریم کوچک فکر می‌کنیم. آیا خدا هم کمبود منابع دارد؟ آیا به نظر شما کسی که تنها با دو ماهی کوچک و پنج قرص نان، شکم ۵۰۰۰ نفر را سیر کرد، آن بالا در آسمان دستانش را به هم می‌فشارد و با سرگردانی می‌گوید: «وای! حالا چطوری برای خدمت نوجوانان فلانی [در اینجا نام خودتان را بگذارید] چند تا خادم داوطلب جور کنم؟» خدا می‌خواهد برای سلامت روحانی نوجوانان شما کاری بکند! اما نگرش شما به موضوع چیست؟ آیا «ذهنیت کمبود» دارید یا «ذهنیت وفور»؟

چندین مورد از پیشنهادهای داگ، درخور تأیید و توضیح بیشترند. در مورد اهمیت موضوعاتی از قبیل «مشکل‌پسند بودن»، شناسایی نقاط ورود و سطوح تعهدات زمانی، رفع‌کردن عذر و بهانه‌هایی که داوطلبان بالقوه برای طفره‌رفتن از پذیرش مسئولیت مطرح

می‌کنند، باید خیلی جدی فکر کرد. (چراکه معمولاً بهانه‌ها تلاشی برای شانه خالی‌کردن از عضویت در تیم شما نیستند، بلکه ناشی از ترس‌هایی هستند که داوطلبان بالقوه امیدوارند شما بتوانید آنها را برطرف کنید!)

و اگـر باور دارید که تیم‌تان، به‌واقع ارزشـمندترین دارایی شماسـت، بنابراین نیروی زیادی را صرف تقویت آن و مراقبت از آن خواهید کرد. شما می‌توانید تیمی جمع کنید که ظاهری فوق‌العاده داشته باشـد، اما فقط خادمان داوطلبی می‌توانند به‌راستی به نوجوانان خدمـت کنند که از لحاظ روحانی زنده‌اند. هر داوطلب مجموعه‌ای متفاوت از مهارت‌ها و تجربیات را با خود به خدمت نوجوانان می‌آورد، و همان‌طور که داگ پیشـنهاد می‌کند، کار عاقلانه این است که برای رشد و بالندگی این مهارت‌ها فرصت‌هایی بیشتر ایجاد کنیم و از تجربیات ایشان به سود بچه‌ها بهره ببریم.

وانگهی، باید به‌طور مداوم در جستجوی راه‌هایی برای تغذیه و به چالش کشیدن زندگی روحانی داوطلبان باشـید. برای کمک به مؤثرتر شدن خدمت آنها، چه کارهایی می‌توانید بکنید؟ از دورانی که هدایت گروهی از رهبران داوطلب را بر عهده داشـتم، یک چیز یاد گرفتم، و آن اهمیت مرتبط سـاختن آنها با یکدیگر اسـت. به همان اندازه که باور داشتم می‌توانم با همهٔ داوطلبان ارتباط برقرار کنم و تنها وسیلهٔ اصلی در جهت حمایت از ایشان باشم، آنها هم بیشترین حمایت و همبستگی را با یکدیگر پیدا کردند. اگر در گروه شما هم وضع به همین منوال است، پس با قضیه شخصی برخورد نکنید! این چیز خوبی است- و صرفاً نتیجهٔ حس مشترک آنها می‌باشد. پس من برای یافتن روش‌های خلاقانه کوشیدم تا آنان را به‌لحاظ روحانی در ارتباط با یکدیگر نگاه دارم.

اشـتباه برداشـت نکنید، کارکردن با خادمان داوطلب سخت اسـت. ولی فقط شادی لحظه‌ای را تصور کنید که دارید رشـد تعدادی از شاگردان‌تان را در مسیح می‌بینید، و از شاگردان دیگر حکایت پشت حکایت می‌شنوید که آنها هم دارند به‌خوبی رشد می‌کنند- کسانی که خودتان هرگز نمی‌توانستید به آنها رسیدگی کنید. بعد، خوشحالی خدمت‌کردن در کنار بزرگسـالان را هم که همگی شـوق خدمت به نوجوانان را دارند و مدام در حال رشـدکردن و کشـف راه‌های تازه برای خدمت‌کردن به عیسی هستند، به آن اضافه کنید. مگر از این بهتر هم می‌شود؟

جانا ال. ساندین[1]

من از حقوق و مزایای بازنشسـتگی و سازوکار آن زیاد سر درنمی‌آورم، ولی اصل سادهٔ «*امروز سـرمایه‌گذاری کن، وگرنه در آینده چوبش را خواهی خورد*» را خوب می‌فهمم. در خلال دو سـال اول خدمت‌تان لازم نیسـت همه چیز را دربارهٔ خادمان داوطلب بدانید. تنها کافی است یک اصل ساده را خوب فهمیده باشید: *امروز روی رهبرانت سرمایه‌گذاری کن که آنها در آینده برای پادشاهی خدا سودآور خواهند بود.* روی رهبران‌تان سرمایه‌گذاری کنید.

---

1. *Jana L. Sundene*

پرسش‌های پایان فصل
// برای بحث در گروه
- چرا باید آن‌قدر به ما نیاز باشد که مجبور شویم همهٔ کارها را خودمان انجام دهیم؟ این عدم ناامنی به کجا خواهد انجامید؟
- به نظر شما یک خادم نوجوانان باید دارای چه ویژگی‌هایی باشد؟

// برای تأملات شخصی
- چه حسی خواهم داشت از اینکه تیمم خوب رشد کند و افراد بیشتری به پیشبرد خدمت کمک می‌کنند، و من دیگر عضو مهم و حساس تیم به حساب نیایم؟
- آیا روش کنونی ما برای دعوت/ استخدام داوطلبان بالقوه روشی انگیزشی و جذاب است؟
- آیا من در خدمت نوجوانان دست به عملی می‌زنم که مانع از رشد خدمت شود؟
- آیا از اینکه دیگران وارد خدمت شوند، واهمه دارم؟ اگر این‌طور است، دقیقاً از چه چیزهایی می‌ترسم؟ چطور می‌توانم بر ترس‌هایم غلبه کنم؟

// اقدامات لازم برای ملاحظات بیشتر
- فهرستی از خادمان داوطلب بالقوهٔ نوجوانان، در حیطهٔ نفوذ خودتان تهیه کنید.
- برای داوطلبان خدمت نوجوانان، شرح وظایفی آماده کنید. حتماً تعدادی از ارزش‌های گروه‌تان را در آن بگنجانید. مردم باید بدانند که قرار است با وقت‌شان چه‌کار کنند.
- به رهبران داوطلب فعلی گروه‌تان نگاه کنید و علل ورودشان به خدمت نوجوانان را از آنها جویا شوید. وقتی دلایل آنها را فهمیدید، می‌توانید موقع حرف‌زدن با دیگران در کلیسا، از آن به نفع خدمت نوجوانان استفاده کنید. (برای مثال، اگر رهبران کنونی از کلاس عضویت کلیسا وارد خدمت نوجوانان شده‌اند، پس شما هم باید در همهٔ کلاس‌های عضویت کلیسا حاضر باشید.)

فصل ۹

آیا دانش‌آموزان می‌توانند از عهدۀ مسئولیت برآیند؟

سرمایه‌گذاری روی رهبران دانش‌آموز

فیلیپ، هم دوستم است و هم یکی از رهبران برجستۀ خدمت نوجوانان ما است. او فرد برون‌گرایی نیست و هیچ‌وقت با جوک یا لطیفه‌ای بامزه دیگران را تحت تأثیر قرار نمی‌دهد. اما اگر قرار باشد کار مهمی انجام دهم، یک‌راست سراغ فیلیپ می‌روم و با او مشورت می‌کنم، چون فیلیپ نیاز را می‌بیند و خودش اولین کسی است که برای برطرف کردن آن پا پیش می‌گذارد. با وجودی که حضورش در جمع چندان حس نمی‌شود، اما به‌طرزی مؤثر رهبری دانش‌آموزی را به پدیده‌ای همه‌گیر تبدیل می‌کند. من بدون وجود رهبرانی نظیر فیلیپ، حتی نمی‌توانم تصور خدمت نوجوانان را هم بکنم.

از طرف دیگر، شاگردانی هم دارم که تلاش می‌کنند به من بقولانند رهبرند. منطق آنها برای رهبر‌بودن این است که می‌بینند افراد برون‌گرایی هستند، در جمع دوستان اوقات خوشی را سپری می‌کنند، در بسیاری از فعالیت‌های مدرسه حضور دارند، و- این یکی استدلال محبوب من است- برای فرم ثبت‌نام کالج، نیاز به «تجربۀ رهبری» دارند. اگر شما باشید، دوست دارید در سفر مأموریتی بعدی‌تان، این قبیل افراد را کنار خودتان ببینید؟ نه؟ من هم دوست ندارم.

من عاشق نوجوانان هستم، و برای رهبری هم ارزش قائلم. یاد گرفته‌ام که تربیت رهبران دانش‌آموز یکی از اولویت‌های اصلی است. در چند سال اخیر، ناشران منابع نوشتاری و دیداری بسیاری را در این زمینه در اختیار مشتاقان قرار داده‌اند: برنامه‌های پرستشی برای رهبری دانش‌آموزان، کتاب‌های درسی، ویدیوها، دروس کتاب‌مقدسی، راهنمای مباحث، سی‌دی‌های تعاملی، وب‌سایت، سمینارها، همایش‌ها و جلسات. با اینکه منابع یادشده، محصولاتی ارزشمندند، اما در عین‌حال می‌توانند زیادی و ملال‌آور هم باشند، به‌ویژه زمانی که هر یک مدعی است که فقط خودش پاسخ لازم را برای پرورش رهبران دانش‌آموز در اختیار دارد و فقط خودش می‌تواند موجبات رشد خدمت شما و فرمانروایی‌تان بر جهان را فراهم سازد.

اما در نهایت، رهبری بزرگسالان با پرورش رهبران دانش‌آموز تفاوت دارد. برای تربیت رهبران دانش‌آموز نه الگویی معرفی می‌شود و نه در این زمینه شاگردان برجسته‌ای وجود دارد. هیچ‌یک از منابع، صرف‌نظر از وعده و وعیدها و تضمین‌هایی که می‌دهند، مفید نیستند؛ مگر اینکه رهبران بزرگسال کلیسای شما درک درستی از رشد رهبران دانش‌آموز داشته باشند. رهبران گروه‌های کوچک که تنها از چند شاگرد انگشت‌شمار مراقبت می‌کنند، کسانی هستند که باید به‌عنوان رهبران بالقوه مورد هدف قرار بگیرند. زمانی که افراد مورد نظرتان را یافتید، آن‌وقت می‌توانید زندگی شاگردان را هم عوض کنید.

چرا می‌خواهید رهبران دانش‌آموز تربیت کنید

تربیت رهبران دانش‌آموز باید در برنامهٔ کاری دو سال نخست خدمت شما قرار بگیرد؛ این هیچ جای بحث و چون‌وچرا ندارد. خدا اغلب از فرصت‌های رهبری برای کمک به پرورش روحانی نوجوانان استفاده می‌کند. اگر به شاگردان اجازهٔ رهبری‌کردن بدهید، به دلگرم‌کردن، ارج‌نهادن و شکل‌بخشیدن به ایمان آنها مفتخر خواهید شد.

رهبری می‌تواند ذهن، دل، دیدگاه و حرمت نَفْس نوجوانان را به‌طرزی مثبت دگرگون سازد. دانش‌آموزانی که رهبری‌کردن را تجربه می‌کنند، هم به اهمیت خدمت‌کردن به دیگران پی می‌برند، و هم مهارت‌های منحصربه‌فرد خودشان را پرورش می‌دهند و همین مهارت‌هاست که در آینده نقش آنان را در کلیسا تقویت کرده، باعث رشد روحانی‌شان می‌شود.

ونسا[1] پیوسته در ایمانش رشد و خدا را با جان و دل خدمت می‌کرد. در مدرسه فرصت‌های زیادی پیش روی او بود تا در آنها بال‌های رهبری‌اش را بگشاید، اما ونسا حوصلهٔ هیچ‌یک از آنها را نداشت. او مطمئن بود که خدا روزی او را به کار خواهد برد، ولی از زمان و مکان و چگونگی آن اطلاعی نداشت. من دعوتش کردم تا برای رهبری در تیم مأموریت‌های تابستانی درخواست بدهد. در ضمن به ونسا هشدار دادم که این کار مستلزم تعهد عمیق به مسیح و صرف زمان زیادی برای برنامه‌ریزی در خلال نیم‌ترم است، که هیچ‌یک از آنها ونسا

1. Vanessa

را نترساند. او چالش را پذیرفت، به بهترین نحو از عهدهٔ وظایفش برآمد، و از لحاظ روحانی، روانی و احساسی هم رشد کرد.

// رهبری دانش‌آموزی فرصتی وسوسه‌کننده برای شاگردان است تا به خدمت تمام‌وقت در آینده فکر کنند.

در کنار به چالش‌واداشتن شاگردان به سلوک روزانه در طریق خدا، یکی از مسرت‌بخش‌ترین کارها این است که رؤیای خدمت حرفه‌ای به خدا را در آنان ایجاد کنید. وکلا، پزشکان، آموزگاران، رفتگران و چتربازان پرتلاش باید ببینند که مهارت‌هایی که امروز کسب می‌کنند و در وجودشان پرورش می‌دهند، می‌تواند روزی در خدمت تمام‌وقت نیز به‌کار گرفته شود.

در حالی‌که اشغال‌کردن پست‌های حرفه‌ای در بازار کار، توسط مسیحیان متعهد امری ضروری است، اکثر دانش‌آموزان حتی احتمال استخدام‌شدن در خدمت مسیحی را هم نمی‌دهند. رهبری دانش‌آموزی می‌تواند این امکان را در اختیارشان قرار دهد تا مهارت‌های خود را برای پادشاهی خدا مورد استفاده قرار دهند، با خادمان تمام‌وقت تعامل داشته باشند، و چشمان‌شان را به روی طریق منحصربه‌فرد خدمت حرفه‌ای بگشایند.

من امروز بدین‌خاطر در خدمت نوجوانان مشغولم که وقتی هنوز دانش‌آموز دورهٔ دبیرستان بودم، امکان خدمت به شاگردان این مقطع تحصیلی به من داده شد.

// رهبران دانش‌آموز به خدمت نوجوانان کمک می‌کنند.

رهبران تأثیرگذار دانش‌آموز در پیشرفت کلیسا نقش دارند، به افراد بیشتری دسترسی دارند، در سفر روحانی‌شان رشد می‌کنند، و قدری از سنگینی بار رهبران بزرگسال می‌کاهند. نگذارید غرور یا کوته‌فکری این تصور را در وجودتان پدید آورد که نیازمند کمک نیستید، چه رسد به کمک گرفتن از خودِ نوجوانان. همهٔ ما به پشتیبانی و دلگرمی احتیاج داریم، و اگر اطراف‌مان دانش‌آموزانی آماده به خدمت داشته باشیم، می‌توانیم از وجودشان برای خدمت بهره بگیریم!

اخیرا رهبران دانش‌آموز کلیسای ما عهده‌دار برنامه‌های پرستشی رهبران بزرگسال شدند، تا آنها بتوانند زمان بیشتری را با خانواده‌های‌شان سپری کنند. در ابتدا کار چندان مهمی به‌نظر نمی‌رسید، ولی امروز نتیجه‌اش را می‌بینیم که هم در سلامت خود خادمان تأثیر داشته و هم در سلامت خانواده‌های رهبران.

زمانی که برای سفر به مکزیک در خلال تعطیلات بهاری آماده می‌شدیم، من از دو تن از نوجوانانی که به بچه‌های کلیسا خدمت می‌کردند خواستم تا در تهیهٔ لوازم، برنامه‌های درسی و بازی‌های مرتبط با سفر به مکزیک، به من کمک کنند. حتی اگر جز این کار، مسئولیت دیگری نداشتم، باز نمی‌توانستم به خوبی آنها از عهدهٔ این کارها برآیم. آنها خدمت به بچه‌ها را خوب می‌فهمند، نه من.

// وقتی شاگردان مشتاق را درگیر خدمت می‌کنید، ایمان خودتان هم از آن بنا می‌شود.

آمادگی رهبران دانش‌آموز برای خدمت کردن، شما را هم به چالش می‌کشد، ایمان‌شان به شما الهام می‌بخشد، و از انگیزه‌های پاک‌شان درس می‌گیرید. آنان هنوز سختی‌ها و چالش‌های خدمت را تجربه نکرده‌اند (شاید خود شما هم در عمل تجربه نکرده باشید)، ولی قرار است به‌زودی آن را تجربه کنند (و همچنین شما!). ایشان را دعوت به خدمت کنید، و در آینده هرگاه با معضلی روبه‌رو می‌شوند، کنارشان باشید. همین‌طور که آنها از لحاظ روحانی رشد می‌کنند، شما هم رشد می‌کنید و قوی‌تر می‌شوید.

(ندایی از درون سنگرها)

اخیراً یکی از شاگردان، پیرامون برنامهٔ گروه نوجوانان‌مان، این ای‌میل را برایم فرستاد: «من دوست دارم در برنامه‌های گروهی و پرورشی به‌جای مطالب بی‌محتوا و زمان پرکن، مطالب پرمغز و پرمحتوا داشته باشیم. اگر هدف سرگرم‌شدن است، می‌توانیم وقت‌مان را با تماشای فیلم یا چیزی دیگر سپری کنیم. برنامهٔ گروهی معمولاً از این قرار است: ۲۰ درصد اعلانات، ۴۰ درصد مطالب زمان‌پرکن و «مقدمه» (که شامل نمایش هم می‌شود)، ۳۰ درصد پرستش و ۱۰ درصد پیام. فکر می‌کنم شما هم با من موافقید که بعضی از این اعداد و ارقام درست نیستند. شما در خدمت به نوجوانان یک عالمه تجربه و کادر ورزیده دارید. ولی من دیگر از این همه "مقدمه‌چینی" و سرگرمی خسته شده‌ام. دلم می‌خواهد چیزی یاد بگیرم. شاید من استثناء هستم، اما زمانی را به یاد دارم که هنوز برنامه‌های گروهی نداشتیم و من در جلسات پرستش چهارشنبه شب‌ها شرکت می‌کردم. عاشق آن جلسات بودم. جلسات چهارشنبه شب‌ها در پرستش و تعلیم خلاصه می‌شد. در برنامه‌های گروهی امسال (البته به عقیدهٔ من) فقط دو جلسهٔ خوب وجود داشت که در آن پرستش مفصل‌تری داشتیم- و به‌نظر من بهتر است قبل از اینکه برنامه به افتضاح کشیده شود، آن را تعطیل کنید. جلسات چهارشنبه شب‌ها، بی‌نظیر بودند. امیدوارم حرف‌هایی که زدم باعث رنجش خاطر شما نشده باشد. فقط خواستم سفرهٔ دلم را باز کنم و مخالفت خودم را با برنامه‌های گروهی و پرورشی اعلام کنم.»

با اینکه لحن تندی داشت، اما نکتهٔ حرفش را گرفتم. الآن که سال دوم خدمتم را سپری می‌کنم، می‌بینم که تا چه اندازه از رؤیای «رفع موانع» و خدمت‌رسانی «مراجع-محور» به نوجوانان فاصله گرفته‌ام. البته دانش‌آموزی که این نامه را برایم نوشته بود، یکی از اعضای برگزیده و سطح بالای گروه نوجوانان است- و من برایش توضیح دادم که شاید دیگر هرگز شاهد برگزاری جلسات پرمغز چهارشنبه شب‌ها نباشد. این را هم می‌دانم که برنامه‌ها باید طوری باشند که ۹۰ درصد دیگر بچه‌ها (و بسیاری از نوجوانان غیرمسیحی) را هم پوشش بدهند. هنوز هم حق با اوست- من باید موانع را رفع می‌کردم.

باید این گروه را یک نوجوان رهبری کند.
جاناتان کی. گانیو ("پی‌جی")، دستیار شبان نوجوانان کلیسای جماعتی سنت پاول، چتهم، اونتاریو، کانادا[1]

// پرورش رهبران، فرمانی کتاب‌مقدسی است.

کتاب‌مقدس ما را به چالش می‌کشد تا زندگی‌مان را وقف خدمت به دیگران کنیم. ولی خدا به همین قانع نیست. او فرزندانش را دوندگانی به تصویر می‌کشد که در مسابقهٔ دوی امدادی شرکت دارند، و در این مسابقه قرار است باتوم را از نفر قبلی گرفته، به نفر بعدی تحویل دهند. از ما انتظار می‌رود که دیگران را به‌طرزی شایسته برای خدمت آماده و تجهیز کنیم و آمادگی احیای زندگی روحانی در وجود سایرین را به آنها ببخشیم. پولس در نامهٔ دوم تیموتائوس ۲:۲ در همین رابطه با تیموتائوس سخن می‌گوید. وی می‌نویسد: «و آنچه را که در حضور گواهان بسیار از من شنیدی، به مردمان امینی بسپار که از عهدهٔ آموزش دیگران نیز برآیند.»

مسئولیت تحویل‌دادن باتوم دوی امدادی صرفاً مختص بزرگسالان یا خادمان آموزش‌دیدهٔ حرفه‌ای نیست، بلکه این وظیفهٔ همهٔ ایمانداران به مسیح- از هر ردهٔ سنّی- است (آری، دانش‌آموزان اول و دوم دبیرستان هم می‌توانند در کلیسا رهبری کنند). وقتی کلیسا تصمیم بگیرد رهبران جوان پرورش دهد، این پیام را به دانش‌آموزان منتقل می‌سازد که: «ما شما را جدی می‌گیریم. ما باورتان داریم. شما هم می‌توانید تفاوت ایجاد کنید!»

من همواره دعا می‌کنم کلیسای‌مان رهبران مسیحی واقعی تربیت کند و تحویل جامعه بدهد. وقتی دانش‌آموزان از خدمت ما فارغ‌التحصیل می‌شوند، به کالج می‌روند یا جذب بازار کار می‌شوند، دوست دارم این مطلب را خوب فهمیده باشند که اگر نمی‌توانند در حوالی خودشان کلیسایی بیابند، پس باید خودشان یکی تأسیس کنند. این نگرش زمانی درست جا می‌افتد که خادمان نوجوانان به‌طور مداوم شاگردان را به‌سوی نقش‌های رهبری و انجام خدمات مسیحی، سوق داده باشند.

من دیگر متقاعد شده‌ام که اگر به دانش‌آموزان فرصت‌های رهبری داده نشود، به احتمال زیاد پس از فارغ‌التحصیل‌شدن از گروه نوجوانان کلیسا، از ایمان مسیحی هم فارغ می‌شوند و آن را کنار می‌گذارند.

اکثر نوجوانان هلاک این هستند که بزرگسالان باورشان کنند.

هشدار! هشدار! هشدار!

در عین‌حال که من فهرستی از دلایل متقاعدکننده ارائه کرده‌ام مبنی بر اینکه چرا باید به پرورش رهبران دانش‌آموز پرداخت، از شما خواهش می‌کنم که این نکتهٔ حساس را

---

[1] Jonathan K. Gonyou ("PJ") associate pastor of youth, St. Paul Congregational Church, Chatham, Ontario, Canada

هم خوب درک کنید: روی پرورش رهبران متمرکز شوید، نه روی ایجاد برنامهٔ رهبریِ دانش‌آموزی یا تیم رهبری. رهبران؟ بله! تیم؟ نه- دستِ‌کم فعلاً نه. در خلال این دو سال به اندازهٔ کافی برای پرورش رهبران کار دارید، پس امروز رهبر پرورش بدهید و فردا (در واقع، چند سال بعد) خدمت رهبریِ دانش‌آموزی را تأسیس کنید.

زمانی که در کلیسای اولم خدمت می‌کردم، مقاله‌ای را در مجلهٔ خدمت نوجوانان خواندم که راه و روش تأسیس خدمت دانش‌آموزی از طریق ایجاد تیم رهبریِ دانش‌آموزی را آموزش می‌داد. من که حتی یک سال هم تجربهٔ کاری نداشتم، همان هفته تیمی تشکیل دادم. شاگردانی را که ظاهری آبرومند داشتند انتخاب کردم و از آنها پرسیدم که آیا می‌خواهند عضوی از تیم خدمت به نوجوانان باشند یا نه. بیشترشان شانه بالا انداختند و پرسیدند: «تیم دیگه چیه؟ باشه. چرا که نه.»

من با دو مشکل روبه‌رو بودم. شاگردانی که انتخاب کرده بودم، رهبر نبودند و من هم آمادگی هدایت آنها را نداشتم. فرمولی که در مجله خوانده بودم، شامل جلسات آموزش رهبری و تعیین وظایف می‌شد. خب، رهبر تازه‌کاری که می‌خواهد رهبری‌کردن را به کسانی یاد بدهد که فاقد خصوصیات رهبری هستند، مثل بچه‌ای است که می‌خواهد با گواهینامهٔ رانندگی مبتدی به نوزادان آموزش رانندگی بدهد! مخاطبانم علاقه‌ای نشان نمی‌دادند، وظایف بیش از اندازه پیچیده بودند، و تازه خود معلم رانندگی هم بلد نبود رانندگی کند.

هنوز یک ماه نشده، تیم را منحل کردیم، و من سراغ مقالهٔ دوم مجلهٔ خدمت نوجوانان رفتم. این‌بار لازم بود در مورد چگونگی پذیرش شکست و افسردگی ناشی از آن، چیزی یاد بگیرم.

من به تیم‌های رهبری دانش‌آموزی ایمان دارم، و اصلاً به‌خاطر همین است که خودمان هم یکی از این تیم‌ها داریم، اما در خلال دو سال- یا حتی پنج سال نخست- خدمتم چنین تیمی نداشتیم. من همیشه رهبرانی را تربیت کرده‌ام، چونکه این بخشی از تحقق مأموریت بزرگ مسیحی است. ولی هیچ‌وقت فریب برنامه‌ها یا دروس آموزشی تضمینی «پرورش رهبر در ۳۰ روز» را نخورید. این اصلاً واقع‌گرایانه نیست.

رهبران دانش‌آموز را چطور شناسایی کنیم

پیش از آنکه جستجو را آغاز کنید، باید به‌خاطر داشته باشید که دیدگاه عیسی نسبت به مقولهٔ رهبری، با آموزه‌های دنیا تفاوتی فاحش دارد. در الگوی رهبری سکولار، رهبران کنترل دیگران را در دست دارند. رهبری غالباً منصبی است که با خود قدرت به همراه می‌آورد؛ مثل اقتداری که یک سوت برای پلیس به همراه می‌آورد. اما تنها یک نگرش متکبرانه کافی است تا تمام این اقتدار پوشالی را برباد دهد.

رویکرد عیسی، رهبران را فرا می‌خواند تا خادم دیگران باشند.

> عیسی ایشان را فراخواند و گفت: «شما می‌دانید که حاکمان دیگر قوم‌ها بر ایشان سروری می‌کنند و بزرگان‌شان بر ایشان فرمان می‌رانند. اما در میان شما چنین نباشد.

هر که می‌خواهد در میان شما بزرگ باشد، باید خادم شما شود. و هر که می‌خواهد در میان شما اول باشد، باید غلام شما گردد. چنانکه پسر انسان نیز نیامد تا خدمتش کنند، بلکه آمد تا خدمت کند و جانش را چون بهای رهایی در راه بسیاری بنهد.»
(متی ۲۰:۲۵-۲۸)

یکی از روش‌های من برای یافتن رهبران بالقوه، «نگاه‌کردن به بالا، روبه‌رو و اطراف» است.

منظورم از *نگاه‌کردن به بالا*، دیدن کسانی است که کارهایی را انجام می‌دهند که شاگردان دیگر، کسر شأن خودشان می‌دانند: جمع‌کردن آشغال‌ها از روی زمین، مرتب‌کردن صندلی‌ها و نظافت. وقتی به *روبه‌رو نگاه می‌کنم*، امیدوارم شاگردانی را ببینم که سراغ دانش‌آموزان خجالتی، یا آنهایی که اصلاً توی باغ نیستند می‌روند، یعنی همان‌هایی که به کنجی می‌خزند و از جماعت فاصله می‌گیرند. و زمانی که به‌نظر می‌رسد همهٔ کارها انجام شده، به *اطراف نگاه می‌کنم* تا ببینم آیا کسی جا نمانده و فرصت کمک‌کردن از او دریغ نشده باشد. از لای در بیرون خزیدن و نادیده گرفتن دو سه نوجوانی که در عین خستگی پیشنهاد کمک می‌دهند، آسان است. این سه گروه دانش‌آموز، مایهٔ تسلی‌ام هستند و به من می‌گویند که احتمالاً با رهبران بالقوهٔ آینده روبه‌رو هستم.

حواس‌تان باشد، کسی که در نظافت کمک می‌کند یا سراغ فردی خجالتی که گوشه‌ای کز کرده می‌رود، شاید صرفاً عطای خدمت داشته باشد، نه عطای رهبری. خدمت‌کردن با رهبری یکی نیست. ولی بر اساس الگوی عیسی، رهبری باید حتماً خدمت‌کردن را هم شامل شود. خادم‌بودن یکی از ویژگی‌های بی‌چون‌وچرای رهبری است. وقتی به‌دنبال رهبران دانش‌آموز می‌گردید، معیار بالای خدمت را در نظر داشته باشید.

در اینجا برای شناسایی رهبران دانش‌آموز، می‌خواهم به چند راهکار دیگر اشاره کنم:

// به رهبری نگاهی متفاوت داشته باشید.

مسحور رهبرانی که به چشم می‌آیند و فکر می‌کنید از آن تیپ رهبران مشتاق تربیتند، نشوید. در عین‌حال که شخصیت قوی این افراد برای‌شان دارایی خوبی محسوب می‌شود، اما نباید از رهبران بالقوه‌ای که به قول معروف رهبران پشت صحنه به‌شمار می‌آیند (آنهایی که بدون دیده‌شدن کارها را پیش می‌برند)، و نیز رهبران بااستعداد (آنهایی که از موسیقی، هنر و آموزش سررشته دارند) غافل شد.

من به‌طور خاص نسبت به این اصل حساس هستم، زیرا همسر خودم در قالب‌های کلیشه‌ای رهبران نمی‌گنجد. او دقیقاً برخلاف من فردی آرام است و همیشه ترجیح می‌دهد پشت صحنه باشد. طبیعتاً مردم کتی[1] را نادیده می‌گیرند و توجه‌شان به‌سوی من جلب می‌شود، چونکه فردی برونگرا هستم و با دیدن من همه تصور می‌کنند که برگزارکنندهٔ هر

1. Cathy

رویداد یا برنامه‌ای برای نوجوانان من هستم. پس از زیر نظر گرفتن رهبری کتی به مدت بیش از ۲۰ سال، متوجه شده‌ام که وی هرچند بی‌سروصدا خدمت می‌کند، ولی رهبری بی‌نظیر است. او بدون بهره‌گیری از اقتدارش یا برانگیختن جمعیت، برای رهبران ما جشن کریسمس ترتیب می‌دهد. او از همان پشت صحنه تلفن و ای‌میل می‌زند. اگر من فقط به دنبال رهبران کاریزماتیک و جذاب بودم، قطعاً یکی از بهترین رهبرانم را از دست می‌دادم. اگر خادمان پشت صحنه نباشند (همان‌هایی که اصلاً به چشم نمی‌آیند و مورد ستایش و تقدیر قرار نمی‌گیرند)، هر خدمتی محکوم به نابودی است.

> رهبر دانش‌آموز‌بودن در خدمت نوجوانان داگ مزایایی دارد که بهترین آن‌ها، دوستی‌هایی است که میان این رهبران دانش‌آموز و رهبران بزرگسال شکل می‌گیرد. شاید این موضوع «غیرروحانی» به‌نظر برسد، ولی من این را در کمال صداقت می‌گویم. چیزی که بیش از همه دوست دارم، افتخار آشنایی و دوستی حقیقی با کسانی است که اکنون «قهرمانان» زندگی من محسوب می‌شوند، زیرا به من فرصت دادند تا خیلی پیش از موعد مورد انتظارم رهبر شوم. آن‌ها این کار را با سرمایه‌گذاری روی زندگی من انجام دادند- دقیقاً مثل اینکه روی دوست‌شان سرمایه‌گذاری کردند. من امروز بدین‌خاطر رهبر دانش‌آموز هستم که بزرگسالان دلسوز مرا متقاعد ساختند که چیزی برای ارائه‌کردن دارم.
> رایان هالدی[1]

// بی‌خیال اکیپ‌های جذاب، باحال و محبوب شوید.

لزومی ندارد اکیپ‌های جذاب، باحال و محبوب را نادیده بگیرید (تازه اگر چنین کاری ممکن باشد)، اما صِرف اینکه بر محیط پیرامون‌شان یا گروه نوجوانان تأثیرگذار هستند، بلافاصله آن‌ها را در مسند رهبری قرار ندهید. معیار خادم‌بودن را فدای محبوبیت نکنید.

اگر شخصی دل خدمت‌کردن ندارد، خادم نیست. اگر دوست دارید، می‌توانید از نظراتش بهره بگیرید. با او مشورت کنید و بگذارید در برنامه‌ریزی مناسبت‌ها یا تصمیم‌گیری در مورد تقویم برنامه‌ها، مشارکت داشته باشد. هر کسی می‌تواند در این قبیل فعالیت‌ها شرکت داشته باشد، چون اینها کارهایی نیستند که منحصراً از عهدۀ رهبران ساخته باشند.

ولی اگر شاگرد محبوبی اهل خدمت نیست، رهبری را به او پیشنهاد نکنید. این قبیل بچه‌ها از افراد کلیدی و تأثیرگذار گروه به حساب می‌آیند، ولی این بدان‌معنا نیست که رهبرند. شاید بد نباشد که ببینید چگونه می‌توان از مهارت‌های آن‌ها استفاده کرد، اما عنوان رهبری را برای کسانی نگه‌دارید که همیشه، بدون اینکه کسی از آن‌ها خواسته باشد، آمادۀ کمک‌کردن به دیگران هستند.

---

1. Ryan Holladay

// با گذاشتن ضوابط و معیارهای رهبری، جلوی پارتی‌بازی را بگیرید.

ضوابط بی‌طرفانه و مکتوب رهبری، شما را از شکایات افراد مبنی بر پارتی‌بازی و جانبداری، در امان نگه می‌دارد. این ضوابط به شاگران اجازه می‌دهند که خودشان بفهمند آیا از نظر روحانی برای تصدی رهبری آمادگی دارند یا نه، و ضمناً به آنها وقت می‌دهد تا شرایط لازم برای احراز رهبری را پیدا کنند. تیم رهبری بزرگسال را جمع کنید و با طرح پرسشی مثل: «علاوه بر خدمت، چه خصوصیات بی‌چون‌وچرای دیگری مهم هستند؟» از آنها بخواهید در تعیین ضوابط به شما کمک کنند.

داشتن معیارهای تعیین‌شده، برای دانش‌آموزان تازگی ندارد. بیشتر آنها برای حضور در گروه‌های موسیقی، ورزشی یا سایر فعالیت‌های مدرسه ناگزیرند انتظارات خاصی را برآورده کنند.

به جدول زیر که به قابلیت‌های قلبی و عملی اختصاص یافته، توجه کنید. دانش‌آموز باید از نظر–

قلبی	عملی
• خادم باشد.	• به شیوه‌های کوچک خدمت کند.
• نگرشی مثبت داشته باشد.	• چشمش دنبال تازه‌واردها و کسانی که تنها هستند، باشد.
• پیرو سرسپردهٔ مسیح باشد.	• اهداف برنامه‌ها را خوب درک کند.
• سبک زندگی‌اش نشان دهد که مسیحی راستین است.	• در جلسات، به استقبال تازه‌واردان برود و خوش‌آمدگویی کند.
• فروتن باشد.	• از خوب‌گفتن در مورد خدمت اِبایی نداشته باشد.
• رفتار دوستانه‌ای داشته باشد.	
• خوش برخورد باشد.	

یکی از راه‌های پرهیز از جانبداری و پارتی‌بازی این است که بعد از تعیین ضوابط، سِمَت رهبری را در دسترس همگان قرار دهید. با تعلیم مجموعه درس‌های رهبری، عطایای روحانی، یا موضوعات مرتبط با رهبری، آغاز کنید. مجموعه دروسی از این‌دست، به وسعت دید دانش‌آموزان کمک می‌کنند و آنان را به چالش وامی‌دارند تا قدم‌های ایمان بردارند. پس از تدریس رهبری، به همهٔ شاگردان بگویید که اگر از ته دل با ضوابط تعیین‌شده موافقند و وقت کافی دارند تا آنچه را که از ایشان انتظار می‌رود، عملی سازند، می‌توانند به جمع رهبران وارد شوند. در این مقطع، شما این فرصت را در اختیارشان گذاشته‌اید تا بگویند: «این خوراک خودمه!»، «نه، هنوز برایش آمادگی ندارم» یا «داگ، چطوری *خودِ تو* را برای *این* شغل استخدام کردند؟»

اگرچه فرصت ثبت‌نام دادن به همگان برای رهبریِ دانش‌آموزی، اهمیت دارد، اما ضروری‌تر آن است که روی تعهدگرفتن از کسانی که خود را آمادهٔ این کار می‌دانند و می‌خواهند فراتر از حضور در جلسات هفتگی نوجوانان خدمت کنند، تمرکز کنید. به بعضی از شاگردان باید سقلمه زد، چون خودشان هنوز باور ندارند که می‌توانند رهبر باشند. دیگران صرفاً از اینکه از سر مهر باورشان کرده‌اید، از شما سپاسگزاری خواهند کرد. زیاد نگران این نباشید که آیا درست است که شخصاً از دانش‌آموزان دعوت به ثبت‌نام کنید، یا نه. درخواست‌کردن یکی از اقدامات مثبت رهبری است.

چند حقیقت را به خاطر داشته باشید–

• پرورش رهبران، یک رویداد مناسبتی یا برنامه‌ای تابستانی نیست؛ بلکه ذهنیت و نگرش است.

• شاگردان به همان اندازه (اگر نگوییم بیشتر) که به رهبران بزرگسال نگاه می‌کنند، رهبران دانش‌آموز را هم زیر نظر دارند. رهبری دانش‌آموزی در بهترین حالت، مترادف با فشار است.

• آماده باشید. شاگردانی که اصلاً انتظارشان را ندارید، غافلگیرتان خواهند کرد. فراموش نکنید، کلیسای اولیه را داوطلبان احتمالی بنا نکردند. در همه، حتی در شاگردان ناباب ته کلاس، به‌دنبال پتانسیل رهبری بگردید. تصور کنید که اگر عیسی زندگی آنها را به‌طور کامل لمس کند، تبدیل به چه افرادی خواهند شد.

«در مورد نوجوانیِ خودِ داگ باید گفت که واژهٔ "ناباب" به تنهایی نمی‌تواند حق مطلب را ادا کند.»

جیم برنز، شبان سابق نوجوانان داگ

• بعضی از کسانی که تصور می‌کردید «ستاره» شوند، هرگز نخواهند درخشید. اغلب، آنهایی که بهترین «رزومه‌ها» را دارند، کم می‌آورند چون زیادی به هر طرف کشیده می‌شوند. در عین‌حال که نومیدشدن امری طبیعی است، به راه‌تان ادامه بدهید و روی کسانی متمرکز شوید که به رهبری خادمانه علاقه نشان می‌دهند.

پیش از آنکه وارد خدمت تمام‌وقت نوجوانان شوم، سال‌ها به‌عنوان مربی فوتبال در یکی از دبیرستان‌ها کار می‌کردم. بسیاری از درس‌هایی که از دورهٔ مربیگری آموختم، به دردم خورد و کمک کرد از عهدهٔ خدمت به نوجوانان برآیم. یکی از این درس‌ها، شناخت و درک نقش کلیدی رهبری و سبک‌های رهبری در شاگردان است.

من که مربی بودم، می‌دانستم که ساختن تیم قهرمانی مستلزم رهبری است– نه فقط از سوی مربی و عوامل، بلکه از سوی بازیکنان. در واقع، یاد گرفتم که تیم برای موفق‌شدن باید رهبری از میان خودِ دانش‌آموزان داشته باشد. این رهبر لزوماً بهترین ورزشکار توی

زمین نیست (چرا که بهترین ورزشکار همیشه بهترین رهبر نیست)، بلکه می‌تواند هر کسی باشد. هر بازیکنی که سبک رهبری خاصی از خودش بروز می‌دهد. در مورد خدمت نوجوانان نیز همین مسئله صدق می‌کند.

گری ویلیس[۱]، نویسندهٔ *شیپوری خاص*[۲] توضیح می‌دهد که برخی رهبران به‌خاطر سبک رهبری‌شان که مناسبت کاملی با نیازهای رهبری دارد، تأثیری عظیم از خود بر جای می‌گذارند. سال‌ها پیش از شبانم، بیل هایبلز[۳] شنیدم که می‌گفت همین اصل در کلیسا هم می‌تواند عملی شود. در حالی که وی داشت چند سبک رهبری گوناگون را برمی‌شمرد، من متوجه شدم که بسیاری از این سبک‌ها در خدمت نوجوانان هم به چشم می‌خورند. با این مکاشفه توانستم رهبران دانش‌آموز را به‌طرزی راهبردی‌تر هدایت کنم و به آنها تصویری شفاف از آنچه خدا به‌طور ویژه بدیشان عطا فرموده بود تا با آن همقطاران‌شان را رهبری کنند، ارائه دهم.

در زیر به پنج سبک رهبری اشاره می‌کنم که می‌توانید آنها را در میان شاگردان‌تان ببینید و پرورش دهید:

۱. شاگرد دارای دید و رؤیا- ساعت‌ها از وقتش را صرف اندیشیدن به رؤیایی می‌کند که خدمت شما می‌تواند به آن تبدیل شود. «چه می‌شود اگر بتوانیم...» یا «چرا ما نتوانیم...». چنین شاگردی این توانایی را دارد که شاگردان دیگر را نسبت به پتانسیل خدمت شما تهییج کند و برای پی‌گیری آن، از خود اشتیاقی بی‌پایان نشان دهد.

۲. شاگرد اهل مدیریت- هدف او این است که اطمینان حاصل کند همه چیز خوب و درست پیش می‌رود. چنین شاگردی از برنامه‌ریزی اردوی تابستانی شما یا کمک‌کردن در طرح تدارکات مربوط به آن، به هیجان می‌آید. شاگرد اهل مدیریت توانایی لازم برای سازمان‌دهی خدمت برای دستیابی به موفقیت را دارد و چیزی که او را راضی می‌کند، حفظ ساختار این نظام است.

۳. شاگرد انگیزه‌بخش- چنین فردی می‌تواند الهام‌بخش سایر شاگردان باشد و اغلب، کسانی را که نیاز به تشویق و دلگرمی دارند، درست تشخیص می‌دهد. این قبیل افراد را اغلب در حال کمک به حل مشکلات دوستان‌شان، نوشتن نامه‌های تشویق‌آمیز، و زنگ‌زدن به دوستان زمین‌خورده می‌بینید.

۴. شاگرد اهل شبانی- عاشق مراقبت‌کردن از دیگر شاگردان است. این نوجوان، رهبر یا کارآموزی عالی برای سرپرستی گروهی کوچک به‌شمار می‌آید. شاگرد اهل شبانی به‌طور نسبی از این توانایی برخوردار است که کاری کند شاگردان تازه‌وارد احساس راحتی کنند و برای همهٔ شاگردان تدارک می‌بیند.

۵. شاگرد تیم‌ساز- خوب می‌فهمد که برای انجام امور به گروهی از دانش‌آموزان نیاز دارد. او عطایای پنهان در وجود دیگران را تشخیص می‌دهد و می‌داند که از وجود هر یک باید در کجا استفاده کند تا بیشترین بهره‌وری را داشته باشند. همچنین شاگرد تیم‌ساز

1. Gary Willis; 2. *A Certain Trumpet;* 3. Bill Hybels

از نیـــاز به فعالیت‌های گروهی به‌خوبی آگاهی دارد و می‌داند که این فعالیت‌ها حس تعلق گروهی را در درون شاگردان بیدار می‌سازد.

دقایقی از وقت‌تان را صرف اندیشـــیدن در مورد شاگردانی کنید که در گروه نوجوانان خود دارید. آیا آنها در وضعیتی قرار دارند که بتوانند توانایی‌های بالقوه و البته منحصربه‌فرد خودشان را در سبک‌های گوناگون رهبری شناسایی کنند؟ قراردادن رهبران دانش‌آموز در جای درســـت و راهبری، به ایشـــان امکان می‌دهد که محیط تیمی نیرومندی برای خود بسازند که در بشارت‌دادن به نسل کنونی مؤثرتر و در هدایت (شاگردسازی) آنها به‌سوی مسیح، کارآمدتر است.

بو باشرز[1]

وقتی دانش‌آموز رهبر از عهدهٔ وظیفه‌اش برنمی‌آید

خیلـــی از دانش‌آموزان می‌توانند رهبر باشـــند، ولی رهبر**بـــودن** در خدمت به نوجوانان مستلزم طرز فکری متفاوت با رهبری سکولار (غیردینی) است: دلی راست، فکری باز برای تغییر، و گام‌های عملی خدمت. من به همهٔ شـــاگردانم می‌گویم کـــه می‌توانند برای رهبری دانش‌آموزی درخواســـت بدهند، به شرط آنکه باور داشته باشند که می‌توانند معیارهای لازم برای احراز این منصب را کسب کنند.

احتمالاً خواهید دید که شـــاگردان‌تان خودشـــان را بیشتر از شما مورد نقد قرار می‌دهند. بـــا همهٔ اینها، باز به معدود رهبرانی برخواهید خـــورد که مطابق ضوابط مورد انتظار، زندگی نمی‌کنند. آن‌وقت چه باید بکنید؟

- *صریح باشـــید.* هرچه دقیق‌تر در مورد انتظاراتی که از رهبران می‌رود، صحبت کنید موضوع برای شاگردان روشـــن‌تر می‌شـــود و بهتر می‌فهمند که چه جایی در برآوردن انتظارات کوتاهی کرده‌اند.
- *همهٔ شایعات را باور نکنید.* پیش از آنکه شاگردی را به‌خاطر رفتارش محکوم کنید، به او فرصت بدهید تا در مورد شـــنیده‌های‌تان به شما پاســـخ بدهد. به‌جای گفتن: «تو دیگر نمی‌توانی رهبر باشـــی، چونکه آخر هفته مســـت کرده بودی»، چیزی شبیه به این بگویید: «می‌خواهم در مورد چیزی که شـــنیده‌ام، از تو سؤال کنم.» با این کارتان حرمت دانش‌آموز را نگه‌داشـــته‌اید و به او اجازه داده‌اید تا اگر شـــنیده‌های‌تان راســـت هستند، در صدد جبرانش برآید.
- *از رویارویی با مســـائل واهمه نداشته باشـــید.* چیزی که نادیده می‌گیرید، در نهایت دامنگیرتان خواهد شد.
- هنگام برخورد *با دانش‌آموز خاطی، فیاض و مهربان و ملایم باشید.* قبل از اینکه وی را برکنار کنید، به او فرصت عوض‌شدن بدهید.

1. Bo Boshers

- خیلی صریح و روشــن به او بگوییــد که چرا تصمیم دارید او را کنار بگذارید. برایش موعدی مقرر کنید. چیزی شبیه به این بگویید: «فکر می‌کنم بهتر باشد تو یک فصل از کار رهبری کناره‌گیری کنی. شاید برای پاییز آینده دوباره مسئولیت رهبری را به تو محول کنیم.»
- جزئیات گفت‌وگو را میان خودتان و دانش‌آموز محفوظ نگه دارید. اگر شاگردان دیگر دلیل برکناری او را پرسیدند، خیلی سربسته جواب بدهید تا شخصیت دانش‌آموز برکنار شــده، خُرد نشــود. مثلاً بگویید: «فلانی برای یک فصل مرخصی گرفته و فعلاً مجبور نیســت مسئولیت اضافی رهبری دانش‌آموزی را بر عهده داشته باشد.» اگر شــاگردان کنجکاو برای جزئیات بیشتر به شما فشار آوردند، به آنها بگویید که به فلانی قول داده‌اید در مورد جزئیات موضوع با کسی حرف نزنید و شما هم سر قول‌تان هستید. بگذارید شاگردان بدانند که شما برای آنها هم همین احترام را قائلید.
- دانش‌آموز را فراموش نکنید. با تماس‌های تلفنی، ملاقات‌های حضوری، تشویق و محبت فراوان حال او را جویا شوید.
- دانش‌آموزان منتظر این هستند که بزرگسالان آنها را باور کنند!
- انتظار دلسردشــدن را داشته باشــید. به‌رغم همهٔ امیدهایی که به رهبران دانش‌آموزی بسته‌اید، آنها امیدهای‌تان را نقش بر آب می‌کنند. از آنها برای خودتان بت نسازید. این نه برای خودتان منصفانه است نه برای آنها یا خدمت نوجوانان.
- رهبران دانش‌آموز نیازمند راهنمایی و توجه از جانب رهبران بزرگسال هستند. صبور باشــید. هرچه شــما و خادمان داوطلب وقت بیشتری روی آنها سـرمایه‌گذاری کنید، ثمره‌اش را خواهید دید.

با رهبران دانش‌آموز چه باید کرد

هر رهبر دانش‌آموز باید یک بزرگسال را در کنار خود داشته باشد تا در زندگی راهنمایی‌اش کند. آیا این هم نمونهٔ دیگری از پارتی‌بازی است؟ نه. این بهره‌گیری راهبردی از زمان است. از آنجایی که نمی‌خواهید در خدمت خودتان با کســی رابطهٔ سطحی داشته باشید، پس باید روی چند نفر برگزیده متمرکز شوید. (اصل ۵-۳- ۱ یادتان هست؟ نک. ص //./) کارکردن با رهبران دانش‌آموز زمان و توان شـــما را افزایش می‌دهد. با ســرمایه‌گذاری‌کردن روی این شـــاگردان، بیشترین سود عایدتان خواهد شد چراکه ایشان سایر جنبه‌های خدمت را تسهیل می‌کنند و در ایجاد ارتباط با شاگردان شما را یاری می‌دهند.

> اگر این حرفم در حال حاضر واقع‌گرایانه به‌نظر نمی‌رسد، نگران نباشید. آن را به هدفی برای آینده تبدیل کنید.

ســرمایه‌گذاری‌کردن روی رهبران دانش‌آموز، به معنای نادیده‌گرفتن دیگر شـــاگردان نیســت؛ با این‌حال، شـــما تمرکز اصلی خودتان را روی رهبران می‌گذارید و این کار به شما

امکان می‌دهد تا به شاگردان بسیاری، نه بگویید. نه گفتن به بعضی از شاگردان به شما این اجازه را می‌دهد که به رهبران دانش‌آموز آری بگویید.

وقتی من روی رهبران دانش‌آموز سرمایه‌گذاری می‌کنم، تمام همّ و غمّ خودم را صرف به چالش کشیدن دل‌های آنان و پرورش مهارت‌هایشان می‌نمایم.

// چطور می‌توانید دل‌های آنان را به چالش بکشید

- **عدهٔ کمی را دور هم جمع کنید.** یکی از بهترین راه‌های دلگرم کردن رهبران دانش‌آموز و پرورش دادن اشتیاقشان نسبت به خداوند این است که به آنها اجازه دهید با همفکران خودشان باشند. آهن، آهن را تیز می‌کند؛ شاگردان تیز، همقطاران خود را برای رهبری تیز می‌سازند. لازم نیست برای دور هم جمع کردن این افراد برنامهٔ ماهیانه ترتیب بدهید، فقط کافی است به‌دنبال فرصت‌ها یا مناسبت‌های خودجوش بگردید تا آنها را یک‌جا دور هم جمع کنید.

من پارسال چند نفر از کارآموزان رهبری مقاطع راهنمایی و دبیرستان را سوار اتومبیل کردم و به مرکز همایش‌های محلی بردم تا یکی از شفادهندگان کاریزماتیک مشهور را از نزدیک ببینند. من این شخص را در تلویزیون دیده بودم، و فکر کردم که ایدهٔ جالبی خواهد بود اگر چند تا از رهبران دانش‌آموز را بردارم و به تماشای او ببرم تا جنبهٔ دیگری از مسیحیت را که هرگز در کلیسای خودمان دیده نشده، مشاهده کنند. برای این برنامه از قبل برنامه‌ریزی نکرده بودم و هیچ آگهی و اعلانی هم به تابلو نزده بودم. فقط به چند نفر از شاگردان زنگ زدم و رفتیم. وقتی به مرکز همایش رسیدیم، صفی طولانی دیدیم و مجبور شدیم برای ورود یک ساعت انتظار بکشیم. تماشای مردم، سؤال‌کردن‌ها و خنده‌ها حسابی کنجکاوی ما را برانگیخته بود.

وقتی دیدیم به دلیل ازدحام جمعیت نمی‌توانیم وارد شویم و جلسه را از نزدیک دنبال کنیم، همان اطراف چرخی زدیم و با مردمی که به امید شفاگرفتن آمده بودند، سر صحبت را باز کردیم و نظراتشان را در مورد مردی که این همه انسان را یک‌جا جمع کرده بود، جویا شدیم. بعد محل را ترک کردیم و چند تا بستنی خریدیم و بحث داغی پیرامون قدرت و حاکمیت خدا و ارادهٔ آزاد آغاز کردیم. با وجودی که اصلاً نتوانسته بودیم وارد مرکز همایش بشویم، ولی آن شب برای همهٔ ما شبی فراموش‌نشدنی شد. این گردش خودجوش و سه-چهار ساعته به ایمان رهبران دانش‌آموز ژرفای بیشتری بخشید و دوستی رهبران با یکدیگر را هم مستحکم‌تر کرد.

> اگر او به راستی معجزه‌گر بود، کاری می‌کرد که ما هم بتوانیم وارد مرکز همایش شویم!

- **منابع قلبی فراهم کنید.** خواه به‌صورت فردی خواه گروهی، رهبران دانش‌آموز را در اولویت قرار دهید. آنها را با خودتان به مناسبت‌های رهبری‌ساز[1] ببرید و برای‌شان کتاب‌های سودمندی را که خودتان هم می‌خوانید، بخرید.

---
1. Leadership-building events

زمانی که من شاگرد دبیرستانی بودم، جان، یکی از خادمان داوطلب که ۵۰ ساله بود، کتاب *رهبری روحانی* را به من داد تا بخوانم. رغبت چندانی به خواندن آن نداشتم، چونکه... خب... یک کتاب بود، و تازه هیچ عکسی هم نداشت. ولی جان یکی از خادمان مورد احترام نوجوانان بود. به من گفت: «داگ، من پتانسیل رهبرشدن را در تو می‌بینم، و دوست دارم این کتاب را بخوانی. روی من خیلی تأثیر گذاشت، و فکر می‌کنم برای تو هم مفید باشد. برای تو هدیه گرفتم، و اگر بعد از خواندنش بیایی و در مورد کتاب با هم بحث کنیم، این‌طوری تو هم به من هدیه داده‌ای.»

هدیه؟ وای! باورم نمی‌شد که او آن‌قدر به فکر من باشد که برایم چیزی بخرد. بعد از خواندن کتاب، نشستیم و با هم در موردش حرف زدیم. برخی از اصول مندرج در کتاب زندگی مرا شکل دادند، ولی مهمترین تأثیر کتاب، سرمایه‌گذاری رهبری بزرگسال روی من بود که در آن زمان رهبر دانش‌آموز به حساب می‌آمدم. به‌خاطر وجود افرادی مانند جان (از همان زمانی که در مقطع راهنمایی بودم) است که امروز من آدم متفاوتی هستم. آنها بودند که منابع و تجربیات خودشان را در اختیارم گذاشتند تا از من مسیحیِ قوی‌تر و رهبری بهتر بسازند.

- *سرمشق باشید.* باید خودتان در چیزی که از دیگران انتظارش را دارید، الگو باشید. اگر از کنار قوطی‌های خالی نوشابه یا آشغال‌هایی که کف کلیسا افتاده‌اند، بی‌تفاوت رد شوم، رهبران دانش‌آموز هم همین کار را خواهند کرد. آنها مرا سرمشق خودشان قرار خواهند داد. اگر با آنها گفت‌وگویی سطحی داشته باشم و از آب و هوا و خبرهای ورزشی یا مدرسه حرف بزنیم، هیچ‌وقت یاد نمی‌گیرند که از دیگران چیزهایی بپرسند که تا اعماق وجودشان رسوخ می‌کند. کارآموزان رهبری، هر کاری را که می‌کنید زیر نظر دارند، حواس‌شان هست که چه می‌خوانید، چه موسیقی‌ای گوش می‌کنید و از نحوهٔ رفتار و برخورد شما با اعضای خانواده‌تان هم یادداشت برمی‌دارند. شما آب هستید و آنها اسفنج. سرمشق رهبری بودن، بخش مهمی از پرورش شخصی آنها را تشکیل می‌دهد.
- *آنها را مسئول بشمارید.* من دنبال دردسر نمی‌گردم، اما وقتی در روابطم از برخورد و تنش پرهیز می‌کنم، دردسر خودش سراغم می‌آید. نادیده‌گرفتن شاگردانی که مایهٔ نومیدی می‌شوند یا خودداری از گفت‌وگوهای جدی، به همه آسیب خواهد زد. باید شاگردان را با محبت به چالش بکشید، تا از این رهگذر امکان رشد و یادگیری داشته باشند.

وقتی نوجوانان تعهد می‌دهند رهبر دانش‌آموز باشند، به آنها بگویید که در صورت لزوم با آنها برخورد خواهید کرد. اگر شاهد رفتاری مغایر با ضوابط تعیین‌شده برای رهبران بودید، با شخص خاطی حرف بزنید. با این قبیل برخوردهای تند، برای آنها سرمشق رهبری خوبی خواهید بود.

علاوه بر اینکه باید مایل به برخورد با دانش‌آموز خاطی باشید، نباید از مسئول شمردن او در مورد مسائل مهم- از قبیل پشتیبانی از شما در خط‌مشی خدمت‌تان، هدف‌گذاری و رسیدن به آن در زندگی روحانی، داشتن زندگی پاک و خداپسندانه- اِبایی نداشته باشید. رهبری دانش‌آموزی حقی خدادادی نیست؛ امتیازی است که به فرد داده می‌شود و هر نیم‌ترم باید مورد ارزیابی قرار بگیرد.

// چطور می‌توانید مهارت‌های آنان را پرورش دهید.

- *با مسئولیت‌های کوچک آغاز کنید.* به شاگردان اجازه دهید در خدمت‌شان قدری حس مالکیت داشته باشند! اینکه بگذارید خودِ رهبران دانش‌آموز تصمیم بگیرند که برای جلسات‌شان چند تا پیتزا بخرند و آن را از کدام پیتزافروشی سفارش بدهند، با اجازهٔ رهبری دادن به نوجوانان فاقد صلاحیت، خیلی فرق دارد. پیش از آنکه شاگردان‌تان بتوانند گام‌های بلند بردارند، باید اول با گام‌های کودکانه راه رفتن را آغاز کنند. سپردن مسئولیت‌های کوچک، هم پتانسیل آنها را برای اشتباهات بزرگ کاهش می‌دهد و هم به ساخته‌شدن اعتمادبه‌نَفس در وجودشان کمک می‌کند.

ما هر سال شاگردان را برای کسب تجربه، به سفر مأموریتی هفت روزه به مکزیک می‌بریم. طی سفر، من مسئولیت‌های کوچک را به نامزدهای رهبری و رهبران تازه‌کار می‌دهم: کارهایی از قبیل نگهداشتن کلید مینی‌بوس، خنک نگهداشتن آب آشامیدنی، شمارش تازه‌واردها، یا اطمینان از اینکه پنجره‌های مینی‌بوس بسته‌اند. هر کس وظیفه‌ای دارد و وظیفهٔ همه مهم است. در واقع، در مجموعه آزمون‌های رهبری همه سهیم هستند؛ روشی نامحسوس اما مؤثر برای تعیین اینکه چه کسی آمادگی لازم برای رهبرشدن را دارد. آنهایی که در مسئولیت‌های کوچک امین هستند، آمادگی دارند مسئولیت‌های بزرگتری را بپذیرند.

- *برای رهبران دانش‌آموز تأییدشده، گزینه‌های چندخدمتی در نظر بگیرید.* هر دانش‌آموزی منحصربه‌فرد است، پس به هر کس خدمتی منحصربه‌فرد محول کنید. تصور شما از رهبران دانش‌آموز شاید دربرگیرندهٔ کسانی باشد که می‌توانند گروه‌های کوچک را رهبری کنند، شهادت زندگی خودشان را با دیگران در میان بگذارند، با افراد گوشه‌گیر دوست شوند، و مینی‌بوس کلیسا را هم تمیز کنند. همهٔ اینها خوب هستند، اما دانش‌آموزان را به چند مسئولیت محدود نکنید. رهبران دانش‌آموز از بسیاری جهات می‌توانند خدمت کنند. کافی است به طبقه‌بندی‌های خدمت در جدول زیر نگاهی بیندازید:

- *از سر راه کنار بروید.* به مجرد سپردن خدمتی به دانش‌آموزان، از سر راه‌شان کنار بروید. راهنمایی و تشویق‌شان کنید، ولی به آنان در انجام وظایف‌شان آزادی عمل بدهید. به آنها طناب کافی بدهید تا یا کارشان را درست انجام دهند و یا خودشان را با آن دار بزنند (البته حرفم استعاری است!). مردم دوست ندارند که

کسی مدام توی کارشان سرک بکشد. اگر نسبت به روند اجرای امور دلسرد یا ناراضی هستید، بعداً در مورد احساسات خود حرف بزنید. تا آن زمان، بگذارید دانش‌آموزان به روش خودشان کار کنند و موفق شوند یا شکست بخورند.

کارکردن با تجهیزات	کارکردن در جلوی صحنه	کارکردن با دیگران
• آماده‌سازی و نظافت اتاق جلسه	• در میان گذاشتن شهادت زندگی	• زوج‌های مشورت‌دهنده
• کارکردن با سیستم‌های صوتی	• رهبری پرستش	• رهبری گروه‌های کوچک
• ساختن ویدیو	• آوردن پیام از کلام خدا	• فرستادن کارت و ای‌میل برای تشویق دانش‌آموزان
• عکس گرفتن	• اجرای نمایش	• پی‌گیری حال بازدیدکنندگان
• ساختن تابلوی اعلانات یا آلبوم عکس	• خواندن اعلانات	• نظارت بر خدمت (خوش‌آمدگویی، ویدیو، موسیقی، و غیره)
• نظارت بر وب‌سایت	• رهبری بازی‌ها	• شاگردسازی دانش‌آموزان کم‌سن‌وسال
• طراحی لوازم تبلیغاتی	• دعا کردن	• تعلیم‌دادن به شبان نوجوانان در مورد عیسی
• گرفتن موش‌های اتاق نوجوانان	• دعاکردن برای اینکه کسی به اعلانات گوش بدهد	

- **رهبران دانش‌آموز را در ردیف اول رهبران کلیسا جای دهید.** از رهبران دانش‌آموز دعوت کنید تا در جلسات کلیسا شرکت کنند؛ آنها را به شبان کلیسا و دیگر رهبران بزرگسال معرفی کنید. شاگردان را تشویق کنید که آموخته‌هاشان و چگونگی پیشرفت‌شان در خدمت را با دیگران در میان بگذارند. برای رهبران کلیسا این امکان را فراهم سازید تا نظرات‌شان را در مورد رهبری با رهبران دانش‌آموز قسمت کنند. دربارهٔ آنها حرف‌های خوب بزنید. بنا و تقویت‌شان کنید. بگذارید اعضای کلیسا این رهبران دانش‌آموز را بشناسند و ببینند که نوجوانان فقط آیندهٔ کلیسا نیستند- آنها خودِ کلیسا هستند.

- **دانش‌آموزان را برای رهبری آماده کنید.** یک فرایند ساده می‌تواند به آماده‌سازی دانش‌آموزان برای برداشتن گام بعدی در جهت پرورش و پیشرفت‌شان، کمک

کند. شیوهٔ ساده و عاری از پیچیدگی زیر که شامل چهار گام است، هم برای پرورش دانش‌آموزان در مسیر رهبری کارایی دارد و هم به‌راحتی می‌توان آن را به خاطر سپرد:

یادگیری- من انجام می‌دهم و تو تماشا می‌کنی.

کمک- ما با هم انجامش می‌دهیم.

تمرین- تو انجام می‌دهی و من تماشا می‌کنم.

رهبـری- خودت به تنهایی انجامش می‌دهی، و من کـس دیگری را پرورش می‌دهم تا وظیفه‌ای تازه را بر عهده بگیرد.

سرمایه‌گذاری جاودانی

من دانش‌آموزان زیادی را می‌شناسم که طی سالیان راه‌شان را از خداوند جدا کرده‌اند. در عین حال که به دعاکردن برای این افراد ادامه می‌دهم تا شاید روزی دوباره به آغوش خداوند بازگردنـد، هنوز به‌خاطر انتخاب‌هایی که کرده‌اند، ملول و سـرخورده هسـتم. با این‌حال، حقیقتی که هنوز به من انگیزه می‌دهد این است که بسـیاری از رهبران دانش‌آموز دیروز، فراتر از خدمـت نوجوانان، همچنان خدا را وفادارانه خدمت می‌کنند و هنوز زندگی‌شـان وقف خداست و با تمامی دل او را دوست می‌دارند. آنها بر خانواده، محیط کار و کلیسای‌شان تأثیرات انکارناپذیری گذاشته‌اند و همهٔ اینها را برای پادشاهی خدا انجام داده‌اند. این‌گونه رهبران، تفاوت ایجاد می‌کنند!

کارتان را با گشـتن به‌دنبال گروه جدیدی از رهبران نوجوانان آغاز کنید و بعد به پرورش ایشان مشغول شـده، برای کلیسـای خداوند خادمانی شایسـته تربیت کنید. این کار یک سـرمایه‌گذاری جاودانی اسـت، و آنها هم متقابلاً در رهبری و خدمت به نوجوانان به شما انگیزه می‌بخشند و شما را به چالش وامی‌دارند.

پرسش‌های پایان فصل

// برای بحث در گروه

- آیا ما در خدمت‌مان از وجود رهبران دانش‌آموز به‌طرزی مؤثر بهره می‌بریم؟ اگر آری، چگونه؟ اگر نه، چرا؟
- چه کارهایی مختص خادمان بزرگسـال اسـت، که نوجوانان هم از عهدهٔ انجام‌شان برمی‌آیند؟

// برای تأملات شخصی

- آیا من واقعاً باور دارم که دانش‌آموزان هم می‌توانند خدمت کنند؟ چه چیزی باعث می‌شود چنین حسی داشته باشم؟

- آیا در کشف و شناسایی رهبران دانش‌آموز، می‌دانم باید به‌دنبال چه چیزی بگردم؟
- آیا به‌طور آگاهانه می‌دانم که چطور می‌توانم در زندگی دانش‌آموزی دیگر دست به بازآفرینی خودم بزنم؟
- در زندگی خودم چه منابعی نقش مؤثر داشته‌اند که امروز می‌توانم آنها را در اختیار رهبران دانش‌آموز دیگر قرار دهم؟

// اقدامات لازم برای ملاحظات بیشتر

- فهرستی از رهبران دانش‌آموز بالقوه تهیه کنید.
- کار روی فهرست را با سبک‌سنگین‌کردن قابلیت‌های رهبران دانش‌آموز شروع کنید. ببینید که برای پرورش کدام قابلیت‌ها باید تلاش کنید. کارهایی را که می‌خواهید آنها در خدمت نوجوانان شما و نیز در مدرسه‌شان انجام دهند، مشخص کنید و به فهرست مزبور بیفزایید.

فصل ۱۰

آیا دارید کار درست را انجام می‌دهید؟
ارزیابی برنامه‌های خدمت نوجوانان

من دوســتی دارم که از رفتن به دندان‌پزشــکی هیچ دل خوشــی ندارد. خیلی از انسان‌ها مثل او هســتند، اما این دوست به‌خصوص من طوری از رفتن به دندان‌پزشکی طفره می‌رود که من از رفتن روی ترازو در ماه دســامبر! چون نمی‌توانست مته‌خوردن دندان و سوهان و سمباده‌کشــیدن را تحمل کند، از معاینه‌های عادی شانه خالی می‌کرد. حتی نتیجهٔ نهایی این معاینه‌ها- یعنی داشــتن دندان‌های تمیز و جلوگیری از پوسیدگی دندان- هم نمی‌توانست به او انگیزه بدهد تا در جلسات معاینهٔ دندان‌پزشکی حاضر شود.

ایــن اواخر اتفاقی افتاد که زندگی او و نظر دندان‌پزشــکش را عوض کرد. حالا او مرتباً برای معاینهٔ دندان‌هایش وقت می‌گیرد و ســر قرار هم حاضر می‌شود. دیگر عاشق جلسات معاینهٔ دندان شــده. یک‌ســره با دیگران دربارهٔ این جلسات حرف می‌زند؛ او عملاً به مبشر دندان‌پزشکی تبدیل شده است.

چیزی که باعث تغییر دیدگاه وی نســبت به دندان‌پزشکی شد، درد بود. او که معاینه‌های دندان‌پزشــکی را پنج سال پشــت گوش انداخته بود، عاقبت با ۲۱ مورد کرم‌خوردگی روی صندلی دندان‌پزشک نشست (باورتان می‌شود؟ ۲۱ مورد). او ۱۶ کرم‌خوردگی در یک طرف دهانش داشت و ۵ کرم‌خوردگی در طــرف دیگر. این‌قــدر کرم‌خوردگی‌ها زیاد بودند که

دندان‌پزشک مجبور شد وسط کار، وقت تنفس بدهد و خستگی در کند، چون ماهیچه‌های دستش گرفته بود. وقتی سال تا سال دهان‌تان روی دندان‌پزشک را نبیند، دچار این قبیل گرفتاری‌ها هم خواهید شد.

برنامه‌های خدمت نوجوانان هم برای حفظ سلامت و جلوگیری از درد، نیازمند بررسی و ارزیابی‌های منظم است. شاید با خودتان فکر کنید: «چرا ارزیابی؟ من که تازه کارم را شروع کرده‌ام؟» هرچه زودتر کار ارزیابی منظم برنامه‌ها را به عادتی همیشگی برای خودتان تبدیل کنید، خدمت نوجوانان سالم‌تری خواهید داشت. لازم نیست منتظر بنشینید تا پوسیدگی جدی در خدمت‌تان مشاهده شود و بعد دست به کار شوید.[1]

کار سرگرم کننده‌ای نیست، ولی چنان اهمیت دارد که نباید پشت گوش انداخته شود.

اهمیت ارزیابی

ارزیابی خدمت را می‌توان در ردهٔ فرمان‌های کتاب‌مقدسی طبقه‌بندی کرد. در آیات زیادی به ایمانداران تأکید شده که وضعیت دل خودشان را مورد بازبینی قرار دهند.[2] از آنجایی که نمی‌توانیم دل‌مان را از خدمت‌مان جدا کنیم، پس کاملاً منطقی است که در کنار بازبینی وضعیت دل‌های‌مان، خدمت‌مان را هم مورد ارزیابی قرار دهیم.

ارزیابی پیوسته و دقیق مرا فروتن نگاه می‌دارد، و خدا از فروتنی به‌خوبی استفاده می‌کند. هنگامی که وقت می‌گذارم و خدمت‌مان را صادقانه مورد ارزیابی قرار می‌دهم، متوجه نقاط ضعف چشم‌گیری می‌شوم. اگر تا الآن تصور می‌کردم که خدمت نیرومندی داریم، تنها با یک ارزیابی جزئی متوجه نواقص می‌شوم و بادم می‌خوابد. زمانی که طی ارزیابی خدمت، رد پای روح‌القدس را می‌بینم، بیشتر فروتن می‌شوم و از این کشف به هیجان می‌آیم. وقتی به قدرت خدا تکیه می‌کنم، ناگزیر چیزهایی را تجربه می‌کنم که به‌جز اعتراف به این واقعیت که کار خود روح‌القدس بوده، نمی‌توان طور دیگری آنها را توجیه کرد. من این لحظات را دوست دارم، چون نمی‌خواهم در خدمت نوجوانان همه چیز تا سطح توجیهات انسانی پایین بیاید.

اگرچه برخی از ارزیابی‌ها از ماهیت خودجوش کار روح خدا پرده برمی‌دارند، اما اکثر ارزیابی‌ها تا حدی مستلزم ساختارند. واژهٔ ساختار برای بسیاری از خادمان حیطهٔ نوجوانان، ترسناک است. تن‌شان یخ می‌کند، دل‌شان می‌ریزد، و هراس از سایه‌های شک بیرون خزیده به جان‌شان می‌افتد (خیلی خب، شاید کمی اغراق کرده باشم). اینها تجربیات شخصی خودم هستند، اما بر ترس و شک و پنجه‌های عرق‌کردهٔ دستانم فایق آمده‌ام. در ادامه قصد دارم با

---

۱. کتاب دیگرم، «خدمت هدفمند نوجوانان» مکمل خوبی برای این کتاب است. در آن کتاب خواهید آموخت که اهداف کتاب‌مقدسی خدمت، مهمتر از برنامه‌ها هستند. انگیزهٔ من از نگارش این فصل آن است که شما پس از اجرای اصول کتاب‌مقدسی، چگونگی ارزیابی برنامه‌ها را هم یاد بگیرید– ن.

۲. مزمور ۴:۴، مراثی ۴۰:۳، اول قرنتیان ۲۸:۱۱، و دوم قرنتیان ۵:۱۳ را مطالعه کنید. – ن.

طرح چند پرســش، در ارزیابی خدمت‌تان به شما کمک کنم، تا از اسرارآمیزبودن آن قدری کاسته شود.

چهار پرسش ارزیابی

من شطرنج‌باز خوبی نیستم، ولی شطرنج را خیلی دوست دارم چون آخرِ همهٔ بازی‌های راهبردی (اســتراتژیک) است. پیش از بازی شــطرنج باید از توانمندی‌ها و محدودیت‌های تک‌تک مهره‌ها آگاه باشــید، تــا بتوانید بر مبنای آنها حمله به حریــف را برنامه‌ریزی کنید. در مورد هر مهره ســؤالات کلیدی مطرح می‌کنید: «اسب چه حرکتی می‌کند؟ کدام مهره از دیگری قوی‌تر اســت، اسب یا رُخ؟» اگر بر نقش مهره‌های شــطرنج اشراف نداشته باشید، استراتژی شما ناقص و ناکارآمد خواهد بود.

خدمت نوجوانان هم مانند شطرنج نیازمند تصویری شفاف از ضروریات برنامهٔ خدمت اســت. وقتی ضروریات را خوب بشناســید، می‌توانید با چهار پرسش هدفدار، آن را مورد ارزیابی قرار دهید. من برای ارزیابی از این چهار پرسش استفاده می‌کنم:

۱. آیا ما برای این برنامه مقاصد اصلی کتاب‌مقدسی (بشارت، مشارکت، شاگردسازی، خدمت یا پرستش) را لحاظ کرده‌ایم؟

۲. آیا با این برنامه مخاطبان مورد نظرمان را جلب می‌کنیم؟

۳. آیا به نتایج خاصی که برای این برنامه در نظر گرفته بودیم، رسیده‌ایم؟

۴. آیا رهبران مسئولیت‌هایی را که برای انجام این برنامه دارند، به‌خوبی انجام می‌دهند؟

حالا بیایید به هر پرسش از نزدیک نگاهی بیندازیم.

// ۱ـ آیا ما برای این برنامه اهداف اصلی کتاب‌مقدسی را شناسایی کرده‌ایم؟

باید اهمیت داشــتن شالودهٔ محکم کتاب‌مقدسی برای خدمت نوجوانان را به شما یادآور شوم. اگر خدمت شــما بر پایهٔ کلام خدا بنا نشده، لطفاً همین‌جا دست نگهدارید تا اول این مسئله حل شود. خدا به‌روشنی مقاصدی را که برای کلیسا در نظر دارد، با ما در میان گذاشته اســت. مقاصد او در چندین جای عهدجدید آشکارا بیان شده‌اند، اما از این میان دو عبارت معروفند که هر پنج مقصود کتاب‌مقدسی را در خود خلاصه کرده‌اند.

فرمان بزرگ

> عیسی پاسخ داد: «"خداوندْ خدای خود را با تمامی دل و با تمامی جان و با تمامی فکر خود محبت نما." این نخستین و بزرگترین حکم است. دومین حکم نیز همچون حکم نخستین است: "همسایه‌ات را همچون خویشتن محبت نما." تمامی شریعت موسی و نوشته‌های پیامبران بر این دو حکم استوار است.» (متی ۲۲:۳۷– ۳۹)

مأموریت بزرگ

پس بروید و همهٔ قوم‌ها را شــاگرد سازید و ایشــان را به نام پدر و پسر و روح‌القدس تعمید دهید و به آنان تعلیم دهید که هرآنچه به شما فرمان داده‌ام، به‌جا آورند. اینک من هر روزه تا پایان این عصر با شما هستم!» (متی ۲۸:‏۱۹- ۲۰)

اگر قبلاً کتاب خدمـت نوجوانان مقصود- محور را خوانده‌ایـد، این بخش یادآوری خوبی برای شما خواهد بود.

مقاصد پنجگانهٔ کتاب‌مقدسی صریح و جامع‌اند:

فرمان کتاب‌مقدسی	اصطلاح آشنا	تعریف
• خداونـد خدای خـود را محبت نما	• پرستش	• ۱- گرامیداشـت حضـور خـدا در زندگی‌مان و تجلیل نام وی
• همســایه‌ات را همچــون خویشتن محبت نما	• خدمت	• ۲- برآوردن نیازهــا از طریق محبت و خدمت
• بروید و شاگرد سازید	• بشارت	• ۳- در میــان گذاشــتن مژدهٔ مســیح با گمراهان
• ایشان را تعمید دهید	• مشارکت[1]	• ۴- مسیحیان به‌واسطهٔ اجتماع و روابط نیرومند و اصیل با یکدیگر مرتبط می‌شوند
• تعلیم دهید به‌جا آورند	• شاگردسازی	• ۵- تعلیم‌دادن حقیقت خدا به مسیحیان و ضرورت اطاعت

طرح کامل خدا برای کلیسایش در این پنج مقصود کتاب‌مقدسی خلاصه شده است.[2]

---

۱. - از پنـج هدف مـورد بحث، درک ارتباط میان تعمید و مشـارکت دشـوارتر از درک مفاهیم دیگر اسـت. ریک وارن (Rick Warren) در کتاب *کلیســای هدفمند* (The Purpose-Driven Church) موضوع را چنین توضیح می‌دهد: در متن یونانی مأموریت بزرگ، ســه فعل حال اســتمراری وجود دارد: رفتن، تعمیددادن و تعلیم‌دادن. در نگاه اول به هر یک از این افعال، ممکن اسـت تعجب کنید که چرا مأموریت بزرگ همان تأکیدی را که برای وظایف خطیر بشــارت و تعلیم قائل است، برای موضوع ســاده‌ای همچون تعمیددادن هم قائل می‌شود. پرواضح است که این حرف اتفاقی از دهان عیسی بیرون نیامده. چرا تعمید آن‌قدر اهمیت دارد که در مأموریت بزرگ گنجانده شــده؟ من معتقدم به این دلیل است که تعمید نمادی است از یکی از مقاصد اصلی کلیسا: مشارکت- همشکل‌شدن با بدن مسیح... تعمید صرفاً نماد نجات نیست، بلکه نماد مشارکت است.

۲. برای مطالعهٔ بیشتر پیرامون مقاصد پنجگانهٔ کتاب‌مقدسی، نک. *خدمت هدفمند نوجوانان*، فصل ۲.

هرآنچه که برای شاگردان‌تان انجام می‌دهید، باید تلاشی در راستای تحقق این مقاصد کتاب‌مقدسی در خدمت نوجوانان و دلهای شاگردان باشد. بشارت با این تصمیم آغاز می‌شود که شما برای هر برنامه، دست کم یک مقصود اصلی کتاب‌مقدسی در نظر داشته باشید.

// ۲ـ آیا با این برنامه مخاطبان مورد نظر را جلب می‌کنیم؟

بعد از اینکه تصمیم گرفتید که آیا تک‌تک برنامه‌های‌تان بر مبنای مقاصد اصلی کتاب‌مقدسی طراحی شده‌اند، آن‌وقت باید مشخص کنید که آیا هر برنامه، گروه درستی را مورد هدف قرار داده است یا نه.

برای لحظه‌ای هم که شده، زندگی شخصی خودتان را در نظر بگیرید. شما با مردم، بسته به نوع روابطی که با آنها دارید، متفاوت رفتار می‌کنید:

- همسایهٔ دیوار به دیوار
- رئیس
- دوست معمولی
- پیشخدمت رستوران
- غریبه
- دوست صمیمی
- همکاری که مسیحی نیست
- راهنمای روحانی
- بازاریاب تلفنی‌ای که سر شام زنگ می‌زند

اگر همهٔ این افراد به خانهٔ شما می‌آمدند، احتمالاً با هر کدام به‌گونه‌ای متفاوت برخورد می‌کردید. برای مثال، فرد غریبه را که وارد خانه‌تان شده دعوت نمی‌کردید تا با تماشای آلبوم عکس‌های دوران کودکی‌تان سرگرم شود. اصلاً جا نمی‌خوردید اگر دوست صمیمی‌تان به آشپزخانه می‌رفت و در یخچال را بازمی‌کرد. به احتمال قوی، در مورد تردیدهای ریشه‌دار ایمان‌تان با شخص بی‌ایمان مشورت نمی‌کردید. و به‌خاطر تأثیری که راهنمای روحانی‌تان بر زندگی شما دارد، برایش احترامی منحصربه‌فرد قائل می‌شدید.

تصور کنید که می‌خواهید حقیقتی روحانی را (مثلاً اینکه درِ بخشایش الاهی همیشه گشوده است) با افراد نامبردهٔ مذکور در میان بگذارید. طبعاً این کار را هم به روش‌های متفاوتی انجام می‌دادید. در مورد دوست صمیمی‌تان، قبل از اینکه از بخشایش الاهی حرف بزنید، مجبور بودید عملاً بخشودن و بخشوده‌شدن را در زندگی واقعی نشانش بدهید. در مورد همکار غیرمسیحی، تنها کافی بود از زبان و واژگانی ساده استفاده کنید و از اصطلاحات مسیحی که برایش قابل درک نیستند، بپرهیزید. در هنگام انتقال حقیقتی مربوط به خدا، همیشه باید هدف (مخاطب- م.) را در مدّ نظر قرار دهید.

برنامه‌های خدمت نوجوانان را باید یک‌جور روابط شخصی و تن به تن در نظر گرفت- فقط در ابعادی بزرگتر. یک برنامه به تنهایی نمی‌تواند همهٔ مخاطبان خدمت شما را- با عوالم روحانی متفاوتی که دارند- به‌طرزی مؤثر هدف قرار دهد. از آنجایی که منظور از خدمت، تأثیرگذاری روحانی بر زندگی دانش‌آموزان است، پس باید تنوع روحانی این افراد را هم در برنامه‌های‌تان لحاظ کنید.

درک این نکته حائز اهمیت است، زیرا هر برنامه‌ای به‌طور معمول مخاطبانی را که مورد هدفش نیستند، دلسرد می‌سازد. موضوع به همین اندازه ساده و به همین اندازه پیچیده است. با یک برنامه نمی‌توانید همه را راضی کنید. اشکالی هم ندارد.

برای درک هرچه بهتر پرسشِ ارزیابی، بیایید واژهٔ *تشخیص* را در نظر بگیریم. فرض کنید می‌خواهید تشخیص دهید که فلان برنامه برای چه تیپ نوجوانانی مناسب است. شاید خدمت شما چندین هدف متفاوت داشته باشد. برای مثال-

۲ هدفی

- مسیحیان
- غیرمسیحیان

۳ هدفی

- کلیسا نروها
- کلیسا بروها
- رهبران مسیحی

۴ هدفی

- آنهایی که به‌زور در جلسه حاضر شده‌اند
- آنهایی که برای تعاملات اجتماعی حضور پیدا کرده‌اند
- آنانی که به مسیح مؤمن و معترفند
- رهبران دانش‌آموز

۵ هدفی

- اجتماع
- تودهٔ نوجوانان
- جماعت
- نوجوانان متعهد
- نخبگان/ هستهٔ مرکزی؟[1]

وقتی گروه مشخصی را هدف می‌گیرید، تا پایان دورهٔ اجرای برنامه دیگر لازم نیست روی هدف‌های دیگر متمرکز شوید. اگر برنامهٔ تعلیمیِ یکشنبهٔ شما نوجوانان مسیحی متعهد را هدف گرفته، وقتی غیرمسیحیان وارد جمع می‌شوند و چیزی نمی‌فهمند، سریع متوجه

---

۱. بچه‌های محله آنهایی هستند که هیچ تعهدی نسپرده‌اند یا اصلاً **در کلیسا حاضر نمی‌شوند**- اینها جدا از مسیح زندگی می‌کنند؛ تودهٔ نوجوانان کسانی هستند که متعهد شده‌اند **به کلیسای ما بیایند**- اینها پیام مربوط به مسیح را شنیده‌اند؛ جماعت آنهایی هستند که در **گروه‌های کوچک** سازماندهی شده‌اند- آنها با مسیح و سایر مسیحیان ارتباط دارند؛ نوجوانان متعهد خود را ملزم به **عادات روحانی** می‌دانند- اینها در مسیح رشد می‌کنند؛ دانش‌آموزان نخبه آنهایی هستند که خود را **وقف خدمت کرده‌اند**- آنان به‌خاطر مسیح خدمت می‌کنند. (برای جزئیات مربوط به تعاریف گروه‌های هدف، نک. فصل ۵ کتاب *خدمت هدفمند نوجوانان*.)- ن.

می‌شـــوید. به همین ترتیب، وقتی برنامهٔ شما نوجوانان غیرمسیحی را مورد هدف قرار داده، زود درمی‌یابید که برنامهٔ مزبور نوجوانان متعهد را به چالش نمی‌کشد.

«پس به این خاطر اســـت که همه از آمدن به برنامهٔ یکشـــنبه نفـــرت دارند؟»- یکی از خادمان سردرگم نوجوانان

اخیـــراً یکی از رهبـــران دانش‌آموز به من گفـــت: «در گروه من، همـــه از عمق روحانی بی‌بهره‌اند. هیچ‌کـــس قضیه را جدی نمی‌گیرد.» با وجودی که از عبـــارات اغراق‌آمیز (همه، هیچ‌کس) خوشـــم نمی‌آید، ولی ســـعی کردم نکتهٔ وی را به فرصتی خوب برای تعلیم تبدیل کنم. در جوابش گفتم: «در اصل فلان درس مطالعهٔ کتاب‌مقدس برای شما در نظر گرفته نشده. شماها در کلیسا بزرگ شده‌اید، همهٔ داســـتان‌های کتاب‌مقدس را شنیده‌اید، و همهٔ جواب‌ها را می‌دانید. بیشـــتر نوجوانانی که به جلسهٔ نوجوانان می‌آیند، مثل شما نیستند. از کتاب‌مقدس چیـــزی نمی‌دانند، و باید اصول و مبانی را از ابتدا یاد بگیرند. شـــما هدف این قبیل گروه‌های کوچک نیستید. ما گروه کوچک دیگری داریم که برای عمق روحانی شما مناسب‌تر است.»

رشد روحانی، بدون استثناء با چاشنی دلسردی همراه است. وقتی برنامه‌ای تعهد روحانی خاصی را به‌طور مشخص هدف می‌گیرد، آنهایی که کمتر به بلوغ روحانی دست پیدا کرده‌اند، لب به انتقاد می‌گشایند و می‌گویند: «ما به این نیازی نداریم.» کسانی که به بلوغ روحانی لازم رســـیده‌اند، دلسرد می‌شـــوند و می‌گویند: «چرا عمیق‌تر وارد موضوع نمی‌شویم؟» اگر برای مشـــخص‌کردن هدف برنامه‌های‌تان به اندازهٔ کافی وقت صرف کرده باشـــید، این حرف‌ها چندان آزارتان نخواهند داد. می‌توانید با اعتمادبه‌نفْس بیشتری پاسخ انتقادها را بدهید.

در سال‌های آغازین خدمتم، دانش‌آموزان و والدین با نظراتی که در مورد برنامه‌ها می‌دادند، خیلی به من فشار می‌آوردند. سعی می‌کردم همه را راضی کنم، و چون نمی‌توانستم، احساس درماندگی می‌کردم. خوب یادم هســـت که یک‌بار ناراحت و عصبانی به خانه آمدم و به کتی گفتم: «مردم دل‌شـــان می‌خواهد همه چیز به روش دلخواه خودشان پیش برود، همه چیز به مراد دل خودشان باشد.» کتی ســـعی کرد با من همدردی کند، اما هر دوی ما می‌دانستیم که حرف‌های من باد هواســـت و بعد هر دو زدیم زیر خنده. خنده تنش ناشی از دست و پا زدن من، برای برآوردن همهٔ نیازها را از بین برد.

شما برای اینکه هر پنج اصل کتاب‌مقدسی را تحقق ببخشید و به همهٔ اهداف‌تان برسید، لازم نیست پنج برنامهٔ مجزا و متفاوت داشته باشید.

وقتی نحوهٔ هدف‌گیری برنامه‌ها را یاد گرفتم، به خادمی بااعتمادبه‌نفْس تبدیل شدم. حالا دیگر خیلی خوشـــحال‌تر بودم. برخی هنوز از کوشش‌های بشـــارتی چهارشنبه‌شب‌های ما ناراضی بودند، چون خواهان برنامه‌های شاگردســـازی بودند. حتی وقتی که خواست آنها را

برای اجرای برنامه‌های شـــاگردی قبول کردم، خواستار شبی شدند که در آن تمرکز ما روی برنامه‌های بشـــارتی بود. من هم به‌جای آنکه احساس بی‌کفایتی کنم، توانستم بگویم: «خیلی می‌بخشید. ما برنامهٔ شما را مد نظر داریم. فقط امشب وقتش نیست.»

// ۳ـ آیا به نتایج خاصی که برای این برنامه در نظر گرفته بودیم، رسیده‌ایم؟

علاوه بر ارزیابی اهداف کتاب‌مقدســـی و مخاطبان، باید در این زمینه هم تحقیق کنید که آیا نتایج حاصل از برنامه‌ها صحیح و مرتبط با خواست شما هستند یا نه. میان برنامهٔ بشارتی (که غیرمســـیحیان را هدف قرار داده) و برنامهٔ آماده‌ســـازی دانش‌آموزان مسیحیِ بالغ برای در میان گذاشتن ایمان‌شـــان با دیگران، تفاوت فاحشی وجود دارد. هر دو برنامه در راستای تحقق مقصود کتاب‌مقدسی بشارت اجرا می‌شوند، اما نتایجی که می‌خواهیم از آنها بگیریم، بـــا هم فرق دارند- یکی انجیل را ارائه می‌دهد و دیگری به دانش‌آموزان نحوهٔ ارائهٔ انجیل را آموزش می‌دهد. بشارت مقصودی کتاب‌مقدسی است که عرصهٔ گسترده‌ای را در بر می‌گیرد. با اجرای یک برنامهٔ واحد نمی‌توانید انتظار داشته باشید که همهٔ جنبه‌های بشارتی را پوشش دهید.

حتی اگر هدفی واحد در ذهن داشـــته باشـــید، باز برای تحقق آن راه‌های متفاوتی وجود دارد. فرض کنید مقصودتان شاگردسازی اســـت و مخاطبان هم ایمانداران بالغ هستند. یک کلیسا شـــاید جلســـات بحث و تبادل نظر پیرامون موضوعات بحث‌انگیز کلام خدا تشکیل دهد، و کلیســـای دیگر از شیوهٔ تدریس بدون مباحثه استفاده کند. هر دو برنامه، شاگردسازی هســـتند و هر دو گروه یکسانی را هدف قرار داده‌اند، ولی با هم فرق دارند. خیلی هم خوب است!

این پرسش ارزیابی ســـوم، ایجاب می‌کند که فهرستی از نتایج مورد انتظار داشته باشید. قرار است به این پرســـش‌ها جواب بدهید: «با این برنامه قرار است چه کاری را به سرانجام برسانیم؟ آیا واقعاً آن را عملی می‌کنیم؟»

بیایید این دو پرسش را در مثالی از گروه‌های کوچک خودمان بررسی کنیم. مقصود اصلی کتاب‌مقدسی برای گروه‌های ما، مشارکت است. ما در تلاشیم تا میان دانش‌آموزان مسیحی- یعنی مخاطبان این برنامه- و سایر ایمانداران ارتباط برقرار کنیم. دومین هدف کتاب‌مقدسی ما شاگردســـازی است. برای ما یک گروه کوچک مطلوب، گروهی است که در آن ۷۰ درصد مشـــارکت و ۳۰ درصد شاگردسازی لحاظ شده باشد. ما می‌خواهیم شاگردان‌مان به یکدیگر نزدیکتر شوند (مشارکت) و سلوک عمیق‌تری با مسیح داشته باشند (شاگردسازی)، و برای این کار در بحث‌های‌مان از کتاب‌مقدس استفاده می‌کنیم.

> هیچ فرمول واحد و مطلوبی برای رسیدن به تعادل میان همهٔ برنامه‌ها وجود ندارد. ولی بدون ارزیابی، هرگز به تعادل نخواهید رسید.

داگ!
کاملاً جواب داد! خب، آماده‌ای؟
زمان برگزاری جلسهٔ ماهیانه هیئت مدیره فرا رسید، و اعضای هیئت مدیره داشتند در این‌باره حرف می‌زدند که چرا کسی را به کلیسا دعوت نمی‌کنیم و چطور هنوز هیچ تغییری مشاهده نمی‌شود. بنابراین، من گفتم: «بسیار خب، اشکالی ندارد که من گزارش خودم را ارائه بدهم؟ چون فکر می‌کنم چیزی که خدا بر منِ شبان نوجوانان آشکار کرده، به‌راحتی می‌تواند به کلیسای‌مان کمک کند.» شبان گفت: «حتماً.»
من از شناسایی اهداف کتاب‌مقدسی برای خدمت نوجوانان گفتم (آیات کتاب‌مقدس را حاضر و آماده پیش رویم داشتم). تفاوت میان مخاطبان را تشریح کردم و برنامه‌های‌مان را برای همهٔ اعضای هیئت مدیره شکافتم، و نشان‌شان دادم که با هر برنامه چه هدفی را دنبال می‌کنیم. توضیح دادم که چطور پس از سپری‌شدن سال اول کارم، خدمت نوجوانان را مورد ارزیابی قرار دادیم و دریافتیم که از لحاظ مشارکت بسیار غنی، اما از نظر بشارت بسیار ضعیفیم، و سرانجام اینکه چطور دست به تغییراتی زده‌ایم تا بتوانیم به‌سوی داشتن خدمتی سالم و متعادل پیش برویم.
و خدا عمل کرد.
واقعاً، یخ‌ها آب شد! اعضای هیئت مدیره شروع به پرسیدن سؤالات از من کردند، و در انتهای جلسه شبانم گفت که تصمیم گرفته همهٔ برنامه‌های کلیسا را بر مبنای هدف کتاب‌مقدسی و مخاطبان پیش ببرد.
باید بگویم که کلیسای ما در حال جان کندن بود. این برای ما نقطهٔ عطفی به حساب می‌آید. واقعاً کار مهمی کردیم! خواستم اینها را بنویسم تا هم در جریان قرار بگیری و هم به‌خاطر اینکه مرا تشویق به ارزیابی خدمتم کردی، از تو تشکر کنم.
جان- مایکل مک‌گینیس[1]

نتایج مورد انتظاری که ما می‌خواهیم در گروه‌های کوچک نوجوانان به آنها دست پیدا کنیم، عبارتند از:

- تعامل گروهی (من نامش را تأثیر رابطهٔ متقابل[2] گذاشته‌ام)
- بررسی کلام خدا
- مشارکت شخصی و دعا

به مجرد تعیین نتایج مورد انتظار، رهبران گروه‌های کوچک می‌توانند هر هفته عملکرد خودشان را مورد ارزیابی قرار دهند.

آیا متوجه شدید که استراتژی گروه‌های کوچک ما برای کمک‌رسانی به همگان طراحی نشده است؟ وقتی دانش‌آموزی می‌گوید: «دوست غیرمسیحی من دیشب در گروه کوچک

1. John-Michael McGinnis; 2. Life-on-life

اصلاً احساس راحتی نمی‌کرد.» من این‌طوری جوابش را می‌دهم: «خوشحالم که تو این‌قدر به فکر دوستت هستی و می‌خواهی در مورد عیسی به او چیزی یاد بدهی. ولی این گروه‌های کوچک برای دانش‌آموزانی طراحی شده‌اند که از قبل به مسیح ایمان آورده‌اند. البته که ما دوست تو را از گروه بیرون نمی‌کنیم، اما شاید بد نباشد به‌جای گروه کوچک، او را به برنامهٔ یکشنبه‌شب‌های ما بیاوری. این برنامه به‌طور ویژه برای آشناکردن غیرمسیحیان با شخص عیسای مسیح و تعلیم به آنها طراحی شده.» وقتی از قبل مقصود معین، هدف مشخص و نتایج شناسایی‌شده باشند، به‌راحتی می‌توانید مخاطب خودتان را مجاب سازید.

۴ ـ آیا رهبران مسئولیت‌هایی را که برای انجام این برنامه دارند، به‌خوبی انجام می‌دهند؟

پرسش ارزیابی آخر، به رهبران (اعم از بزرگسال و دانش‌آموز) مربوط می‌شود. در اغلب موارد، موفقیت یک برنامه رابطهٔ مستقیمی با کیفیت رهبری دارد. برای کمک به موفقیت رهبران‌تان، باید چشم‌اندازها، رویکردها و اقداماتی را که انتظار دارید، به‌روشنی تفهیم کنید. اگر از آنها انتظار دارید که مانند شبانان عمل کنند، این را به‌وضوح به آنها بگویید، وگرنه به‌جای مراقبت شبانی، به همراهی و هم‌نشینی اکتفا می‌کنند.

هم‌نشینانْ همیشگی نیستند. اما شبانان هستند.

بیایید به مثال خودمان از برنامهٔ گروه کوچک برگردیم. من از رهبران گروه‌های کوچک خودم می‌خواهم که وظایف زیر را متبلور سازند:

- *عاشق خدا*: رابطهٔ شخصی سالم با خدا را حفظ کنید.
- *شبان*: از وضعیت روحانی اعضای گروه کوچک‌تان باخبر باشید.
- *رهبر*: گروه کوچک را روی نتایج مورد انتظار (تعامل گروهی، تأثیر متقابل زندگی‌ها، بررسی کلام خدا، مشارکت شخصی و دعا)، متمرکز نگاه دارید.
- *خادم*: خدمت کنید؛ به خدمت و رهبری دوشادوش یکدیگر جامهٔ عمل بپوشانید و این کار را بدون تظاهر انجام دهید.
- *آگاهی‌دهنده*: از آنچه در اطراف‌تان- یعنی حول و حوش خدمت نوجوانان- می‌گذرد، باخبر باشد و گروه کوچک‌تان را در جریانش قرار دهید.

همچنین از رهبران خواهش می‌کنم که موارد زیر را مرور نمایند:

به‌طور هفتگی:
- برای رهبری‌کردن گروه کوچک خود آماده باشید.
- برای همهٔ رهبران و گروه‌های کوچک دیگر، دعا کنید.
- در جلسات گروه‌های کوچک که از پیش برنامه‌ریزی شده‌اند، حاضر شوید.

• با هر تازه‌واردی که از گروه کوچک شما دیدن کرده، در ظرف یک هفته تماس بگیرید.
• با کسی که دو هفته یا بیشتر غیبت داشته، تماس بگیرید.

به‌طور ماهانه:
• با شاگردان همیشگی خود از طریق تلفن، نامه یا رودررو و یا در ضمن فعالیت‌های خارج از گروه‌های کوچک (با اشخاص هم‌جنس خود) در تماس باشید.
• با مربی خودتان (شخصی که بر رهبران گروه‌های کوچک نظارت می‌کند) گفت‌وگو داشته باشید و موفقیت‌ها، چالش‌ها و پرسش‌های خودتان را با وی مطرح کنید.

حالا که درکی کلی از این چهار پرسش به‌دست آورده‌اید، می‌توانیم در موضوع دقیق‌تر شویم و ببینیم چطور می‌توان پاسخ‌های مورد نیاز را به‌دست آورد و برای رسیدن به جواب چه کارهایی باید انجام داد.

به محض آنکه دانستید چه پرسشی را مطرح کنید...

در تلاش برای یافتن پاسخ پرسش‌های ارزیابی، چهار گام زیر را بردارید:

// ۱ـ واقعیات را تشخیص دهید.

به‌رغم تمام تلخی‌هایش، ارزیابی خود را با «واقعیات» شروع کنید- یعنی در فلان برنامه، چه چیزی واقعاً درست و چه چیزی نادرست است. شما جویندهٔ حقیقت هستید. ارزیابی‌تان تنها زمانی کارایی پیدا می‌کند که بر اساس راستی باشد.

■ *کوشش برای واقعیت.* بسته به اینکه برای اجرای یک برنامه چه مقدار اشک و عرق می‌ریزید، رسیدن به واقعیت عینی دشوار است. ما اغلب تنها چیزهایی را می‌بینیم که دوست داریم ببینیم.

■ *واگذارکردن مسئولیت.* اگر در برنامه نقش اصلی را بر عهده دارید (فرضاً، درسی را تعلیم می‌دهید)، پس شخص دیگری را پیدا کنید تا برای یک یا دو هفته مسئولیت‌های شما را بر عهده بگیرد، تا بتوانید فارغ از هر مسئولیتی در برنامه حضور پیدا کنید. سایر مسئولیت‌ها ممکن است مانع از دیدن واقعیات شوند.

برای من در پشت ایستادن و نظاره کردن، خیلی سخت است. سعی کرده‌ام با افکاری از این قبیل سر خودم را شیره بمالم: «من می‌توانم در طی اجرای برنامه تعلیم بدهم و برنامهٔ دیگری را ارزیابی کنم.» فایده‌ای ندارد. تمام مدت ذهنم درگیر آماده‌کردن مطالب درسی، فکرکردن در مورد پیام، کنجکاوی در مورد آن پسری که ته کلاس دارد با دخترم خوش‌وبش می‌کند، و... است که دیگر رمقی برای ارزیابی باقی نمی‌ماند. بهترین ارزیابی‌های من زمانی روی داده‌اند که موقع انجام‌شان هیچ مسئولیتی نداشته‌ام.

- *حرف زدن با دیگران.* در مورد عناصر به‌خصوصی از برنامه‌تان، از دیگران بازخورد بگیرید. لازم نیست هر چهار پرسش را مو به مو از آنها بپرسید. فقط چند تا سؤال سرراست بکنید: «به‌عنوان رهبر این برنامه، نسبت به مسئولیتت چه حسی داری؟» یا «در مورد موسیقی چهارشنبه‌شب‌ها، نظرت چیست؟» از شرکت‌کنندگان مختلف بازخورد نظرات‌شان را جویا شوید.
- *یادداشت‌کردن جمع‌بندی‌ها.* من دریافته‌ام که هروقت ارزیابی‌هایم را نمی‌نویسم، نمی‌توانم ارزیابی کاملی ارائه دهم و یادم می‌رود که چه کسی چه چیزی گفته است. اگر جوان هستید، شاید فکر کنید که انسان وقتی پا به سن می‌گذارد حافظه‌اش ضعیف می‌شود، ولی چیزی که متوجه‌اش نیستید این است که... خب... نوک زبانم است... اصلاً هیچی، بی‌خیال.
- *بازبینی همراه با منبعی قابل‌اعتماد.* حکمت را در مشورت با دیگران می‌توان یافت. فرد امینی را پیدا کنید تا به یافته‌های‌تان گوش بدهد و در نهایت روراستی و دلسوزی بازخوردش را بدهد.

(ندایی از درون سنگرها)

من و همسرم به‌عنوان شبانان تازه‌کار نوجوانان (تنها شش ماه از خدمت‌مان می‌گذرد)، گروه‌های کوچکی را تشکیل داده‌ایم و مناسبت‌های گوناگونی را برگزار می‌کنیم. ایده‌های «درخشان» ما همیشه از روی برنامه‌ریزی پیش نمی‌روند، پس هرآنچه را که نام‌شان را «گزارش‌های پسارویداد[1]» گذاشته‌ایم به‌صورت مکتوب ثبت می‌کنیم (می‌خواهیم دقیقاً یادمان بماند که چه کارهایی را درست انجام داده‌ایم و در کجاها اشتباه کرده‌ایم).

گزارش‌مان را با شرح هدفی که برای مناسبت در نظر گرفته‌ایم، آغاز می‌کنیم (خیلی خوب است که همین کار را در آغاز برگزاری مناسبت هم انجام دهید، تا بهتر بتوانید روند کار را پی‌گیری کنید). هدف کاملاً مشخص است؛ برای مثال، «فراهم‌ساختن فضایی که شاگردان‌مان بتوانند دوستان غیرمسیحی‌شان را به آنجا بیاورند.» سپس خلاصه‌ای از رویداد را در دو پاراگراف ثبت می‌کنیم- مثلاً، کِی، کجا و با چه هزینه‌ای مناسبت را برگزار کردیم، چه تبلیغاتی به‌کار گرفتیم، چه دغدغه‌هایی داشتیم و چه واکنشی مشاهده کردیم. در قدم سوم، رویداد را بر اساس هدفی که از پیش تعیین کرده بودیم مورد ارزیابی قرار می‌دهیم، و توضیح می‌دهیم که آیا به نظرمان رویداد برای رسیدن ما به هدف مفید واقع شده یا نه. سعی می‌کنیم به‌طرزی بی‌رحمانه با خودمان صادق باشیم و بازخورد نوجوانان، حامیان و والدین را هم جویا می‌شویم- و نظرات آنها را هم در همین بخش ثبت می‌کنیم. قسمت آخر هم به پیشنهادها اختصاص یافته که ممکن است برای آینده به دردمان بخورند. این کار برای برنامه‌ریزی مناسبت‌های دیگر خیلی فایده دارد، زیرا مدتی

1. Post-event Report

بعد بر مبنای همین پیشنهادها، الگوها و ساختارهای تازه‌ای را برای عملکرد بهتر گروه‌مان ترسیم می‌کنیم.

این گزارش پسارویداد، برای ما به ابزاری کارآمد و ارزشمند تبدیل شده، چونکه به ما اجازه می‌دهد رویدادی را به‌طور کامل مورد مطالعه قرار دهیم و بدانیم دفعهٔ آینده چطور کارمان را بهتر انجام دهیم.

پسابازی[1] (گزارش پسارویداد، پاییز)

پسابازی در دورهٔ زمانی میان ۳۱ اوت تا ۱۲ اکتبر، هر جمعه شب از ساعت ۹:۳۰ تا ۱۱ شب برگزار شد.

هدف: فراهم ساختن جایگزینی مناسب برای فعالیت‌های منفی پس از فوتبال برای نوجوانان.

خلاصه: در دو پسابازی اول، بسکتبال فعالیت اصلی بود، ولی از آنجایی که فعالیت‌های ما در فضای باز مزاحم همسایه‌ها بود (نور و سروصدا نمی‌گذاشت آنها و بچه‌های کوچک‌شان بخوابند)، فعالیت‌های بعدی را به فضای بسته منتقل کردیم. در بیشتر جمعه‌ها، در سالن اصلی کلیسا دستگاه بازی نینتندو[2] گذاشتیم. بچه‌ها روی سن با وسایل بازی می‌کردند و گاهی هم برای بازی به ساختمان A می‌رفتند. یک‌بار هم در ساختمان B بچه‌ها در تاریکی ساردینز[3] بازی کردند. هر جمعه شب بین ۹ تا ۱۵ نفر از شاگردان (عمدتاً پسرها) در بازی شرکت کردند.

۱۲ اکتبر شب بازی برومبال[4] بود (۱۰ شب در مرکز بازی‌های زمستانی گیتوی[5]). هزینهٔ ورود ۵ دلار در ازای هر نفر بود. کلیسای باپتیست خیابان بیست‌ودوم هم در این بازی شرکت داشت. در این رویداد ۳۳ دانش‌آموز از CCF[6] حضور داشتند و همین حضور پرشمار، آن شب را به شلوغ‌ترین شب در فعالیت‌های پسابازی تبدیل کرد. ما سر ساعت ۱۲:۳۰ به CCF برگشتیم.

ارزیابی: موفقیت‌آمیزترین شب این برنامه (به لحاظ تعداد شرکت‌کنندگان و میزان تفریح و سرگرمی)، همان شب بازی برومبال بود. بچه‌ها دوستان‌شان را آورده بودند و حتی عده‌ای تازه‌وارد که اسپانسر (حامی) هم نداشتند در رویداد حاضر شده بودند.

---

۱. Post Game– برنامه‌هایی که برای ساعات پس از برگزاری مسابقات ورزشی تدارک می‌بینند و هدفش تخلیهٔ هیجان یا انرژی انباشته‌شدهٔ ناشی از تماشای مسابقه، به شیوه‌ای کنترل‌شده و سالم است– م.

2. Nintendo

۳. Sardines– بازیِ وارونهٔ قایم‌باشک که در آن یکی پنهان می‌شود و بقیه دنبالش می‌گردند. هرکس فرد پنهان‌شده را پیدا کند، باید بی‌سروصدا و بدون اینکه دیگر جویندگان متوجه شوند، کنار او مخفی شود– م.

۴. Broomball– بازیِ شبیه هاکی روی یخ با این تفاوت که به‌جای چوب هاکی از جارو و به‌جای پوک (Puck) از توپ فوتبال استفاده می‌کنند– م.

5. Gateway; 6. Community Church of Foothills

باقی شب‌های پسابازی حوصله‌سربر و بی‌سروسامان بود و تعداد کمی هم در آن شرکت کردند. از آنجایی که هدف از این برنامه، ایجاد جایگزینی برای سرگرمی‌های بعد از بازی فوتبال اســت، باید در انتخاب فعالیت‌های سرگرم‌کننده با تحرک و انرژی بالا، دقت کنیم تا دانش‌آموزان به شــرکت در این رویدادها و آوردن دوستان‌شــان رغبت بیشتری داشته باشند. در مجموع برنامهٔ پسابازی ما موفقیت‌آمیز نبود و نتوانستیم به هدف مطلوب برسیم.

پیشــنهادها: پاییز سال آینده، برنامهٔ پســابازی باید پرانرژی‌تر و سرگرم‌کننده‌تر برگزار شود. امیدواریم با عملی‌کردن پیشنهادهای زیر بتوانیم به نتایج عالی دست پیدا کنیم.

- پسابازی هر جمعه شب برگزار نخواهد شد. شاید ماهی یک‌بار.
- برای لذت‌بخش‌ترشــدن برنامه، نظرات مربوط به برنامهٔ پسابازی فصل‌های بهار و تابســتان را هم جویا می‌شویم. برنامهٔ بازی برومبال برآیند بعضی از همین نظرات بود. از پیشنهادهای دیگر می‌توان به لیزرتگ[1] و بازدید از مزرعهٔ باکلو[2] (برای کدوتنبل و ذرت)، و فانتستیک[3] اشاره کرد.
- در مورد برنامهٔ پسابازی تبلیغ بیشتری خواهیم کرد. به نوجوانان بروشور می‌دهیم تا میان دوستان‌شان پخش کنند.
- تا حد امکان سعی می‌کنیم برای هزینه‌ها سوبسید در نظر بگیریم تا به جیب شاگردان فشار نیاید و نوجوانان غیرمسیحی هم رایگان در رویداد شرکت کنند.

جرمی ویچ، شبان نسل آینده، کلیسای فوتهیلز، تاسکن، آریزونا[4]

// ۲ـ مطلوب را تعیین کنید.

وقتی اطلاعات واقعی‌تان ارزیابی کردید، ســراغ این موضوع بروید که چه باید داشــته باشــید. واژهٔ عملیاتیِ آن *رؤیا* است. از کاری که خدا با نیروی الاهی‌اش می‌تواند در زندگی افراد مشــمول برنامه انجام دهد، تصویری ذهنی برای خودتان ترسیم کنید. این مرحله از کار خیلی سرگرم‌کننده است. سرتان را در ابرهای تصور و رؤیا فرو کنید و به «چه می‌شود اگر... ها» بیندیشید. از واقعیت دست نکشید، بلکه تصور کنید که اگر برنامه‌تان به‌طور کامل و بدون نقص اجرا شــود، چه خواهد شــد. در این مرحله، هنگام ارزیابی باید چهار پرسش را کمی دستکاری کنید:

- این برنامه *باید* کدام هدف یا اهداف اصلی کتاب‌مقدسی را تحقق ببخشد؟
- این برنامه چه کسانی را *باید* مورد هدف قرار دهد؟
- *باید* دقیقاً چه اتفاقی بیفتد؟
- رهبران *باید* در این برنامه چه کاری انجام بدهند؟

1. Laser tag; 2. Bukaloo Farms

۱. Funtastiks– پارک تفریح و سرگرمی در ایالت آریزونا– م.

4. *Jeremy Veatch, Community Church of Foothills, Tuscan, Arizona*

در گام نخست ارزیابی، شما تشــخیص دادید که «چه هست»؛ در گام دوم، باید تعریف کنید که «چه باید باشد».

در دعا باشید. از خدا هدایت بطلبید. از او بخواهید که مستقیماً یا به‌واسطهٔ دیگران حقیقت را بر شما آشکار سازد. خدمت شما، خدمت خودِ اوست. اجرای ضعیف گام اول- تشخیص «واقعیات»- یک چیز است، چونکه تنها پیامد منفی‌اش کج‌فهمی است. هدایت‌کردن قوم خدا در مسیری که در نقشهٔ او جای ندارد، کلاً معضلی دیگر است.

دعا باید جزو گام‌های عملی باشد.

از دیگران یاد بگیرید. یکی از مهمترین شــاخصه‌های رهبری سالم، یادگیری است. اگر امیدوارید که خدمت خود را به سمت تغییر هدایت کنید، از نظرات، خلاقیت و خِرَد دیگران استقبال کنید. «رؤیاپردازی در انزوا»، قدری اغراق‌آمیز است. رؤیا اغلب در نتیجهٔ تبادل افکار به ذهن انسان خطور می‌کند.

// ۳- نواحی رشد را مشخص کنید.

حالا این دو تصویر- واقعی و مطلوب- را با هم مقایسه کنید. تفاوت‌ها را شناسایی کنید. همهٔ تغییراتی را که لازم اســت بدهید تا به تصویر مطلوب‌تان نزدیک شوید، فهرست کنید. مهم نیســت که شــکاف میان آنچه دارید و آنچه می‌خواهید داشته باشید، تا چه اندازه وسیع است. وقت بگذارید و سر فرصت مشــخص کنید که برای رسیدن به وضعیت مطلوب چه گام‌هایی باید برداشت؛ این شامل گام‌های موقتی هم می‌شود.

شــاید بدانید چه دارید و چه می‌خواهید داشته باشــید، ولی باز گیج و سردرگم به‌دنبال راهی برای رســیدن به هدف بگردید. اشــکالی ندارد. زیاد به این موضوع که چطور باید به نداشته‌های‌تان برســید، پیله نکنید. با تعهد کامل هر گامی را که برمی‌دارید یادداشت کنید و همین شــما را به هدف یا ایدهٔ مطلوب‌تان نزدیک‌تر می‌ســازد. مغلوب احساسات نشوید و نگذارید لیست بلندبالای کارهایی که باید انجام دهید و احتمالاً بیرون از حد توان‌تان هستند، شــما را به‌کلی زمین‌گیر کند. صِرف اینکه آنها را روی کاغذ نوشــته‌اید، بدین‌معنا نیست که حتماً باید عملی شوند. این گام شما را مجبور می‌کند اقدامات لازم را شناسایی کنید.

// ۴- تعدیل کنید.

این گام آخر را باید پویا بردارید. اکنون زمانش فرا رسیده که برای رسیدن به ایدهٔ مطلوب، تغییــرات لازم را اِعمال کنید. این مرحله آن‌قدر مهم اســت که من کل فصل بعدی کتاب را بدان اختصاص داده‌ام. به احتمال زیاد فهرست گام‌هایی که باید از واقعیت به سمت وضعیت مطلوب برداشــت، فکرتان را پریشان ساخته- تازه عواملی هم هست که نمی‌شود تغییرشان داد.

این مرحله برای شـما اهمیـت زیادی دارد و احتمالاً بیش از هـر چیز دیگری خواهان انجامش هستید. اول تشخیص دهید که کدام تغییرات را باید قبل از همه انجام داد؛ بعد پیش بروید.

هیچ‌کس با از دست دادن امتیاز، هیجان‌زده نمی‌شود. بازبینی عملکرد کسی، جوخهٔ اعدام یکی دیگر است. شاید ارزیابی، کاری ترسناک باشد، اما خادمان نوجوانان نمی‌توانند از زیرش در بروند. «حکمتِ عاقلان در این اسـت که راه‌های خـود را درک می‌کنند» (امثال ۸:۱۴). ارزیابی، همیشه هم کار خوشایندی نیست، ولی خیلی اهمیت دارد و باید انجامش داد.

«اما، اگر خراب نشده باشد چه...»

می‌دانم. با همهٔ این حرف‌ها موافقم. ارزیابی مهم اسـت. ولی شـاید در حین ورق زدن صفحات این فصل وسوسه شـوید که بگویید: «من تا بیمار نشوم، پیش پزشک نمی‌روم، تا چراغ‌های جلوی داشبود اتومبیلم روشن نشـوند، آن را پیش تعمیرکار نمی‌برم، و تا دندانم درد نگیرد، اصلاً حرف دندان‌پزشک را نمی‌زنم... خب، پس چرا وقتی همه چیز دارد خوب پیش می‌رود، بی‌خودی خدمت نوجوانان را مورد ارزیابی قرار دهم؟»

بگذارید قضیه را این‌طور مطرح کنم: تا جایی که ما اطلاع داریم، در چند روز اول سـفر دریایی تایتانیک، همه چیز عالی بود؛ اما در بخش آخر سـفر دریایی بود که سرنشـینان نیاز جدی به کمک را احساس کردند. ولی تا کمک از راه برسد، دیگر خیلی دیر شده بود.

شاید خراب شده باشد، و ما هنوز متوجه‌اش نشده باشیم

در کتاب «*بازگشتن زائر به اصل*» سی. اس. لوئیس[1]، راهنما به همسفرانش چنین هشدار می‌دهد: «همهٔ شـما می‌دانید... که امنیت بزرگترین دشمن انسان فانی است.» گاهی اوقات ما هم که در کابین هدایت کشـتی خدمت نوجوانان نشسته‌ایم، گول افسانه‌های عامه‌پسند را می‌خوریم- افسانه‌هایی که بر مبنای حس امنیت کاذب شکل گرفته‌اند.

افسـانهٔ شمارهٔ ۱ : برکت خدا به معنای تأیید اوسـت. در جامعهٔ مسیحی قانونی نانوشته وجود دارد که می‌گوید اگر خدمتی در حال رشـد و شکوفایی است، پس دیگر هیچ مشکلی در کارش وجود ندارد. «خدا دارد ما را برکت می‌دهد، قبول داری؟ پس حتماً کارمان درست است... مگر نه؟»

خوب، نه دقیقاً. داشتن خدمتی بالنده و شکوفا به‌هیچ‌وجه اثبات نمی‌کند که همه چیزش- اعم از شـیوه‌ها و رویکردها- به‌طور کامل مورد تأیید خداسـت. خدمتی که ضعیف عمل می‌کند، همیشـه از همان ابتدا ضعفش نمایان نمی‌شود. (حتی محصول بد هم پیش از درو، خوب به‌نظر می‌رسـد.) برای اینکه بتوانید ثمرهٔ کامل و حقیقی کارتان را مشاهده کنید، باید چند فصل بگذرد؛ به‌ویژه اگر کارتان در حیطهٔ خدمت به نوجوانان باشد.

1. C. S. Lewis' *"The Pilgrim's Regress"*

در واقع، شاید دقیقاً به‌خاطر اینکه داریم ارادهٔ خدا را انجام می‌دهیم، حتی در خدمت‌مان با مشکلاتی جدی دست به گریبان باشیم، (موسی، ایلیا، ارمیا، عیسی و پولس را به یاد بیاورید.) برکت خدا بر خدمت ما، بیانگر دولتمندی فیض اوست، نه دلیلی بر گزینش‌های درست ما. صِرف اینکه خدا دارد خدمت‌مان را «برکت می‌دهد»، کوتاهی ما را در بشارت دادن، توجیه نمی‌کند.

افسانهٔ شمارهٔ ۲: ما خیلی وقت است این کار را می‌کنیم، و خیلی هم خوب می‌دانیم که چطور انجامش بدهیم. با این فرض مغرورانه ارزیابی را کنار می‌گذاریم و از سر خودبینی به خودمان اطمینان خاطر می‌دهیم که هیچ‌کس بهتر از ما نمی‌داند این کار را باید چطور انجام داد. ما در اوجیم. دیگر از این جایی که هستیم بالاتر نمی‌توانیم برویم. (تایتانیک را به یاد دارید: «همهٔ موتورها روشن، با تمام سرعت به پیش! هیچ چیز نمی‌تواند این کشتی را متوقف کند.»)

توماس پیترز و رابرت اچ. واترمن[1] در اثر شاخصی که با نام "در جستجوی تعالی" پیرامون مدیریت شرکتی نوشته‌اند، چنین نظر می‌دهند که دلسردکننده‌ترین واقعیت در حیات یک شرکت بزرگ، «نبود آن چیزی است که زمانی مایهٔ بزرگی آن شده بود: نوآوری.» با رشد شرکت، صاحبان آن طبعاً محتاط‌تر می‌شوند و کمتر ریسک می‌کنند. آنها به یکی از گزارش‌های بنیاد ملی دانش[2] استناد می‌کنند که در آن، پژوهشگران مقاله دریافته‌اند که «شرکت‌های کوچک در تحقیقات‌شان تا چهار برابر شرکت‌های متوسط و بیست‌وچهار برابر شرکت‌های بزرگ، نوآورترند.» پیترز و واترمن چنین نتیجه می‌گیرند که کمپانی‌های تراز اول آنهایی هستند که دست کارمندان‌شان را برای کشف راه‌های بهتر و نوآوری‌های بیشتر باز می‌گذارند.

زمانی که برنامهٔ خدمت به نوجوانان کوچک است، رهبران هم تشنه‌اند و هم مأیوس و دوست دارند هر راهی را امتحان کنند. جرّ و بحث‌ها بالا می‌گیرد. اشتباهاتی رخ می‌دهند، اما خلاقیت هم اتفاق می‌افتد و بچه‌ها هیجان‌زده می‌شوند. با این‌حال، وقتی گروه رشد می‌کند، رهبران اغلب محافظه‌کار می‌شوند، کمتر مایل به آزمودن ایده‌های تازه هستند، و به‌جای تلاش برای رسیدن به اهداف نوین، بیشتر سعی می‌کنند معیارهای موجود را حفظ کنند.

شعار شرکت هیولت-پکارد[3] (کمپانی HP سازندهٔ محصولات کامپیوتری- م.) این است: «ما هرگز از پرسیدن "چه می‌شود اگر؟" دست نمی‌کشیم». متأسفانه این شعار در بسیاری از کلیساها (و خدمت نوجوانان‌شان) تبدیل شده است به «ما هرگز از پرسیدن "چرا باید... کنیم؟" دست نمی‌کشیم». یکی از خطرات خدمت «موفق» نوجوانان، این تصور است که چیزی برای یاد گرفتن از خدمت‌های دیگر وجود ندارد. این عارضهٔ نزدیک‌بینی ما را کور می‌کند و نمی‌گذارد برای تقویت برنامه‌هامان دست به نوآوری بزنیم. گاهی یک ارزیابی شایسته می‌تواند ما را از این نزدیک‌بینی نجات بدهد.

1. Thomas Peters & Robert H. Waterman; 2. National Science Foundation; 3. Hewlett-Packard

افسانهٔ شمارهٔ ۳: متخصصان بهتر از دیگران می‌دانند. پیاده‌کردن نظرات متخصصان خیال ما را راحت می‌کند و ما این راحتی را دوست داریم. با این کار از زیر بار مسئولیت شانه خالی می‌کنیم. «متخصصان نوجوانان چنین می‌گویند...»، «ویلو کریک[1] چنان می‌گوید...». همهٔ مسئولیت خدمت *خودمان* را روی دوش متخصصان می‌اندازیم. ولی به یاد داشته باشید، صِرف اینکه یکی از کتاب‌های مربوط به خدمت نوجوانان شیوه‌ای را معرفی کرده، بدین‌معنا نیست که شیوهٔ مزبور بهترین است، بلکه فقط بدین‌معنی است که این بهترین شیوه‌ای است که نویسنده با آن آشنا بوده. متخصصان تنها به این دلیل متخصص هستند که تقریباً هر اشتباهی را دستِ‌کم یک بار مرتکب شده‌اند!

افسانهٔ شمارهٔ ۴: «ولی... جواب می‌دهد!» او درست پیش از شروع آخرین جلسهٔ اردوی یک‌هفته‌ای پیش من آمد. هفتهٔ فوق‌العاده‌ای بود، و او به این فکر بود که اردو را به‌طرزی بی‌عیب و نقص پایان دهد.

«این سی‌دی سرودهای "شکرت خداوندا" را آوردم. چرا در جلسهٔ پایانی آن را برای بچه‌ها پخش نکنیم؟ هر بار که آن را در اردوهای دیگر پخش می‌کنم، همه به گریه می‌افتند...»

این حرفی بود که یکی از رهبران دلسوز نوجوانان، که شاگردانش را بسیار دوست می‌داشت و برای‌شان هر کاری می‌کرد، در کمال بی‌ریایی به من زد. اما از فرضیه‌اش جا خوردم: پس یک ایدهٔ برنامه‌ریزی خوب آن است که برای *به گریه انداختن همهٔ بچه‌ها* راهی پیدا کنیم. به‌عبارت دیگر، یکی از روش‌های ارزیابی وی از ایده‌های خدمت به نوجوانان این بود: «آیا ایدهٔ مزبور گریهٔ بچه‌ها را درمی‌آورد؟ آیا احساسات آنها را برانگیخته می‌کند؟ اگر می‌کند، پس باید ایدهٔ ارزشمندی باشد.»

صِرف اینکه ایده‌ای «جواب می‌دهد»- خواه ایدهٔ برنامه‌ای تفننی باشد یا برنامه‌ای برای اجرا در گروه کوچک، و یا رسانه‌ای نوآورانه یا حتی رویکرد بشارتیِ منحصربه‌فرد- به تنهایی ارزش ندارد. شاید کلیسای‌تان میزبان کسانی باشد که با هدفی بشارتی به جلسه‌ای دعوت شده‌اند و به‌طرزی باورنکردنی هم مورد خدمت قرار گرفته‌اند- *چرا نباید بچه‌های غیرمسیحی از کیلومترها دورتر در این جلسه حاضر شوند؟* ولی ممکن است اصلاً ایدهٔ خوبی نباشد. سؤال این است: *ایدهٔ مزبور برای چه کاری جواب می‌دهد؟ برای رسیدن به چه هدفی؟ آیا می‌توانیم برای جذب بچه‌ها راه دیگری پیدا کنیم؟*

از همین روست که این فصل از کتاب، که به اهداف و نشانه‌گیری‌ها اختصاص یافته، اهمیتی حیاتی پیدا می‌کند. یک جراح خوب چون قبلاً عمل بیرون آوردن کیسهٔ صفرا را با موفقیت انجام داده، همهٔ بیمارانش را زیر تیغ جراحی نمی‌برد تا کیسهٔ صفرای آنها را هم دربیاورد. اول مشکل را تشخیص می‌دهد و بعد برای درمان اقدام می‌کند. تا خوب بیمارتان را معاینه نکرده‌اید، تیغ و پنس جراحی را بیرون نیاورید.

---

1. Willow Creek

درســـی که اساساً این فصل می‌دهد، درسی مهم اســـت: «سری که درد نمی‌کند را بیخود دســـتمال نبندید». ولی بد نیســـت که هرازگاه اوضاع خودتان را مورد بررسی و ارزیابی قرار دهید، از خودتان سؤالات سخت بپرســـید و علایم حیاتی روحانی‌تان را چک کنید. به قول معروف، گز نکرده نبُرید.

دافی رابینز[1]

تصویر بزرگ را در ذهن داشته باشید. در حالی که جاهای خاصی را که نیازمند تغییراتند شناســـایی می‌کنید، از ســـایر جنبه‌های خدمت هم غافل نشـــوید. خدمت نوجوانان برآیند عناصری متعدد است. نگذارید برنامه‌ای خاص تمام وقت و انرژی شما را مصروف به خود کند.

بر اصلِ «نه کمتر نه بیشـــتر» تســـلط کافی پیدا کنید. اگر روی پـــروژه‌ای بیش از اندازه وقـــت بگذارید، ممکن اســـت در نهایت چیزی را خلق کنید که بســـیار بیش از حد نیازتان اســـت. لازم نیست همه چیز کامل و بی‌عیب باشـــد. اگر ۱۰ ساعت را صرف طراحی اعلان تبلیغاتی بســـیار حرفه‌ای بکنید، ولی فقط ۲۰ نفر آن را بخوانند، کارتان جز اتلاف وقت نبوده اســـت. می‌توانســـتید به هر ۲۰ نفر زنگ بزنید و در مجموع ظرف ۳۰ دقیقه گفت‌وگو برنامه را برای‌شـــان تشریح کنید! اگر همه چیز خوب پیش می‌رود، هر تلاشی بیش از آن هدردادن زمان و انرژی است.

حالا که با فرایند ارزیابی آشـــنا شده‌اید، این ایده‌ها را جامهٔ عمل بپوشانید و به‌کار ببندید. کارتان را با انتخاب یکی از برنامه‌های خدمت‌تان آغاز و هر چهار گام را روی آن پیاده کنید. اگر این فرایند ارزیابی را به‌کار نگیرید، دانستنش هیچ فایده‌ای برای‌تان نخواهد داشت.

ارزیابی، به‌ویژه در حیطه‌های اصلی خدمت، باید پیوسته و رو به جلو باشد.

کِی و چه چیزی را ارزیابی کنیم

تا اینجای کار تمرکز من روی برنامه‌ها بود. حـــالا بیایید به انواع دیگر ارزیابی بپردازیم. قســـمت‌های دیگر خدمت‌تان را که هیچ ربطی به برنامه‌ها ندارند (سلامت روحانی شـــما، روابط شما)، به‌طور هفتگی، ماهانه، فصلی و سالانه مورد ارزیابی قرار دهید.

// آنچـه را کـه بایـد به‌طور هفتگـی ارزیابی کنیـد (خادمان داوطلـب و رهبران نوجوانان)

سلامت روحانی شـــما. (نگاه کنید به فصل ۳). ما اغلب تا وقتی که بمبی بزرگ روی سرمان نیفتد و در سفر روحانی‌مان مجبور به تغییراتی اساسی نشویم، دست روی دست می‌گذاریم. دســـتِ‌کم هفته‌ای یک‌بار وضعیت دل خود را مورد بررســـی اجمالی قرار دهید. در سکوت زمانی را در حضور خدا بگذرانید و در فیضش آرام بگیرید.

1. Duffy Robbins

وقت‌تان را چگونه گذرانده‌اید. از فرصتی که خدا پیش روی‌تان قرار داده، نهایت استفاده را بکنید. او به شما به اندازهٔ کافی وقت داده. پرسش اینجاست که «آیا از آن نهایت استفاده را کرده‌اید؟»

این بدان‌معنا نیست که باید همیشه مشغول خدمت یا انجام مسئولیت‌های محوله باشید. برای بیشترین بهره‌وری و استفادهٔ مفید از زمان، باید استراحت کرد و آرام گرفت. به‌نظر من، بیش از اندازه کارکردن، شایع‌ترین بلایی است که دامنگیر خدمت نوجوانان شده و این همهٔ خادمان را– اعم از تازه‌کار و کهنه‌کار– شامل می‌شود. این یکی از مهمترین جنبه‌های زندگی است که باید آن را مورد ارزیابی قرار دهید. در آینده، مدیریت زمان برای‌تان اهمیت بیشتری پیدا خواهد کرد.

// آنچه که باید به‌طور ماهانه ارزیابی کنید (خادمان داوطلب و رهبران نوجوانان)

روابط شخصی در درون خدمت. کیفیت ارتباطات و روابط خود را با کسانی که به‌نوعی در خدمت شما دخیل‌اند، مورد بررسی قرار دهید. دوستی با کدامیک نیازمند اندک تلاشی مضاعف است؟ دوستی با کدامیک مستحکم‌تر است؟ ارتباط شما با شاگردان گروه کوچک‌تان چگونه است؟ چه کسی نیازمند تشویق یا راهنمایی است؟ آیا معضلی حل‌نشده هست که به حال خود رها کرده باشید؟ ارزیابی ماهانه نمی‌گذارد بسته‌های روابطی روی هم تلنبار شوند و مسیر خدمت شما را سدّ کنند.

// آنچه که باید هر فصل ارزیابی کنید (رهبران نوجوانان)

ساختار مراقبت از رهبری. در کنار پرورش رهبران برای خدمت نوجوانان، مراقبت‌کردن از آنها هم اهمیتی به‌سزا دارد. وقتی خدمت شما رشد می‌کند، بیش از آنکه با شاگردان باشید، با رهبران وقت می‌گذرانید. چهار بار در سال، به منظور شبانی‌کردن رهبران‌تان، سیستم را مورد بازبینی قرار دهید.

خوب یادم هست که برای ارزیابی خادمان داوطلب، تنهایی برای ناهار بیرون می‌رفتم. نام‌شان را روی یک دستمال کاغذی می‌نوشتم تا بعداً و بدون اینکه کسی جز خودم از نتایج ارزیابی خبردار شود، آنها را دور بیندازم. در کنار هر نام، نمره‌های A، B یا C می‌دادم:

A: داوطلبان عالی. تحسین‌شان کن.

B: داوطلبان خوب. کمک‌شان کن تا نمرهٔ A بگیرند؛ نگذار نمره‌شان به C اُفت کند.

C: داوطلبان نیازمند راهنمایی یا جابه‌جایی. کمک‌شان کن بهتر شوند یا به خدمتی دیگر که برای‌شان مناسب‌تر است، انتقال‌شان بده.

البته که این ارزیابی‌ها علمی نبودند، اما فرایند ارزیابی باعث می‌شد داوطلب همیشه در ذهنم حضوری زنده داشته باشد و کمکم می‌کرد تا بعداً به نفع داوطلبانم دست به اقداماتی بزنم.

برنامه‌های مهم، بازبینی کلی. نگذارید هیچ‌یک از برنامه‌های *اصلی* بیشتر از سه ماه بدون بازبینی کلی طی شوند. بدون ارزیابی منظم و مرتب، برنامه به‌صورت هدایت خودکار پیش خواهد رفت. دیگر کسی الگوهای ناوبری را بررسی نخواهد کرد. لازم نیست هر سه ماه یک‌بار دست به خانه‌تکانی اساسی بزنید، فقط کافی است گردگیری کنید و غبار معضلات را از روی برنامه بزدایید. برای این بازبینی یک ساعت ملاقات تعیین کنید. در تقویم‌تان آن را یادداشت کنید تا موعد را از یاد نبرید.

// آنچه که باید به‌طور سالانه ارزیابی کنید (کل تیم رهبران خدمت نوجوانان)

برنامه‌ها، بازبینی ویژه. سالی یک‌بار همهٔ برنامه‌های عمده را زیر ذره‌بین بگذارید. مو را از ماست بکشید. هرآنچه را که می‌کنید به چالش بکشید. از نقطه نظرات دیگران بهره بگیرید. از کنارزدن چیزهای اضافی و بی‌مورد نترسید. لازم نیست همهٔ برنامه‌ها را یک‌جا مورد بازبینی قرار دهید؛ از اوقات راهبری، که در طول سال به دست‌تان می‌افتد، برای ارزیابی کلی استفاده کنید. گروه‌های کوچک ما در تابستان تعطیل می‌شوند، پس ما بازبینی برنامه‌ها را در تابستان انجام می‌دهیم.

هنگامی که به کلیساهای دیگر مشورت می‌دهم، تشویق‌شان می‌کنم که اگر می‌خواهند سالم‌تر باشند، تعداد برنامه‌های نوجوانان‌شان را به نیم کاهش دهند. بعضی وقت‌ها خودشان از پیش می‌دانند که باید چنین کنند؛ فقط لازم بوده که شخصی بی‌طرف از بیرون موضوع را بدیشان یادآوری کند. به خاطر داشته باشید: بزرگ‌تر، بهتر نیست؛ سالم‌تر بهتر است.

کارایی رهبری. کارایی رهبری خادمان داوطلب خود را ارزیابی کنید. من هر سال به رهبرانم فرصت می‌دهم تا اگر نیاز می‌بینند برای یک فصل از خدمت کناره‌گیری کنند. این فرصت ارزش سلامت را به آنها می‌فهماند. رهبران من می‌دانند که وضعیت دل‌شان مهمترین موهبت خدمت ماست، و اگر دل‌شان راست نیست، باید مرخصی بگیرند.

یادتان باشد: به‌دست آوردن سلامتی امری زمان‌بر است.

سلامت روحانی همهٔ شاگردان. هر ساله به نبض‌های روحانیِ جمعی شاگردان حاضر در خدمت نوجوانان، نگاهی بیندازید. از آنجایی که احتمالاً به اطلاعات تازه‌ای پیرامون تک‌تک شاگردان‌تان نیازی ندارید، پس می‌توانید از همان نظرسنجی‌های بی‌نام‌ونشان (ناشناس) برای ارزیابی صحیح آنها استفاده کنید.

لوازم آموزشی/ شرح وظایف/ بسته‌های تعیین گرایش‌های رهبر: همهٔ لوازمی را که در اختیار رهبران قرار می‌دهید، ارزیابی کنید. این به شما اجازه می‌دهد هر سال اطلاعات مکتوب خود را بهبود ببخشید یا دوباره مورد استفاده قرار دهید.

تا اینجای کار، ما به چهار پرسشی که لازم است دربارهٔ هر یک از برنامه‌های نوجوانان مطرح کنید، و چهار گام ارزیابی و زمان‌بندی سالانه برای ارزیابی پرداختیم. اکنون زمانش فرا رسیده که وقت بگذارید و برنامه‌های خودتان را ارزیابی کنید.

موقع ارزیابی سعی کنید خدمت نوجوانانی متعادل را در ذهن متصور شوید که در آن هر پنج هدف کتاب‌مقدسی لحاظ شده است. می‌توانید سه برنامهٔ عالی در دستور کار داشته باشید، اما اگر در مجموع این سه برنامه فقط اصول شاگردی و مشارکت را پوشش بدهند، یعنی در کارتان تعادل وجود ندارد.

تعادل به معنای افزودن برنامه‌های بیشتر یا فشرده‌کردن همهٔ اهداف کتاب‌مقدسی در یک برنامه نیست. اگر صرفاً بر تعداد برنامه‌های‌تان اضافه کنید، شاگردان و رهبران را از پا خواهید انداخت و آنان برای رشد روحانی‌شان به برنامه‌ها وابسته خواهند شد. اگر تلاش کنید همهٔ اهداف کتاب‌مقدسی را در یک برنامه بگنجانید، حاصلش آبکی‌شدن برنامه خواهد بود که هیچ فایده‌ای هم برای‌تان نخواهد داشت.

تعادل یک‌شبه اتفاق نمی‌افتد. هیچ اشکالی هم ندارد. ولی اگر کارتان را ارزیابی نکنید، هرگز به تعادل نخواهید رسید.

پرسش‌های پایان فصل

// برای بحث در گروه

- به عقیدهٔ شما نیرومندترین برنامه چیست؟ چرا؟ کدامیک ضعیف‌ترین برنامه است؟ چرا؟
- برای ارتقا بخشیدن به زمان ارزیابی خودمان، چه می‌توانیم بکنیم؟

// برای تأملات شخصی

- آیا پنج هدف کتاب‌مقدسی در زندگی خودم نمودار هستند؟
- آیا برای هر یک از برنامه‌ها، از مخاطبان و اهداف کتاب‌مقدسی شناخت دارم؟
- در مواقع ارزیابی و لحاظ‌کردن تغییرات لازم در برنامه‌های مطلوب خودم، آیا به‌طور معمول حمایتگر هستم؟
- به‌عنوان یکی از خادمان نوجوانان، چگونه می‌توانم خودم را مورد ارزیابی قرار دهم؟
- برای ارزیابی بر مبنایی پیش‌رونده، به چه چیزی نیاز دارم؟

// اقدامات لازم برای ملاحظات بیشتر

- تاریخ‌هایی را مشخص کنید که می‌توانید به ارزیابی جوانب گوناگون خدمت‌تان- که در این فصل شرح داده شدند- بپردازید.
- برای یافتن پاسخ‌های مناسب برای پرسش‌های قسمت دوم (برای تأملات شخصی، بالا) رهبر شایسته‌ای پیدا کنید و از او بپرسید.

فصل ۱۱

چگونه تغییر ایجاد کنم؟

رهیابیِ مراحل تغییر

پس از ساعت‌ها ترسیم‌کردنِ خطوط کلی، نگارش، ویراش و بازنویسی این فصل خنده‌ام گرفت. داشتم سراسیمه به‌دنبال راهی می‌گشتم که بشود بدون از دست دادن جانم و بدون آسیب‌دیدن دیگران، از طریق آن تغییر ایجاد کنم. در این حین، دخترم سخت تحت تأثیر خاطرات آشفتهٔ من از تجربیات بی‌شمارم در خدمت به نوجوانان قرار گرفته بود. خنده‌ام گرفته بود چون نمی‌خواستم از به یاد آوردن آن تجربیات دردناک، گریه کنم.

ایجاد تغییر یکی از راه‌های ساختن یا درهم‌شکستن رهبران خدمت نوجوانان است، به‌ویژه رهبرانی که دارند دو سال اول خدمت‌شان را سپری می‌کنند. برخی رهبران بدون اعتنا به واکنش‌های مردم، جسورانه و کورکورانه دست به بازسازی تشکیلاتی خدمت خود می‌زنند. عده‌ای دیگر از تصور بروز هر تغییری دچار فلج می‌شوند، چون از واکنش‌های منفی هراس دارند. برای اِعمال تغییر، هیچ فرایند آسان، فرمول جادویی، و الگویی که همیشه جواب بدهد، وجود ندارد. تنها کاری که می‌توانید بکنید این است که هر بار دست به اقدامات معینی بزنید تا شدت برخوردها و مخالفت‌ها به حداقل کاهش پیدا کنند. پیش از واردشدن به بحث مراحل تغییر، اجازه بدهید در ارتباط با تغییر، چند حقیقت بنیادین را به شما معرفی کنم.

حقایق مربوط به تغییر
// هیچ تغییری بدون رنج و درد نیست.

حتماً این مَثَل را شنیده‌اید که می‌گوید: «نابرده رنج، گنج میسـر نمی‌شود.» در حالی که معمـولاً این مَثَل را برای وزنه‌برداری بـه‌کار می‌برند، اما در مورد خدمت هم صدق می‌کند. بدون تجربه‌کـردن کمی درد و رنـج، نمی‌توانید مزایای تغییـر را تجربه کنید. حتی تغییرات جزیی هم می‌توانند با درد همراه باشند.

زمانی که ما ترتیب چیدمان صندلی‌ها را از حالت ردیفی به حالت دایره‌ای تغییر دادیم، عده‌ای ناراحت شدند. می‌خواستم بگویم: «بی‌خیال بچه‌ها! آیا جداً تغییر چیدمان صندلی‌ها شما را عصبانی کرده؟ این دیوانگی است. مردم دنیا دارند از قحطی و گرسنگی می‌میرند. چرا به‌خاطر آن عصبانی نمی‌شوید.»

من با تغییرات جزیی دیگری هم باعث ایجاد درد شده‌ام: تغییر نیم‌ساعتهٔ زمان برگزاری جلسات، جابه‌جایی مکان برگزاری، استفاده از رنگی دیگر در بولتن نوجوانان، تعلیم‌دادن از روی ترجمهٔ دیگـری از کتاب‌مقدس، و بیرون بردن کاناپه از سـالن نوجوانان! اینها در مقایسه با تغییرات بزرگ (از قبیل لغوکردن برنامه‌ها، تغییر مکان اردو، درخواست از داوطلبان برای انجام تعهداتی متفاوت، جایگزین‌کردن برنامه‌های درسی محبوب، یا انجام مراسم زندهٔ قربانی به سبک عهدعتیق!) پیش پاافتاده به‌نظر می‌رسند.

چرا تغییر با درد و رنج همراه است؟ چون تغییر با خود حس فقدان، غم و سرخوردگی به همراه می‌آورد، و وقتی نتایج این تغییرات ناشناخته یا ناآزموده باشند، بروز حس‌های نامبرده قابل درک می‌شـوند. با وجودی که من طـی دورهٔ کاری‌ام تغییرات زیادی را اِعمال کرده‌ام، باز متوجه هسـتم که مردم از تغییر متنفرند. حتی اگر نتایج خوبی از تغییر حاصل شـود، باز انسان‌ها را می‌ترساند.

// مردم عاشق تکرار چیزهای آشنا هستند.

- آیا تا حالا یکی از عبارات زیر را شنیده‌اید؟
- اگر خراب نشده، پس چرا داری تعمیرش می‌کنی؟
- قبلاً هرگز این‌طور انجامش نمی‌دادیم!
- ما همیشه این‌طور انجامش می‌دادیم.
- این ایدهٔ تازه از روشی که قبلاً انجامش می‌دادیم، بهتر نیست.
- حالا چه نیازی به تغییر بود؟
- اگر این را تغییر بدهی، همه تو را ضدمسیح خواهند دانست.

مردم با چیزهای آشنا، احسـاس راحتی می‌کنند. گذشته به همهٔ حواس منطقی ما تلنگر می‌زند. آیا می‌توانید این گفتهٔ انتقادی را تصور کنید: «درک زمان حال از این‌رو برایم امکان‌پذیر

است که گذشته را زندگی کرده‌ام، و دیده‌ام که فلان برنامه جواب می‌دهد. کارایی‌اش به اثبات رسیده. چرا می‌خواهی خرابش کنی؟ بگذار کاری را بکنیم که همیشه می‌کردیم. تغییردادنش خیلی ریسک دارد.»

در عهدعتیق، موسی هم با موضوع پذیرشِ تغییر دست‌به‌گریبان بود. خدا به او فرمان داد تا به صخره بگوید که آب جاری سازد (اعداد ۸:۲۰). بنی‌اسرائیل تشنه بودند و شکایت می‌کردند. موسی کاری را کرد که پیشتر در موقعیتی مشابه انجام داده بود- او با چوبدستی‌اش به صخره ضربه زد. حتی با وجودی که موسی از خدا دستور صریح گرفته بود، اما رفتارش گویای این مطلب بود که «ما قبلاً از این روش استفاده نکرده‌ایم. من در گذشته با چوبدستی به صخره می‌زدم و نتیجهٔ موفقیت‌آمیزی هم می‌گرفتم؛ آب جاری می‌شد. نمی‌خواهم جاری ساختن آب از صخره را به روشی تازه امتحان کنم.» نافرمانی موسی، برایش پیامدهای سختی در بر داشت. خدا وی را از هدایت قوم اسرائیل به سرزمین موعود محروم ساخت.

کسانی که به‌طور معمول در برابر تغییر مقاومت می‌کنند، عمیقاً در گذشته ریشه کرده‌اند، و معتقدند برای جاری ساختن آب فقط یک راه وجود دارد. آنان نافرمانی‌کردن را به آزمودن روش تازه ترجیح می‌دهند. اما اگر دل این افراد راست باشد، در مقایسه با کسانی که دل‌هایی ناپاک یا سخت‌شده دارند، آسان‌تر می‌شود ایشان را به پذیرش تغییر واداشت. بلوغ روحانی یک فرد با تمایلش به پذیرش تغییر، رابطه‌ای مستقیم دارد؛ فرد بالغ (کسی که دلی راست دارد) اگرچه با روش قدیمی خو گرفته و تکرار آن روش را دوست دارد، اما از تغییر با آغوش باز استقبال می‌کند.

// برنامه‌ها می‌توانند و باید تغییر کنند.

با تغییر جهان، کلیسا هم ناگزیر است بدون دست‌بردن در پیام خود یا کوتاه‌آمدن از مواضع ایمانی‌اش، در شیوه‌های خود دست به تغییراتی بزند. مشکلات تازه، راه‌حل‌های تازه می‌طلبند و موقعیت‌های جدید مستلزم تغییر نگرش هستند. تغییر مبحثی الاهیاتی نیست (خدا با تغییر مشکلی ندارد)، بلکه معضلی جامعه‌شناختی است (این مردمان هستند که از تغییر خوش‌شان نمی‌آید). از آنجایی که اهداف کتاب‌مقدسی ابدی هستند، پس وقتی برنامه‌های خدمت نوجوانان نمی‌توانند به هدفی که برای‌شان در نظر گرفته شده دست پیدا کنند، مجبورند تن به تغییر بدهند.

برای مثال، کار مدرسهٔ یکشنبه‌ها با هدفی بشارتی آغاز شد تا خواندن و نوشتن را به مردم یاد بدهد. ایدهٔ اصلی این بود که به مردم بی‌سواد کتاب‌مقدسی داده شود و یک روز در هفته که وقت آزاد دارند- یعنی یکشنبه‌ها (که نام مدرسهٔ یکشنبه‌ها هم از همین جا برآمده)- برای‌شان کلاس آموزش رسمی سوادآموزی نیز برگزار گردد. برپایی مدرسهٔ یکشنبه‌ها در آغاز ایدهٔ نابی بود، چون مردم را به کلیسا جذب می‌کرد و در عین‌حال نیازی اجتماعی هم برطرف می‌شد.

امروزه در بسیاری از کلیساها، مدرسهٔ یکشنبه به سنتی مقدس تبدیل شده است. اکثر خادمان نوجوانان طوری به آن پایبند شده‌اند که اگر از خود عیسای مسیح نامهٔ کتبی بیاوری

و خواستار تغییری در ساختار آن باشی، زیر بار تغییر نخواهند رفت. آیا اشکال از مدرسهٔ یکشنبه است؟ نه! خواهش می‌کنم در درک منظور من دچار سوءبرداشت نشوید. مدرسهٔ یکشنبه به شرطی که هدفی کتاب‌مقدسی را تحقق ببخشد و مخاطب نیز هدف داشته باشد، خیلی هم عالی است. (به فصل ۱۰ نگاه کنید.)

بیشتر برنامه‌های مدرسهٔ یکشنبه بر مبنای گرایش شاگردسازی ترتیب داده شده‌اند، که خیلی هم خوب است... منتها به شرطی که مخاطبان‌شان مسیحیان باشند. چرا دانش‌آموزان از مدرسهٔ یکشنبه شکایت می‌کنند؟ چون کلیسا سعی می‌کند شاگردسازی را به دانش‌آموزان بی‌علاقه یا غیرمسیحی، به‌زور تحمیل کند.

ما به‌جای آنکه کار مدرسهٔ یکشنبه برای شاگردسازی دانش‌آموزان بی‌علاقه را ارزیابی کنیم و برای کمک به این بچه‌ها راه‌هایی جدید ابداع نماییم، با چنگ و دندان برای حفظ وضعیت موجود می‌جنگیم و با اطمینان چنین ادعا می‌کنیم: «مدرسهٔ یکشنبه برای شاگردسازی است و ما تا زمان ربوده‌شدن مسیحیان، آن را تغییر نخواهیم داد.» بیشتر اوقات، ادعاهایی از این‌دست حاکی از عدم آگاهی ما به این واقعیت هستند که مدرسهٔ یکشنبه همین حالا هم تغییر کرده و دیگر آن مدرسهٔ یکشنبهٔ اولیه نیست، چراکه دیگر روی بشارت متمرکز نیست. اگر مایل به تغییر برنامه‌ای نباشید، خیلی زود متوجه ناکارآمدی آن خواهید شد.

// تغییر نیازمند رهبرانی انعطاف‌پذیر است.

اگر شما جزو کسانی هستید که در مسیر تغییر ایستاده‌اند و نمی‌گذارند اتفاق بیفتد، من شما را به چالش دعوت می‌کنم که وضعیت دل خودتان را ارزیابی کنید. به چه چیزی متوسل شده‌اید؟ چرا مقاومت می‌کنید؟ چه انگیزه‌هایی دارید؟ آیا انگیزه‌های‌تان پاک هستند؟ شاید به‌خاطر غرورتان دارید جلوی کار خدا را در خدمت نوجوانان می‌گیرید؟ آیا تا کنون دلایل واقعی انعطاف‌ناپذیربودن‌تان را ارزیابی کرده‌اید؟

اگر تا الآن خود را ارزیابی نکرده‌اید، لطفاً هر چه سریع‌تر این کار را انجام دهید. وقتی خودتان را در حال ایستادگی در برابر تغییر، دفاع از وضعیت موجود، یا دست‌وپا زدن برای تکرار گذشته‌ای می‌بینید که موفقیت‌آمیز بوده، مراقب باشید! ممکن است شما هم مثل موسی روی لبهٔ تیغ باشید و هر آن جایگاه رهبری خودتان را از دست بدهید.

خدمت‌های سالم نوجوانان رهبرانی بااعتمادبه‌نَفْس، حکیم، دارای قوهٔ تشخیص، فروتن و انعطاف‌پذیر دارند. آنها چشم انتظار آنند که خدا به روشی جدید وارد عمل شود. خدا خلاق است. نمی‌توانیم برای انجام کارهایی که می‌کند، او را به ایده‌های بشری خودمان محدود سازیم.

// تغییر نیازمند رهبرانی لبریز از ایمان است.

آیا زمانی را به یاد می‌آورید که کودک بودید و دوست‌تان از شما می‌خواست دست به کاری پرمخاطره (مثلاً، کندن میوه از درخت همسایه) بزنید؟ تپش قلب‌تان تندتر می‌شد. می‌ترسیدید. اما باز انجامش می‌دادید، و می‌بینید که هنوز زنده‌اید. ممکن بود کسی مچ‌تان

را بگیرد یا در حال فرار زمین بخورید. ممکن بود از دیوار بیفتید. ولی خطر را به جان می‌خریدید تا آن کار را انجام دهید و قصه‌ای برای تعریف‌کردن به دیگران داشته باشید. این همان ریسک‌پذیری‌ای است که من دوست دارم در رهبران خدمت نوجوانان ببینم.

فقط حسرتی را که در پس شنیدن این جمله نهفته شده، تصور کنید: «چون تو ایمان کافی نداشتی، خدمت نوجوانان را به سرزمین موعود من (خدا) رهبری نخواهی کرد». آخ! حتی رهبران ترسو و ناراحت هم برای خطرکردن، به ایمان نیاز دارند. اگر کل تیم مایل باشند کاری را انجام دهند که بدون کمک خدا نمی‌توان انجام داد یا با اصطلاحات انسانی توجیه کرد، آن‌وقت متوجه خواهید شد که آیا تیم شما به خدا وابسته است یا نه.

یکی از خادمین قدیمی می‌گوید:

من اکنون سالخورده‌ام و به تجربه آموخته‌ام که مطرح‌کردن تغییر در هر برنامهٔ کلیسایی، اگر به‌طرز صحیح مدیریت نشود، می‌تواند دردسرهای زیادی به بار بیاورد. طی سالیانی که در کلیسایی محلی خدمت می‌کنم، بارها به‌خاطر انجام ندادن کارهایی که داگ در اینجا از آنها صحبت می‌کند، لطمات روحی زیادی خورده‌ام. آن‌وقت برای آنکه دیگران را با ایده‌های خودم همراه کنم، نقش بازی کرده‌ام و حقه‌های مدیریتی زده‌ام.

چیزی که من فاقدش بودم، الاهیات کلیسایی و درکی درست از نحوهٔ عملکرد خدا از طریق کلیسا بود. اکنون ایمان دارم که روح‌القدس به‌طرزی اسرارآمیز در میان جماعت کلیسا می‌خرامد (متی ۲۰:۱۸) و رهبران مسیحی باید صبورانه منتظر شنیدن صدای خدا باشند؛ بشنوند که خدا به‌واسطهٔ جماعت چه می‌گوید. در بازی‌های قدرت جامعهٔ امروزی، رهبری از بالا به پایین می‌آید- در حالی که در حیات کلیسا شاهدیم که اغلب روح‌القدس از پایین به بالا رهبری می‌کند. طبق کلام خدا، روح‌القدس اغلب تصمیم می‌گیرد به‌واسطهٔ افرادی که «صاحب‌منصبان بابصیرت» یا «شایسته‌ای» نیستند- یعنی نوجوانان- ارادهٔ خدا را آشکار سازد. ولی به‌جای اینکه نوجوانان را باری اضافی بر دوش کلیسا ببینیم، باید با آنها به‌مثابه کسانی رفتار کنیم که با یکدیگر در تعامل هستند و می‌توانند ظرفی درخور برای تشخیص ارادهٔ خدا باشند. از این‌رو، آن‌دسته از رهبران نوجوانان که خواهان بروز تغییرات هستند، باید زیاد دعا کنند و نسبت به آنچه که روح‌القدس می‌خواهد از طریق شاگردان‌شان دربارهٔ تغییر بالقوه آشکار کند، حساس باشند.

توجه به این نکته حائز اهمیت است که هر کلیسایی پیش از تصمیم‌گیری، اغلب در دعا با یکدیگر همدل می‌شوند (اعمال ۱۲:۵، ۲۵:۱۵). کلیسایی که جویای ارادهٔ خداست، اول به سمت یکدلی پیش می‌رود. وانگهی، کلیسای اولیه نسبت به کسانی که در مقایسه با نظر اکثریت، «ساز مخالف» می‌زدند هم حساس بود- شاید آنها هم چیزی مهم از خدا شنیده بودند! رهبران خوب ایده‌های خود را بر گروه‌ها تحمیل نمی‌کنند؛ آنان مانند سایر اعضا در فرایند تصمیم‌گیری شرکت می‌کنند و محیطی را فراهم می‌آورند که حتی ضعیف‌ترین اعضا هم در آن توانایی مشارکت داشته باشند. یادتان باشد: اهمیت انسان‌ها از برنامه‌ها بیشتر است. در نهایت، وقتی تغییرات انجام شد، همهٔ اعضا باید احساس کنند که برخلاف «ایده‌های

فوق‌العاده‌ای که رهبرمان داشت، ما بر سر این موضوع تصمیم گرفتیم و مطابق همین تصمیم پیش خواهیم رفت.»

این که رهبران نباید هیچ چشم‌انداز یا خط‌مشی خاصی را به گروه‌شان دیکته کنند، بدان‌معنا نیست که ایشان نمی‌توانند به‌واسطهٔ شناختی که از کلام خدا و تعلیم صحیح دارند، افق دید اعضای گروه‌شان را نسبت که کارهایی که می‌توانند یا باید برای مسیح انجام دهند، بازتر کنند. همچنین، رهبران خوب باید گروه‌شان را به چالش بکشند و آنها را برانگیزند تا بپرسند خدا می‌خواهد برای افراد *بیرون از گروه* چه کاری انجام دهند. می‌گویند گروه نوجوانان تنها کلوپ دنیا است که منافعش باید به غیراعضا برسد.

سرانجام اینکه از خودتان بپرسید که آیا تغییری که می‌خواهید بدهید، واقعاً ضرورت دارد یا نه. داگ درست می‌گوید که ایجاد تغییر باعث برآشفتگی افراد می‌شود. خیلی وقت‌ها می‌شود به‌جای مختل‌کردن ساختارهای کنونی، با راهکارهای دیگر به همان نتایج مطلوب رسید. برای مثال، در حالی‌که کلیساها برای جذب نوجوانان به‌سوی اَشکال امروزیِ پرستش حرکت می‌کنند، بسیاری به‌جای دست‌بردن در فرم سنتی پرستش، جلسات دومی را با فرم امروزی به برنامه‌های پرستشی خودشان اضافه کرده‌اند. بدین‌ترتیب، در کنار حفظ ساختار پرستش موجود، چیزی تازه را ابداع و به برنامه‌های خود افزوده‌اند تا به هر دو فرم پرستش احترام بگذارند- و همه را راضی نگه دارند. به خاطر داشته باشید که عیسی فرمود: «هر عالِمِ دین که دربارهٔ پادشاهی آسمان تعلیم گرفته باشد، همچون صاحبخانه‌ای است که از خزانهٔ خود چیزهای نو و کهنه بیرون می‌آورد» (متی ۵۲:۱۳). عیسی می‌داند که حفظ خوبی‌های روش‌های کهنه به اندازهٔ ابداع ایده‌های نو اهمیت دارد.

مهمترین چیزی که باید در هنگام آغاز تغییر در نظر بگیرید این است که تغییر مزبور چقدر با دید کلی گروه‌تان نسبت به خدمت، همخوانی دارد. می‌گویید: «اما در گروه من هیچ دید جمعی‌ای وجود ندارد!» پس باید معضل را حل کنید- و این یک معضل است! کتاب‌مقدس می‌گوید که وقتی هیچ دید و رؤیایی وجود ندارد، مردم هلاک می‌شوند. و تجربه به من ثابت کرده که رهبران بیشتر از دیگران در معرض هلاکتند.

ارنست بکر[1] در کتاب *انکار مرگ*[2] که جایزهٔ پولیتزر را برایش به ارمغان آورد، ادعا می‌کند که جوانی برای قهرمانی ساخته شده، نه برای لذت. نوجوانان دوست دارند درگیر چیزی بزرگتر از خودشان شوند- چیزی که به زندگی‌شان معنا ببخشد. کار بسیار سختی است. ولی شما به‌عنوان خادم نوجوانان در موقعیتی هستید که باید گروه خودتان را تشویق کنید که برای انجام کارهای بزرگ به‌خاطر خدا، بکوشند- و از خدا انتظار چیزهای بزرگ داشته باشند. هنگام هدایت تغییر در گروه‌تان، حواس‌تان به این موضوع باشد. و این را هم از یاد نبرید که: وقتی تغییر اِعمال شد، گروه‌تان باید بتواند بگوید: «ببینید به فیض خدا چه کاری کردیم!»

تونی کمپولو[3]

1. Ernest Becker; 2. *Denial of Death;* 3. Tony Campolo

درک هفت مرحلهٔ تغییر

من در چند مایلی استادیومی بزرگ شدم که تیم بیسبال کالیفرنیا اِینجلز[1] در آن بازی می‌کرد. در سنین دبیرستان از هواداران پروپاقرص تیم بودم و حتی در آن استادیوم کار می‌کردم. عاشق بازی اِینجلز هستم. تا حالا صدها بازی از آنها دیده‌ام.

با وجودی که نمی‌توانم امتیازهای هر بازی را پیش‌بینی کنم، ولی از مراحل هر بازی به‌خوبی اطلاع دارم: گرم‌کردن پیش از بازی، سرود ملی، ورود به زمین، پرتاب‌ها، گرفتن توپ، بحث‌ها، ضربه‌ها، وقت اضافهٔ دور هفتم، و امتیاز نهایی. هر دور بازی شاید تنها پنج دقیقه طول بکشد و یا ممکن است بیشتر از یک ساعت به طول بینجامد.

همان‌طور که بیسبال مراحلی دارد که همه با آن آشناییم، تغییر هم دارای مراحلی است. من آن‌قدر تغییرات گوناگون را تجربه کرده‌ام که می‌توانم مبانی آن را بدون شرح جزئیات موقعیت افراد، برای‌تان تشریح کنم. نمی‌توانم بگویم که آیا تغییر در پنج دقیقه کامل خواهد شد، یا در پنج روز، یا پنج سال، ولی طی مراحل تغییر می‌توانم شما را راهنمایی کنم، تا بدانید در مسیری که مشغول هدایت تغییر هستید، با چه موانع یا مسائلی ممکن است روبه‌رو شوید. تغییر، چنانکه من تجربه کرده‌ام، هفت مرحله دارد:

۱. *مرحلهٔ آمادگی شخصی.* از لحاظ روحانی آماده‌شدن برای گرفتن هدایت از خدا.
۲. *مرحلهٔ ایده.* گردآوری ایده‌های مربوط به تغییر از جانب خدا و دیگر رهبران.
۳. *مرحلهٔ آزمودن.* حرف زدن با دو سه فرد امین دربارهٔ ایده.
۴. *مرحلهٔ طرح پرسش.* طرح پرسش‌هایی که منتقدان می‌پرسند و پاسخ‌دادن به آنها.
۵. *مرحلهٔ فروش.* مطرح‌کردن تغییرات با افراد گروه.
۶. *مرحلهٔ مخالفت.* سروکله‌زدن با منتقدان.
۷. *مرحلهٔ انتظار.* توکل‌کردن به خدا در مورد زمان تغییر و با آمادگی شخصی پیش رفتن برای تغییر بعدی.

حالا بیایید تک‌تک مراحل تغییر را با جزئیات مورد بررسی قرار دهیم.

// ۱ـ مرحلهٔ آمادگی شخصی

با هر تغییر، رهبران نیازمند زمانی هستند تا به‌لحاظ روحانی خودشان را آمادهٔ دریافت هدایت از جانب خدا کنند. این عامل تغییر مستلزم آن است که رهبران برای موج فرصتی که قرار است در زمان مورد نظر خدا برخیزد، آماده باشند. شبان من، ریک وارن با این حرفش، ایدهٔ آمادگی شخصی را به دل خادمان کلیسای ما انداخت: «ما نیستیم که باید برای خدا موج تغییر بعدی را ایجاد کنیم، بلکه تنها باید برای سوارشدن بر موج، آماده باشیم.» بسیار خوب، رهبر چطوری آماده می‌شود؟

1. California Angels

- خودتان را از لحاظ روحانی آماده کنید. وقتی کتاب‌مقدس را می‌خوانید، در زندگی افرادی که تغییر ایجاد کرده‌اند، به عنصری مشترک برمی‌خورید- دعا. طی این مرحله، بودن در حضور خدا و شنیدن از او و دعاکردن، اهمیت حیاتی دارد. ما اغلب به سمیناری می‌رویم یا کتابی می‌خوانیم و حس جاه‌طلبی‌مان برای ایجاد تغییر گل می‌کند، بدون اینکه با خدا مشورت کرده باشیم یا حتی بخواهیم از برنامه‌ای که او برای خدمت ما در نظر گرفته، آگاه شویم. بدون عنصر مهم دعا و روحیهٔ اتکا به خدا، حتی نباید به فکر تغییر باشید. در چنین حالتی، شما اصلاً آمادگی ندارید.

«آیا قرار است مطالب فصل ۳ را به همهٔ فصل‌های دیگر ببافی؟»- یکی از رهبران موشکاف

- آینده‌نگر باشید. طی این مرحله، رهبران باید به آنچه که قرار است در آینده برای خدمت‌شان رخ بدهد، بیندیشند. بعضی‌ها به‌طور ذاتی عطای دید و رؤیا دارند؛ اما دید و رؤیا هم از در نظر گرفتن آنچه که پیش رو است و ارزیابی آنچه که در گذشته اتفاق افتاده، به‌دست می‌آید. برای انجام این کارها نیازی نیست که حتماً عطای دید و رؤیا داشته باشید؛ داشتن دلی راست و ذهنی شفاف برای گرفتن دید و رؤیا کافی است.
- وضعیت موجود را به چالش بکشید. در مورد کارهایی که هم‌اکنون انجام می‌دهید، از خودتان سؤال‌های چالش‌انگیز بپرسید. این روش تفکر درست در نقطهٔ مقابل رویکرد «ما هیچ‌وقت این‌طوری انجامش نداده‌ایم» قرار دارد. پرسش‌های چالش‌انگیز، شما را وادار به ارزیابی می‌کنند: «آیا فلان برنامه هنوز کارایی دارد؟ آیا ما به بهترین نحو وقت‌مان را مدیریت می‌کنیم؟ آیا در مورد چیزهایی که از شاگردان‌مان می‌پرسیم، عقل و منطق به‌کار می‌بریم؟» اگر می‌خواهید خادم وفاداری برای مسیح باشید و عنان زندگی و خدمت خود را به هدایت خدا بسپارید، سؤال‌هایی بپرسید که بهره‌گیری شما از زمان و نیرو را مورد تجزیه و تحلیل قرار می‌دهد.

من به‌جای خادم داوطلبی که هر هفته کورکورانه در جلسهٔ گروهش حاضر می‌شود و شاید در برابر هدایت خدا مقاومت می‌کند، خادمی را ترجیح می‌دهم که از من می‌پرسد: «آیا گروه‌های کوچک هنوز بهترین راه برای ایجاد ارتباط بین شاگردان است؟»

۲ // ـ مرحلهٔ ایده

در ارتباط بودن با منبع ایده‌ها، یعنی خدا، نه تنها ایده‌های بسیار، بلکه ایده‌های درست خلق می‌کند. زمانی که رهبران با خدا در ارتباطند، ایده‌ها در زمانی که مد نظر خدا است، به‌طرزی فراطبیعی از ذهن‌شان شروع به تراویدن می‌کند. در اینجا برای کمک به شما، به چند نکتهٔ راهنما اکتفا می‌کنم:

- از ایده‌های همه استقبال کنید. وقتی برای افکار دیگران ارزش قائل شوید، ایده‌های تازه از هر سو به ذهن‌تان جاری خواهند شد. اگر تنها منبع همهٔ ایده‌ها فقط شخص رهبر

نوجوانان باشد، کار گروهی افول می‌کند، ارزش عطایای روحانی نادیده گرفته می‌شود، و ایده‌هایی که روح‌القدس در دل رهبران کاشته، سرکوب می‌گردند.

- **در مورد** *ایده‌های متعدد، همفکری کنید.* همفکری در مورد ایده‌های متعدد، یکی از بهترین روش‌های حل مشکلات است. در گذشته، هروقت مشکلی بروز پیدا می‌کرد، من به دنبال یافتن پاسخی درست بودم. فشار ناشی از جستجو برای یافتن پاسخ درست، جلوی خلاقیت مرا برای پیداکردن راه‌حل بی‌عیب و نقص می‌گرفت. حالا برای حل بحران از یک وایت‌برد استفاده می‌کنم و ۱۵ راه‌حل بالقوه را روی آن فهرست می‌کنم. ممکن است بنویسم «به رهبران بیشتری نیاز دارم.» تا زمانی که راه‌حل‌های احتمالی ته بکشند، مسئله روی وایت‌برد می‌ماند. حتی اگر احساس کنم که با سومین ایده مشکل را حل کرده‌ایم، باز به نوشتن ایده‌های دیگر ادامه می‌دهم تا جایی که تعداد ایده‌ها به عدد ۱۵ - که خودم را به آن مقید کرده‌ام- برسد. موقعی که به‌اصطلاح به «ایدهٔ درست» می‌رسم، خیلی وسوسه می‌شوم که دست نگه دارم، اما به نوشتن ادامه می‌دهم، چون یاد گرفته‌ام که شاید هنوز به الهامات بزرگی که منتظرشان هستیم، نرسیده باشیم.

در خلال فهرست‌کردن ایده‌های گوناگون برای یافتن رهبران بیشتر برای کلیسای‌مان، به فصل‌نامه‌ای برخوردیم که در آن دربارهٔ والدین قطع ارتباط کرده با کلیسا نوشته بود. در حالی‌که داشتیم برای حل مشکل رهبر تلاش می‌کردیم، ایدهٔ دیگری متولد شد. ایده‌ها پشت سر هم می‌آیند؛ تسلیم نشوید.

- **روی هر** *ایدهٔ نابی، اقدام نکنید.* وقتی جوّی را مهیا می‌کنید که در آن ایده‌ها امکان نشو و نما پیدا می‌کنند، در نهایت چیزی فراتر از انتظار نصیب‌تان خواهد شد. در مورد خودم باید بگویم که ایده‌های خوب زمانی سراغم آمده‌اند که در حال استراحت بوده‌ام. در سال‌های آغازین خدمتم، خادمان داوطلب از مرخصی‌رفتن من بیزار بودند، چونکه سرحال و با کوله‌باری پر از ایده‌ها و نقشه‌های جدید برمی‌گشتم. آن‌قدر باتجربه نبودم که بدانم لازم نیست هر ایده را اجرا کنیم. برای انتخاب دو یا سه ایدهٔ خوب از میان ایده‌های بسیار، نیازمند حکمت هستید.

همین اواخر همسرم به من گفت: «تعداد ایده‌های تو از تعداد سلول‌های مغزت بیشتر است.» اگر حرفش درست باشد- که من ترجیح می‌دهم درست نباشد- خوب می‌دانم که امکان عملی‌کردن همهٔ آن‌ها را نخواهم داشت (و این برای کلیسایم خبر خوبی است). لازم نیست از همهٔ ایده‌هایم استفاده کنم، و شما هم لازم نیست چنین کاری بکنید. آن‌ها را گردآوری کنید و در جایی نگاه دارید، و برای یادآوری سالی یک‌بار مرورشان کنید و تمرکزتان را روی آن‌هایی بگذارید که حیاتی‌تر هستند.

۳// ـ مرحلهٔ آزمودن

خوب یادم هست که یکی از استادان مدرسهٔ الاهیات می‌گفت: «کلیساها به اسبان شباهت زیادی دارند- از رم‌کردن یا غافلگیرشدن خوش‌شان نمی‌آید.» این باعث می‌شود که رفتارهای

غیرمنتظره‌ای از خودشان بروز بدهند.» مردم نه تنها تغییر را دوست ندارند، بلکه به‌طور ویژه خوش‌شان نمی‌آید که با تغییر غافلگیر شوند. «رفتار غیرمنتظره» اغلب نتیجهٔ غرور خدشه‌دار است، زیرا تصمیم برای تغییر بدون پرسیدن نظر افراد گرفته شده است. در اینجا به چند ایده اشاره می‌کنم که شاید طی مرحلهٔ آزمودن به دردتان بخورند:

- *ایدهٔ کلی و ناپخته را با یکی دو فرد امین در میان بگذارید*. به‌جای آنکه همه را به‌طور ناگهانی با تغییر مواجه کنید، ایده را با معدود افراد مورد اعتمادتان در میان بگذارید تا آن را سبک‌سنگین کنند و نظرشان را در مورد واکنش جمعی به شما بگویند. این مرحله‌ای است که شما در آن مانند مأمور مخفی عمل می‌کنید، پایین‌تر از سطح پوشش رادار پرواز می‌کنید، و تنها با گروهی که با دقت برگزیده شده‌اند، در تماس هستید.

> ما بیش از ۱۵ سال، در دو کلیسای متفاوت در تیم خادمان داوطلب نوجوانان داگ خدمت کرده‌ایم (در واقع، همراه داگ به کلیسای سدلبک آمدیم). هر دوی ما به جرأت می‌توانیم بگوییم که داگ همیشه در حال تغییردادن و تازه‌کردن چیزها است، و این باعث می‌شود که خدمت برای نوجوانان، خانواده‌ها و خادمان تازه و باطراوت باشد. ما قویاً احساس می‌کنیم که اگر پذیرش ریسک‌هایی که همیشه با تغییر همراهند، نبود، ایمان امروزمان را نداشتیم. وقتی نوبت به اجراکردن تغییرات مثبت می‌رسد، داگ خوب می‌داند که دارد از چه چیزی حرف می‌زند.
> – گرگ و لیندا وجنوف[1]

من دوست دارم با کسانی صحبت کنم که ایده‌ام را روی صفحهٔ وب‌سایت‌شان نمی‌گذارند تا کل کلیسا آن را بخوانند و در موردش نظر بدهند. برای آزمودن یک ایده، می‌توانم به دوستم بگویم: «فلانی، ایده‌ای به سرم افتاده که نمی‌توانم از دستش خلاص شوم، و می‌خواهم آن را با تو در میان بگذارم و نظرت را در موردش بدانم. هنوز آن را با کسی مطرح نکرده‌ام (و به همین دلیل است که نامش را ایدهٔ کلی و ناپخته گذاشته‌ام)، اما به نظرت چطور می‌شود اگر ما برنامهٔ پرستشی یکشنبه‌شب‌ها را لغو کنیم و به جایش زمان برنامهٔ سرودخوانی جلسهٔ چهارشنبه‌شب‌ها را بیشتر کنیم؟ بدین‌ترتیب، شاگردان و رهبران‌مان یک شب کمتر بیرون از خانه خواهند بود. (مکث.) واکنش اولیهٔ تو به این ایده چیست؟»

بعد سکوت می‌کنم و گوش می‌دهم. پس از گرفتن بازخورد دوستم، می‌توانم با گفتن چیزی شبیه این، جوابش را بدهم: «البته که باید بیشتر روی این ایده فکر کنم. تو پرسش‌های مهمی را مطرح کردی. جداً از نظراتت متشکرم. به‌جای اینکه دربارهٔ این موضوع با کس دیگری حرف بزنیم، می‌شود از تو خواهش کنم که در موردش دعا کنی و به من اجازه بدهی تا نظر یکی دو نفر دیگر را هم جویا شوم؟»

---

1. Greg and Linda Vujnov

اکثر مردم وقتی می‌بینند که شما به آنها اعتماد کرده‌اید و ایده‌ای کلی را با ایشان در میان گذاشته‌اید، احساس افتخار می‌کنند. برای حرف‌زدن دربارهٔ ایدهٔ کلی، افرادی را از سنین، سطوح علاقه و سطوح بلوغ روحانی گوناگون انتخاب کنید، تا طیف گسترده‌تری از بازخورد را در دست داشته باشید.

> **(ندایی از درون سنگرها)**
> *سه واژه هستند که باید در قاموس هر خادم نوجوانانی یافت شوند: آزمایش و امتحان کارایی. این واژه‌ها برای همیشه عملکرد شما را برای تغییر افزایش خواهند داد.*
> *– کیسی کریکر، شبان خدمات دانش‌آموزی، کلیسای ریجویس، اُواسو، اوکلاهما*[1]

- *از اصطلاح آزمایش استفاده کنید.* می‌توانید بگویید: «من ایده‌ای دارم که می‌خواهم آزمایشش کنم. نظرت چیست که شاگردان در تعلیم مواد درسی مدرسهٔ یکشنبه‌ها، نقش فعال‌تری داشته باشند؟ فکر کنم تماشای نحوهٔ عملکرد آنها، آزمایش سرگرم‌کننده‌ای خواهد بود.» واژهٔ *آزمایش* برخی از خطرات احتمالی را رفع می‌سازد. خب، اگر بچه‌ها خرابکاری کردند، چه؟ از آنجایی که این یک آزمایش است، اگر خوب پیش برود شما دانشمندی نابغه خواهید بود که تصمیم درستی گرفته‌اید. اگر خراب شود– آه، بله– فقط یک آزمایش بوده و بس.

- *در واکنش‌هایتان اغراق نکنید.* خب تا اینجای کار با دوست مورد اعتمادتان نشستید و قهوه خوردید و با شور و حرارت در مورد ایده‌ای که می‌تواند در خدمت نوجوانان انقلابی برپا کند و مسیر بازگشت مسیح را هموارتر سازد، حرف زدید. حالا با لبخندی نگران بر لب، نشسته‌اید و منتظرید که دوست‌تان به شما بگوید: «تو حرف نداری.» ولی در عوض با این جمله روبه‌رو می‌شوید: «این احمقانه‌ترین ایده‌ای است که تا حالا شنیده‌ام!» سریع موضع دفاعی به خود می‌گیرید و می‌خواهید ته ماندهٔ قهوهٔ لیوان‌تان را روی دوست سابق‌تان بپاشید و فریاد بزنید: «از من دور شو، ای شیطان!»

آزمایش‌کردن ریسک دارد، چون ممکن است ایده‌تان با خاک یکسان شود. اعتراف به اینکه بارها ایده‌های ناب و عالی‌ام با واکنشی سرد روبه‌رو شده‌اند، برایم دردناک است. اگر واکنش طرف مقابل به شنیدن ایدهٔ شما نابودکننده است، آرامش خودتان را حفظ کنید. نشان ندهید که با خاک یکسان شده‌اید. اگر نشان بدهید، دفعهٔ بعد واکنشی صادقانه به ایده‌تان دریافت نخواهید کرد. چیزی که می‌خواهید، روراستی است!

از یاد نبرید که شما فقط ایده‌ای را مطرح کرده‌اید. صرفاً دارید آب را آزمایش می‌کنید تا ببینید گرم است یا سرد. قرار نیست توی آن شیرجه بزنید؛ دارید با نوک انگشتان پای‌تان دمای آن را اندازه‌گیری می‌کنید. لبخند بزنید و از وقت و بازخوردی که دوست‌تان در اختیار شما

---

[1]. Casey Cariker, pastor of student ministries, Rejoice Church, Owasso, Oklahoma

قرار داده، تشــکر کنید. یک واکنش منفی، به معنای افتضاح‌بودن ایده نیست. شاید نشان دهد که لازم است در مورد شیوهٔ ارائهٔ آن تجدیدنظر کنید. اگر شیوهٔ ارائهٔ خودتان را عوض نکنید، احتمالاً همان بازخورد قبلی را دریافت خواهید کرد.

- *بگذارید ایده‌ای بمیرد.* یکی از راهنماهای من می‌گوید: «شاید تو عاشق اسب‌سواری باشــی، ولی وقتی اسبت مرد، باید پیاده شوی.» گفته‌ای خردمندانه است. قرار نیست که همهٔ ایده‌هایی که مورد آزمایش قرار می‌دهید، قرین موفقیت باشــند. اصلاً برای همین اســت که آنها را آزمایش می‌کنیــد. اگر مرحلهٔ آمادگی شــخصی‌تان عالی پیش رفته و به‌خاطر انجام نقشــه‌ای که خدا برای خدمت‌تان دارد، سر و دست می‌شکنید، پس شاید همین گوشه و کنار ایدهٔ دیگری در انتظارتان باشد.

> گاهی اتحاد از اِعمال تغییر، مهمتر است.

// ۴ـ مرحلهٔ طرح پرسش

هنگامی که ســرگرم آزمودن ایده‌ای هســتید، زمان خود را صرف پرسیدن سؤال‌هایی از خودتان بکنید. مردم با شــنیدن خبر تغییر، بی‌درنگ شروع به پرسیدن سؤالات می‌کنند، پس آماده‌بودن برای پرسش‌ها و داشتن پاسخ‌های لازم در آستین، اهمیت زیادی دارد. در اینجا به نکاتی اشاره می‌کنم که لازم است طی این مرحله آنها را مورد ملاحظه قرار دهید:

- *انگیزهٔ خودتان را بشناسید.* چند تا از اولین و مهمترین سؤال‌های مهمی که می‌توانید شخصاً از خودتان بپرسید، اینها هستند:
  - چرا می‌خواهم این تغییر را ایجاد کنم؟
  - انگیزهٔ واقعی‌ام که در پَس این ایده پنهان شده، چیست؟

  –آیا برای این است که می‌خواهم جلوهٔ خوبی داشته باشم؟
  –آیا برای این است که می‌خواهم توانایی‌هایم در رهبری را به رخ بکشم؟
  –آیا به‌خاطر خدمت است؟
  –آیا برای این است که کلیسایی دیگر دارد همین ایده را اجرا می‌کند؟
  –آیا برای جلال دادن خداست؟

پیش از آنکه سراغ سؤال‌های دیگر بروید، باید به پرسش انگیزه پاسخی صادقانه بدهید. هر چیز دیگری جز پاسخی که با دلی پاک به این پرسش بدهید، اقدام شما برای تغییر را زیر ســؤال خواهد برد. از آنجایی که منتقدان شما را پرسش‌باران خواهند کرد، پس اول مطمئن شــوید که انگیزه‌ای پاک دارید. بدین‌ترتیب، طی مراحل تغییر، شــخصیت‌تان لطمه نخواهد دید.

از موافقان و مخالفان فهرستی تهیه کنید. هر تغییری واکنش‌های مثبت و منفی در مخاطبان برمی‌انگیزد. نمی‌توان آنها را نادیده گرفت، باید جهت کسب اطلاعات بیشتر همگی را مورد

توجـــه قرار دهید تا موقع گفت‌وگو با مخالفان و تلاش برای قبولاندن تغییر، از آنها اســـتفاده کنید. فکرکردن بـــه دلایل مثبت برای تغییر، آتش اشـــتیاق را در وجودتان برمی‌افروزد. چه عالی! ولی اگر دلایل منفی را نادیده بگیرید، مخالفان از آنها علیه شما استفاده خواهند کرد.

موانع را شناسایی کنید. پس از نوشتن نظرات موافقان و مخالفان، موانع تغییر را فهرست کنید. از خودتان بپرسید-

- برای تحقق‌بخشیدن به تغییر، از چه موانعی باید بگذریم؟
- چه منابعی- از قبیل اتاق جلسات و بودجه- را باید در نظر بگیریم؟
- چه منابع دیگری- مثلاً تقویم کلیسایی- را باید در نظر بگیریم؟
- باید با چه کسانی جلسه بگذارم؟
- چه تحقیقاتی باید بکنم؟

■ *شیوهٔ اجرای تغییر را مشـــخص کنید.* به گام‌های عملی، که قرار است برای تکمیل تغییرات بردارید، فکر کنید. طی دو مرحلهٔ بعدی، باید سخت کار کنید.

حامیان خود را شناسایی کنید. وقتی دمای آب را آزمودید، تا اینجای کار احتمالاً فهمیده‌اید که چه کســـانی از ایدهٔ شـــما حمایت می‌کنند و چه کسانی با آن مخالفند. هر تغییری مستلزم حمایت است، ولو اینکه از طرف شماری اندک باشد. افراد کلیدی را شناسایی کنید.

(ندایی از درون سنگرها)

ما می‌خواستیم گروهی «نسل قدیم» در کلیسای‌مان اهمیت کاربرد جدیدترین فناوری‌ها در راســـتای خدمت را درک و از آن حمایت کنند- چراکه هر وقت می‌خواســـتیم ویدیو پروژکتوری بخریم، آنها فکر می‌کردند که ایدهٔ خوبی نیست. (خودتان می‌دانید که وضع به چه منوال است!) ولی سرانجام نقشه‌ای کشیدیم: برنامه‌ای دو قسمتی از بیلی گراهام تهیه کردیم و به گروه نسل قدیم گفتیم که در نظر داریم آن را در دو یکشنبهٔ شب متوالی، برای نوجوانان پخش کنیم. قسمت اول ویدیو را در یکشنبه‌شب اول از طریق یک تلویزیون ۳۰ اینچی (با صدایی که تنها از بلندگوهای تلویزیون درمی‌آمد) پخش کردیم. اما برای یکشنبهٔ دوم، از یکی از کلیســـاهای محلی ویدیو پروژکتورشان را قرض گرفتیم و قسمت دوم را بر پردهٔ ۵×۵ فوتی و صدای استریو به نمایش گذاشتیم! هیچ چیزی نگفتیم، فقط به انتظار نشســـتیم تا خودِ نسل قدیمی‌ها در جلسه موضوع را پیش بکشند، و البته که ما هم از قبل اطلاعات لازم را در مورد نیازهای فناوری فراهم کرده بودیم!

– کریس کاپ، کلیسای باپتیست امانوئل، هوریکین، لوئیزیانا[1]

■ *از وجود انتقادکنندگان آگاه باشید.* هر کســـی که می‌گوید بدون کشمکش می‌توان تغییری ایجاد کرد، معلوم است هرگز در کلیسایی خدمت نکرده است. اکثر جرّوبحث‌های پیش‌آمده در خدمت نوجوانان، هیچ ربطی به الاهیات ندارند، اما به تغییر مربوطند. تغییر

1. Chris Kopp, Emmanuel Baptist, Hurricane, Louisiana

اغلب با آشفتگی همراه است و در خلال آشـــفتگی، دهان منتقدان برای خرده‌گیری باز است. نگذارید آنها رهبری شما را فلج کنند. حضور مخالفان باید به شما انگیزه‌ای برای مطرح‌کردن سؤال‌های سخت‌تر بدهد.

• برای اِعمال این تغییر، به چه منابعی نیازمندم؟
• آیا باید ســـریعاً خانه‌ام را بفروشم تا به کلیسایی که قرار است کارم را از نو در آن آغاز کنم، نزدیک باشم؟

// ۵ـ مرحلهٔ قبولاندن

اکنون زمانش فرا رســـیده که به‌عنوان رهبـــر، ایدهٔ تغییر را علنی کنیـــد. به‌طور معمول، قبولاندن ایده کار رهبر نوجوانان اســـت، ولی اگر در کلیســـا تازه‌وارد هستید و شبان ارشد کلیســـا نقش حامی شـــما را بازی می‌کند، می‌توانید از او بخواهید تا موضوع اعلان تغییر را مطرح سازد.

در طی نخســـتین سال خدمتم در کلیســـا، چند بار پیش آمد که از قدرت رهبری و نفوذ شبان کلیسا به‌عنوان اهرم فشار استفاده کنم. لازم بود در گروه نوجوانان دو سه تغییر اساسی بدهم، اما هنوز پیش شـــاگردان و خانواده‌های‌شان از اعتبار و مقبولیت لازم برخوردار نبودم. با درک اینکه با تکیه‌کردن به شـــبان کلیسا می‌توانم چند باری قِسر دربروم، نه تنها در مواقعی که می‌ترســـیدم، بلکه هنگام اجرای تغییرات عمده، از او کمک خواســـتم. من به‌عنوان شبان نوجوانـــان یاد گرفته‌ام که چطور در صورت امـــکان و زمان مقتضی، لزوم تغییرات را به بقیه بقبولانم. در زیر به چند ایده اشاره می‌کنم که شاید به کارتان بیاید:

در مورد موانع بحث کنید و پاســـخ دغدغه‌های مخالفان را بدهید. از آنجایی که پیشاپیش موانع و انتقادها را شناسایی کرده‌اید، حتماً برای ارائهٔ پاسخ‌ها آمادگی قبلی خواهید داشت.

▪ ممکن است بگوییم: «من با چند نفر در مورد اجرای آزمایشیِ تغییراتی که می‌خواهیم در ســـاختار برنامهٔ میان‌هفته بدهیم، صحبت کرده‌ام. یکی از این تغییرات سرودخوانی دسته‌جمعی در آخر برنامه است. خیلی‌ها این ایدهٔ آزمایشی را مورد بررسی قرار داده‌اند و از آن حمایت می‌کنند. چند نفری هم در مورد نحوهٔ اجرای آن سؤالاتی مطرح کرده‌اند. چند دقیقه به من وقت بدهید تا برای‌تان توضیح بدهم که چطور می‌توانیم با بروز کمترین تنش، این ایده را پیاده کنیم.» ســـپس پیش از آنکه فرصت کنند چیز دیگری را زیر سؤال ببرند، جواب پرسش‌های مطرح‌شده و موانع و انتقادها را می‌دهم.

رســـیدن به مرحلهٔ قبولاندن همیشه بدین‌معنا نیســـت که می‌توانید «با تمام سرعت پیش» بروید. هرچه که هست، اشکالی ندارد که گاهی در خلال همین مرحله، ایده‌ای را قربانی کنید.

▪ *نشان بدهید که تغییر به چه شکل خواهد بود.* برای کمک به پذیرش تغییر از سوی دیگران، لازم است آیندهٔ را برای‌شان توصیف کنید. تغییر همیشه طی مراحل آغازینش،

زیبا نیست و عاقلانه است اگر از آنچه که مردم قرار است با آغاز تغییر با آن مواجه شوند، تصویری ارائه دهید. مردم می‌خواهند بدانند که آیا شما محصول نهایی را در دل و ذهن‌تان آماده دارید یا می‌خواهید آنان را به‌سوی ناکجاآباد هدایت کنید. وقتی آینده را ببینند و بدانند رسیدن به نتیجه، ارزش تلاش‌های‌شان را دارد، خودشان جلوتر از شما به راه می‌افتند.

- *مثبت باشید.* می‌دانم آن‌قدر بدیهی است که اصلاً گفتن ندارد، اما اگر در مورد تغییر به‌شدت مثبت نباشید، مردم به‌راحتی عدم اعتمادبه‌نفْس را در رهبری شما احساس می‌کنند. دورنمای مثبت شما دهان منتقدان را می‌بندد و کسانی را هم که نسبت به ایدهٔ شما حسی خنثی دارند، به سوی‌تان جلب می‌کند.
- *به ترس‌ها و شکست‌های خود اقرار کنید.* فروتنی در کار رهبری، نشانهٔ ضعف نیست. وقتی من به اشتباهاتی که مرتکب شده‌ام اقرار می‌کنم و از شکست‌هایم درس می‌گیرم، در مرحلهٔ بعدی تغییر، مردم بیشتر و گرم‌تر از من استقبال می‌کنند. همه اشتباه می‌کنند. مسئولیت گذشته را بر عهده بگیرید و خاطرنشان سازید که درس‌هایی که گرفته‌اید، چقدر به شما کمک کرده‌اند.
- *هر تغییری را اعلام نکنید.* اگر تغییر قرار است تأثیری جزیی بگذارد، بی‌سروصدا و بدون اینکه توجه کسی را جلب کنید، انجامش دهید. اگر می‌خواهید تعلیم در کلاس نوجوانان را به روش «جاهای خالی را پر کنید» انجام دهید، دیگر لازم نیست کل فرایندی را که می‌خواهید برای تغییر ساختار کلی برنامهٔ آموزشی طی کنید، پشت سر بگذارید.

مراحل آزمودن و طرح پرسش‌ها را پیش خودتان بگذرانید تا بدانید چه می‌کنید و چرا این کار را می‌کنید. بعد، رهبر باشید و تغییر را عملی سازید.

// ۶ـ مرحلهٔ مخالفت

من دوستی دارم که چندین سال فوتبال حرفه‌ای بازی می‌کرد. حالا شبان نوجوانان است. همین اواخر به من گفت: «من با بعضی از خشن‌ترین، پست‌ترین و عوضی‌ترین ورزشکاران روی زمین برخورد داشته‌ام، ولی هیچ‌کدام از آنها به اندازهٔ برخی از اعضای کلیسایم بی‌رحم نبودند. اگر می‌خواستم هر هفته ضربه بخورم، در همان فوتبال می‌ماندم.»

این غم‌انگیز است، ولی اغلب در مورد برخی اعضای کلیسا صدق می‌کند. حتماً مخالفانی خواهید داشت، اما در این مورد تنها نیستید: عیسی، پولس، موسی، شاگردان مسیح، و همهٔ رهبران مسیحی که در کلیسا خدمت کرده‌اند، با شما همدردند. در خلال مخالفت، برای تسکین درد این اصول را در خاطر داشته باشید:

آتش را سریعاً خاموش کنید. هرگز نگذارید انتقادهای لفظی کش پیدا کنند و مرتباً به فرایند تغییر ضربه بزنند. منتقدان به آرامی خاموش نمی‌شوند. سراغ‌شان بروید. در مورد اشکالاتی که دارند، رودررو با آنها حرف بزنید.

من در طول خدمتم مجبور شده‌ام به کسانی که مخالفت لفظی می‌کنند، حرف‌های درشتی بزنم. بعد از اینکه مدام از سوی بن[1] ناله و شکایت‌های تکراری شنیدم، سراغش رفتم و گفتم: «خیلی متأسفم که تو نمی‌توانی از این تغییر پشتیبانی کنی. در عین‌حال که برای دغدغه‌هایت ارزش قائلم، اما باید بگویم که در مقایسه با عظمت و اهمیت این تغییر، چیزی به حساب نمی‌آیند. کاری که ما داریم می‌کنیم بزرگتر از یک فرد است. این تغییر برای سلامت خدمت‌مان ضروری است، و ما هم پیش می‌رویم. می‌خواهم از تو خواهش کنم که با مخالفت‌های لفظی در کلیسا تفرقه‌افکنی نکنی.»

اگر شخص منتقد نمی‌تواند از تغییرتان حمایت کند، از او بخواهید که مسیحی بالغی باشد و یکپارچگی کلیسا را به هم نزند.

- *کسی را با خودتان ببرید.* اگر شخص مخالف به تفرقه‌افکنی ادامه داد، طبق متی ۱۸ عمل کنید و برای دیدار دوم با وی، کس دیگری را همراه خودتان ببرید. بسته به میزان جدیت تغییر و شدت مخالفت وی، می‌توانید شبان کلیسا یا یکی از مشایخ را با خود همراه کنید. یادتان نرود که جنگ شما نه با مقدسین کلیسا، که با شاهزادهٔ تاریکی است (که اغلب خودش را در پَس یکی از منتقدان خدمت شما پنهان می‌کند). این گامی دشوار است، ولی حتماً باید آن را بردارید.
- *پیش بروید.* شما همیشه مخالفانی خواهید داشت، ولی اجازه ندهید گله و شکایت اقلیت، مانع حرکت اکثریتِ مشتاق شود. پیش بروید و از دستور کاری که خدا برای کلیسای‌تان تعیین کرده پیروی کنید و شاد باشید از اینکه شما تنها رهبر در تاریخ کلیسا نیستید که با چنین مخالفت‌هایی روبه‌رو شده است.

// ۷ـ مرحلهٔ انتظار

در واقع، عمدهٔ تغییرات، با همان سرعتی که در ذهن شما نقش می‌بندند، در عمل اتفاق نمی‌افتند. من دیگر از کندی روند تغییر شگفت‌زده نمی‌شوم. کنارآمدن با مرحلهٔ انتظار می‌تواند سخت باشد، چونکه ایده معمولاً به‌صورت برق‌آسا به ذهن خطور می‌کند و با شمارش یک- دو- سه در فکر اجرا می‌شود. اما پای عمل که به میان می‌آید،... ۷۴- ۷۵- ۷۶- ۷۷...

> همیشه میان پایان یک تغییر و آغاز تغییر بعدی، مرز قابل تفکیکی وجود ندارد.

راحت باشید. اگر به خدا تکیه دارید و مطمئن هستید که این تغییر خواست اوست، بعد از انجام‌دادن ممکن‌ها، منتظر بمانید تا غیرممکن‌ها را او برای‌تان انجام دهد. در حال انتظار، به این ایده‌ها فکر کنید:

- *سپاسگزاری کردن از کسانی که در جریان تغییر دخیل هستند.* از آنجایی که شما تنها تکاور میدان نبرد نیستید، پس باید از افراد دیگری که در اجرای تغییر کمک‌تان کرده‌اند،

1. Ben

تشکر کنید. از دوران وقفه‌ای که به خاطر انتظار ایجاد شده، برای قدردانی‌کردن استفاده کنید. کار درست همین است. شما می‌خواهید که مردم احساس ارزشمندبودن بکنند و دفعۀ بعدی که تغییراتی را لازم می‌بینید، حمایت‌هایشان را از شما دریغ نکنند. کسانی از شما حمایت می‌کنند که شما از ایشان سپاسگزاری کرده‌اید.

- *آمادگی برای تغییر بعدی.* در اینجا چرخۀ تغییر از نو آغاز می‌شود. در خلال دورۀ انتظار، به ابتدای اصول بازگردید و کارتان را با مرحلۀ آمادگی شخصی شروع کنید. به‌طور معمول این همان جایی است که باید در آن باشید: وابسته به خدا، در جستجوی نقشه‌هایی که برای خدمت‌تان در نظر دارد، و ایفای وفادارانۀ نقش‌تان در هر آنچه که وی صلاح بداند.

- *عدم نگرانی به‌خاطر سرعت روند کار.* صرف‌نظر از اینکه تاکنون چه تعداد تغییر بالقوه را انجام داده‌اید، حواس‌تان باشد که سرعت، کار را خراب می‌کند. تندتر رفتن به منظور زودتر رسیدن، می‌تواند به شما آسیب بزند، پس صبور باشید. می‌توانید چند ماهی انتظار بکشید.

- طی دو سال اول خدمت‌تان، مطمئن‌تر آن است که دو سه ایده برای تغییر داشته باشید، نه ۲۰ تا. سعی نکنید بلافاصله همۀ تغییرات را پیاده کنید. صبور باشید. ممکن است ایدۀ شما تا پنج یا شش سال دیگر به ثمر نرسد. هیچ اشکالی ندارد.

فرایند تغییر به‌هیچ‌وجه آسان نیست، ولی هرچه تجربۀ بیشتری پیدا می‌کنید، این فرایند هم آسان‌تر می‌شود. ای کاش می‌توانستم در مسیر انجام هر تغییر شما را راهنمایی کنم و آن فرد امینی باشم که قرار است به ایده‌هایتان گوش بسپارد. ولی پیداست که این امر شدنی نیست. اما شاید دانستن اینکه من هم اشک ریخته‌ام، درگیر شده‌ام، به خدا التماس کرده‌ام، خشم مردم را برانگیخته‌ام، اشتباهات احمقانه‌ای مرتکب شده‌ام و گاهی هم بدون درگیری و مخالفت دست به تغییر زده‌ام، خیال‌تان را قدری آسوده کند. می‌توانم کاملاً حس کنم که دارید چه مسیری را طی می‌کنید، و می‌دانم که می‌توانید از عهده‌اش برآیید.

از تغییر نترسید؛ به استقبالش بروید. از فرایند تغییر برای تقویت ایمان و مهارت‌هایتان در رهبری استفاده کنید. به دیگران کمک کنید که نسبت به تغییر احساس راحتی داشته باشند، تا دفعۀ بعد که می‌گویید: «من یک ایده دارم...» آنها هم به حمایت از شما برخاسته، با شما همکاری کنند.

پرسش‌های پایان فصل

// برای بحث در گروه

- اولین واکنش شما به تغییر چیست- منفی یا مثبت؟ چرا؟
- بهترین محل تبادل‌نظر ما برای بحث گروهی پیرامون تغییر، کدام است؟

// برای تأملات شخصی

- کدام مرحله از مراحل تغییر، برای من از بقیه سخت‌تر است؟

- کدام تغییر است که ای کاش می‌توانستم انجامش بدهم، ولی هنوز نداده‌ام؟
- چرا نسبت به تغییر چنین واکنشی از خودم نشان می‌دهم؟
- آیا دیگران مرا رهبری انعطاف‌پذیر می‌دانند؟
- آیا دیگران مرا رهبری لبریز از ایمان می‌دانند؟

// اقدامات لازم برای ملاحظات بیشتر

- دو سه فرد امینی را که می‌توانید ایده‌های‌تان را با ایشان در میان بگذارید، شناسایی کنید.
- برای ایده‌های مربوط به تغییری که قرار است در آینده صورت بگیرند، پرونده‌ای تازه باز کنید.

فصل ۱۲

حالا چه کار کنم؟

تدوین شرح وظایف واقع‌گرایانه برای دو سال آغازین خدمت

می‌خواهم این کتاب را با کمک به شما برای ایجاد چیزی به پایان برسانم که برای سلامت و طول عمر هر خادم نوجوانان ضروری است- تصویری واقع‌گرایانه از انتظاراتی که از شما مـی‌رود. همهٔ خادمان نوجوانان باید از چگونگی بهترین عملکرد یک خادم در بافت اجتماع کلیسایی خودشان، ایدهٔ روشنی داشته باشند.

صرف‌نظر از وضعیت اسـتخدامی- حقوق‌بگیر یا داوطلب، سرپرست خدمت نوجوانان یـا یکی از اعضای تیم رهبری- بهترین جایی که همهٔ خادمان نوجوانان باید از آنجا شـروع کنند، داشـتن درکی دقیق از انتظاراتی است که کلیسا در قبال موقعیت یا خدمت‌شان، از آنها دارد. اگر ندانید کلیسـا از شـما انتظار انجام چه کاری را دارد، محکوم به شکست هستید. انتظارات- گفته یا ناگفته- همیشه وجود دارند و این وظیفهٔ شماست که آنها را کشف کنید تا در خدمت‌تان سالم و مؤثر بمانید.

طی صدها قرار ملاقات میان من و شـما که در خلال‌شـان فصل‌های پیشـین کتاب را بررسـی کردیم، من این فرصت را یافتم تا برای آغاز درست، به چند گام کلیدی دست پیدا کنم. اگر برای هر گام وقت بگذارید و تک‌تک در موردشان فکر کنید، و بعد از خودتان چند سؤال شخصی بپرسید، برداشتن این گام‌ها کار آسانی خواهد بود. اگر پیش از شروع خدمت نوجوانان این گام‌ها را بردارید، به‌خوبی برای خدمتی که در پیش دارید، آماده خواهید شد.

اگر در میانه یا نزدیک به انتهای دورهٔ دوسال آغازین خدمت‌تان هستید، هنوز می‌توانید با مرور این مطالب، گام‌های زیر را بردارید. (این فصل را تا انتها بخوانید و آن‌وقت خواهید فهمید که چطور باید انجامش دهید.)

کشف کنید که از شما چه انتظاری می‌رود

این گام‌ها در کلیسا یا دنیای خدمت نوجوانان انقلابی برپا نخواهند کرد، بلکه صرفاً به خادمان نوجوانان تصویری شفاف‌تر از آنچه که در خدمت‌شان از آنها انتظار می‌رود، ارائه خواهند داد. در عین‌حال پرتره‌ای از هویت شما کشیده و برابر دیدگان کلیسا خواهد گذاشت تا بداند چه انتظاراتی می‌تواند از شما داشته باشد. برداشتن گام‌ها- که در زیر آنها را به شما معرفی خواهم کرد، اما از صفحهٔ /// به بعد وارد جزئیات تک‌تک آنها خواهم شد- به هزاران خادم نوجوانان کمک کرده تا در خدمت نوجوانان بنیانی ماندگار بنا کنند.

// گام ۱ـ بگویید

در این گام من هستم که خودم را معرفی می‌کنم. می‌خواهم شما از نقاط قوت و ضعف من آگاه باشید و بدانید که قادر به ارائهٔ چه خدماتی هستم.

// گام ۲ـ بپرسید

در این منصب از من انتظار انجام چه کارهایی می‌رود؟
چه کسی از من انتظار دارد (شبان ارشد، والدین، مشایخ)؟
این انتظارات چگونه مورد ارزیابی قرار می‌گیرند؟
چه کسی بر این خدمت نظارت می‌کند؟ سبک مدیریتی‌ای او چیست؟
موفقیت در این خدمت، چه شکلی است؟

// گام ۳ـ ارائه کنید

اولویت‌هایی را که از نظر شما برای رشد شخصی و خانوادگی ارزش محسوب می‌شوند، و نیز شور و اشتیاق‌تان را برای خدمت در این سِمَت، با آنها در میان بگذارید.

// گام ۴ـ بشناسید

ایده‌هایی را که در مورد رشد واقع‌گرایانه طی دو سال نخست خدمت دارید، آشکار سازید. (وقتی این کتاب را تا به آخر بخوانید، تصویری منطقی از گفته‌هایم در ذهن‌تان نقش می‌بندد.)

// گام ۵ـ ارزیابی کنید

برای دعا، تفکر و طلبیدن هدایت الاهی، وقت بگذارید. دربارهٔ اینکه چطور می‌توانید به بهترین وجه خودتان را با خدمت نوجوانان و کلیسا تطبیق دهید، با دوستان، همسر و دیگر

افراد واجد صلاحیت صحبت کنید. ببینید آیا انتظارات کلیسا با آنچه که خودتان در نظر دارید و معتقدید که با کمک خدا قادر به انجامشان هستید، هم‌راستا است یا نه.

// گام ۶ـ آغاز کنید

با رویکردها و اقداماتی که خدمت سالم نوجوانان را خواهند ساخت، کارتان را آغاز کنید. یا اگر لازم است، دوباره آغاز کنید و پیش بروید. (نک. صفحهٔ ۲۸۵.)

واکنش‌های معمول به فرایند انتظارات

مبادا وسوسه شوید و قدرت پرسش‌های ساده و روشن را دستِ‌کم بگیرید. من در مورد مردان و زنانی که به‌خاطر شور و اشتیاق کورشان برای خدمت، و بدون شناختی کافی و متقابل (خادم و کلیسا- م.)، بله گفته‌اند و بعد مایهٔ نومیدی کلیسا شده‌اند، داستان‌های هولناک زیادی شنیده‌ام. این قبیل افراد اغلب به‌لحاظ عاطفی مورد سوءاستفاده قرار گرفته‌اند، اخراج شده‌اند، احساسات‌شان جریحه‌دار شده، یا خدمت نوجوانان را ترک گفته‌اند.

من این فرایند شش گامی را آن‌قدر به افراد متعدد نشان داده‌ام که اکنون می‌دانم واکنش احتمالی شما، یکی از واکنش‌های زیر خواهد بود:

- این کار بسیار زیادی می‌برد.
- آره، معقول و منطقی است.
- من از قبل کارم را شروع کرده‌ام، آیا برای انجام همهٔ اینها دیر نشده؟
- من فقط یک خادم داوطلبم. این گام‌ها ظاهراً برای خادمان رسمی طراحی شده.

در زیر پاسخ مرا به هر واکنش خواهید خواند:

// این کار بسیار زیادی می‌برد.

باید اقرار کنم که این گام‌ها سفت و سخت به‌نظر می‌رسند. اما آن‌قدرها هم که فکر می‌کنید، دشوار و وقت‌گیر نیستند. با اینکه مستلزم قدری فکرکردن است، اما کل فرایند را می‌توانید ظرف چند ساعت طی کنید. حتی اگر یک هفته هم زمان ببرد، باز تلاشی که می‌کنید ارزش سرمایه‌گذاری دارد. به خودتان اجازه ندهید در این تله‌ها بیفتید:

- خادم مغرور می‌گوید: «مگر شروع‌کردن چقدر می‌تواند سخت باشد؟ من دانش‌آموختهٔ کالج کتاب‌مقدس/ دانشکدهٔ الاهیات هستم. خودم خوب می‌دانم که از کجا شروع کنم. نیازی به انجام این کار نیست.»
- خادم نادان می‌گوید: «من خدا و شاگردانم را دوست دارم. پس می‌روم و مردم را محبت می‌کنم و می‌گذارم خودِ خدا به جزئیات بپردازد.»
- خادم/احمق هر دو را می‌گوید.

«برداشـــتن این گام‌ها به اندازهٔ مشغول‌شدن به کاری که برایش ساخته نشده‌اید، دشوار نیست.»

– کسی که می‌داند

معمولاً خادمان مغرور، نادان و احمق در همان دو ســـال اول فروتن می‌شوند و به اصول ابتدایی، اما ضروری برمی‌گردند و گام‌ها را برمی‌دارند.

این حقیقتی اســـت که من دریافته‌ام: اگر برای برداشـــتن پنج گام اول (گفتن، پرســـیدن، ارائه‌کردن، شـــناختن، و ارزیابی‌کردن) وقت نگذارید، بدون اینکه واقعاً بفهمید چه انتظاراتی از شـــما می‌رود، و بدون درکی واقع‌گرایانه از فرهنگ کلیســـای‌تان کار را آغاز خواهید کرد. وقتی چنین اتفاقی بیفتد، ممکن اســـت کارتان به همان جایی ختم شـــود که عاقبتِ دوستان خادم من، به‌خاطر انجام‌ندادن کارهایی که بدیشـــان محول شده بود، بدان انجامید. شکست این افراد به این دلیل است که وظایفی را پذیرفتند که شرح آن را نمی‌دانستند.

این کار جداً ارزش وقت‌گذاشتن دارد! کارکردن روی این فرایند را سرسری نگیرید.

(ندایی از درون سنگرها)

من ۲۳ساله‌ام و دومین سال خدمت نوجوانان را سپری می‌کنم. در خلال دوره‌ای که در سال آخر کالج می‌گذراندم، با شبانی دیدار داشتم که پس از سال‌ها، برای اولین بار به‌دنبال خادم نوجوانان می‌گشت، چونکه الآن کلیسایش می‌توانست از عهدهٔ استخدام یک خادم تمام‌وقت برآید. کلیسا امکانات زیادی داشت (آنها بیست سال پیش ۷۰۰ نفر عضو داشتند که حالا به ۸۰ نفر کاهش پیدا کرده بود). شبان مزبور ۱۰ سال بود که در آن کلیسا خدمت می‌کرد، و بیشتر وقتش را روی تعمیرات ساختمان و زیباسازی کلیسا گذاشته بود.

اولین باری که با وی ملاقات کردم، شـــرح وظایف خادم نوجوانان را از او خواستم. او چنین جواب داد: «تنها چیزی که ما به آن احتیاج داریم، اول تیموتائوس ۳ اســـت!» اولش خندیدم، ولی متوجه شدم که حرف او کاملاً جدی است. او گفت: «هر کاری که لازم باشد، انجامش می‌دهیم!» من از انجام کارهای کوچک واهمه‌ای نداشتم و احساس می‌کردم که خدا مرا خوانده تا در آنجا خدمت کنم، پس من و همسرم– آماده برای احیای روحانی!– به آنجا رفتیم. نمی‌دانستم که به شبانم بیشتر می‌آمد که سرکارگر شرکتی ساختمانی باشد.

در خلال ســـال نخســـت تصدی‌ام در آنجا، هر روز کاری هفته لباس‌های ژولیده بر تن می‌کردم. خدمت اصلی شبان را رسیدگی به ساختمان و باغچه‌ها تشکیل می‌داد، نه مردم. بارها از او شـــرح وظایفی مشخص و مدون خواستم، و هر بار وی همان جواب را به من داد. من هم ســـرم را پایین انداختم و کارم را کردم و حمایت خودم را از او دریغ نداشتم. (در حالی‌که در دعا از خدا هدایت می‌طلبیدم) برایش سخت کار کردم.

تجربهٔ آموزشــی خوبی بود، و خدا خیلی چیزها نشانم داد. وقتی در جایی دیگر شروع به جستجو برای کار کردم، شــرح وظایف مشخص و مدون اولین چیزی بود که پیش از انجام روال مصاحبهٔ کاری می‌خواستم.

اکنون سه ماه است که به معنای واقعی کلمه، شبان نوجوانان هستم، و هر روز با اشتیاق سر کارم می‌روم!

دوین بانر، دستیار خدمت نوجوانان، کلیسای باپتیست رالی هایتز، چساپیک، ویرجینیا[1]

// بله، معقول و منطقی است.

چه خوب! حالا تنها کاری که باید بکنید، این اســت که فرایند را طی کنید. اگر احساس بی‌کفایتی می‌کنید و به‌طور کامل به قدرت خدا متکی هســتید، در چارچوب درست رهبری قرار دارید و می‌توانید شروع به برداشتن این گام‌ها بکنید. وقتی گام‌ها را به‌طور کامل بردارید، خواهید دید که فرایند مزبور معقول‌تر و منطقی‌تر از آن چیزی است که قبلاً تصور می‌کردید.

// من از قبل کارم را شروع کرده‌ام، آیا برای انجام همهٔ اینها دیر شده؟

هیچ‌وقت دیر نیســت. لطفاً جسارت به خرج دهید و درخواســت بازبینی (شش ماهه، یک‌ســاله، دوساله) کنید. سپس به همراه مافوق/ ناظرتان گام‌ها را یکی یکی بردارید. شاید در این میان پرسش‌هایی مطرح شوند که هیچ‌یک از شما انتظارش را ندارید، اما به‌لحاظ سلامت خدمتی و شخصی شــما این فرایند تجربه‌ای بسیار ارزشمند خواهد بود. پیش از بازبینی، با مهربانی از ناظرتان خواهش کنید برای سؤال‌های گام ۲ با جواب‌های آماده بیاید.

// من فقط یک خادم داوطلبم. این گام‌ها ظاهراً برای خادمان رسمی طراحی شده.

اگر پیش از تعهددادن به‌عنوان خادم داوطلب شروع به خواندن این کتاب کرده‌اید، به شما تبریک می‌گویم! یا خودتان فرد خردمندی هســتید یا ناظری که این کتاب ارزنده را به شما معرفی کرده. به هر صورت، بُرد با کلیسای شماست.

خواهشم از شما این است که عبارت *فقط یک خادم داوطلب* را از واژگان‌تان پاک کنید. زیرا *فقط* بی‌ارزش و ناقابل‌بــودن را در ذهن تداعی می‌کند، و هرگــز نباید آن را همراه با اصطـلاح *داوطلب* به‌کار برد. من در خدمتم ســعی می‌کنم اصطلاح *داوطلب* را اصلاً به کار نبرم. هر کسی که به خدمت نوجوانان ما کمک می‌کند، جزو پرسنل به‌شمار می‌آید. اما برای جلوگیری از گیجی و ســردرگمی خوانندگان این کتــاب، واژهٔ *داوطلب* را به‌کار برده‌ام. من خادمان داوطلبم را دوست دارم. خدمت مؤثر نوجوانان، بدون وجود آنها امکان‌پذیر نخواهد بود- و این حرفم به‌هیچ‌وجه اغراق نیست. داوطلبان ستون فقرات خدمت سالم نوجوانان را تشکیل می‌دهند. شاید به همین‌خاطر باشد که از شما خواسته‌اند این کتاب را بخوانید.

---

1. Duane Bonner, associate minister of youth, Raleigh Heights Baptist Church, Chesapeake, Virginia

«پرچم داوطلبان بالاست!»
- یکی از خادمان باهوش نوجوانان

اگر هم‌اکنون یکی از خادمان داوطلب نوجوانان هستید، اینها برای شما هم گام‌هایی واقع‌گرایانه هستند که باید بردارید. اگر در تیم نوجوانانی خدمت می‌کنید که نمی‌دانید از شما چه انتظاری دارند، به‌زودی در اثر دلسردی از پا در خواهید آمد. اگر نقش و انتظارات کلیسای‌تان از تیم داوطلبان روشن است، در این صورت می‌توانید جزئیات این فصل را سرسری مرور کنید و از رهبر تیم نوجوانان ممنون باشید که کارش را درست انجام می‌دهد.

تجربهٔ شخصی خودم از فرایند انتظارات

این شش گام شما را از برخی پیامدهای رنج‌آور و دردناکی که به‌زعم من می‌توانند اجتناب‌پذیر باشند، نجات می‌دهد. انتظارات روشن و عاری از ابهام، راه را برای برداشتن نخستین قدم‌ها در خدمت، هموار می‌سازند.

در مورد شخص خودم باید بگویم که این فرایند مرا از قبول خدمتی که فقط از دور قشنگ و فریبنده به‌نظر می‌رسید، نجات داده است. چند سال پیش، هنگامی که سِمَتی در خدمت نوجوانان را در نظر داشتم، در خلال روند مصاحبه‌های استخدامی با پنج گروه مختلف صحبت کردم:

- شبان
- هیئت شبانی
- گروهی از والدین کلیدی (و پرهیاهو)
- داوطلبان

در طول جلسه با هر گروه، پرسش‌های زیر را از گام ۲ مطرح کردم:

- در این خدمت از من انتظار انجام چه کارهایی می‌رود؟
- چه کسی از من انتظار دارد (شبان ارشد، والدین، مشایخ)؟
- این انتظارات چگونه مورد ارزیابی قرار می‌گیرند؟
- چه کسی بر این خدمت نظارت می‌کند؟ سبک مدیریتی او چیست؟
- موفقیت در این خدمت، به چه شکلی است؟

پاسخ هر یک از افراد را یادداشت کردم. بعداً همان شب، پس از مصاحبه‌های خسته‌کننده، همهٔ جواب‌های مشابه را با هم ادغام کردم، تا بلکه از ارزش‌ها و انتظارات ناگفتهٔ آنها برآیندی به‌دست آورم.

سؤال دیگری که باید بپرسید، این است: «آیا می‌توانم فکّ اولین شاگردی که دربارهٔ تنبیه انضباطی سؤال کرد را پایین بیاورم؟»

نتایج شـوکه‌کننده بودند. در مجموع آنها از شـبان نوجوانان بیش از ۴۰ مورد انتظارات گوناگون داشتند. تنها دو مورد از انتظارات به‌نوعی مشابه بودند:

- گروه را بزرگتر کن.
- خدمت نوجوانانی به‌وجود بیاور که شاگردان از بودن در آن لذت ببرند.

فهمیدن اینکه تحقق‌بخشـیدنِ این انتظارات غیرممکن است، چندان دشوار نبود. تصور کنید که دارید می‌کوشید بالای ۴۰ مورد از انتظارات تشریح‌شده را با هم برآورده سازید. چنین شـرح وظایفی محکوم به شکست است. کلیسای مورد بحث، سـاختمانی عالی، بودجه‌ای باورنکردنی، شبانی محترم، و برای خادم نوجوانان بعدی‌اش امیدها و رؤیاهای بسیار داشت. اشـکال کار در این بود که آنها انتظارات مشترکی نداشتند. آدم‌های بدی نبودند. با این‌حال، برای انتخاب و مطرح‌کردن انتظارات مشترک، هیچ برنامه‌ای نداشتند.

زمانی که انتظارات– حتـی انتظارات غیرواقع‌گرایانه– تحقق پیـدا نمی‌کنند، این خادم نوجوانان است که ضایع می‌شود، نه کلیسا. متأسفانه، این سناریویی غیرمعمول نیست. هزاران خادم نوجوانان از سـر خیرخواهی، این سِمَت را با همهٔ انتظارات غیرواقع‌گرایانه می‌پذیرند. انتظارات متعدد واقعیت‌هایی هستند که از هر سو و از طرف هر کس مطرح می‌شوند.

هنگامی که در سِـمَتی خدمت می‌کنید که بابتش حقوق می‌گیرید، همه از شما انتظاراتی دارند:

- شبان
- همسر شبان
- مشایخ کلیسا
- والدین
- خادمان داوطلب
- رهبران اجتماع
- رهبران دانش‌آموزان
- دانش‌آموزان معمولی
- دانش‌آموزان حاشیه‌دار
- سرایداران کلیسا
- سگ و گربه‌های شبان!
- اساساً، تک‌تک اعضای کلیسا

اگر خادم داوطلب هسـتید، شاید خواسـته‌ها و انتظارات کمتر باشند، ولی هنوز پابرجا هستند. رهبر نوجوانان، والدین، دیگر خادمان داوطلب، شاگردان– همهٔ اینها از شما انتظاراتی نانوشته دارند که می‌خواهند انجام‌شان دهید.

> از آنجایی که من نصیحت داگ را در مورد ارزیابی دقیق انتظارات کلیسا از شبان نوجوانان اجرا کردم، توانستم نسبت به خدمت به نوجوانان که به‌تازگی تصدی آن را بر عهده گرفته‌ام، تصمیماتی آگاهانه بگیرم. با پیروی از گام‌هایی که داگ مطرح ساخته، طی روند مصاحبه، به انتظارات ناگفته‌ای برخوردم که کلیسا از نقش همسرم داشت. بنابراین، قبل از پذیرش شغل مزبور، درخواست جلسه‌ای دیگر با حضور سایر رهبران کلیسا و همسران‌شان کردیم تا در مورد انتظارات واقعی از همسران خادمان، گفت‌وگو کنیم. ما خواهان تصویری واقع‌گرایانه از مفهوم خانواده بودیم. گام‌های داگ، در کنار دعاها و گفت‌وگوهای بسیار کمک‌مان کرد تا در مورد کلیسایی که در آن به‌عنوان شبان نوجوانان خدمت می‌کنم، به جمع‌بندی و تصمیم‌گیری درستی برسیم.
> ‐ جف مگوایر[1]

دقت کنید که به هر پیشنهادی فوراً بله نگویید. اگرچه یک پیشنهاد کاری می‌تواند وسوسه‌کننده، هیجان‌انگیز، فریبنده و انگیزه‌بخش باشد، اما پیش از آنکه با ذوق‌زدگی بگویید: «حتماً! من هدایت برنامۀ نوجوانان را بر عهده خواهم گرفت!» یا «البته، من می‌توانم خادم داوطلب گروهی کوچک باشم!» روی فرایند انتظارات کار کنید.

هدف شما این است که شرح وظایفی واقع‌گرایانه به‌وجود بیاورید. بدون داشتن شرح وظایفی قابل درک و معقول، برای چگونگی بهره‌گیری از زمان دچار مشکل خواهید شد. در نهایت، مجبور به بازنگری نظراتی خواهید شد که در آن نه از دلگرمی خبری هست نه از ارزیابی‌های دقیق و منطقی. وقتی ندانید که قرار است دقیقاً چه‌کار کنید، به‌سختی می‌توانید ارزیابی منصفانه‌ای از خود داشته باشید.

آیا هنوز نتوانسته‌ام شما را متقاعد سازم؟ بشقاب دسرتان را کنار بزنید و از پیشخدمت خواهش کنید قهوه‌تان را دوباره گرم کند. (من هم دسر دیگری برای خودم سفارش می‌دهم.) بیایید گفت‌وگوی‌مان را در مورد فرایند ارزیابی دنبال کنیم تا موضوع گام‌ها بیشتر برای‌تان روشن شود.

روی موضوع دقیق شویم
// گام ۱ ـ بگویید

من این هستم. می‌خواهم شما بدانید که نقاط قوت و ضعف من چیست و چه چیزی برای ارائه‌کردن دارم.

در مورد خودتان واقع‌گرا باشید و از بیان نقاط قوت و ضعف خودتان نترسید. متوجه باشید که هرکس که در مقام نظارت قرار دارد و می‌بایست دربارۀ انتظارات کلیسا از نقش رهبری نوجوانان بحث کند، باید ترکیبی از هر دو را بشنود. خودم شخصاً زمانی که افراد از

---

[1] Jeff Maguire

ضعف‌های‌شان حرفی نمی‌زنند، نومید می‌شوم و وقتی به هر دو نقاط قوت و ضعف با هم اشاره می‌کنند، سخت تحت تأثیر قرار می‌گیرم.

در زیر به نمونه‌ای از ترکیب واقع‌گرایانهٔ نقاط قوت و ضعف اشاره می‌کنم:

نقاط قوت	نقاط ضعف
• رهبری	• بی‌تجربگی
• تعلیم	• مدیریت/ جزئیات
• مهارت‌های روابط عمومی	• مدیریت منازعات

هنگام بحث‌کردن پیرامون نقاط قوت خود، حواس‌تان باشد که نه دچار وسوسهٔ غرور کاذب شوید و نه فروتنی کاذب. خیلی وسوسه‌انگیز است که با وجود نداشتن اعتمادبه‌نفْس کافی، در مورد عطایا و توانایی‌های خودتان لاف بزنید، و به طرف بقبولانید که برای این شغل گزینه‌ای شایسته هستید. از سوی دیگر، وقتی دیگران لب به تحسین شما می‌گشایند، نگویید: «من که کاری نکردم»، چون ممکن است تعریف و تمجیدها نشان‌دهنده دورهٔ خاصی از تلاش و رهبری خوب باشند. توصیهٔ من این است که سپاسگزاری را با فروتنی همراه کنید.

با فروتنی کردن، هرگز چیزی را از دست نخواهید داد.

وقتی نوبت به ضعف‌های‌تان می‌رسد، در نظر داشته باشید که مردم به‌هرحال متوجه آنها خواهند شد! همهٔ ما محدویت‌هایی داریم، و هر رهبر آمیزه‌ای از نقاط قوت و ضعف است. پذیرش این واقعیت را یاد بگیرید که در بعضی کارها خوب هستید و در برخی دیگر ضعف دارید. من هرچقدر هم که برای بهترشدن تلاش کنم، باز مدیر اجرایی متوسطی خواهم بود. وقتی به محدودیت‌های خودتان اقرار کنید، اطراف‌تان کسانی را خواهید یافت که ضعف‌های شما را کامل خواهند کرد (مثلاً، من لازم است کسانی را دور و بر خودم داشته باشم که به جزئیات اهمیت می‌دهند). به طرف مقابل بفهمانید که از داشتن ضعف خرسند نیستید و خوش‌بین‌اید که در کنار نشان‌دادن نقاط قوت خود، حاضرید مهارت‌های تازه‌ای را یاد بگیرید و ضعف‌های‌تان را به حداقل برسانید.

// گام ۲ـ بپرسید

- در این خدمت از من انتظار انجام چه کارهایی می‌رود؟
- چه کسانی از من انتظار دارند (شبان ارشد، والدین، مشایخ)؟
- این انتظارات چگونه مورد ارزیابی قرار می‌گیرند؟

- چه کسی بر این خدمت نظارت می‌کند؟ سبک مدیریتی او چیست؟
- موفقیت در این خدمت، به چه شکل است؟

هیچ پاسخ کاملی برای این پرسش‌ها وجود ندارد، زیرا جواب‌ها بسته به خصوصیات کلیسا و خدمت نوجوانان، با هم فرق می‌کنند:

- خادم تمام‌وقت نوجوانان
- دستیار تمام‌وقت با مسئولیت‌های مربوط به خدمت نوجوانان
- خادم داوطلب
- کارآموز
- هنوز سؤال‌های دیگری مانده که لازم است بپرسید تا-
- بدانید از شما چه انتظاراتی دارند
- بدانید چه باید بکنید
- بدانید از کجا باید شروع کنید
- مبنایی برای ارزیابی داشته باشید

موقعی که نمی‌توانید سؤالی را مطرح کنید و یا جواب دقیق و روشنی برای سؤالات خود نمی‌یابید-

- هر کسی در قبال وظایف شما، برای خودش دستورکاری شخصی خواهد داشت.
- برای برآوردن انتظارات دیگران و جلب رضایت‌شان کار خواهید کرد.
- باید در جهات مختلف، سخت کار کنید.
- عدم تمرکزتان باعث می‌شود که از زحمات خود نتیجهٔ محدودی دریافت کنید.

اگر شما رهبر کلیسایی هستید و به‌دنبال شخصی بالقوه برای احراز پست خادم نوجوانان می‌گردید، «۱۰ پرسشی را که مکرراً مطرح می‌شوند» از پیوست شمارهٔ ۲، بخوانید.

// گام ۳_ ارائه دهید

اولویت‌هایی که در ارتباط با رشد شخصی و خانوادگی برای‌تان ارزش دارند و نیز اشتیاق‌تان را برای احراز این خدمت با طرف مقابل در میان بگذارید.

از اینکه مسئولیت خود را در خدمت بالقوهٔ نوجوانان، به‌مثابه پیوند زناشویی میان خودتان و کلیسا ببینید، نترسید. کلیسا شما را می‌گیرد، و شما هم کلیسا را می‌گیرید. اینکه بگذارید اعضای کلیسا پی به ارزش شما ببرند، فرایندی زمان‌بر است. چیزی درخواست نمی‌کنید؛ صرفاً از اینکه چطور به‌عنوان خادم نوجوانان به‌دنبال زندگی سالم و متعادل هستید، تصویری ارائه می‌کنید.

از به‌کار بردن کلماتی همچون دعوی حقوقی، انشـعاب کلیسایی، حبس و اعتیاد، جدا خودداری کنید.

اکنون زمان آن است که بگویید: «دوست دارم در محیطی کار کنم که به سلامت خودم و خانواده‌ام به اندازهٔ بهره‌وری شغلی‌ام، اهمیت بدهند.»

برخـی از منتقدانم مرا به این متهم کرده‌اند که به خادمان نوجوانان زیاده‌خواهی را تعلیم می‌دهم. در واقعیت، تنها چیزی که می‌خواهم، روراستی است. شما باید نسبت به آن چیزی که برای‌تان اهمیت دارد، راسـت بگویید. اگـر در خلال فرایند مصاحبه دربارهٔ چیزهایی که برای‌تان ارزش دارند، گفت‌وگو نکنید، ناگزیرید در کلیسایی که برای وقت خانواده و زندگی شخصی‌تان هیچ ارزشی قائل نیست، دور خودتان بچرخید.

اگر طی فرایند از این گام بی‌توجه رد شوید، بعداً پشیمان خواهید شد. پشیمانی به تلخی و تلخی به فرسودگی خواهد انجامید. در مورد چیزهایی که برای‌تان مهم هستند، واقع‌گرا باشید.

قطعاً باید برای کلیسا سـخت کار کنید، اما خانوادهٔ شما و دنیای درون‌تان نیز برای خدا مهم اسـت. رسیدن به تعادل چندان هم کار آسانی نیسـت، ولی اگر می‌خواهید در خدمت نوجوانان استوار بمانید، باید به‌دنبال برقراری تعادل باشید.

اگر متأهل هسـتید، حتماً جویا شوید که کلیسا از همسرتان چه انتظاری دارد و این را به زبان بیاورید که وقت خانوادگی تا چه اندازه برای‌تان مهم اسـت. بپرسید که آیا برای کلیسا مشخص شـده که می‌خواهد خادمانش در هفته چند شـب را در خانه و پیش خانواده‌شان باشند. اگر مشخص نشده، پس شاید بیانگر این نکته باشد که رهبری کلیسا چگونه دیدگاهی در قبال خانواده دارد.

کلیسـای من جذابیت‌های بسیاری دارد، یکی از آنها این است که رهبران کلیسا از من و سـایر پرسنل می‌خواهند که چهار شب در هفته خانه باشیم. این نشان می‌دهد که کلیسا برای خانواده اهمیت قائل اسـت. هیچ‌کس دوست ندارد ناگهان غافلگیر شود و همسرش بگوید: «مهـرم حلال، جانم آزاد!»؛ چرا؟ زیرا هیچ‌وقت شـوهرش را در خانه نمی‌بیند. (بخش *چرا همسرم را ترک کردم* را در زیر ببینید.)

«یادت باشد که تو قبل از کلیسا، "بله" را به من گفته بودی.»
– همسر خادم نوجوانان

اگر مجرد هسـتید، قدرت اوقات تنهایی، ماندن در خانه، استراحت و تجدیدقواکردن را دستِ‌کم نگیرید. همچنین گذشته از تقویت جسـمی و روحانی، عادات خوبی در خودتان پـرورش می‌دهید که در آینده و زمانی که با هدایت خـدا ازدواج کردید، به کارتان خواهند آمد. برای شاگردان و رهبران گروه نوجوانان هم نمونه‌ای عینی از زندگی متعادل را به نمایش خواهید گذاشت.

هیچ‌کس به اندازهٔ شخص خودتان، به زندگی خصوصی شما علاقمند نیست. حتی ناظرانی که برای مراقبت شما در نظر گرفته شده‌اند، نمی‌توانند به فکر همهٔ نیازهای شخصی‌تان باشند. باید درخواست‌کردن برای رفع احتیاجات را یاد بگیرید. هرچه زودتر این کار را یاد بگیرید، زندگی شادمان‌تری خواهید داشت.

چرا همسرم را ترک کردم

شوهرم مدیر تمام‌وقت نوجوانان است. او به‌شدت خودش را وقف خدمت کرده و در هفته بین ۵۰ تا ۷۰ ساعت از وقتش را با نوجوانان می‌گذراند.

به نظر من، دلیل موفقیت او با نوجوانان این است که وی همیشه در دسترس آنها است، و هر زمان که کسی احتیاج به کمک دارد، او برای کمک‌کردن آماده است. شاید به همین دلیل باشد که تعداد شرکت‌کنندگان در گروه جوانان، در سال قبل به دو برابر افزایش یافت. او می‌داند که چطور با آنها، به زبان خودشان حرف بزند. همین پارسال هفته‌ای دو سه شب را بیرون بود و تا نیمه‌شب با بچه‌ها حرف می‌زد. او همیشه آنها را به اردو و اسکی و کمپ‌های شبانه می‌برد. وقتی هم با بچه‌ها نیست، فکرش پیش آنها است و دارد خودش را برای ملاقات بعدی‌اش با آنها آماده می‌کند.

پس از تمام اینها، اگر وقتی برایش باقی مانده باشد، در کنفرانسی شرکت یا در آن سخنرانی می‌کند و آنچه را که خدا به‌واسطهٔ او برای نوجوانان انجام داده، با حضار در میان می‌گذارد. وقتی پای خدمت به نوجوانان به میان می‌آید، شوهرم همیشه از ۱۰۰ درصد وجودش مایه می‌گذارد.

حدس می‌زنم به همین علت بود که او را ترک کردم.

وقتی ۱۰۰ درصد وجودت را برای کاری بگذاری، دیگر چیزی برای دیگران باقی نمی‌ماند.

رک و پوست‌کنده بگویم، من توان رقابت‌کردن با خدا را ندارم. این را می‌گویم، چون همسرم همیشه راهی پیدا می‌کند تا به من یادآور شود که کارش، کار خداست و هر جا و هر زمان که خدا او را بخواند، باید خدمت کند.

امروزه نوجوانان به‌شدت نیازمند کمک هستند، و خدا او را خوانده تا به کمک‌شان برود. وقتی نوجوانی به کمکش احتیاج پیدا می‌کند، او باید فوراً واکنش نشان دهد، وگرنه حس می‌کند که خدا و آن نوجوان را از خودش نومید کرده است.

هر زمان که از شوهرم خواستم که با من یا بچه‌های‌مان بیشتر وقت بگذراند، دودل شد. و اگر پافشاری کردم، شروع به «نق‌زدن» کرد و گفت که من دارم سعی می‌کنم او را از کار خدا دور کنم و دارم «خودخواهانه رفتار» می‌کنم، یا ظاهراً «مشکلی روحانی» دارم.

صادقانه بگویم که هرگز چیزی جز انجام‌شدن ارادهٔ خدا برای شوهرم، نخواستم ولی هیچ‌وقت نتوانستم به او حالی کنم که شاید خانواده‌اش هم جزیی از آن ارادهٔ الاهی باشد.

مهم نبود که چقدر دربارهٔ برنامهٔ کاری‌اش با هم بحث و جدل می‌کردیم- او همیشه با این جمله به بحث خاتمه می‌داد: «باشه، اگر این چیزی است که تو می‌خواهی، من از خدمت کناره‌گیری می‌کنم.» البته که من چنین چیزی را نمی‌خواستم، پس مثل سابق ادامه می‌دادیم تا نوبت به دعوای بعدی برسد. آدم فقط تا مدتی می‌تواند ادامه بدهد. نادیده‌گرفته‌شدن و تحمل‌کردن هم حدی دارد. تا وقتی که تهدید نشوی، هرگز تهدید به رفتن نمی‌کنی. همهٔ پیامدهای ناخوشایند را پیش خودت در نظر می‌گیری، تا جایی که دیگر ناخوشایند به‌نظر نمی‌رسند. به این نتیجه می‌رسی که هیچ چیز نمی‌تواند ناخوشایندتر از این باشد که تنها باشی و احساس بی‌ارزش‌بودن بکنی.

بالاخره تصمیم خودت را می‌گیری و به خودت می‌گویی که تو هم انسانی و واقعاً به اندازهٔ یک فرد ارزش داری. بر منیّت خودت صحه می‌گذاری و دوباره به عالم زنانگی می‌پیوندی.

این همان کاری است که من کردم.

می‌خواستم چیزی بیش از یک زن خانه‌دار، پوشک بچه عوض‌کن، و شریک جنسی یک مرد باشم. می‌خواستم از تلخی عمیق و احساس تقصیری که به آرامی داشت سلامت روحانی‌ام را می‌خورد، خلاص شوم. و در اعماق وجودم چیزی وادارم می‌کرد که نه تنها از شوهرم، که از هرچه می‌کرد و یا به آن دست می‌زد، بیزار شوم.

«دوستت دارم»هایش دیگر برایم بی‌معنی شده بودند، چون در عمل دوستم نداشت. هدیه‌هایش را مدارکی دال بر عذاب وجدان وی می‌دانستم؛ احساس گناه و عذاب وجدان به‌خاطر اینکه با من بیشتر وقت نمی‌گذراند. به اغواگری‌های جنسی‌اش هم با سردی پاسخ می‌دادم که باعث سرخوردگی هر دوی‌مان می‌شد و شکاف میان ما را عمیق‌تر می‌کرد.

تنها چیزی که می‌خواستم این بود که کاری کند احساس کنم واقعاً دلش می‌خواهد با من باشد. ولی فرقی نمی‌کند که چقدر برای این موضوع تلاش می‌کرد؛ هر بار این حس را به من می‌داد که گویی دارم او را از چیزی دور نگه می‌دارم. همیشه راهی پیدا می‌کرد تا به من عذاب وجدان بدهد، چونکه مجبورش کرده بودم وقت گرانبهایش را با من و بچه‌ها سپری کند.

ای کاش فقط یک‌بار هم که شده، چیزی را به‌خاطر ما لغو می‌کرد، نه ما را برای چیزی دیگر. مجبور نیستید حرفم را باور کنید، ولی من زمانی خودش و خدمتش را واقعاً دوست داشتم. هرگز از او نخواستم که شغلی اداری داشته باشد و فقط ۸ صبح تا ۵ بعد از ظهر کار کند. هیچ‌وقت هم از او انتظار نداشتم که هر شب خانه باشد. سعی کردم هر قولی را که به من می‌داد باور کنم، و صمیمانه امیدوار بودم که اوضاع عوض شود- ولی هیچ‌وقت چیزی عوض نشد.

ناگهان یک روز از خواب بیدار شدم و متوجه شدم که به فردی بیش از اندازه تلخ تبدیل شده‌ام. نه تنها از شوهرم و کارش متنفر بودم، بلکه داشتم از خودم هم منزجر می‌شدم. از فرط استیصال، برای نجات خودم و بچه‌هایم- و به گمانم، حتی برای نجات شوهرم و خدمتش- ترکش کردم.

فکر کنم واقعاً باورش نشد که ترکش کرده‌ام. حدس می‌زنم که واقعاً باور نمی‌کرد که هیچ‌وقت ترکش کنم.

ولی کردم.

– ناشناس (از مجلهٔ خادم نوجوانان. مه/ ژوئن ۱۹۹۹)

// گام ۴ـ بشناسید

ایده‌هایی را که در رابطه با تحولات واقع‌گرایانهٔ نوجوانان در دو سال اول دارید، بیان کنید. از نقشه‌ای که فکر می‌کنید می‌توانید آن را به‌طرزی واقع‌گرایانه عملی سازید، پرده بردارید. جلوی فوران شور و اشتیاق‌تان را بگیرید. بیشتر خادمان نوجوانان در مورد کارهایی که ظرف یک سال از عهده‌شان ساخته است، اغراق می‌کنند و برعکس کارهایی را که می‌توانند در پنج سال انجام دهند، دستِ‌کم می‌گیرند. رویکردتان به دو سال اول خدمت، با دوز سالمی از اعتمادبه‌نَفْس و واقعیت همراه باشد.

اعتمادبه‌نَفْس بدون شناخت، منجر به سقوط انسان می‌شود. آیا تا حالا شده که بخواهید به اتفاق دوستان‌تان تصمیم بگیرید به تماشای چه فیلمی بروید؟ نام فیلمی که تعریفش را شنیده‌اید از دهان‌تان بیرون می‌پرد، و بعد دوستان‌تان را راضی می‌کنید تا همراه شما به تماشای فیلم بیایند. بعد، وقتی فیلم خیلی چرت از آب درمی‌آید، احساس حماقت می‌کنید که چرا مردم را به‌خاطر چیزی که ارزشش را نداشت، بی‌خود هیجان‌زده کردید.

پیش از آنکه به کلیسای‌تان وعدهٔ کل جهان، یا دستِ‌کم نیم‌کرهٔ جنوبی را بدهید، با دقت به این گام فکر کنید.!

// گام ۵ـ ارزیابی کنید

برای دعا، تفکر و هدایت‌طلبیدن از خدا، وقت بگذارید. دربارهٔ اینکه چطور می‌توانید خودتان را با خدمت نوجوانان و کلیسا تطبیق بدهید، با دوستان‌تان، همسرتان و دیگر افراد واجد صلاحیت حرف بزنید. ببینید آیا انتظارات کلیسا با آنچه که دوست دارید ببینید و آنچه که معتقدید می‌توانید به یاری خدا انجام دهید، هم‌راستا است یا نه.

این تنها گامی است که مستلزم صرف زمان زیاد است– هر چقدر که مایل هستید برایش وقت بگذارید. از سرعت خود بکاهید و با احتیاط پیش بروید! در این مقطع خودتان را ملزم به طی فرایند کنید. ممکن است احساس کنید که طی گام‌های قبلی به جواب رسیده‌اید. شاید در قلب‌تان حس کنید که «آره، همین خوب است، درست به‌نظر می‌رسد.» چه عالی! با این‌حال عقل حکم می‌کند که از حرف‌زدن دست بکشیم و صادقانه و همراه با دعا، چیزهایی را که گفته‌ایم ارزیابی کنیم.

به احساسات خود اطمینان کنید و برای دعا، تعمق و گفت‌وگو با کسانی که در زندگی‌تان افراد مهمی به‌شمار می‌آیند، وقت کافی بگذارید. از آنها پرسش‌های سخت بکنید و از چشم‌انداز ایشان به موضوع نگاه کنید. فرو خواباندن اشتیاق درونی کار دشواری است، اما

در خدمت نوجوانان هزاران پست خالی وجود دارد. یافتن پستی که برای شما مناسب باشد، ارزش انتظارکشیدن را دارد.

در این دورهٔ تعمق و ارزیابی، ممکن است سؤال‌هایی در ذهن‌تان شکل بگیرند. هیچ اشکالی ندارد. این زمانی است که جزئیات روشن شوند. از مطرح‌کردن پرسش‌های بسیار نترسید.

این نمونه را در نظر بگیرید: می‌شنوید که کلیسا از شما چنین انتظاری دارد: «ما از شما می‌خواهیم که برای ایجاد ارتباط با شاگردان وقتی زیادی صرف کنید.» اما در گام بعدی شما تمایل خودتان را به وقت‌صرف‌کردن برای ایجاد ارتباط با رهبران، به منظور پیشرفت آنها بیان می‌کنید؛ همچون رهبرانی که به نوبهٔ خود مشتاق ایجاد ارتباط با شاگردان هستند. وقتی این موضوع را تشریح می‌کنید، مخاطبان‌تان با شور و هیجان سر تکان می‌دهند. اما کدامیک از این انتظارات برنده خواهند شد؟ آیا می‌خواهید با شاگردان بیشتر وقت بگذرانید (درخواست آنان) یا با رهبران (تمایل خودتان)؟

حماقت است اگر فکر کنید: «این که چیز مهمی نیست. تا وقتی که با دیگران وقت بگذرانم، مشکلی پیش نخواهد آمد.» درست نیست! استراتژی‌ها به‌کلی با هم فرق می‌کنند. پیش از آنکه بله بگویید، مطمئن شوید که تمرکز روی کدام راهبرد برای‌تان اولویت دارد.

من نمی‌توانم به اندازهٔ کافی شما را تشویق به انجام این کار کنم! ظاهراً هزار باری شده که از دوست خادمی پرسیده‌ام: «پیش از شروع کارت، آیا دربارهٔ این موضوع با آنها حرف زده‌ای؟» در غالب موارد، پاسخی که می‌شنوم این است: «آره، فکرکنم حرف زدم. شاید به اندازهٔ کافی صریح نبودم.»

از اشتباهات دوستان ما در خدمت نوجوانان، پند بگیرید. حسابی مطمئن شوید که انتظارات و لحن رهبران کلیسا را خوب فهمیده‌اید- و آنها هم خوب حرف شما را فهمیده‌اند. از گفته‌ها یادداشت بردارید.

نمونه‌ای دیگر: کلیسا از شما انتظار دارد که گروه را رشد دهید. از آنها بپرسید که *رشد* را چگونه تعریف می‌کنند. آیا منظورشان رشد عددی است؟ (چه عددی را در ذهن دارند؟) رشد روحانی؟ هر دو؟ برای درک بهتر انتظارات ایشان، سؤال‌های مرتبط بپرسید. کلید توانایی ارزیابی مؤثر، ارتباط کلامیِ واضح است.

// گام ۶- آغاز کنید

با رویکردها و فعالیت‌هایی که خدمت سالم نوجوانان را می‌سازند، شروع کنید. یا اگر لازم است، دوباره آغاز کنید- و پیش بروید.

آنقدر در تأیید مطالب فصل ۱۲ کتاب سر تکان داده‌ام که گردنم درد گرفته! من امیدوارم که هر خادم تازه‌کار نوجوانان رهنمودهای ارائه‌شده در این فصل را خوب بفهمد، چون اگر این مطالب را خوب درک کنید، با پشتوانه‌ای محکم به‌دنبال جاهای احتمالی‌ای می‌گردید که قرار است در آنها خدا و شاگردان را خدمت کنید.

داگ می‌نویسد که «هزاران پست خالی وجود دارد» و «یافتن پست که برای شما مناسب باشـد، ارزش انتظارکشیدن دارد.» هرچه با این گفته موافق کنم، کم است- پریدن در خدمتی بدون داشـتن تصویری کامل و واقعی از آن، کاری نابخردانه است. اما روی دیگر آن هم صادق اسـت: نباید منتظر ماند تا کلیسـای بی‌عیب‌ونقصی پیدا شود و شما را به خدمت فرا بخواند- این هم کاری نابخردانه است.

در اینجا سـؤال جالبی مطرح می‌شود: «*آیا خدا شاگردان کلیسـاهای دارای کاستی را دوسـت دارد وآیا رهبرانی را برای خدمت به آنها فرا می‌خواند؟*» البته که پاسخ این سؤال «آری» است. حتی کلیساهایی که از خادمان نوجوانان انتظارات بی‌شمار و دلسردکننده‌ای دارند هم نیازمند و سـزاوار رهبری برای نوجوانان‌شان هسـتند. پس... اگر تمایل به رد کلی کلیساهای آتی دارید، شـاید بد نباشد که در رویکردتان بازنگری کنید. چون چیزی به سـادگی پرداختن به مسائل بالقوهٔ مشکل‌سـازِ مصاحبه‌های اولیه، می‌تواند بسیاری از مشـکلات را پیش از پذیرش پسـت خدمت، حل کند. (برای مثـال: «اگر بتوانم طرحی پیشـنهادی آماده کنم که بتواند ما را در رسیدن به اهداف‌مان یاری کند- ولی در عین‌حال این امکان را به من بدهد که چهار شـب در هفته در خانه باشـم- آیـا از تغییر در برنامهٔ کاری من حمایت خواهید کرد؟» یا «قبل از اینکـه جلوتر برویم، آیا می‌توانیم برای چند سـاعت تعدادی از شاگردان، والدین و خادمان داوطلب را دور هم جمع کنیم تا ببینیم که آیا می‌توانم در مورد انتظاراتی که شـما برای این پست خالی در نظر دارید، به یک اجماع کلی برسیم؟»)

شفاف‌بودن با کلیساهایی که شاید در آینده در آنها مشغول به خدمت شوید، پرسیدن و جواب‌دادن به سـؤال‌های سخت، و تجزیه و تحلیل میزان همگرایی یا واگرایی دیدگاه‌ها و مسیر طرفین، اصولی هستند که بسـیار اهمیت دارند. ولی این اصول تنها *وسیله*‌اند، نه هدف. چون حتی بعد از مکالمات دقیق با کلیسـاهای محتمل (و سایر گفت‌وگوهایی که در پی آن با همسـران و رهبران روحانی آن کلیساها خواهید داشت)، باز این شما هستید که حرف آخر را می‌زنید- البته بر روی زانوها و در پیشگاه خدا.

گشـتن به‌دنبال مناسب‌ترین مکان برای خدمت، اساساً جزئی از کشف ارادهٔ خدا است. داگ بهتر از هر کس دیگری به این موضوع پرداخته اسـت. امـا در این فصل از کتابش نکته‌ای دیگر هم تصریح شـده، در نهایت تصمیم شـما منوط بـه واقعیتی رمزآمیز ولی ملموس است- یعنی دعوت.

– ریچارد راس[1]

من کسی را نمی‌شناسم که بدون داشتن نقشه، بخواهد خانه‌ای بنا کند. راهکارها ضروری هسـتند. حالا که برای خدمت نوجوانان در کلیسـای خودتان، از مـن چندین راهکار کلی گرفته‌ایـد، آماده‌اید که با ترکیب آن راهکارها با شـور و اشـتیاق خودتان و تصویری که از

1. Richard Ross

انتظارات کلیسا به‌دست آورده‌اید، کارتان را آغاز کنید. باید از گفتن «این همان ساختاری است که من برای خدمت به خدا بدان نیاز دارم»، احساس اعتمادبه‌نفْس کنید.

حالا که شرح وظایف‌تان را در دست دارید، چندین بار آن را بخوانید چون به دردتان خواهد خورد. آیا می‌توانید خودتان را در حالی تصور کنید که دارید خدمت پرثمری انجام می‌دهید؟ آیا می‌توانید تصور کنید که از خدمت‌کردن به خدا از این طریق، به هیجان آمده‌اید؟

قدری وقت بگذارید و آینده‌تان را به خدا بسپارید. تسلیم وسوسهٔ شتافتن به‌سوی شاگردان نشوید. به‌جای عجله‌کردن، زانو بزنید و خدا را به‌خاطر آنکه جسارت لازم را برای پرسیدن سؤال‌های درست به شما داده، به‌خاطر حکمتی که برای تشخیص پاسخ‌ها بخشیده، و به‌خاطر ایمانی که برای ادامه‌دادن به شما عطا فرموده، شکر کنید. شاید از انتظارات کلیسا تصویری واضح در اختیار داشته باشید، اما هرگز از نقشی که خدا در زندگی و خدمت‌تان دارد، غافل نشوید. اگر خدا جزو معادله‌تان نباشد، در نهایت شکست خواهید خورد.

مابقی مطالب این فصل برای رهبران نوجوانان تهیه شده است. اگر شما در تیم خدمت به نوجوانان، خادمی داوطلب هستید، می‌توانید این قسمت را نادیده بگیرید و سراغ مؤخرهٔ کتاب در صفحهٔ ۲۷۷ بروید.

دو سال اول خدمت: مشغول کار شدن

من برای آغاز خدمت خادمان نوجوانان، نمی‌توانم شیوهٔ واحدی را توصیه کنم. در این مورد هیچ راهکار ساده‌ای از نوع «قالبی» یا «فقط آب اضافه کن» وجود ندارد که پاسخگوی نیازهای همهٔ کلیساها و فرقه‌های گوناگون در شهرها و فرهنگ‌های مختلف، باشد.

اما وقتی فرایند شش گام ارزیابی را طی کرده باشید، خوب می‌فهمید که باید از کجا شروع کنید. به شرح وظایف‌تان نگاهی دقیق بیندازید، اولویت‌های خود را مشخص، و آنها را دنبال کنید.

فرض من بر این است که پس از خواندن فصل ۱۱، یادداشت‌هایی برداشته‌اید و اولویت‌های خود را شناسایی کرده‌اید. به عقب برگردید و چیزهایی را که خوانده‌اید و نکاتی را که در حاشیهٔ کتاب نوشته‌اید مرور کنید، تا دوباره اولویت‌ها برای‌تان یادآوری شوند.

// زندگی شخصی: طی دو سال اول خدمت

ای کاش از تعداد خادمان نوجوانان سابق که زندگی شخصی خود را در اولویت قرار ندادند، آماری در دست داشتم. آمار کاملاً گویا- و افسرده‌کننده- است. به آن‌دسته از خادمان خدا که برای زندگی شخصی و دنیای درونی خودشان اهمیت قائل هستند و در ماراتن خدمت نوجوانان به خط پایان می‌رسند، باید آفرین گفت. متأسفانه، خادمان نوجوانان اکثراً به‌خاطر آنچه *می‌کنند* مورد تعریف و تمجید قرار می‌گیرند، نه به‌خاطر آنچه *هستند*.

- به زندگی درونی خودتان برسید و از زندگی شخصی‌تان محافظت کنید. با این کار شانس بیشترماندن در خدمت را افزایش خواهید داد.

- عـادت وقت‌گذرانـدن با خدا را در خودتـان پرورش دهیـد. با همین وقت‌گذراندن با خداسـت که دل‌های‌تان برای خدمت آماده می‌شود. هرگز قدرت ارتباط روزانه با خدا را دسـتِ‌کم نگیرید. چند روز در سال را- کل روز- در تقویم‌تان در نظر بگیرید تا تمام مدت با خدا خلوت کنید.
- حقایق تصویر بزرگ را خیلی واضح و پیوسـته بیان کنید. («من می‌خواهم با شاگردان وقت بگذرانم، شاگردان و رهبران داوطلب تربیت کنم، و به خانواده‌ها کمک کنم.»)
- مهارت‌های مدیریت زمان را در خود پرورش دهید.
- دسـتِ‌کم روی یک دوسـت خوب که به موضوع خدمت نوجوانان ارتباطی ندارد (و شبان ارشدتان هم نیست)، سرمایه‌گذاری کنید.
- یک روز در هفته را به‌طور کامل مرخصی بگیرید. سر این موضوع محکم بایستید.

// روابط: طی دو سال اول خدمت

در گرماگرم ایجاد تغییرات و پیاده‌کردن ایده‌های تازه، مطمئن شـویـد که مردم در صدر فهرسـت اولویت‌هـای شما قرار داشته باشند. در واقع، صرف‌نظر از اینکه در سفر خدمت به نوجوانان چقدر از مسـیر را طی کرده‌اید، به مردم اولویت بالا بدهید. شـاگردان، رهبران، و والدین باید همیشـه در دل‌تان جای داشته باشـند. برقراری تعادل میان مردم و وظایف، مقوله‌ای اسـت که تا زنده‌اید با آن سـروکار دارید. چیزی که در خدمت بیشترین اهمیت را دارد، مردم است.
- با همهٔ افراد گروه نوجوانان آشنا شوید.
- رهبران دانش‌آموز را شناسایی و تأیید کنید.
- با چندتایی از والدین بانفوذ روابط صمیمی برقرار کنید.
- با رهبران کلیدی، مشایخ و تصمیم‌گیرندگان کلیسا وقت بگذرانید.
- کسـانی را که در جماعت شما هستند و بر شاگردان تأثیر می‌گذارند، شناسایی کنید و در اسرع وقت با آنها قرار ملاقات بگذارید (سه یا چهار بار در سال).

// رهبری: طی دو سال اول خدمت

رهبران باید با کمک و هم‌یاری رهبران دیگر شـکل بگیرند. زمانی که با یکی از خادمان کهنه‌کار نوجوانان دیدار می‌کنید و از او می‌خواهید در خدمت رهبری به شـما کمک کند، در واقع، دارید به خودتان لطف می‌کنید. از کسـی که قبلاً در جایی قرار داشته که شما در آن ایستاده‌اید، کسب بینش و دیدگاه و راهکار می‌کنید. از سؤال‌کردن خجالت نکشید. بدترین برخورد رهبری که به شما روی خوش نشان نمی‌دهد، در مقایسه با بصیرتی که پس از یافتن شـخص درست به‌دست خواهید آورد، هیچ اسـت. با فروتنی بپرسید و همیشه برای وقت طرف مقابل احترام قائل شوید. علاوه بر پیداکردن خادم کهنه‌کار نوجوانان، این گام‌های اولیه را هم بردارید:

- روندی را جا بیندازید و طی آن، رهبران بزرگسال را به تیم خدمت نوجوانان خود وارد کنید.
- در مورد رویکردها و اقدامات تیم خادمان داوطلب خود، تصمیم بگیرید.
- برای خدمت دانش‌آموزی هدفی تعیین کنید و آن را به شعار تبدیل نمایید.
- از میان والدین کسی را پیدا کنید تا بر خدمت شما به والدین و خانواده‌ها نظارت داشته باشد.
- از یکی از خادمان کهنه‌کار بخواهید دو کتاب محبوبش در زمینهٔ رهبری را به شما معرفی کند.

(ندایی از درون سنگرها)

حدود نه ماه پیش بود که من کلیسایی به‌ظاهر بی‌عیب‌ونقص یافتم (امکانات خوب، موقعیت عالی، پرستش مُد روز و غیره). اما وقتی با خادمانش مصاحبه کردم، تا دو هفته مُخم تعطیل بود. من نُه سال بود که به خدمت نوجوانان مشغول بودم، و آن بار سؤالی که همیشگی را نپرسیدم- و همین اشتباه دامنگیر خودم شد. از رهبران کلیسا در مورد فلسفه‌شان در مورد خدمت نوجوانان سؤال نکردم. پس خانه‌ای خریدم و با خانواده‌ام به آن اسباب‌کشی کردیم و در خانه جا افتادیم، و بعد فهمیدم که: الف) شبانم از نوجوانان بیزار است، ب) ورود به کلیسا با شلوار کوتاه ممنوع است، پ) مردانی که می‌خواهند در گروه پرستشی بنوازند، اجازه ندارند گوشواره بیندازند، ت) بسیاری از خادمان نوجوانان در همان کلیسا بزرگ شده بودند و به‌طور رایگان خدمت می‌کردند. ث) فهمیدم که من شبان نیستم، بلکه اصولاً فعالیت‌ها را مدیریت می‌کنم و سر نوجوانان را گرم نگه می‌دارم، ج) بودجهٔ سالانه‌ای در حدود ۱۰۰۰ دلار دارم- آن‌هم در کلیسایی که در جلسات یکشنبه‌اش ۷۰۰ نفر جمع می‌شوند! با ۱۰۰۰ دلار حتی نمی‌گیرند آدم را بزنند! در واقع، اگر حتی به این پول دست هم نمی‌زدیم، باز مجبور به جمع‌آوری اعانه بودیم! پس لطفاً از اشتباه من درس بگیرید و از کلیسای‌تان بپرسید که در مورد خدمت نوجوانان چه فکر می‌کند و برایش چه دید و رؤیایی دارد. نکتهٔ مثبتی که از این مطلب می‌توان برداشت کرد این است که من از همهٔ برنامه‌هایم جدا ماندم و تمام توانم را روی تعلیم و روابط‌سازی (افقی و عمودی) متمرکز کردم. شاید این همان چیزی بود که خدا می‌خواست به من یاد بدهد.

- لی براون، کلیسای محلی کراسرودز، بدفورد، ایندیانا[1]

// برنامه‌ها: طی دو سال اول خدمت

برنامه‌ها می‌آیند و می‌روند و به‌نظرم مردم زیادی به آنها اهمیت می‌دهند. برنامه‌ها وسایل خوبی هستند، ولی به خودی خود هدف محسوب نمی‌شوند. از برنامه‌ها برای تحقق‌بخشیدن به مقاصد کتاب‌مقدسی و رسیدن به مخاطبان هدف، استفاده کنید.

---

1. Lee Brown, Crossroads Community Church, Bedford, Indiana

• برای خودتان تقویم قرارملاقات‌های کاری درست کنید که در آن زمان‌هایی برای ارزیابی در نظر گرفته شده باشد.
• با مشخص‌کردن مخاطبان و اهداف کتاب‌مقدسی، همهٔ برنامه‌های موجود را ارزیابی کنید.
• به‌دنبال تغییراتی باشید که اهداف کتاب‌مقدسی و مخاطبان هدف را برای هر برنامه نشان بدهند. از شرّ برنامه‌های بی‌خاصیت خلاص شوید، تا بتوانید مؤثرتر عمل کنید.
• ارزیابی کنید که آیا تعلیمی که می‌دهید برای شاگردان قابل‌فهم و عملی هست یا نه.
• بر پایهٔ پنج هدف کتاب‌مقدسی تعلیم بدهید: پرستش، بشارت، شاگردسازی، خدمت و مشارکت.

خب، حالا که شام‌مان را خورده‌ایم، به‌نظر می‌رسد که شما و پیشخدمت خسته شده‌اید. کاملاً قابل‌درک است! در مورد موضوعات زیادی بحث کردیم. همه جای میز پر شده از یادداشت‌ها و نمودارهای ما. به‌زودی بعضی از حرف‌هایی را که با هم زدیم، فراموش خواهید کرد. این هم قابل‌درک است. می‌خواهم به شما پیشنهاد کنم که هر چند ماه یا سالی یک‌بار این کتاب را مرور کنید. اصولی را که می‌دانید ولی هنوز به آنها دست نیافته‌اید به خودتان یادآور شوید.

همچنین می‌خواهم تشویق‌تان کنم که نسخهٔ دیگری از این کتاب را به یکی دیگر از رهبران نوجوانان که در گروه‌تان خدمت می‌کند، هدیه بدهید. وقتی دو یا چند خادم نوجوانان مثل هم فکر کنند، نسبت به خدمت رویکردی واحد پدید خواهد آمد. رهبریِ متحد باعث ایجاد سلامت می‌شود و با خود تغییر به ارمغان می‌آورد. به تنهایی نمی‌توانید این کار را انجام دهید، در صورتی که با یک تیم می‌توانید موفقیت را تجربه کنید!

نگارش این کتاب دو سال از وقتم را گرفت، بدین‌خاطر که سعی می‌کردم در لابلای برنامه‌های کاری خدمت نوجوانان، زمان‌هایی را پیدا کنم و به این کتاب اختصاص بدهم. و هر بار که نشستم تا بنویسم، از خدا خواستم که در سفری که پیش رو دارید و من مسیرش را خیلی خوب می‌شناسم، برای دلگرمی شما کلمات، برای کمک به شما ایده‌ها، و برای بصیرت‌بخشیدن به شما انگیزه عطا کند. به‌عنوان شبان نوجوانان، به‌خاطر نقشی که بر عهده دارید، دلم لبریز از فیض است و موانعی را که با آن روبه‌رو هستید با گوشت و پوست و استخوانم درک می‌کنم، و برای آیندهٔ خدمت شما هیجان‌زده‌ام.

سپاسگزارم از اینکه پای این درس شاگردی کردید. متشکرم که عیسی و نوجوانان را دوست دارید. ممنونم که از دل‌تان محافظت می‌کنید. نه همه چیز به‌کل درست پیش خواهد رفت و نه همه چیز به‌کل خراب خواهد شد، ولی شما به‌خاطر خدمت وفادارانه‌تان پاداشی عظیم دریافت خواهید کرد. مایهٔ مسرت است که با یکدیگر هم‌سنگریم!

با من در تماس باشید... و تسلیم نشوید.

پرسش‌های پایان فصل
// برای بحث در گروه
- آیا فکر می‌کنید می‌دانید از شما چه انتظاری می‌رود؟
- اگر (فرضاً) در گام ۱ بودید، چه چیزهایی را به‌عنوان نقاط قوت و ضعف خودتان فهرست می‌کردید؟

// برای تأملات شخصی
- کدام واکنش مذکور در صفحهٔ /// ، مرا به بهترین شکل ممکن توصیف می‌کند؟
- کلیسا چه مطلبی را در مورد من نمی‌داند؟
- آیا خیلی زود به پست خدمت نوجوانان، جواب «بله» دادم؟ اگر زود جواب دادم، حالا که مطالب این فصل را خوانده‌ام، آیا کاری هست که بتوانم انجام دهم؟
- از زمانی که در خدمت نوجوانان سپری می‌کنم، چه نتیجه‌ای قرار است عایدم شود؟
- کجا احساس می‌کنم که طرف مقابل منظورم را اشتباه فهمیده است؟ یا من کجای انتظارات کلیسا را درست نفهمیده‌ام؟

// اقدامات لازم برای ملاحظات بیشتر
- کتاب را یک‌بار دیگر مرور کنید و ببینید که آیا جاهایی هست که زیرشان خط کشیده/ با ماژیک هایلایت کرده باشید، تا بعداً دوباره آن‌ها را بخوانید و در موردش اقدام کنید.
- راهی پیدا کنید تا خواندن این کتاب را برای خادمان داوطلب تیم خدمت به نوجوانان‌تان، به یکی از اولویت‌های اصلی تبدیل کنید.
- با خودتان عهد ببندید که پیوسته در حال آموختن باشید.

مؤخره

واپسـین کلمات این کتاب را در یک بعد از ظهر یکشـنبه، در دفتر کار دومم- رستوران تاکوبل- می‌نویسـم. برای چند ساعتی هیچ مسئولیت کلیسـایی ندارم، و به اینجا آمده‌ام تا آخرین دستکاری‌های کتاب را انجام دهم.

این تکلیف احساسـات متفاوتی از نوع عشـق-تنفر در من برانگیخـت. از آنجایی که نوشـتن این کتاب خیلی طول کشیده، عاشق این واقعیت هستم که دارم کلمات پایانی آن را می‌نویسم... اما از آنجایی که نوشتن آن خیلی طول کشیده، از این واقعیت که کارم عملاً تمام شده، متنفرم! با صفحات دشوار این کتاب همچون یک دوست انس گرفته بودم. نگارش هر فصل، گفت‌وگویی شادمانه و چالشی بود که برای هر دوی ما، هم مفید بود و هم امیدبخش.

امیدوارم به اندازه‌ای که من از نوشـتن این کتاب لذت بردم، شما هم از خواندنش لذت برده باشـید. همیشه دعا می‌کردم که این کتاب، صرفاً کتابی در باب خدمت نوجوانان نباشد، بلکه کتابی الهام‌بخش باشد که خادمان داوطلب را به ادامهٔ راه، و رهبران نوجوانان را به ادامهٔ رهبری دلگرم سازد.

حالا که شام‌خوردن‌مان تمام شده، وقت رفتن است. (انعام پیشخدمت هم با من!)

با سپاس فراوان از آن که هستید و آنچه می‌کنید،

داگ فیلدز

پیوست الف

فرم تعهد خادمان داوطلب نوجوانان

پس از ملاحظهٔ برنامه‌های خدمت نوجوانان و خواندن مطالب مربوط به تعهدات عضویت در این تیم، زمانی را صرف دعا و گفت‌وگو با خانوده‌ام دربارهٔ تعهدات رهبر داوطلب کردم.

تصمیمم این است که نسبت به موارد زیر تعهد بدهم:

☐ من به خداوندی عیسای مسیح در زندگی‌ام اقرار می‌کنم و با او رابطه‌ای شخصی دارم.

☐ من در قبال رشد و بلوغ رابطه‌ام با خدا از طریق اوقات خلوت، حضور فعالانه در کلیسا، و مشارکت در روابطِ مسئولانه، اعلام تعهد می‌کنم.

☐ با علم به اینکه شاگردان از سبک زندگی من الگوبرداری می‌کنند، تعهد می‌دهم که انتخاب‌ها و سبک زندگی‌ام، هم خداپسندانه باشند و هم «فارغ از ملامت».

☐ من تعهد می‌دهم که دستِ‌کم برای یک سال تحصیلی کامل در خدمت نوجوانان بمانم.

☐ تعهد می‌دهم که هر ماه در جلسات خادمان داوطلب شرکت خواهم کرد.

☐ متعهد می‌شوم که به منظور تأمین رهبرانی که خدمت رو به رشد نوجوانان به آنها نیاز دارد، برای یافتن دستِ‌کم یک خادم داوطلب بزرگسال دیگر، از هیچ کمکی دریغ نکنم.

☐ اهداف پنج‌گانهٔ کتاب‌مقدسی را می‌فهمم و از استراتژی خدمت نوجوانان برای تحقق این اهداف آگاهم، و تعهد می‌کنم که هرچه از دستم برمی‌آید برای تحقق این اهداف کتاب‌مقدسی و مراقبت از شاگردانی که خدا به خدمت نوجوانان وارد می‌کند، انجام بدهم.

☐ از آنجایی که تعهدی جدی داده‌ام و حضورم اهمیت دارد، اعلام می‌کنم که به حضور به موقع در برنامه‌های که متعهد به انجام‌شان هستم، پایبند باشم.

من در قبال برنامه‌های زیر، تعهد دارم:

☐ کمک به ادارهٔ جلسات آخر هفته‌ها در هر بخش مقتضی

☐ رهبری گروه کوچک

☐ هماهنگ‌کنندهٔ تیم خدمت- در خدمتِ : ------------------

☐ راهنمایی و منتورینگ فردی

امضاء ---------------------------- تاریخ ---------------------

پیوست ب
۱۰ پرسشی که پیاپی مطرح می‌شوند

پرسش‌های ۱ تا ۳ رهبری کلیسا/ کمیته‌های جستجو را هدف قرار می‌دهند
پرسش‌های ۴ و ۵ به رهبران خادمان نوجوانان اختصاص دارند
پرسش‌های ۶ تا ۱۰ هم تمامی خادمان نوجوانان را پوشش می‌دهند

۱. کلیساها در خادمان نوجوانان باید به‌دنبال چه ویژگی‌هایی بگردند؟

به‌سختی می‌توان گفت که اکثر کلیساها برای خادم نوجوانان‌شان، چه چشم‌اندازی در نظر دارند، ولی هنگامی که به آگهی‌های استخدامی خدمت نوجوانان نگاه می‌کنم، پنج ویژگی غالب را در میان آنها می‌بینم که به‌نظر می‌رسد کلیساها بیشتر مجذوب آنها هستند:

- *جوانی*. اغلب، کلیساها مشخصاً به دنبال کاندیدهای خدمت نوجوانانی می‌گردند که در اوایل دههٔ ۲۰ سالگی هستند.
- *تأهل*. به عقیدهٔ بعضی کلیساها، تأهل نشانهٔ ثبات است- یا شاید قبلاً توسط خادم مجردی که با یکی از شاگردان گروه نوجوانانش رابطه داشته، نقره‌داغ شده‌اند.
- *علاقه به برنامه‌ریزی و حضور در فعالیت‌ها و مناسبت‌ها*. بسیاری از کلیساها بر این باورند که خادم شایستهٔ نوجوانان کسی است که شاگردانش را سرگرم نگه دارد.
- *انرژی فراوان*. به گمانم منطق این ویژگی آن است که خادم نوجوانان مجبور است برای شرکت در همهٔ فعالیت‌های برنامه‌ریزی‌شده، نیروی زیادی صرف کند.
- *شاگرددوستی*. خوشحالم که این ویژگی را از قلم نینداخته‌اند، وگرنه می‌بایست به حال آگهی‌های استخدام خادم نوجوانان، افسوس خورد.

بدبختانه، فهرست ویژگی‌های مورد انتظار از این قرار است (یعنی در پس سلیقه‌های گوناگون کلیساها، تفکری فراگیر به چشم می‌خورد) که همچون طاعونی به جان کلیساها افتاده و همین مواردند که خادمان نوجوانان را از پا درمی‌آورند و نابود می‌کنند.

اگر شما هم عضو کلیسایی هستید که در صدد استخدام خادمی برای نوجوانانش است، تشویق‌تان می‌کنم که فهرست بالا را با فهرستی که در پرسش بعدی بدان پرداخته‌ام، مقایسه کنید.

۲. خودم هنگام گزینش خادم نوجوانان، باید به‌دنبال چه ویژگی‌هایی باشم؟

فهرست من بســیار متفاوت به‌نظر می‌رسد. اگر من یکی از اعضای کمیتهٔ جستجو بودم، این ویژگی‌هایی بود که در خادم بالقوهٔ نوجوانانم به‌دنبال‌شان می‌گشتم:

- *دلی که برای خدا بتپد.* اگر چنین دلی وجود نداشته باشد، ادامه‌دادن هیچ فایده‌ای ندارد.
- *دوست‌داشــتن مردم. برای‌تان* آشنا است، مگر نه؟ خدا را محبت کن و دیگران را نیز محبت کن...
- *رهبربودن.* وقتی بتوانید کســی را پیدا کنید که رهبر باشد و مردم را هم دوست بدارد، باید اســتخدامش کنید! قطعاً داشــتن چند تا رهبر جــوان و پرانرژی- به فهرســت قبلی نگاه کنید- خیلی خوب اســت، اما یک رهبر خوب هم می‌تواند همان تعریف و تمجیدها را از سوی تیمش دریافت کند.
- *پــرورش‌دادن دیگران.* اگر متوجه منظور نمی‌شــوید، فصل‌های ۸ و ۹ را دوباره بخوانید.
- *خبره‌بــودن در تعلیم/ برقــراری ارتبــاط.* از میان ایــن پنج ویژگــی، این مورد قابل‌بحث‌ترین است و احتمالاً همانی است که به سبک من گرایش بیشتری دارد.

۳. کلیسای ما چگونه می‌تواند خادم نوجوانان شایسته‌ای پیدا کند و او را نگه دارد؟

هر کلیسایی می‌تواند خادم نوجوانانی را استخدام کند، اما نگه‌داشتن او موضوعی مهم و چالشی بزرگ است. واضح اســت که برای دادن پاسخ درست به این مسئله، به چیزی فراتر از یک فهرســت نیاز داریم، ولی از آنجایی که نمی‌توانم یک فصل کامل را به این پرســش اختصاص دهم، پس به من اجازه بدهید تا به شــما فهرستی بدهم و تشویق‌تان کنم تا دربارهٔ هر ســرفصل با کســانی که به موضوع تداوم کار خادمان نوجوانان علاقــه دارند، بحث و گفت‌وگو کنید.

- *بدانید که به‌دنبال چه تیپ خادم نوجوانانی می‌گردید.* بسیاری از کلیساها با تصویری ناقص از خادمی که نیاز دارند، وارد فرایند جســتجو می‌شوند. برای شبان، کمیتهٔ جستجو، داوطلبان و شاگردان، داشــتن ایده‌های متفاوت و/ یا متناقض در مورد خصوصیات کســی که قرار اســت هدایت خدمت نوجوانان را در دست بگیرد، امری کاملاً عادی اســت. پیش از آنکه جســتجو را آغاز کنید، ابتدا سعی کنید به نوعی اتفاق‌نظر برسید.
- *مایل به سرمایه‌گذاری‌کردن روی خادم نوجوانان‌تان باشید.* از آنجایی که اکثر کلیساها به دنبال «کارگر ارزان» می‌گردند، اغلب ســراغ خادمــان جوان و بی‌تجربه‌ای که حقوق بالایی درخواست نمی‌کنند، می‌روند. ولی به خاطر بسپارید: *هرچقدر پول بدهید، آش می‌خورید.* اگر کلیسایی مایل به سرمایه‌گذاری‌کردن روی پست خدمت

به نوجوانان، با حقوق و مزایا و بودجهٔ مناسب نباشد، خادمان بسیار یکی پس از دیگری می‌آیند و می‌روند. اگرچه پول همه چیز نیست، اما کلیسا باید به این نتیجه برسد که برای داشتن خدمت نوجوانانی سالم، باید سر کیسه را شُل کند.

• *منصب مورد نیاز را آگهی کنید و نظر خادمان کهنه‌کار را هم جویا شوید.* چند مؤسسهٔ کاریابی هستند که تقاضاهای کلیساها را برای پست‌های خالی خدمت نوجوانان، آگهی می‌کنند. اگر از آنها استفاده می‌کنید، باید انتظار یک عالمه رزومهٔ جورواجور داشته باشید! علاوه بر این فرایند، تماس‌گرفتن با خادمان کهنه‌کار نوجوانان هم ایدهٔ خوبی است. می‌توانید از آنها بپرسید: «آیا کسی را می‌شناسی که قابلیت انجام خدمت نوجوانان را داشته باشد؟» لازم نیست جملهٔ: «... و حاضر به جابه‌جایی هم باشد» را به پرسش خود اضافه کنید. فقط نام پنج گزینهٔ برتر و مشخصات کلیسای‌شان را بگیرید. بعد خودتان نشانی‌های مزبور را پیدا کنید و شخصاً برای اشخاص مورد نظر نامه‌ای بفرستید و توضیح بدهید که پستی خالی دارید. (از خادم کهنه‌کار نخواهید که این بخش از کار را بر عهده بگیرد- این وظیفهٔ شماست!) بدین‌ترتیب، بدون اینکه آنها به‌دنبال شما باشند، افراد خوبی را استخدام خواهید کرد.

• *شرافتمندانه مصاحبه کنید.* در خلال فرایند مصاحبه، در مورد آنچه که در خدمت نوجوانان شما اتفاق افتاده، صادق باشید. هیچ خادم تازه‌استخدام‌شده‌ای نمی‌خواهد غافلگیر شود و بعد غرغر کند که: «چرا در این باره به من چیزی نگفتید؟» هر کلیسایی نقاط قوت و ضعف خودش را دارد- در مورد آنها روراست باشید. استخدام کسی و مخفی‌کردن اسرار مگوی کلیسا از وی، کاری غیراخلاقی است. وقتی گوشه‌ای از درد و رنج‌های گذشته را بازگو می‌کنید، هم اعتبارتان پیش خادم تازه بالا می‌رود و هم وفاداری او را جلب خواهید کرد.

اخیراً کلیسایی یکی از دوستان مرا استخدام کرد، و دو هفته پس از شروع به کارش مقامات کلیسا به او گفتند که خدمت نوجوانان ۲۵۰ *درصد* بیشتر از بودجه‌اش هزینه کرده و او برای نه ماه آینده هیچ پولی در بساط نخواهد داشت. اگر او قبل از پذیرش خدمت در آن کلیسا از این موضوع باخبر می‌شد، دست‌ِکم با انتظاراتی واقع‌گرایانه پا به میدان می‌گذاشت. ولی در عوض چیزی که نصیبش شد تلخی و بیم از رهبری کلیسا بود، چراکه از پیش حقیقت را با وی در میان نگذاشته بودند.

• *فرد تازه را با شور و شوق احاطه کنید.* وقتی خادم جدید نوجوانان از راه می‌رسد، برایش فرش قرمز پهن کنید! خادم تازه (و خانواده‌اش) را به اتفاق تعدادی از خانواده‌های کلیدی کلیسا برای شام بیرون ببرید. مطمئن شوید که دفتر کارش آماده است، کامپیوترش به برق وصل شده، چراغ‌های دفترش روشن است، و چند یادداشت تشویق‌آمیز (نوشته شده از سوی شاگردان و خانواده‌ها) هم روی میز

کارش قرار دارد. خادم تازه باید با حس «وای، خدای من» وارد دفتر کارش شود، نه با حس «آه، نه». وانگهی، هر کسی در چند هفتهٔ اول کارش، احساس تنهایی می‌کند. تا دیر نشده، یادداشتی برایش بفرستید، با این مضمون که کلیسا برای کارمندانش اهمیت قائل است.

• *منابع آموزشی.* زمانی که خادم نوجوانان از آموختن باز ایستد، در واقع، از رهبریِ مؤثر، باز ایستاده است. وقتی تعهد می‌کنید روی یک خادم نوجوانان سرمایه‌گذاری کنید، این سرمایه‌گذاری شامل آموزش پیوستهٔ او هم می‌شود. برای این موضوع بودجه‌ای در نظر بگیرید و هزینه‌های شرکت در کنفرانس‌ها، سمینارها و خرید کتاب‌هایی را که در روند آموزش وی تأثیر دارند، پرداخت کنید.

• *از خانوادهٔ خادم نوجوانان خود حمایت کنید.* به‌خاطر صلاح همسر و فرزندان خادم‌تان، حمایت کلیسا را از خادم نوجوانان نشان بدهید. یکی از کارهای متعددی که کلیسای سدلبک برای خادمانش انجام می‌دهد، و من آن را خیلی دوست دارم، این است که آنها به خانواده‌ام خیلی اهمیت می‌دهند. در شرح وظایفم چنین نوشته شده که من نمی‌توانم به‌خاطر انجام وظایف خدمت، بیش از سه شب در هفته از خانه و خانواده‌ام دور باشم. از این گذشته، بچه‌هایم با تخفیف ویژه به اردو می‌روند و در فعالیت‌ها حضور پیدا می‌کنند، و همسرم هم به‌خاطر نقشی که در خدمت من دارد، و صرف‌نظر از اینکه به چه شکلی در خدمت دخیل است، مورد احترام است. مخلص کلام اینکه: خانواده‌ام کارکردن من در کلیسایم را دوست دارند!

• *پیوسته خدماتش را مورد بازبینی قرار دهید.* هر کارمندی باید از امتیاز باخبرشدن از نحوهٔ عملکردش، برخوردار باشد. به همین ترتیب، کلیسا باید سالی دو بار کار خادم نوجوانان را- بر مبنای شرح وظایفش- مورد ارزیابی قرار دهد. اگر برای نوشتن شرح وظایف نیاز به کمک دارید، به *ابزارهای مدیریت خدمت نوجوانان*[1] مراجعه کنید. این کتاب به همت Youth Specialties منتشر شده است. در این بخش راهنمایی‌ها و مثال‌های خوبی به خوانندگان پیشنهاد شده است.

• *برای این پست، فردی راهنما در نظر بگیرد.* من مدافع پروپا قرص گماردن راهنما برای هدایت خادم نوجوانان نیستم، اما تشویق‌تان می‌کنم که برای راهنمایی این کارمند جدید مردان یا زنان مهربان و دلسوزی را از اعضای کلیسا انتخاب کنید که توانایی عهده‌دارشدن این نقش را داشته باشند، و آنها را وارد زندگی خادم نوجوانان کنید. راهنمای شایسته می‌تواند دوام خادم نوجوانان در خدمتش را افزایش دهد!

• *ستایش‌بارانش کنید.* کارمندان به‌ندرت از محل کاری که برای‌شان ارزش قائل است، استعفا می‌دهند- و این بلندترین فریادی است که من از جانب خادمان نوجوانان می‌شنوم! تمجید از خادمان باید آگاهانه صورت بگیرد، چون هرچه

1. Youth Ministry Management Tools

خادم در کلیسا سابقهٔ کار بیشتری پیدا می‌کند، کمتر مورد ستایش قرار می‌گیرد- مردم فرض می‌کنند که وی خودش می‌داند که دارد کارش را خوب انجام می‌دهد و دیگر نیاز به یادآوری نیست. بنابراین، تعریفی ساده، مانند «من واقعاً از کاری که برای شاگردان انجام می‌دهی و برای وجود خودت، از تو قدردانی می‌کنم!» همیشه حیاتی تازه به کالبد خسته و فرسودهٔ خادم نوجوانان می‌دمد.

۴. طی مصاحبهٔ اولم با کلیسایی که ممکن است در آینده در آن خدمت کنم، باید چه چیزهایی را بپرسم؟

این پرسش خیلی مهمی است! بسیاری از دوستان اخراجی‌ام به من گفته‌اند که: «ای کاش طی روند مصاحبه‌های کاری، سؤال‌های بهتری کرده بودم.» بهترین نصیحتی که در باب پرسیدن سؤال‌های مصاحبه خوانده‌ام، پاراگرافی است که در کتاب *ابزارهای مدیریت خدمت نوجوانان* آمده. (از آنجایی که Youth Specialties ناشر این کتاب است، می‌توانم پرسش‌های مزبور را در اینجا با شما در میان بگذارم- اما قویاً پیشنهاد می‌کنم که نسخه‌ای از این کتاب عالی را تهیه کنید. کتاب مزبور پر از اطلاعات مفید و متنوع در زمینهٔ بودجه‌بندی، امور مالی، نحوهٔ اجرای رویدادها و مناسبت‌ها، آماده‌سازی فرم‌های انتشار و دیگر موضوعاتی است که در این صفحات بدانها پرداخته نشده است.)

در زیر به پرسش‌های مهم اشاره می‌کنم:

• موفقیت در خدمت ظرف سه ماه را چگونه در نظر می‌گیرید؟ ظرف شش ماه چطور؟ ظرف یکسال؟

• شبان نوجوانان قبلی چرا استعفا داد؟

• به من دربارهٔ خادم نوجوانانی بگویید که نتوانست در اینجا دوام بیاورد و چرا.

• به من دربارهٔ خادم نوجوانانی که برای‌تان به «قهرمان» تبدیل شده، بگویید و دلیل موفقیت او را هم بیان کنید.

• آیا می‌خواهید مرا برای شبانی تک‌تک بچه‌ها استخدام کنید یا برای تعلیم و آماده‌سازی بزرگسالان برای انجام این نقش؟

• افزایش حقوق بر چه مبنایی تعیین می‌شود؟

• بودجهٔ خدمت نوجوانان در چه وضعیتی بوده؟ آیا به‌نظرتان این رقم در آینده تغییر خواهد کرد؟ آیا بودجهٔ خدمت نوجوانان، حقوق شبان نوجوانان را هم شامل می‌شود، یا بودجهٔ آن جداگانه است؟

• کلیسا برای رشد عددی و روحانی نوجوانان چه انتظاراتی دارد؟

• بازنگری‌های کاری هر چند وقت یک‌بار انجام می‌شوند؟ چه کسی این بازنگری‌ها را انجام می‌دهد؟ چه بر سر این بازنگری‌ها می‌آید؟

• من قرار است به چه کسی گزارش بدهم، و چند بار در هفته قرار است با آن فرد/افراد وقت بگذرانم؟

- اگر یک سال بعد کسی از شما دربارهٔ من بپرسد، و شما پاسخ بدهید که من به‌سختی توانسته‌ام در پست خدمت نوجوانان باقی بمانم، چه نوع عملکردی باعث می‌شود این اتفاق بیفتد؟
- تصمیم‌گیری و تأیید کاری که خدمت نوجوانان قرار است انجام بدهد، چه فرایندی را باید طی کند؟
- بیرون از خدمت نوجوانان، چه انتظارات دیگری از شبان نوجوانان دارید؟
- آیا تا حالا شده که کارکنان کلیسا به دلیل کمبود مالی، نتوانند چک حقوق‌شان را نقد کنند؟
- زمانی که کلیسا با کمبود بودجه روبه‌رو می‌شود، چه اتفاقی می‌افتد؟
- یک هفتهٔ کاری معمولی، به چه شکلی است؟

۵. از کجا بدانم که زمانش رسیده که خدمتم را رها کنم؟

وقتی همه چیز خوب پیش می‌رود، هرگز نباید خدمت نوجوانان را ترک کنید- و هر وقت که احساس می‌کنید کارها دارند بد پیش می‌روند، آن روز روز خوبی برای ترک خدمت است. بدون دانستن همهٔ جزئیات خدمت فرد، به‌سختی می‌توان به این پرسش پاسخ داد. اصلی که من آموخته‌ام این است که هرگاه سرخورده و نومید هستید، به‌هیچ‌وجه تصمیم به ترک خدمت نگیرید. زمانی که پکر هستید، همه چیز تیره و تار به‌نظر می‌رسد- و احتمالاً خودتان تا حالا دریافته‌اید که در حین خدمت موقعیت‌های بسیار زیادی پیش می‌آیند که خادم نوجوانان را پکر می‌کنند:

- وقتی نظرسنجی حقوق سالیانهٔ شبان نوجوانان منتشر می‌شود و می‌بینید که دستمزدتان از همه پایین‌تر است.
- وقتی یکی از اعضای کلیسا احساسات شما را جریحه‌دار کرده.
- وقتی با دیگران برخورد و درگیری دارید.
- وقتی به‌نظر می‌رسد خدمت‌تان با مانعی روبه‌رو شده.
- وقتی گرفتار معضلی جدی می‌شوید- نه مثل این مشکل که هیچ‌یک از بچه‌ها مدادهایی را که از جعبه برداشته، سر جایش نگذاشته است!

خبر خوش اینکه من فهمیده‌ام که تقاضا برای خادم نوجوانان زیاد است، و همیشه کلیساهایی هستند که به‌دنبال این خادمان می‌گردند. به همین‌خاطر همیشه کلیسایی پیدا می‌شود که دستمزد بهتری بدهد و بدون مشکل به‌نظر برسد.

خب، شاید حقوقش بهتر باشد، اما گول نخورید- هیچ کلیسای بدون مشکل یا خدمت نوجوانان بدون مشکلی وجود ندارد! هنگامی که به‌خاطر جریحه‌دارشدن احساسات یا بروز مشکلات از کلیسایی جدا می‌شوید و به کلیسایی دیگر می‌روید، فقط دارید مشکلات جدید را جایگزین مشکلات قدیم می‌کنید.

علاوه بر دعا و مشـــاورۀ مداوم، لازم اســـت در مورد خدمت کنونی خودتان پرسش‌هایی جدی مطرح کنید. همان‌طور که دوســـتم دافی رابینز[1] در کتاب خود، با عنوان *پیچ و مهره‌های خدمت نوجوانان*[2] می‌نویسد، پیش از آنکه جلوتر بروید، باید پنج مسئلۀ مهم را در نظر بگیرید:

- آیا به اندازۀ کافی اینجا بوده‌ام که به مثمرثمرترین سال‌های خدمتم برسم؟
- آیا برای این خدمت رؤیایی دارم؟
- آیا عطایای روحانی من با نیازهای کنونی خدمتم، مطابقت دارند؟
- آیا فلسفۀ من از خدمت با فلسفۀ کلیسا از خدمت، همخوانی دارد؟
- آیا افراد مایل به پیروی از من هستند؟

گذشـــته از ســـؤالاتی که دافی مطرح می‌کند، من هم می‌خواهم چندتایی را به فهرست اضافه کنم:

- آیا خدا از طریق احساساتی که آرام و قرار را از من گرفته‌اند، دلم را آمادۀ ترک خدمت کرده است؟ (اگر متأهل هستید، همسرتان هم باید به این پرسش پاسخ بدهد.)
- آیا جابه‌جایی من از این کلیسا به کلیسای دیگر، قبل از هر چیز فرارکردن از مشکلات کنونی است؟
- آیا کلیسایم به‌طور پیاپی عدم حمایت خود را از من و/ یا خدمت نوجوانان، نشان داده است؟
- آیا در اینجا می‌توانم به رشد و بالندگی ادامه بدهم؟ آیا همۀ فرصت‌های موجود در این کلیسا را پی‌گیری کرده‌ام تا اطلاعی کامل از عطایای خودم داشته باشم؟
- آیا کلیسا در زمینۀ صداقت و روراستی مشکلی دارد که مغایر با معیارهای من است؟

مطمئن هستم که شما برای این پرســـش‌ها نیاز به پاسخ دارید و باید بتوانید میان دعوت خدا و میل خودتان به فرار از شـــرایط ســـخت، تمیز قائل شـــوید. من به‌واسطۀ همگامی با هزاران خادم نوجوانان دیگر، می‌دانم که این تصمیم جدالی همیشـــگی اســـت، و این را هم یاد گرفته‌ام که خدا می‌تواند از خادمان نوجوانانی که در موقعیت‌های نه چندان بی‌نقص کار می‌کنند به‌خوبی استفاده کند.

۶. یک سال کاری عادی، باید دارای چه خصوصیاتی باشد؟

در عین‌حـــال که به باور مـــن هیچ رویۀ ثابتی برای انجام هـــر کاری وجود ندارد، اما در مجموع گزینه‌های کلیِ مبتنی بر تجربه و عقل سلیم هم وجود دارند که رهبران تازه‌کار با در نظر گرفتن آنها می‌توانند راه‌شان را پیدا کنند.

من علاوه بر برنامه(های) هفتگی‌ام، دوســـت دارم در سال ۸ تا ۱۲ فعالیت عملی و سالم را در نظر بگیرم. اعتقاد ندارم که همۀ آنها باید حتماً هیجانی، دیوانه‌وار و سرگرم‌کننده باشند تا بتوان عنوان *فعالیت* را روی‌شان گذاشت. برای نمونه، می‌توانید یک ماه کاری سرگرم‌کننده

1. Duffy Robbins; 2. *Youth Ministry Nuts & Bolts*

(آوردن دوستان به گروه/ بشارت) انجام دهید و ماه بعد پروژه‌ای هفتگی (خدمت) را دنبال کنید. توصیه می‌کنم بانی یا حامی فعالیت‌هایی نشوید که فقط برای پرکردن تقویم کاری و مشغول نگه‌داشتن شاگردان مناسبند. وقتی فعالیتی را برنامه‌ریزی می‌کنید، مطمئن شوید که برای سؤال «چرا؟» جوابی دارید (به فصل ۱۰ مراجعه کنید). همچنین به شما پیشنهاد می‌کنم که در برنامه‌های سالانه‌تان دو تجربهٔ رفتن به اردو را بگنجانید (یک اردوی تابستانی و یک اردوی زمستانی تا بهاری). انتخاب درست و رعایت تعادل در فعالیت‌ها، به‌راستی می‌تواند سلامت را به خدمت نوجوانان بیفزاید.

۷. چگونه تصمیم بگیرم که طی سال پیش رو، چه چیزی را تعلیم بدهم؟

موقعی که برای برنامه‌ریزی موضوع تعلیم در خدمت نوجوانان، تصویر بزرگ را مد نظر قرار می‌دهید، شاید بد نباشد به موارد زیر هم فکر کنید. امیدوارم به دردتان بخورد:

- *تعلیم حقایق روحانی باید شخصی باشند.* این یعنی هر آنچه که تصمیم به تعلیمش می‌گیرید، باید برآمده از شور و اشتیاق خودتان باشد. ما در جایگاه معلمان خوانده نشده‌ایم که صرفاً مجموعه‌ای از حقایق را به‌مثابه اطلاعاتی پراکنده به شاگردان‌مان منتقل کنیم. برعکس، آنچه تعلیم می‌دهیم، باید از اعماق مواجههٔ خودمان با روح خدا و کلامش بیرون آمده باشد.
- *تعلیم در عین‌حال که باید برآمده از شور و اشتیاق باشد، باید متعادل هم باشد.* در حالی‌که اغلب وسوسه می‌شویم موضوعاتی را که در آنها تسلط داریم تعلیم بدهیم، باید حواس‌مان باشد که این رویه به عدم تعادل منجر خواهد شد، و به عقیدهٔ من عدم تعادل جلوی رشد را می‌گیرد. به منظور تهیهٔ فهرستی مفصل از موضوعات اصلی‌ای که *می‌خواهید* پوشش دهید و باور دارید که *باید* آنها را پوشش دهید (صرف‌نظر از اینکه دانش و/ یا تجربه‌اش را دارید یا نه)، آماده کنید. شاید لازم باشد از کتابی دانشگاهی (مثلاً، *درآمدی بر الاهیات سیستماتیک*[1]) به‌عنوان مرجعی الاهیاتی پیرامون موضوعی که تعلیم می‌دهید، استفاده کنید.
- *وقتی که خطوط اصلی برنامهٔ آموزشی خود را ترسیم کردید، به آن پایبند بمانید.* ولی لازم نیست که به هر قیمتی که شده مو به مو از آن پیروی کنید. از آنجایی که هر کس تجربه‌ای متفاوت از خدمت دارد، پس می‌توانید نکاتی را که باید در برنامهٔ کنونی شما مورد تعدیل یا بازاندیشی قرار بگیرند، پیدا کنید.
- *هنگام برنامه‌ریزی برای موضوعات، مخاطبان را هم در نظر بگیرید.* احتمالاً شاگردانی که در برنامهٔ سطح مبتدی شرکت می‌کنند، باید چیزهایی را بشنوند که با مطالب آماده‌شده برای شاگردان مسیحی و متعهد، فرق دارند. حفظ تعادل میان تعلیم چیزهایی که دوست *دارید* بشنوند («لزومش احساس می‌شود») و چیزهایی که می‌دانید لازم است بشنوند (حقیقت خدا)، ضروری است.

---

1. *Introduction to Systematic Theology*

برای مثال، ما در برنامه‌های سطح مبتدی خودمان، موضوعات متنوعی را تعلیم می‌دهیم که هم شاگردان مسیحی را پوشش می‌دهند و هم شاگردان غیرمسیحی (یعنی مخاطبان هدف) را. بسیاری از تعالیم ما روی مبانی ایمان- زندگی مسیح، فیض، گناه، کتاب‌مقدس، و غیره- متمرکزند. حقیقت خدا را هم طوری تعلیم می‌دهیم که با موضوعات روز زندگی بچه‌ها- رابطهٔ جنسی، خانواده، اعتیاد، دوستی، و غیره- مرتبط باشند.

در طول مدت جلسهٔ گروه‌های کوچک، مخاطبان ما را شاگردانی تشکیل می‌دهند که ایمان‌شان رشد کرده. طی این اوقات تعلیم، یا از روی یکی از کتاب‌های کتاب‌مقدس (مثلاً، پیدایش، فیلیپیان یا یعقوب) پیش می‌رویم و یا دربارهٔ یکی از شخصیت‌های کتاب‌مقدسی (مثلاً، یوسف، داوود، پولس، روت) تعلیم می‌دهیم.

باز تکرار می‌کنم، برای طرح یک برنامهٔ تعلیمی هیچ «روش واحدی» وجود ندارد. راه‌های مختلف را امتحان کنید. به برنامه‌های درسی گوناگون نگاهی بیندازید و آنها را با شور و اشتیاق خود و گروه‌تان تطبیق بدهید. به کلام خدا پایبند باشید. در مورد کاری که دارد در زندگی‌تان انجام می‌دهد صادق باشید، نیازهای شاگردان‌تان را درک کنید و طوری تعلیم بدهید که برای‌شان قابل‌فهم باشد- اگر بتوانید همهٔ این کارها را انجام دهید، برنده خواهید شد.

۸. من رهبری تازه‌کار هستم و به‌نظر می‌رسد شاگردان از من خوش‌شان نمی‌آید. هنوز چشم‌شان دنبال رهبر قبلی است. چه پیشنهادی برایم دارید؟

اکثر نوجوانان آمدن و رفتن چندین خادم بزرگسال را در زندگی‌شان تجربه کرده‌اند. آنها محتاط‌بودن را یاد گرفته‌اند. برخی از شاگردان شاید کنجکاو باشند که آیا سال بعد هم در آنجا خواهید بود یا نه، و یا مانند سایر بزرگسالانی که به زندگی‌شان وارد شده‌اند، آنها را رها خواهید کرد یا نه. شاید لازم باشد در این مورد به‌خصوص به من اعتماد کنید، ولی آنها به شما یک فرصت می‌دهند... و این **زمان** است که اثبات می‌کند آیا شما سزاوار این فرصت بوده‌اید یا نه. اینکه بچه‌ها برای خادم قبلی نوجوانان، رهبر گروه کوچک، معلم و غیره‌شان دلتنگی کنند، امری کاملاً طبیعی است. نمی‌توان کسانی را که بر زندگی افراد تأثیر گذاشته‌اند، به آسانی از یاد برد یا جایگزین کرد. من پیشنهاد می‌کنم که به آنها اجازه بدهید آزادانه در مورد علاقه‌شان به خادم پیشین نوجوانان، حرف بزنند. این برای شما فرصتی برای یادگیری است! و همیشه از کسی که پیش از شما خدمت می‌کرده، خوب بگویید.

کاری را نکنید که بسیاری از بزرگسالان وقتی می‌خواهند بچه‌ها آنها را دوست داشته باشند، و یا تحت تأثیرشان قرار بگیرید، انجام می‌دهند... مثل نوجوانان رفتار کردن! چیزی که شاگردان را تحت تأثیر قرار می‌دهد، وقتی است که شما مانند خود*تان* رفتار کنید. نوجوانان بزرگسالی را نمی‌خواهند که رفتار نوجوانانه داشته باشد؛ کسی را می‌خواهند که فردی دلسوز، شاد، متفکر، مهربان و ملایم باشد (اینها اساساً بازتاب ثمرات روح هستند). با محبت‌کردن خدا و ثابت‌قدم بودن، در نهایت اعتباری را که می‌خواهید، از شاگردانی که خدا برای مراقبت به شما سپرده، به‌دست خواهید آورد.

برای ماندن برنامه‌ریزی کنید، و بالاخره از منتقدان‌تان بیشتر دوام خواهید آورد- و شاگردان هم به این محبت و مراقبت واقعی، واکنش نشان خواهند داد. این را از شاگردان خود دریغ نکنید، و آنها هم به شما فرصت خواهند داد... در واقع، بیش از یک فرصت به شما خواهند داد: روابط‌تان با شاگردانی که قرار است در زندگی‌شان تأثیری ماندگار داشته باشید، بهتر خواهد شد!

روی مسیح متمرکز باشید که شما را به‌خاطر خودتان می‌پذیرد. به او اجازه بدهید از طریق شما کار کند، و خیلی زود متوجه خواهید شد که بچه‌ها هم شما را پذیرفته‌اند (متأسفانه آنها با همان سرعتی که عیسی شما را می‌پذیرد، قبول‌تان نمی‌کنند!).

۹. چه‌طوری بحرانی را که در مدرسه‌ای محلی به‌وجود آمده (مثلاً، خودکشی، تیراندازی)، مدیریت کنم؟

برای مدیریت‌کردن بحران، هیچ «راه سرراستی» وجود ندارد. پیشنهاد من این است که وقتی مردم بیرون از کلیسا دربارهٔ بحرانی بحث می‌کنند، احتمالاً فرصت مناسبی است تا در درون کلیسا هم پیرامونش حرف بزنید. در این مواقع، من معمولاً برنامه‌های عادی را لغو می‌کنم و به موضوع روز می‌پردازم. بمب‌گذاری، تیراندازی در مدارس، خودکشی در مدرسه‌ای محلی، یا هر بحران دیگری که ارزش خبری پیدا می‌کند، ارزش آن را دارد که از زاویهٔ دید کلام خدا در موردش حرف بزنید. اکثر شاگردان در گفت‌وگوهایی که در مدرسه انجام می‌گیرد، چیزی از دیدگاه کتاب‌مقدسی دربارهٔ موضوعاتی همچون درد، رنج، خدا یا شیطان نمی‌شوند. لازم است آنها هم با رهنمودها و امیدهای کتاب‌مقدس آشنا شوند.

زمان‌های بحران، فرصت‌های خوبی هستند که طی آنها شاگردان را به‌سوی خدا هدایت کنید، ولی این احساس به شما دست ندهد که جواب صحیح هر سؤالی را در جیب دارید (چونکه ندارید!). دربارهٔ احساسات خود بی‌ریا، و به‌خاطر نداشتن جواب‌های آرامش‌بخش، روراست باشید. من اعمال ۱۲:۳ را خیلی دوست می‌دارم که می‌گوید: «چون پطرس این را دید (فرصت را مناسب دیدن)، خطاب به جماعت گفت...». بحران فرصت لازم را برای مخاطب قرار دادن مردم ایجاد می‌کند. نیازی نیست برای هر سؤال، جوابی داشته باشید، فقط کافی است به شاگردان‌تان نشان بدهید که آنها را دوست دارید و می‌خواهید بدانند که در بحبوحهٔ اوقات دشوار، چه کسی (خدا) بر همه چیز مسلط است.

۱۰. برای پرسیدن سؤال‌های بیشتر پیرامون خدمت نوجوانان، چگونه می‌توانم با شما تماس داشته باشم؟

وب‌سایت من (www.dougfields.com) پر از سؤالاتی است که مردم به کرات می‌پرسند (FAQs). من هر هفته به پرسشی تازه جواب می‌دهم و آن را به فهرست موجود اضافه می‌کنم. گذشته از این، می‌توانید به بخش اولین دو سال (First Two Years) وب‌سایت بروید و در آنجا با دیگر نوآموزان پیرامون پرسش‌های مطرح‌شده، تعامل داشته باشید. با وجودی که نمی‌توانم

قول بدهم که به همهٔ پرسش‌ها پاسخ خواهم داد، اما همهٔ ای‌میل‌ها را می‌خوانم و خوشحال می‌شوم که داستان سفر خدمت نوجوانان خودتان، و نظرات‌تان را دربارهٔ این کتاب، با من در میان بگذارید.